RECUEIL DES LOIS ET RÈGLEMENTS

SUR L'ENSEIGNEMENT SUPÉRIEUR

COMPRENANT

LES DÉCISIONS DE LA JURISPRUDENCE

ET LES AVIS DES CONSEILS DE L'INSTRUCTION PUBLIQUE ET DU CONSEIL D'ÉTAT

Par A. DE BEAUCHAMP

CHEF DE BUREAU AU MINISTÈRE DE L'INSTRUCTION PUBLIQUE

TOME QUATRIÈME

PREMIER FASCICULE

TABLE ALPHABÉTIQUE ET CHRONOLOGIQUE

DES TROIS PREMIERS TOMES

1789-1883

Terminée par le tome et par une Notice historique

et par une Table analytique

PARIS

TYPOGRAPHIE DE DELALAIN FRÈRES

IMPRIMEURS DE L'UNIVERSITÉ DE FRANCE

Novembre 1883

RECUEIL

DES

LOIS ET RÈGLEMENTS

SUR L'ENSEIGNEMENT SUPÉRIEUR

COMPRENANT

LES DÉCISIONS DE LA JURISPRUDENCE

ET LES AVIS DES CONSEILS DE L'INSTRUCTION PUBLIQUE ET DU CONSEIL D'ÉTAT

Par A. DE BEAUCHAMP

CHEF DE BUREAU AU MINISTÈRE DE L'INSTRUCTION PUBLIQUE.

TOME QUATRIÈME

TABLE ALPHABÉTIQUE ET CHRONOLOGIQUE

DES TROIS PREMIERS TOMES

1789-1883

Ce Volume sera complété par une Notice historique
et par une Table analytique.

PARIS

TYPOGRAPHIE DE DELALAIN FRÈRES

IMPRIMEURS DE L'UNIVERSITÉ DE FRANCE.

Novembre 1885.

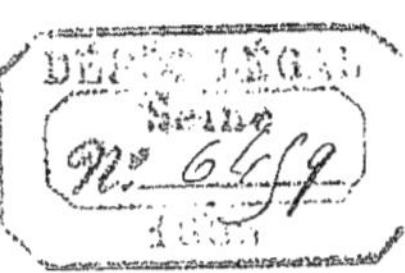

MINISTRES DE L'INSTRUCTION PUBLIQUE

1808-1815.

M. le comte DE FONTANES, Grand-Maître de l'Université impériale. — 17 mars 1808.

M. DE BEAUSSET, ancien évêque d'Alais, président du Conseil royal de l'Instruction publique. — 17 février 1815.

M. le comte DE LACÉPÈDE, Grand-Maître de l'Université impériale. — 30 mars 1815.

M. LEBRUN, duc DE PLAISANCE, Grand-Maître de l'Université impériale. — 9 mai 1815.

1815-1830.

M. ROYER-COLLARD, président de la Commission de l'Instruction publique. — 15 août 1815.

M. le comte DECAZES, Ministre de l'Intérieur, président de la Commission de l'Instruction publique. — 29 décembre 1818.

M. le comte SIMÉON, Ministre de l'Intérieur, président de la Commission de l'Instruction publique. — 21 février 1820.

M. LAINÉ, président du Conseil royal de l'Instruction publique. — 1er novembre 1820.

M. DE CORBIÈRE, président du Conseil royal de l'Instruction publique. — 21 décembre 1820.

M. le baron CUVIER, président du Conseil royal de l'Instruction publique, par *intérim*. — 24 juin 1821.

M. le comte DE FRAYSSINOUS, évêque d'Hermopolis, Grand-Maître de l'Université royale. — 1er juin 1822.

M. le comte DE FRAYSSINOUS, évêque d'Hermopolis, Ministre des Affaires ecclésiastiques et de l'Instruction publique. — 26 août 1824 - 1er février 1828.

M. DE VATIMESNIL, Ministre de l'Instruction publique et Grand-Maître de l'Université. — 1er février 1828 - 8 août 1829.

M. le baron DE MONTBEL, Ministre des Affaires ecclésiastiques et de l'Instruction publique. — 8 août 1829 - 18 novembre 1829.

M. le comte DE GUERNON-RANVILLE. — 18 novembre 1829 - 29 juillet 1830.

1830-1848.

M. BIGNON, commissaire provisoire au Département de l'Instruction publique. — 3 août 1830 - 11 août 1830.

M. le duc DE BROGLIE, Ministre de l'Instruction publique et des Cultes. — 11 août 1830 - 2 novembre 1830.

M. MÉRILHOU. — 2 novembre 1830 - 27 décembre 1830.

M. BARTHE. — 27 décembre 1830 - 23 mars 1831.

M. le comte DE MONTALIVET. — 13 mars 1831 - 29 avril 1832.

M. BARTHE, par *intérim*. — 29 avril 1832.

M. le baron Girod (de l'Ain). — 30 avril 1832-11 octobre 1832.

M. Guizot, Ministre de l'Instruction publique. — 11 octobre 1832-10 novembre 1834.

M. Teste, par *intérim*. — 10 novembre 1834.

M. Guizot. — 10 novembre 1834-22 février 1836.

M. le comte Pelet (de la Lozère). — 22 février 1836-6 septembre 1836.

M. Guizot. — 6 septembre 1836-15 avril 1837.

M. de Salvandy. — 15 avril 1837-31 mars 1839.

M. Parant. — 31 mars 1839-12 mai 1839.

M. Villemain. — 12 mai 1839-1er mars 1840.

M. Cousin. — 1er mars 1840-29 octobre 1840.

M. Villemain. — 29 octobre 1840-30 décembre 1844.

M. Dumon, par *intérim*. — 30 décembre 1844-1er février 1845.

M. le comte de Salvandy, Ministre de l'Instruction publique et Grand-Maître de l'Université. — 1er février 1845-24 février 1848.

1848-1851.

M. Carnot, Ministre de l'Instruction publique et des Cultes. — 24 février 1848-5 juillet 1848.

M. Vaulabelle. — 5 juillet 1848-13 octobre 1848.

M. Freslon. — 13 octobre 1848-20 décembre 1848.

M. de Falloux. — 20 décembre 1848-14 septembre 1849.

M. Lanjuinais, par *intérim*. — 14 septembre 1849-31 octobre 1849.

M. de Parieu. — 31 octobre 1849-24 janvier 1851.

M. Ch. Giraud. — 24 janvier 1851-10 avril 1851.

M. de Crouseilhes. — 10 avril 1851-26 octobre 1851.

M. Ch. Giraud. — 26 octobre 1851-2 décembre 1851.

1851-1870.

M. H. Fortoul. — 3 décembre 1851-1er juillet 1856.

M. le maréchal comte Vaillant, par *intérim*. — 1er juillet 1856-13 août 1856.

M. Rouland. — 13 août 1856-23 juin 1863.

M. V. Duruy, Ministre de l'Instruction publique. — 23 juin 1863-17 juillet 1869.

M. Bourbeau. — 17 juillet 1869-2 janvier 1870.

M. Segris. — 2 janvier 1870-14 avril 1870.

M. Maurice Richard, par *intérim*. — 14 avril 1870-13 mai 1870.

M. Mège. — 13 mai 1870-9 août 1870.

M. Brame. — 9 août 1870-4 septembre 1870.

1870-1885.

M. Jules Simon, Ministre de l'Instruction publique, des Cultes et des Beaux-Arts. — 4 septembre 1870-18 mai 1873.

M. Waddington, Ministre de l'Instruction publique et des Beaux-Arts. — 18 mai 1873-25 mai 1873.

M. Batbie, Ministre de l'Instruction publique, des Cultes et des Beaux-Arts. — 25 mai 1873-26 novembre 1873.

M. de Fourtou. — 26 novembre 1873-22 mai 1874.

M. le vicomte Arthur de Cumont. — 22 mai 1874-10 mars 1875.

M. H. Wallon. — 10 mars 1875-9 mars 1876.

M. Waddington, Ministre de l'Instruction publique et des Beaux-Arts. — 9 mars 1876-17 mai 1877.

M. J. Brunet, Ministre de l'Instruction publique, des Cultes et des Beaux-Arts. — 17 mai 1877-23 novembre 1877.

M. Faye. — 23 novembre 1877-13 décembre 1877.

M. A. Bardoux. — 13 décembre 1877-4 février 1879.

M. Jules Ferry, Ministre de l'Instruction publique et des Beaux-Arts. — 4 février 1879-23 septembre 1880.

M. Jules Ferry. — 23 septembre 1880-14 novembre 1881.

M. Paul Bert, Ministre de l'Instruction publique et des Cultes. — 14 novembre 1881-30 janvier 1882.

M. Jules Ferry, Ministre de l'Instruction publique et des Beaux-Arts. — 30 janvier 1882-7 août 1882.

M. J. Duvaux. — 7 août 1882-21 février 1883.

M. Jules Ferry. — 21 février-20 novembre 1883.

M. A. Fallières. — 20 novembre 1883-6 avril 1885.

M. René Goblet, Ministre de l'Instruction publique, des Beaux-Arts et des Cultes. — 6 avril 1885.

MOTS INDICATEURS

DE LA

TABLE ALPHABÉTIQUE ET CHRONOLOGIQUE

MOTS INDICATEURS

RECUEIL

DES LOIS ET RÈGLEMENTS

SUR L'ENSEIGNEMENT SUPÉRIEUR

1789—1883

TABLE

ALPHABÉTIQUE ET CHRONOLOGIQUE.

[Dans la dernière colonne, *a* renvoie aux *Annexes; n*, aux *Notes*.]

OBJET	TITRES DES LOIS, DÉCRETS, ORDONNANCES, RÈGLEMENTS, ARRÊTÉS, ETC.	DATES	TOMES et PAGES
ABDICATION.	Règlement pour le Muséum national d'Histoire naturelle présenté par les professeurs et approuvé par le Comité d'Instruction publique de la Convention nationale (*chap. Ier, art. 5*).	21 sept. 1793.	I. 15
ABSENCES.	*Voir :* Congés.		
ABUS D'AUTORITÉ.	Décret concernant le régime de l'Université (*art. 45, 75, 83*).	15 nov. 1811.	I. 319
ACADÉMIES.	Décret portant suppression de toutes les Académies et Sociétés littéraires patentées ou dotées par la nation. . . .	8 août 1793.	I. 14
	Voir : Institut.		
ACADÉMIES UNIVERSITAIRES.	Décret portant organisation de l'Université (*art. 4*).	17 mars 1808.	I. 171
Idem	*Tableau des Académies et des départements qui composent leur ressort*	17 mars 1808.	I. 172 n.
Id.	Statut concernant la division de l'Université en Académies et les villes qui en seront les chefs-lieux.	18 oct. 1808.	I. 196
Id.	Arrêté relatif aux rapports de subordination des fonctionnaires de chaque Académie	30 mars 1811.	I. 313
Id.	Ordonnance portant règlement sur l'Instruction publique. .	17 février 1815.	I. 374
Id.	Ordonnance qui établit une *Commission de l'Instruction publique* et maintient l'organisation des Académies. . .	15 août 1815.	I. 386
Id.	*Rapport* et Ordonnance concernant le Conseil royal de l'Instruction publique, etc. (*titre Ier*).	27 février 1821.	I. 466
Id.	Règlement général sur la comptabilité de l'Université (*art. 213 et suiv.*).	11 nov. 1826.	I. 540
Id.	Arrêté qui crée une Académie en Corse	30 mars 1838.	I. 790
Id.	Arrêté qui divise les Académies en deux classes, et qui fixe les frais de bureau et de logement accordés aux Recteurs.	30 nov. 1838.	I. 809
Id.	*Rapport* et Arrêté concernant la nouvelle circonscription des Académies et les fonctionnaires de l'administration académique.	7 sept. 1848.	II. 56
Id.	Loi relative à l'enseignement (*titre Ier, chap. II*).	15 mars 1850.	II. 85

OBJET.	TITRES DES LOIS, DÉCRETS, ORDONNANCES, RÉGLEMENTS, ARRÊTÉS, ETC.	DATES.	TOMES et PAGES.
ACADÉMIES UNIVERSITAIRES.	*Rapport* et Décret concernant les Académies universitaires et leurs fonctionnaires.	27 mai 1850.	II. 148
Idem	Loi sur l'administration de l'Instruction publique (*titre I*er).	14 juin 1854.	II. 316
Id.	Décret sur l'organisation des Académies.	22 août 1854.	II. 340
Id.	Circulaire sur l'application de la loi du 14 juin et des décrets du 22 août 1854.	15 sept. 1854.	II. 365
Id.	Décret portant création d'une Académie dont le chef-lieu est à Chambéry.	13 juin 1860.	II. 563
Id.	Décret qui annexe le département des Alpes-Maritimes à l'Académie d'Aix.	13 juin 1860.	II. 564
Id.	Décret concernant l'Académie d'Aix.	13 juin 1860.	II. 564
Id.	Décret portant que l'Académie de Chambéry sera à l'avenir administrée par un Recteur.	23 août 1862.	II. 618
Id.	Décret relatif aux établissements d'instruction publique en Algérie.	15 août 1875.	III. 78
Id.	*Rapport au Conseil supérieur de l'Instruction publique sur cet objet.*	15 août 1875.	III. 78 n.
	Voir : ACADÉMIE DE PARIS.		
ACADÉMIE DE MÉDECINE.	Ordonnance qui établit à Paris, pour tout le Royaume, une Académie royale de médecine	20 déc. 1820.	I. 459
Idem	Ordonnance portant organisation de l'Académie de médecine	18 oct. 1829.	I. 630
Id.	*Rapport* et Décret concernant la qualité de membre de l'Académie de médecine conférée au doyen de la Faculté de médecine de Paris	19 mars 1850.	II. 122
ACADÉMIE DE PARIS	Décret portant organisation de l'Université (*art. 4, 89*).	17 mars 1808.	I. 171
Idem	Statut concernant la division de l'Université en Académies et les villes qui en seront les chefs-lieux (*art. 3-11*). . .	18 oct. 1808.	I. 196
Id.	Arrêté portant que le Grand-Maître délègue à un conseiller titulaire les fonctions qu'il doit remplir auprès de chacune des Facultés de l'Académie de Paris.	6 oct. 1809.	I. 183 n.
Id.	Statut portant création d'inspecteurs particuliers attachés à l'Académie de Paris.	16 mars 1810.	I. 268
Id.	Ordonnance qui donne à la Commission de l'Instruction publique le titre de *Conseil royal de l'Instruction publique*, et qui contient règlement à cet égard (*art. 8*) . .	1er nov. 1820.	I. 452
Id.	*Rapport* et Ordonnance concernant le Conseil royal de l'Instruction publique (*titre II*)	27 fév. 1821.	I. 466
Id.	Arrêté concernant l'administration et les bureaux de l'Académie de Paris.	17 avril 1821.	I. 473
Id.	Ordonnance qui affecte les bâtiments de la Sorbonne à l'École normale et à l'Académie de Paris.	16 mai 1821.	I. 459 n.
Id.	Ordonnance concernant l'administration supérieure de l'Instruction publique (*art. 1*er).	8 avril 1824.	I. 505
Id.	Arrêté qui fixe les attributions de l'inspecteur général des études chargé de l'administration de l'Académie de Paris.	10 avril 1824.	I. 507
Id.	Ordonnance qui détermine le titre et les attributions du chef de l'Académie de Paris.	7 déc. 1845.	I. 977

1.

OBJET.	TITRES DES LOIS, DÉCRETS, ORDONNANCES, RÈGLEMENTS, ARRÊTÉS, ETC.	DATES.	TOMES et PAGES.	
ACADÉMIE DE PARIS	Arrêté relatif aux bureaux de l'Académie de Paris.	29 sept. 1846.	I.	988
Idem	*Rapport* et Arrêté concernant la nouvelle circonscription des Académies et les fonctionnaires de l'administration académique.	7 sept. 1848.	II.	56
Id.	*Rapport* et Décret concernant les Académies universitaires et leurs fonctionnaires.	27 mai 1850.	II.	148
Id.	Décret sur l'organisation des Académies (§ *VI*.).	22 août 1854.	II.	340
Id.	Décret relatif au rectorat de l'Académie de Paris.	22 août 1854.	II.	348
Id.	Arrêté qui détermine les attributions du Vice-Recteur de l'Académie de Paris.	5 oct. 1854.	II.	367
	Voir : RECTEUR (VICE-), SORBONNE.			
ACADÉMIE DES SCIENCES.	*Voir* : INSTITUT, OBSERVATOIRES.			
ACCOUCHEMENTS.	*Voir* : MATERNITÉ DE PARIS, SAGES-FEMMES.			
ADMINISTRATION ACADÉMIQUE.	Décret portant organisation de l'Université (*titre XII*). . .	17 mars 1808.	I.	171
Idem	Règlement concernant le régime de l'Université; la subordination, la correspondance et les attributions de ses diverses autorités.	10 oct. 1810.	I.	298
Id.	Règlement général sur la comptabilité publique (*art. 213 et suiv.*).	11 nov. 1826.	I.	540
Id.	Règlement pour l'exécution des lois de finances des 23 et 24 mai 1834 en ce qui concerne l'Université (*chap. IV*). .	27 nov. 1834.	I.	710
Id.	Loi relative à l'enseignement (*titre Ier, chap. II*).	15 mars 1850.	II.	540
Id.	Règlement d'administration publique pour l'exécution de la loi du 15 mars 1850 (*chap. II*).	29 juillet 1850.	II.	155
Id.	Circulaire relative à la nomination des Recteurs et au local qui doit être affecté à l'administration académique.	10 août 1850.	II.	167
Id.	Loi sur l'administration de l'Instruction publique (*titre Ier*).	14 juin 1854.	II.	316
Id.	Circulaire relative à l'exécution de l'article 10 de la loi du 14 juin 1854.	11 juillet 1854.	II.	338
Id.	Circulaire relative au local et au matériel à affecter à l'administration académique.	19 août 1854.	II.	339
Id.	Décret sur l'organisation des Académies (§ *IV*).	22 août 1854.	II.	340
	Voir : ACADÉMIES, RECTEURS, TRAITEMENTS.			
AFFICHES DES COURS.	Arrêté du Gouvernement portant règlement sur les Écoles de pharmacie (*art. 16*).	25 therm. An XI.	I.	119
Idem	Règlement concernant les Écoles préparatoires de médecine et de pharmacie (*art. 4*).	12 mars 1841.	I.	899
	Voir : PROGRAMMES.			
AGE (Conditions d')	Loi contenant organisation des Écoles de pharmacie (*art. 16*).	21 germ. An XI.	I.	105
Idem	Loi relative aux Écoles de droit (*art. 1er*).	22 vent. An XII.	I.	137
Id.	Décret concernant l'organisation des Écoles de droit (*art. 27*)	4e compre, An XII	I.	142
Id.	Décret portant organisation de l'Université [*Baccalauréat ès lettres*] (*art. 19*).	17 mars 1808.	I.	171

OBJET.	TITRES DES LOIS, DÉCRETS, ORDONNANCES, RÈGLEMENTS, ARRÊTÉS, ETC.	DATES.	TOMES et PAGES.
AGE (Conditions d').	Décret portant organisation de l'Université [*Baccalauréat en théologie*] (*art. 27*).	17 mars 1808.	I. 171
Idem	Statut concernant les examens dans les cinq Facultés [*Baccalauréat ès lettres*] (*art. 5*).	18 oct. 1808.	I. 194
Id.	Statut sur les Facultés des lettres et des sciences [*Baccalauréat ès lettres*] (*art. 21*).	16 fév. 1810.	I. 249
Id.	Arrêté concernant l'enseignement et la discipline dans les Écoles secondaires de médecine (*art. 3*).	7 nov. 1820.	I. 454
Id.	*Rapport* et Ordonnance concernant le Conseil royal de l'Instruction publique, les Facultés des lettres (*art. 12*).	27 fév. 1821.	I. 466
Id.	*Rapport* et Ordonnance concernant la remise en activité de l'École royale des Chartes (*art. 3*).	11 nov. 1829.	I. 631
Id.	*Rapport* et Ordonnance portant organisation des Écoles de pharmacie (*art. 14*)	27 sept. 1840.	I. 876
Id.	Circulaire relative aux conditions d'âge et de stage exigées des candidats au titre d'officier de santé.	21 août 1847.	I. 1015
Id.	Ordonnance fixant l'âge auquel peuvent être commencées les études pour le grade d'officier de santé.	25 août 1847.	I. 1016
Id.	Règlement pour le baccalauréat ès lettres (*art. 1er*).	26 nov. 1849.	II. 79
Id.	Dispositions organiques concernant l'Instruction publique [*Professeurs titulaires*] (*art. 2*).	9 mars 1852.	II. 209
Id.	Règlement sur la réception des officiers de santé, pharmaciens, herboristes et sages-femmes de 2ᵉ classe (*art. 6, 7*).	23 déc. 1854.	II. 372
Id.	Instruction pour l'exécution du règlement précédent.	23 déc. 1854.	II. 377
Id.	Arrêté fixant l'âge auquel les élèves en pharmacie peuvent prendre une première inscription de stage officinal.	19 juillet 1861.	II. 595
Id.	Règlement pour les examens du baccalauréat ès lettres (*art. 5*).	28 nov. 1864.	II. 664
Id.	Règlement pour l'examen du baccalauréat ès sciences (*art. 5*).	25 mars 1865.	II. 680
Id.	Décret relatif à l'examen du baccalauréat ès lettres (*art. 2*).	9 avril 1874.	II. 883
Id.	Décret portant règlement d'administration publique sur les droits d'examen et de diplôme, et sur les conditions d'âge et d'études pour l'admission au grade de bachelier ès lettres (*art. 1er*).	25 juillet 1874.	II. 885
Id.	Décret concernant l'examen du baccalauréat ès lettres (*art 1er*).	19 juin 1880.	III. 486
Id.	Circulaire relative aux demandes de dispenses d'âge pour le baccalauréat	1er juillet 1882.	III. 631
AGENTS COMPTABLES.	Arrêté du Gouvernement portant règlement pour l'exercice de la médecine (*art. 44*).	20 prair. An XI.	I. 109
Idem	Arrêté du Gouvernement contenant règlement sur les Écoles de pharmacie (*titre Ier*)	25 therm. An XI.	I. 119
Id.	Décret concernant l'organisation des Écoles de droit (*section IV*).	4ᵉcompⁿᵉ, An XII.	I. 142
Id.	Statut sur l'administration économique des Facultés de droit.	13 juillet 1810.	I. 286
Id.	Statut sur l'administration économique des Facultés de théologie, des sciences et des lettres (*art. 17*).	14 sept. 1810.	I. 294

OBJET.	TITRES DES LOIS, DÉCRETS, ORDONNANCES, RÈGLEMENTS, ARRÊTÉS, ETC.	DATES.	TOMES et PAGES.
AGENTS COMPTABLES.	Ordonnance portant réorganisation de la Faculté de médecine de Paris (*art. 8, 14*).	2 fév. 1823.	I. 488
Id.	Règlement pour la Faculté de médecine de Paris (*art. 48, 49*).	12 avril 1823.	I. 494
Idem	Arrêté concernant les bibliothécaires, conservateurs des cabinets, chefs des travaux anatomiques et agents comptables des Facultés de médecine.	2 août 1823.	I. 501
Id.	Règlement pour la Faculté de médecine de Montpellier (*art. 44, 54*).	1er mars 1825.	I. 515
Id.	Règlement général sur la comptabilité de l'Université (*art. 172-174, 213, 329-351, 413-419*).	11 nov. 1826.	I. 540
Id.	Ordonnance portant que les agents comptables de l'Université seront individuellement justiciables de la Cour des Comptes.	21 août 1827.	I. 598
Id.	Arrêté portant règlement pour la Faculté de médecine de Strasbourg (*art. 7, 8, 10*).	11 avril 1829.	I. 625
Id.	Instruction relative à la marche à suivre par les agents comptables lorsqu'ils font les payements à des personnes ne sachant ou ne pouvant écrire ni signer.	28 fév. 1830.	I. 634.
Id.	Règlement pour l'exécution des lois de finances des 23 et 24 mai 1834 en ce qui concerne l'Université (*titre II, chap. IV*).	27 nov. 1834.	I. 710
Id.	Arrêté relatif à l'administration de la comptabilité du Collège de France.	5 mai 1838.	I. 791
Id.	*Rapport* et Ordonnance portant organisation des Écoles de pharmacie (*art. 8, 21*).	27 sept. 1840.	I. 876
Id.	Règlement pour les Écoles de pharmacie (*art. 1er, 4*).	5 fév. 1841.	I. 892
Id.	Règlement concernant les Écoles préparatoires de médecine et de pharmacie (*art. 3*).	12 mars 1841.	I. 899
Id.	Règlement pour l'exécution de la loi de finances du 25 juin 1841 et de l'Ordonnance du 27 septembre 1840 en ce qui concerne la perception des droits dus dans les Écoles de pharmacie (*chap. III*).	27 nov. 1841.	I. 911
Id.	Arrêté qui prescrit aux secrétaires agents comptables de signer tous certificats d'actes soumis aux droits.	7 mars 1843.	I. 948
Id.	Avis du Conseil sur la constitution en rentes sur l'État des cautionnements des secrétaires agents comptables.	19 sept. 1843.	I. 955
Id.	Ordonnance qui organise l'École des Chartes (*art. 4*).	31 déc. 1846.	I. 1000
Id.	Décret relatif aux cautionnements des agents comptables ressortissant au département de l'Instruction publique.	31 oct. 1849.	II. 75
Id.	Règlement d'administration publique pour l'exécution de la loi du 15 mars 1850 (*art. 33*).	29 juillet 1850.	II. 155
Id.	Décret relatif aux secrétaires des Facultés et des Académies.	13 fév. 1851.	II. 194
Id.	Arrêté relatif aux fonctions des secrétaires agents comptables des Facultés.	24 déc. 1852.	II. 264
Id.	Arrêté portant création d'emplois de secrétaires agents comptables des Facultés.	24 août 1854.	II. 364
Id.	Décret concernant le personnel de l'École des Chartes.	30 sept. 1854.	II. 367

OBJET.	TITRES DES LOIS, DÉCRETS, ORDONNANCES, RÈGLEMENTS, ARRÊTÉS, ETC.	DATES.	TOMES et PAGES.	
AGENTS COMPTABLES.	Arrêté qui institue des secrétaires agents comptables dans les Écoles préparatoires de médecine et de pharmacie et dans les Écoles préparatoires à l'enseignement supérieur des sciences et des lettres.	2 mars 1855.	II.	431
Idem	Règlement de l'indemnité attribuée aux secrétaires agents comptables des Écoles préparatoires de médecine et de pharmacie et des Écoles préparatoires à l'enseignement supérieur des sciences et des lettres.	11 juin 1855.	II.	439
Id.	Décret qui institue une École préparatoire de médecine et de pharmacie à Alger (*art. 3*).	4 août 1857.	II.	490
Id.	*Rapport* et Décret portant réorganisation de l'administration du Muséum d'histoire naturelle (*art. 7, 11*).	29 déc. 1863.	II.	633
Id.	Décret qui supprime le cumul des fonctions de secrétaire d'Académie et de secrétaire agent comptable de l'École préparatoire de médecine et de pharmacie d'Alger	31 déc. 1864.	II.	672
Id.	Arrêté portant institution d'un emploi de secrétaire agent comptable à l'École préparatoire de médecine et de pharmacie d'Alger.	9 janv. 1865.	II.	674
Id.	Décret portant réorganisation de l'Observatoire de Paris (*art. 1, 10, 15, 18*).	3 avril 1868.	II.	734
Id.	Décret portant réorganisation de l'École des Langues orientales vivantes (*art. 12, 14, 17*).	8 nov. 1869.	II.	782
Id.	Décret organique relatif aux Observatoires de Paris et de Marseille (*art. 2, 10*).	5 mars 1872.	II.	811
Id.	Décret portant règlement pour l'École des Langues orientales vivantes (*art. 6, 7, 8*).	11 mars 1872.	II.	814
Id.	Décret relatif aux Observatoires de l'État (*art. 2*).	13 février 1873.	II.	840
Id.	Décret portant organisation des Observatoires ressortissant au Ministère de l'Instruction publique (*art. 2, 11*). . . .	21 fév. 1878.	III.	175
Id.	Décret portant création d'un emploi de secrétaire et d'un emploi d'agent comptable à la Faculté de médecine de Paris.	26 janv. 1882.	III.	609
Id.	Décret relatif à la séparation des fonctions de secrétaire et d'agent comptable dans les Facultés et établissements d'enseignement supérieur.	25 juillet 1882.	III.	663
Id.	Arrêté relatif à la perception des droits universitaires à Paris	25 juillet 1882.	III.	664
Id.	Décret relatif à la perception des droits universitaires dans les départements.	25 nov. 1882.	III.	685
Id.	Arrêté relatif au mode de perception des droits universitaires dans les départements.	25 nov. 1882.	III.	686
Id.	Décret concernant la séparation des fonctions de secrétaire et d'agent comptable des Facultés et établissements d'enseignement supérieur dans les départements.	14 déc. 1882.	III.	691
Id.	Arrêté annulant les dispositions de l'arrêté du 27 décembre 1875 relatif aux secrétaires des Écoles de plein exercice et préparatoires de médecine et de pharmacie. .	28 fév. 1883.	III.	706
	Voir : CAISSIERS DES ACADÉMIES, CAUTIONNEMENT, SECRÉTAIRES D'ACADÉMIE, DES FACULTÉS ET ÉCOLES.			
AGENTS INFÉRIEURS.	Règlement pour l'École de médecine de Paris (*titre III, art. 14*).	14 mess. An IV.	I.	42

OBJET.	TITRES DES LOIS, DÉCRETS, ORDONNANCES, RÉGLEMENTS, ARRÊTÉS, ETC.	DATES.	TOMES et PAGES.	
AGENTS INFÉRIEURS.	Règlement pour l'École de médecine de Montpellier (*chap. I*).	2 fruct. An XI.	I.	125
Idem	Instruction pour les Écoles de droit (*art. 3*).	19 mars 1807.	I.	160
Id.	Statut sur l'administration, la police et l'enseignement de l'École normale (*art. 18, 19*).	30 mars 1810.	I.	268
Id.	Règlement concernant l'administration et la discipline de l'École normale (*titre Ier, § 8*).	14 déc. 1815.	I.	394
Id.	Ordonnance portant réorganisation de la Faculté de médecine de Paris (*art. 14*).	2 fév. 1823.	I.	488
Id.	Statut portant règlement général concernant la discipline et la police intérieure des Facultés et des Écoles secondaires de médecine (*art. 47*).	9 avril 1825.	I.	521
Id.	*Rapport* et Ordonnance portant organisation des Écoles de pharmacie (*art. 8*).	27 sept. 1840.	I.	876
Id.	Règlement concernant les Écoles préparatoires de médecine et de pharmacie (*art. 1er*).	12 mars 1841.	I.	899
Id.	Dispositions organiques concernant l'Instruction publique (*art. 3*).	9 mars 1852.	II.	209
Id.	Arrêté qui détermine les attributions des principaux fonctionnaires de l'École normale supérieure (*art 1er*).	28 oct. 1857.	II.	505
Id.	Décret conférant de nouvelles attributions aux Recteurs (*art. 2, 3*).	11 déc. 1869.	II.	786
Id.	Circulaire relative à l'exécution du décret précédent.	23 déc. 1869.	II.	787 *n.*
Id.	Circulaire relative à la retenue à opérer sur le traitement des agents nommés par les Recteurs.	8 mars 1870.	II.	788
Id.	Décret relatif aux emplois réservés aux anciens sous-officiers des armées de terre et de mer.	28 oct. 1874.	II.	900
AGRÉGATION.	Règlement général sur la comptabilité de l'Université (*art. 234-239, 269-275*).	11 nov. 1826.	I.	540
Idem	Arrêté relatif aux droits de présence alloués aux membres des jurys des concours d'agrégation.	4 oct. 1833.	I.	573 *n.*
Id.	Statut sur l'agrégation des Facultés.	20 déc. 1855.	II.	459
Id.	Circulaire portant notification du statut du 20 décembre 1855 sur l'agrégation des Facultés.	13 fév. 1856.	II.	462
Id.	Statut sur l'agrégation des Facultés.	19 août 1857.	II.	499
Id.	Statut sur l'agrégation des Facultés.	16 nov. 1874.	II.	903
(Droit.)	Statut portant règlement général sur les concours des Facultés de droit et de médecine.	16 mai 1825.	I.	528
Idem	*Exposé fait par le Ministre de l'Instruction publique à la première séance de la Commission des hautes études de droit.*	1838-1840.	I.	821 *n.*
Id.	Statut sur l'agrégation des Facultés.	20 déc. 1855.	II.	459
Id.	Circulaire portant notification du statut du 20 décembre 1855 sur l'agrégation des Facultés.	13 fév. 1856.	II.	462
Id.	Statut sur l'agrégation des Facultés.	19 août 1857.	II.	499
Id.	Arrêté portant modification de l'article 33 du statut du 19 août 1857 en ce qui concerne le concours d'agrégation dans les Facultés de droit.	19 juillet 1861.	II.	595

OBJET.	TITRES DES LOIS, DÉCRETS, ORDONNANCES, RÈGLEMENTS, ARRÊTÉS, ETC.	DATES.	TOMES et PAGES.
AGRÉGATION (Droit.)	Circulaire relative à l'exécution de l'arrêté du 19 juillet 1861 modifiant les examens de l'agrégation des Facultés de droit.	5 oct. 1861.	II. 598
Idem	Arrêté relatif aux épreuves d'agrégation dans les Facultés de droit.	30 déc. 1867.	II. 730
Id.	Statut sur l'agrégation des Facultés.	16 nov. 1871.	II. 903
Id.	Règlement relatif au concours d'agrégation dans les Facultés de droit.	27 déc. 1880.	III. 534
Id.	*Rapport au Conseil supérieur de l'Instruction publique sur cet objet, par M. Beudant.*	27 déc. 1880.	III. 534 n.
	Voir : AGRÉGÉS, ORGANISATION JUDICIAIRE.		
(Lycées.)	Arrêté qui détermine le cas où le titre d'agrégé pourra être accordé aux élèves de l'École normale.	30 nov. 1814.	I. 372
Idem	*Rapport* et Décret concernant l'École normale supérieure et l'agrégation des Lycées.	17 juillet 1857.	II. 484
Id.	*Rapport* et Décret concernant l'admission des élèves de l'École normale supérieure aux examens de l'agrégation.	20 juillet 1858.	II. 514
Id.	Arrêté qui alloue l'indemnité d'agrégation aux inspecteurs d'Académie en résidence à Paris.	7 janv. 1881.	III. 547
Id.	Décret concernant le stage exigé des candidats à l'agrégation des Lycées.	28 janv. 1881.	III. 476 n.
	Voir : BOURSES D'ÉTUDES.		
(Médecine.)	Ordonnance portant réorganisation de la Faculté de médecine de Paris (*titres I-IV*).	2 fév. 1823.	I. 488
Idem	Règlement pour la Faculté de médecine de Paris (*art. 8; §§ 2, 3*).	12 avril 1823.	I. 494
Id.	Ordonnance portant organisation de la Faculté de médecine de Montpellier (*art. 7 et suiv*).	12 déc. 1824.	I. 513
Id.	Règlement concernant l'enseignement, les examens, les thèses, les concours d'agrégation et les auxiliaires de l'enseignement à la Faculté de médecine de Montpellier (§§ 2, 3).	1er mars 1825.	I. 515
Id.	Statut portant règlement général sur les concours dans les Facultés de droit et de médecine.	10 mai 1825.	I. 528
Id.	Règlement général sur la comptabilité de l'Université (*art. 273-275*).	11 nov. 1826.	I. 540
Id.	Arrêté portant règlement pour la Faculté de médecine de Strasbourg.	11 avril 1829.	I. 625
Id.	Arrêté concernant les épreuves pour les concours d'agrégation de médecine.	6 mars 1830.	I. 638
Id.	*Rapport* et Ordonnance concernant la Faculté de médecine de Paris.	5 oct. 1830.	I. 644
Id.	Arrêté relatif aux droits de présence des membres des jurys des concours d'agrégation.	4 oct. 1833.	I. 573 n.
Id.	Arrêté qui désigne les juges et suppléants appelés de droit à faire partie des concours d'agrégation pour les sciences anatomo-physiologiques et chimiques.	22 sept. 1835.	I. 726
Id.	*Rapport* et Ordonnance concernant les agrégés des Facultés de médecine.	10 avril 1840.	I. 850
Id.	Arrêté portant que les agrégés de médecine ne peuvent remplacer les professeurs dans les jurys d'examen et de thèse.	26 mai 1840.	I. 852

OBJET.	TITRES DES LOIS, DÉCRETS, ORDONNANCES, RÈGLEMENTS, ARRÊTÉS, ETC.	DATES.	TOMES et PAGES.
AGRÉGATION (**Médecine.**)	Règlement général pour les concours dans les Facultés de médecine (*titre II, § 3*).	11 janv. 1812.	I. 923
Idem. . . .	Arrêté relatif aux épreuves du concours pour l'agrégation dans les Facultés de médecine.	23 août 1842.	I. 936 *n.*
Id.	Ordonnance fixant l'indemnité due aux agrégés des Facultés de médecine appelés à remplacer les professeurs.	22 juillet 1844.	I. 960
Id.	Avis du Conseil de l'Instruction publique sur l'allocation due aux agrégés appelés à suppléer les professeurs dans les Facultés de médecine.	3 avril 1846.	I. 982
Id.	Allocation d'un traitement fixe aux agrégés des Facultés de médecine.	3 juillet 1846.	I. 985
Id.	Arrêté concernant les concours d'agrégation dans les Facultés de médecine.	25 août 1846.	I. 936 *n.*
Id.	Circulaire portant notification du statut du 20 décembre 1855 sur l'agrégation des Facultés.	13 fév. 1856.	II. 462
Id.	Décret déterminant les droits attribués à un professeur honoraire de la Faculté de médecine de Montpellier. . .	9 juin 1860.	II. 563
Id.	Statut sur l'agrégation des Facultés.	16 nov. 1874.	II. 903
Id.	Arrêté qui fixe les droits de présence alloués aux membres des jurys de concours d'agrégation de médecine et de pharmacie.	6 déc. 1876.	III. 141
Id.	Décret portant suppression du stage imposé aux agrégés des Facultés de médecine.	10 août 1877.	III. 160
Id.	*Rapport au Conseil supérieur de l'Instruction publique sur cet objet, par* M. Bouisson	10 août 1877.	III. 160 *n.*
Id.	Arrêté qui modifie l'article 49 du statut du 16 novembre 1874 sur l'agrégation des Facultés.	10 août 1877.	II. 909 *n.*
	Voir : AGRÉGÉS.		
(**Pharmacie.**)	*Rapport* et Ordonnance portant organisation des Écoles de pharmacie	27 sept. 1840.	I. 876
Idem	Règlement pour les Écoles de pharmacie.	5 fév. 1841.	I. 892
Id.	Règlement relatif aux concours d'agrégation dans les Écoles de pharmacie.	6 fév. 1846.	I. 978
Id.	Circulaire portant notification du statut du 20 décembre 1855 sur l'agrégation des Facultés.	13 fév. 1856.	II. 462
Id.	Statut sur l'agrégation des Facultés.	16 nov. 1874.	II. 903
Id.	Arrêté qui fixe les droits de présence alloués aux membres des jurys de concours d'agrégation de médecine et de pharmacie	6 déc. 1876.	III. 141
Id.	Décret portant règlement d'administration publique déterminant les conditions d'études exigées des aspirants au titre de pharmacien de 1re classe (*art. 5*).	12 juillet 1878.	III. 219
	Voir : AGRÉGÉS.		
(**Sciences et Lettres.**)	*Rapport* et Ordonnance portant création de trois ordres d'agrégés près les Facultés des lettres.	24 mars 1840.	I. 840
Idem	*Rapport* et Ordonnance portant création de trois ordres d'agrégés près les Facultés des sciences.	28 mars 1840.	I. 842

OBJET.	TITRES DES LOIS, DÉCRETS, ORDONNANCES, RÈGLEMENTS, ARRÊTÉS, ETC.	DATES.	TOMES et PAGES.
AGRÉGATION (Sciences et Lettres.)	Règlement des concours pour les places d'agrégés dans les Facultés des lettres.	31 mars 1840.	I. 843
Idem	Règlement des concours pour les places d'agrégés dans les Facultés des sciences.	7 avril 1840.	I. 848
Id.	Ordonnance relative à l'époque des concours d'agrégation près les Facultés des lettres.	10 oct. 1840.	I. 841 n.
Id.	Arrêté concernant les agrégés des Facultés des sciences et des lettres	22 janv. 1847.	I. 1006
Id.	*Projet de développement et de constitution définitive de l'agrégation près les Facultés des sciences et des lettres.*	5-22 janv. 1847.	III. 894 a.
Id.	Arrêté relatif aux agrégés des Facultés des sciences et des lettres.	18 déc. 1848.	II. 62
Id.	Circulaire portant notification du statut du 20 décembre 1855 sur l'agrégation des Facultés.	13 fév. 1856.	II. 462
Id.	Statut sur l'agrégation des Facultés.	16 nov. 1874.	II. 903
Id.	Décret qui institue des places d'agrégés près les Facultés des sciences et des lettres.	2 nov. 1875.	III. 94
Id.	Règlement pour les concours d'agrégation près les Facultés des sciences et des lettres.	2 nov. 1875.	III. 95
Id.	Circulaire pour l'exécution du décret du 2 novembre 1875 sur l'agrégation des Facultés des sciences et des lettres.	10 déc. 1875.	III. 101
Id.	Loi de finances du 22 décembre 1878 [*Suppression du crédit affecté au traitement des agrégés des Facultés des sciences et des lettres*] (*Journal officiel* du 23 décembre 1878, page 12 260).	»	»
	Voir : AGRÉGÉS.		
AGRÉGÉS.	Ordonnance portant réorganisation de la Faculté de médecine de Paris (*titres Ier, IV*)	2 fév. 1823.	I. 488
Idem	Règlement pour la Faculté de médecine de Paris (§ 3).	12 avril 1823.	I. 494
Id.	Ordonnance portant organisation de la Faculté de médecine de Montpellier.	12 déc. 1824.	I. 513
Id.	Statut portant règlement concernant la discipline et la police intérieure des Facultés et des Écoles secondaires de médecine (*art. 44 et suiv.*)	9 avril 1825.	I. 521
Id.	Arrêté portant règlement pour la Faculté de médecine de Strasbourg.	11 avril 1829.	I. 625
Id.	*Rapport* et Ordonnance concernant la Faculté de médecine de Paris (*art. 5*).	5 oct. 1830.	I. 644
Id.	Ordonnance relative aux agrégés libres de la Faculté de médecine de Montpellier.	19 avril 1834.	I. 516 n.
Id.	Décision relative au traitement des agrégés.	6 janv. 1835.	I. 721
Id.	*Rapport* et Ordonnance portant création de trois ordres d'agrégés près les Facultés des lettres.	24 mars 1840.	I. 840
Id.	*Rapport* et Ordonnance portant création de trois ordres d'agrégés près les Facultés des sciences.	28 mars 1840.	I. 842
Id.	*Rapport* et Ordonnance concernant les agrégés des Facultés de médecine.	10 avril 1840.	I. 850
Id.	*Rapport* et Ordonnance portant organisation des Écoles de pharmacie	27 sept. 1840.	I. 876

OBJET.	TITRES DES LOIS, DÉCRETS, ORDONNANCES, RÉGLEMENTS, ARRÊTÉS, ETC.	DATES.	TOMES et PAGES.	
AGRÉGÉS.	Avis du Conseil royal de l'Instruction publique relatif au traitement des agrégés	10 nov. 1840.	I.	890
Idem	Règlement pour les Écoles de pharmacie (*titre II*).	5 fév. 1841.	I.	892
Id.	Avis du Conseil royal de l'Instruction publique relatif à l'indemnité due aux agrégés suppléants et au traitement des agrégés.	11 mai 1844.	I.	488 *n.*
Id.	Ordonnance fixant l'indemnité due aux agrégés des Facultés de médecine appelés à remplacer les professeurs. .	22 juillet 1844.	I.	960
Id.	Avis du Conseil royal de l'Instruction publique sur l'allocation due aux agrégés appelés à suppléer les professeurs dans les Facultés de médecine.	3 avril 1846.	I.	982
Id.	Arrêté concernant les agrégés des Facultés des sciences et des lettres	22 janv. 1847.	I.	1006
Id.	Décision du Conseil royal de l'Instruction publique qui interdit aux agrégés de donner des leçons particulières ou des répétitions	30 avril 1847.	I.	489 *n.*
Id.	Arrêté relatif aux agrégés des Facultés des sciences et des lettres.	18 déc. 1848.	II.	62
Id.	Décret sur l'organisation des Académies (*art. 10, 11*). . .	22 août 1854.	II.	340
Id.	Décret d'organisation de la Faculté de médecine de Nancy (*art. 5*).	1er oct. 1872.	II.	821
Id.	Statut sur l'agrégation des Facultés.	16 nov. 1874.	II.	903
Id.	Décret qui institue des places d'agrégés près les Facultés des sciences et des lettres.	2 nov. 1875.	III.	94
	Voir : AGRÉGATION, CONFÉRENCES, TRAITEMENTS.			
AGRONOMES.	*Voir :* MUSÉUM.			
AIDES (Chimie, Pharmacie.)	Ordonnance portant réorganisation de la Faculté de médecine de Paris (*art. 10*).	2 fév. 1823.	I.	488
	Voir : ANATOMIE, CLINIQUE.			
AIDES NATURALISTES.	Décret relatif à l'organisation du Jardin national des Plantes et du Cabinet d'histoire naturelle sous le nom de Muséum d'histoire naturelle.	10 juin 1793.	I.	11
Idem	Règlement pour le Muséum national d'histoire naturelle présenté par les professeurs et approuvé par le Comité d'Instruction publique de la Convention nationale (*chap. III, art. 8*).	21 sept. 1793.	I.	15
Id.	*Rapport* et *Décret* portant réorganisation de l'administration du Muséum d'histoire naturelle (*art. 2, 5*).	29 déc. 1863.	III.	633
Id.	Arrêté qui désigne les fonctionnaires et agents du Muséum qui pourront être logés dans l'établissement.	25 juillet 1865.	III.	697
	Voir : ANATOMIE (AIDES D').			
AJOURNEMENT AUX EXAMENS.	Arrêté du Gouvernement contenant règlement pour les Écoles de pharmacie (*art. 28*).	25 therm.. An XII.	II.	119
Idem	Décret concernant l'organisation des Écoles de droit (*art. 54*).	4 compl^re, An XIII.	II.	142
Id.	Instruction pour les Écoles de droit (*art. 14*).	19 mars 1807.	II.	160

OBJET.	TITRES DES LOIS, DECRETS, ORDONNANCES, RÈGLEMENTS, ARRÊTÉS, ETC.	DATES.	TOMES et PAGES.
AJOURNEMENT AUX EXAMENS.	Arrêté approuvant la décision par laquelle une Faculté a refusé de délivrer un certificat d'inscription à un élève ajourné pour un nouvel examen.	1er oct. 1813.	I. 368
Idem	Arrêté concernant les étudiants ajournés ou refusés à leurs examens.	26 avril 1828.	I. 608
Id.	Nouvelles dispositions réglementaires concernant les études dans les Facultés de médecine (art. 6).	26 sept. 1837.	I. 772
Id.	Nouvelles dispositions réglementaires concernant les études dans les Écoles secondaires de médecine (art. 6).	26 sept. 1837.	I. 773
Id.	Règlement pour le baccalauréat ès lettres (art. 25).	14 juillet 1840.	I. 858
Id.	Règlement pour les Écoles de pharmacie (art. 21, 22).	5 fév. 1841.	I. 892
Id.	Règlement concernant les Écoles préparatoires de médecine et de pharmacie (art. 24).	12 mars 1841.	I. 899
Id.	Ordonnance concernant les examens dans les Facultés de droit (art. 4).	6 juillet 1841.	I. 907
Id.	Circulaire qui exige une déclaration écrite des candidats aux examens dans les Facultés de médecine et les Écoles de pharmacie.	18 mars 1844.	I. 959
Id.	Arrêté qui établit trois sessions pour les examens du baccalauréat ès sciences.	17 avril 1846.	I. 983
Id.	Arrêté qui institue des examens de fin d'année pour les élèves en médecine.	7 sept. 1846.	I. 985
Id.	Arrêté qui institue des examens semestriels dans les Écoles supérieures de pharmacie.	15 oct. 1847.	I. 1016
Id.	Loi relative à l'enseignement (art. 63).	15 mars 1850.	II. 85
Id.	Instruction pour l'exécution de l'article 63 de la loi du 15 mars 1850.	29 nov. 1850.	II. 183
Id.	Nouvelles instructions pour l'application de l'article 63 de la loi du 15 mars 1850.	17 déc. 1850.	II. 190
Id.	Règlement pour la réception des officiers de santé, des pharmaciens, herboristes et sages-femmes de 2e classe (art. 14).	23 déc. 1854.	II. 372
Id.	Instruction pour l'exécution de l'arrêté précédent.	23 déc. 1854.	II. 377
Id.	Circulaire relative à la gratuité des examens subis après ajournement	30 nov. 1867.	II. 723
Id.	Décret concernant le délai d'ajournement à l'examen pour le certificat de grammaire.	12 sept. 1873.	II. 861
Id.	Décret portant règlement d'administration publique sur les droits d'examen et de diplôme et sur les conditions d'âge et d'études pour l'admission au grade de bachelier ès lettres (art. 11).	25 juillet 1874.	II. 885
Id.	Règlement pour le baccalauréat ès lettres (art. 18, 19).	25 juillet 1874.	II. 887
Id.	Décret portant règlement d'administration publique déterminant les conditions d'études exigées des aspirants au grade de docteur en médecine (art. 4, 9).	20 juin 1878.	III. 213
Id.	Décret portant règlement d'administration publique déterminant les conditions d'études exigées des aspirants au titre de pharmacien de 1re classe (art. 11).	12 juillet 1878.	III. 219

OBJET.	TITRES DES LOIS, DÉCRETS, ORDONNANCES, RÈGLEMENTS, ARRÊTÉS, ETC.	DATES.	TOMES et PAGES.
AJOURNEMENT AUX EXAMENS.	Décret déterminant les conditions d'études et d'admission aux grades de bachelier et de licencié dans les Facultés de droit (*art. 6, 9*)...............	28 déc. 1880.	III. 536
Idem	Décret relatif au régime des établissements d'enseignement supérieur (*art. 24*)..................	30 juillet 1883.	III. 731
Id.	Décret relatif aux conditions d'études pour le titre d'officier de santé (*art. 6, 7*)................	1er août 1883.	III. 737
Id.	Décret portant réorganisation des Écoles préparatoires de médecine et de pharmacie (*art. 13*)............	1er août 1883.	III. 743
Id.	Décret relatif aux Écoles de plein exercice de médecine et de pharmacie (*art. 4*)..................	1er août 1883.	III. 746
ALGÉRIE.	Ordonnance concernant les fonctionnaires de l'instruction publique employés en Algérie..............	13 avril 1839.	I. 812
Idem	Ordonnance concernant les fonctionnaires de l'instruction publique en Algérie..................	14 juillet 1844.	I. 960
Id.	Arrêté du Gouvernement qui fait rentrer l'instruction publique en Algérie dans les attributions du Ministère de l'Instruction publique..................	30 mai 1848.	II. 45
Id.	Arrêté concernant l'instruction publique en Algérie. ...	16 août 1848.	II. 55
Id.	Arrêté concernant le passage des fonctionnaires de l'Université en Algérie..................	16 oct. 1849.	II. 72
Id.	Décret relatif à l'exercice de la médecine en Algérie.	12 juillet 1851.	II. 201
Id.	Décret sur l'exercice de la pharmacie en Algérie.	12 juillet 1851.	II. 203
Id.	Décret qui institue une École préparatoire de médecine et de pharmacie à Alger	4 août 1857.	II. 490
Id.	Décret qui fixe les attributions du Ministère de l'Algérie et du Ministère de l'Instruction publique et des Cultes en ce qui concerne l'Instruction publique et les Cultes.	2 août 1858.	II. 515
Id.	Décret concernant le Gouvernement et la haute administration de l'Algérie.....................	10 déc. 1860.	II. 581
Id.	Décret qui fait rentrer l'Observatoire d'Alger dans les attributions du Gouvernement général de l'Algérie	6 juillet 1861.	II. 594
Id.	Arrêté relatif aux frais de passage de France en Algérie...	8 mars 1862.	II. 604
Id.	Arrêté du Gouverneur général sur les conditions d'exercice de la profession d'officier de santé, sage-femme, pharmacien et herboriste en Algérie	26 déc. 1862.	II. 621
Id.	Décret qui supprime le cumul des fonctions de secrétaire d'Académie et de secrétaire agent comptable de l'École préparatoire de médecine et de pharmacie d'Alger	31 déc. 1864.	II. 672
Id.	Arrêté portant institution d'un emploi de secrétaire agent comptable à l'École préparatoire de médecine et de pharmacie d'Alger	9 janv. 1865.	II. 674
Id.	Décret portant admission des étrangers israélites à l'École préparatoire de médecine et de pharmacie d'Alger.	27 janv. 1865.	II. 678
Id.	Arrêté relatif au passage des fonctionnaires en Algérie. ..	25 avril 1874.	II. 884
Id.	Décret relatif aux établissements d'instruction publique en Algérie....................	15 août 1875.	III. 78

OBJET.	TITRES DES LOIS, DÉCRETS, ORDONNANCES, RÈGLEMENTS, ARRÊTÉS, ETC.	DATES.	TOMES et PAGES.	
ALGÉRIE.	*Rapport fait au Conseil supérieur de l'Instruction publique sur un projet de décret portant règlement d'administration publique pour l'organisation de l'instruction publique en Algérie.*	15 août 1875.	III.	78 *n.*
Idem	Règlement concernant l'épreuve des langues vivantes dans les examens subis en Algérie par les candidats aux grades de bachelier ès lettres et de bachelier ès sciences.	10 nov. 1875.	III.	96
Id.	Loi relative à l'enseignement supérieur en Algérie.	20 déc. 1879.	III.	292
Id.	*Proposition de loi sur l'organisation de l'enseignement supérieur en Algérie, présentée à la Chambre des députés par M. P. Bert.*	20 déc. 1879.	III.	294
Id.	*Exposé des motifs du projet de loi portant création en Algérie d'Écoles préparatoires à l'enseignement supérieur présenté à la Chambre des députés par M. Bardoux, Ministre de l'Instruction publique.*	20 déc. 1879.	III.	297
Id.	*Rapport fait au nom de la Commission chargée d'examiner : 1° le projet de loi portant création d'Écoles préparatoires à l'enseignement supérieur en Algérie; 2° la proposition de loi de M. P. Bert sur l'organisation de l'enseignement supérieur en Algérie, par M. P. Bert.*	20 déc. 1879.	III.	299
Id.	*Rapport fait au Sénat au nom de la Commission chargée d'examiner le projet de loi adopté par la Chambre des députés relatif à l'enseignement supérieur en Algérie, par M. de Rozière.*	20 déc. 1879.	III.	306
Id.	Décret concernant les établissements d'enseignement supérieur en Algérie.	10 janv. 1880.	III.	315
Id.	Décret portant organisation de l'enseignement supérieur en Algérie.	5 juin 1880.	III.	478
Id.	Décret relatif au Conseil académique d'Alger.	6 juillet 1880.	III.	503
Id.	Décret portant règlement d'administration publique ayant pour objet : 1° de déterminer les conditions dans lesquelles pourront être décernés par l'École préparatoire de médecine et de pharmacie d'Alger, les certificats d'aptitude permettant d'exercer la médecine en territoire indigène; 2° de fixer les droits à percevoir pour chaque examen.	3 août 1880.	III.	508
Id.	*Rapport fait au Conseil supérieur de l'Instruction publique sur cet objet, par M. P. Bert.*	3 août 1880.	III.	508 *n.*
Id.	Décret portant règlement d'administration publique instituant : 1° un certificat d'études de droit administratif et de coutumes indigènes; 2° un certificat supérieur d'études de législation algérienne et de coutumes indigènes, et déterminant les conditions d'admission à ces certificats.	8 janv. 1881.	III.	549
Id.	Décret relatif à l'organisation administrative de l'Algérie.	26 août 1881.	III.	588
Id.	Arrêté concernant la délivrance du brevet et du diplôme de langue arabe, spéciaux à l'Algérie.	6 janv. 1882.	III.	606
Id.	Décret fixant les conditions d'âge et les droits d'examen pour le brevet et le diplôme de langue arabe délivrés par l'École préparatoire à l'enseignement supérieur des lettres d'Alger.	9 mai 1882.	III.	615

OBJET.	TITRES DES LOIS, DÉCRETS, ORDONNANCES, RÈGLEMENTS, ARRÊTÉS, ETC.	DATES.	TOMES et PAGES.
ALGÉRIE.	Décret concernant les certificats d'études de droit administratif et de coutumes indigènes institués pour l'Algérie.	24 juillet 1882.	III. 658
Idem	Note au Conseil supérieur de l'Instruction publique sur cet objet.	24 juillet 1882.	III. 658 n.
Id.	Rapport fait au Conseil supérieur de l'Instruction publique sur le même objet, par M. Drumel.	24 juillet 1882.	III. 659 n.
Id.	Rapport et Décret exigeant, à partir de 1884, la production du certificat d'études de droit administratif et de coutumes indigènes pour l'exercice des fonctions de notaire, avoué et greffier en Algérie.	7-9 oct. 1882.	III. 678
Id.	Décret autorisant l'admission de la langue arabe parmi les épreuves du baccalauréat ès lettres dans l'Académie d'Alger.	26 déc. 1882.	III. 693
Id.	Arrêté modifiant les articles 5, 10 et 11 du règlement du 6 janvier 1882 relatif aux brevets de langue arabe délivrés par l'École des lettres d'Alger.	10 août 1883.	III. 748
Id.	Rapport fait au Conseil supérieur de l'Instruction publique sur cet objet, par M. Boutmy.	10 août 1883.	III. 748 n.
Id.	Décret relatif aux concours annuels à l'École de droit d'Alger.	29 déc. 1883.	III. 792
Id.	Rapport fait au Conseil supérieur de l'Instruction publique sur cet objet, par M. Beudant.	29 déc. 1883.	III. 792 n.
Id.	Arrêté relatif aux concours annuels dans l'École de droit d'Alger.	30 déc. 1883.	III. 795
Id.	Décret relatif aux concours annuels entre les aspirants aux certificats d'études de droit administratif et de coutumes indigènes institués pour l'Algérie.	30 déc. 1883.	III. 796
Id.	Rapport fait au Conseil supérieur de l'Instruction publique sur cet objet, par M. Beudant.	30 déc. 1883.	III. 796 n.
Id.	Arrêté relatif aux concours annuels entre les aspirants aux certificats d'études de droit administratif et de coutumes indigènes institués pour l'Algérie.	31 déc. 1883.	III. 797
ALSACE - LORRAINE.	Décret relatif aux officiers de santé, pharmaciens, sages-femmes et herboristes d'Alsace-Lorraine.	27 déc. 1871.	II. 805
AMENDES.	Décret concernant le régime de l'Université (art. 56). . .	15 nov. 1811.	I. 319
Idem	Circulaire concernant les amendes attribuées à l'Université.	15 janv. 1820.	I. 432
Id.	Règlement général sur la comptabilité de l'Université (art. 198-202).	11 nov. 1826.	I. 540
Id.	Loi relative à la liberté de l'enseignement supérieur (titre IV).	12 juillet 1875.	III. 12
Id.	Loi relative à la liberté de l'enseignement supérieur (art. 8).	18 mars 1880.	III. 388
AMPHITHÉATRE.	Voir : ANATOMIE.		
ANATOMIE.	Décret portant établissement de trois Écoles de santé (art. 6).	14 frim. An III.	I. 29
Idem	Décret relatif à la formation du Cabinet d'anatomie de l'École de santé de Paris.	19 vent. An III.	I. 30 n.
Id.	Arrêté concernant la police des salles de dissection et des laboratoires d'anatomie	3 vend. An VII.	I. 56

OBJET.	TITRES DES LOIS, DÉCRETS, ORDONNANCES, RÈGLEMENTS, ARRÊTÉS, ETC.	DATES.	TOMES et PAGES.
ANATOMIE.	Décret portant établissement à Rouen d'une École destinée à l'enseignement de l'art des préparations anatomiques modelées en cire.	29 mai 1806.	I. 157
Idem	Ordonnance de police concernant les amphithéâtres d'anatomie et de chirurgie.	11 janv. 1815.	I. 373
Id.	Ordonnance de police concernant les amphithéâtres d'anatomie et de chirurgie.	25 nov. 1834.	I. 708
	Voir : TRAVAUX ANATOMIQUES.		
ANATOMIE (Aides d')	Arrêté portant suppression d'emplois d'aides d'anatomie et création d'une place de prosecteur dans les Facultés de médecine.	26 déc. 1817.	I. 413
Idem	Ordonnance portant réorganisation de la Faculté de médecine de Paris (*art. 10*).	2 fév. 1823.	I. 488
Id.	Règlement pour la Faculté de médecine de Montpellier (*art. 44*).	1er mars 1825.	I. 515
Id.	Arrêté relatif aux prosecteurs, aides d'anatomie et élèves de l'École pratique de la Faculté de médecine de Paris.	23 janv. 1863.	II. 623
Id.	Règlement concernant l'École pratique de la Faculté de médecine de Paris.	30 nov. 1878.	III. 237
Id.	Règlement concernant l'adjuvat et le prosectorat à la Faculté de médecine de Paris.	10 juin 1879.	III. 254
Id.	Décret portant réorganisation des Écoles préparatoires de médecine et de pharmacie (*art. 9*).	1er août 1883.	III. 743
	Voir : TRAITEMENTS.		
ANCIENNETÉ.	Instruction pour les Écoles de droit (*art. 2*).	19 mars 1807.	I. 160
	Voir : CLASSEMENT DES PROFESSEURS.		
ANNÉE SCOLAIRE.	Instruction pour les Écoles de droit (*art. 16*).	19 mars 1807.	I. 160
Idem	Arrêté relatif à l'ouverture de l'année scolaire de l'École normale.	16 sept. 1831.	I. 666
Id.	Arrêté relatif à l'ouverture et à la clôture des cours et à la discipline des étudiants dans les Facultés de droit et de médecine.	26 oct. 1838.	I. 807
Id.	Décret relatif au régime des établissements d'enseignement supérieur (*art 1er*).	30 juillet 1883.	III. 731
Id.	Circulaire relative à l'application du décret précédent. . .	31 oct. 1883.	III. 765
	Voir : COURS (DURÉE DES).		
APPARITEURS.	Règlement pour l'École de médecine de Montpellier (*chap. Ier, art. 9*).	2 fruct. An XI.	I. 125
Idem	Arrêté du Gouvernement qui détermine le costume des professeurs des Écoles de médecine (*art. 3*).	20 brum. An XII.	I. 132
Id.	Instruction pour les Écoles de droit (*art. 33*).	19 mars 1807.	I. 160
Id.	Règlement particulier pour la Faculté des sciences de Paris (*art. 55-58*).	10 oct. 1809.	I. 233
Id.	Statut sur les Facultés des lettres et des sciences (*art. 52*).	16 fév. 1810.	I. 249
Id.	Statut portant règlement général concernant la discipline et la police intérieure des Facultés et des Écoles secondaires de médecine (*art. 47*).	9 avril 1825.	I. 521

OBJET.	TITRES DES LOIS, DÉCRETS, ORDONNANCES, RÈGLEMENTS, ARRÊTÉS, ETC.	DATES.	TOMES et PAGES.
APPARITEURS.	Arrêté qui détermine la composition du secrétariat de la Faculté des lettres de Paris.	7 déc. 1852.	II. 257
Idem	Arrêté qui organise le secrétariat de la Faculté des sciences de Paris.	15 nov. 1854.	II. 370
APPEL.	*Voir :* ASSIDUITÉ, POURVOI.		
ARCHITECTES.	Arrêté qui institue une Commission chargée de l'examen des travaux à effectuer pour les établissements d'instruction publique (*art. 2*).	17 mars 1808.	I. 171
ARCHIVES DE L'UNIVERSITÉ.	Décret portant organisation de l'Université (*art. 67*). . . .	31 mars 1860.	II. 561
ARCHIVES DES MISSIONS.	Arrêté portant qu'il sera publié un recueil sous le titre d'*Archives des missions scientifiques*.	29 oct. 1849.	II. 84*n.*
Idem	Arrêté relatif au recueil des archives des missions scientifiques.	14 déc. 1849.	II. 84*n.*
ARCHIVISTES PALÉOGRAPHES.	*Rapport* et Ordonnance concernant la remise en activité de l'École royale des Chartes (*art. 10*).	11 nov. 1829.	I. 631
Idem	Décret concernant les archivistes des départements.	4 fév. 1850.	II. 84
Id.	*Rapport* et Décret relatifs aux archivistes paléographes. .	14 fév. 1851.	II. 195
Id.	Arrêté relatif aux archivistes paléographes.	25 mars 1870.	II. 793
Id.	Loi relative aux Conseils généraux (*art. 45*).	10 août 1871.	II. 798
	Voir : ÉCOLE DES CHARTES.		
ARMÉE.	Loi sur le recrutement de l'armée.	27 juillet 1872.	II. 822
Idem	Liste nominative des fonctionnaires compris dans les non disponibles.	8 août 1877.	III. 159
	Voir : ENGAGEMENT DÉCENNAL, ENGAGÉS CONDITIONNELS, SERVICE DE SANTÉ MILITAIRE.		
ARRÊTS.	Décret portant organisation de l'Université (*art. 47, 57*).	17 mars 1808.	I. 171
Idem	Décret concernant le régime de l'Université (*art. 46*). . .	15 nov. 1811.	I. 319
Id.	Ordonnance qui donne au chef de l'Université le titre de Grand-Maître et détermine ses attributions.	1er juin 1822.	I. 483
ARTISTES.	*Voir :* BUREAU DES LONGITUDES, CUMUL, LOGEMENTS, SORBONNE.		
ASSEMBLÉES DES PROFESSEURS.	Décret relatif à l'organisation du Jardin national des Plantes et du Cabinet d'histoire naturelle, sous le nom de Muséum d'histoire naturelle (*art. 14*).	10 juin 1793.	I. 11
Idem	Règlement pour le Muséum national d'histoire naturelle présenté par les professeurs et approuvé par le Comité d'Instruction publique de la Convention Nationale (*chap. Ier*).	21 sept. 1793.	I. 15
Id.	Règlement pour l'École de médecine de Paris (*titre II, chap. Ier ; titre III*).	14 mess. An IV.	I. 42
Id.	Arrêté du Gouvernement contenant règlement sur les Écoles de pharmacie (*titre Ier*).	25 therm. An XI.	I. 119
Id.	Instruction pour les Écoles de droit (*art. 1er, 22*).	19 mars 1807.	I. 160

OBJET.	TITRES DES LOIS, DÉCRETS, ORDONNANCES, RÈGLEMENTS, ARRÊTÉS, ETC.	DATES.	TOMES et PAGES.
ASSEMBLÉES DES PROFESSEURS.	Statut concernant le régime et la police générale de l'Université (*art. 10, 15*)...............	28 oct. 1808.	I. 203
Idem	Arrêté qui organise la Faculté des lettres de Paris (*art. 11, 27*)......................	6 mars 1809.	I. 213
Id.	Arrêté portant organisation de la Faculté des sciences de Paris (*art. 10*)...................	14 avril 1809.	I. 216
Id.	Arrêté qui organise la Faculté de théologie catholique de Paris (*art. 6, 12*).................	16 juin 1809.	I. 222
Id.	Règlement concernant le régime de l'Université, la subordination, la correspondance et les attributions de ses diverses autorités (*art. 8*)...............	10 oct. 1810.	I. 298
Id.	Statut sur la composition des Facultés des sciences et des lettres de Paris (*art. 5*).............	7 août 1812.	I. 359
Id.	Arrêté concernant les suppléants de la Faculté de droit de Paris (*art. 2*)...................	27 juin 1815.	I. 384
Id.	Arrêté sur l'organisation de la Faculté de droit de Paris, divisée en deux sections (*art. 2*).............	13 oct. 1819.	I. 429
Id.	Circulaire portant que le doyen, en cas de partage, doit avoir voix prépondérante dans les délibérations des Facultés...................	20 oct. 1820.	I. 452
Id.	Ordonnance portant réorganisation de la Faculté de médecine de Paris (*art. 6, 7*).............	2 fév. 1823.	I. 488
Id.	Statut portant règlement général concernant la discipline et la police intérieure des Facultés et des Écoles secondaires de médecine (*art. 43*).............	9 avril 1825.	I. 521
Id.	Règlement du Collège de France (*titre III*).	25 oct. 1828.	II. 500 *n.*
Id.	Arrêté qui détermine les cours que doivent suivre les élèves de troisième année de la Faculté de droit de Paris (*art. 5*)	31 oct. 1834.	I. 707
Id.	*Rapport* et Ordonnance portant organisation de l'École des Langues orientales vivantes (*art. 9*)............	22 mai 1838.	I. 792
Id.	Règlement pour les Écoles de pharmacie (*titre Ier*). . . .	5 fév. 1841. •	I. 892
Id.	Règlement concernant les Écoles préparatoires de médecine et de pharmacie (*titre Ier*).................	12 mars 1841.	I. 899
Id.	Arrêté concernant les agrégés des Facultés des sciences et des lettres (*art. 4*)...................	22 janv. 1847.	I. 1006
Id.	Arrêté relatif aux agrégés des Facultés des sciences et des lettres (*art. 4*)...................	18 déc. 1848.	II. 62
Id.	Décret sur l'organisation des Académies (*art. 18*).	22 août 1854.	II. 340
Id.	*Rapport* et Décret concernant le Collège de France (*titre V*).	8 oct. 1857.	II. 499
Id.	Décret déterminant les droits attribués à un professeur honoraire de la Faculté de médecine de Montpellier.	9 juin 1860.	II. 563
Id.	Décret concernant la Faculté de médecine de Paris et les attributions du doyen...................	16 avril 1862.	II. 606
Id.	*Rapport* et Décret portant réorganisation de l'administration du Muséum d'histoire naturelle.............	29 déc. 1863.	II. 633
Id.	Règlement général pour l'exécution du décret précédent. .	2 janv. 1864.	II. 635
Id.	Décret relatif au droit de réunion des professeurs de la Faculté de médecine de Paris.................	9 nov. 1870.	II. 796
Id.	Statut sur l'agrégation des Facultés (*art. 27*).......	16 nov. 1874.	II. 903

2.

OBJET.	TITRES DES LOIS, DÉCRETS, ORDONNANCES, RÈGLEMENTS, ARRÊTÉS, ETC.	DATES.	TOMES et PAGES.
ASSESSEURS.	Règlement pour l'École de médecine de Montpellier (*chap. III, art. 1er*).	2 fruct. An XI.	I. 125
Idem	Ordonnance portant réorganisation de la Faculté de médecine de Paris (*art. 6*).	2 fév. 1823.	I. 488
Id.	Règlement pour la Faculté de médecine de Paris (*art. 45*).	12 avril 1823.	I. 494
Id.	Statut portant règlement général concernant la discipline intérieure des Facultés et des Écoles secondaires de médecine (*art. 43*).	9 avril 1825.	I. 521
Id.	Décret concernant la Faculté de médecine de Paris et les attributions du doyen.	16 avril 1862.	II. 606
ASSIDUITÉ des professeurs, des étudiants.	Règlement pour le Muséum national d'histoire naturelle présenté par les professeurs et approuvé par le Comité d'Instruction publique de la Convention Nationale (*chap. II, art. 14-16*).	21 sept. 1793.	I. 15
Idem	Règlement pour l'École de médecine de Paris (*titre Ier, chap. II, art. 5*).	14 mess. An IV.	I. 42
Id.	Arrêté du Gouvernement contenant règlement sur les Écoles de pharmacie (*art. 19-21*).	25 therm. An XI.	I. 119
Id.	Règlement pour l'École de médecine de Montpellier (*chap. II, art. 10-15*).	2 fruct. An XI.	I. 125
Id.	Décret concernant l'organisation des Écoles de droit (*art. 34, 38, 39, 42, 46*).	4ecompre. An XII.	I. 142
Id.	Décret qui détermine les époques auxquelles peuvent être subis les examens dans les Facultés de droit.	3 juillet 1806.	I. 157
Id.	Instruction pour les Écoles de droit (*art. 6, 7, 34, 49*).	19 mars 1807.	I. 160
Id.	Arrêté sur l'organisation de la Faculté de droit de Paris, divisée en deux sections (*art. 7*).	13 oct. 1819.	I. 429
Id.	Ordonnance concernant les Facultés de droit et de médecine (*art. 11 et suiv.*).	5 juillet 1820.	I. 439
Id.	Circulaire pour l'application de l'ordonnance qui précède.	19 juillet 1820.	I. 444
Id.	Arrêté concernant l'enseignement et la discipline dans les Écoles secondaires de médecine (*art. 11 et suiv.*).	7 nov. 1820.	I. 454
Id.	Arrêté concernant l'enseignement et la discipline dans la Faculté de médecine de Paris (*art. 5*).	7 nov. 1820.	I. 457
Id.	Ordonnance portant réorganisation de la Faculté de médecine de Paris (*art. 2; titre IV*).	2 fév. 1823.	I. 488
Id.	Règlement pour la Faculté de médecine de Montpellier (*art. 50-52*).	1er mars 1825.	I. 515
Id.	Statut portant règlement général concernant la discipline et la police intérieure des Facultés et des Écoles secondaires de médecine (*art. 23-27, 49*).	9 avril 1825.	I. 521
Id.	Règlement pour les Écoles de pharmacie (*art. 15, 16*).	5 fév. 1841.	I. 892
Id.	*Rapport* et Décret sur le nouveau plan d'études pour les Lycées et les Facultés (*art. 15*).	10 avril 1852.	II. 216
Id.	*Rapport* et Décret concernant le Collège de France (*titre II*).	8 oct. 1857.	II. 499
Id.	Règlement général relatif au Muséum d'histoire naturelle (*art. 8*).	2 janv. 1864.	II. 635

OBJET.	TITRES DES LOIS, DÉCRETS, ORDONNANCES, RÈGLEMENTS, ARRÊTÉS, ETC.	DATES.	TOMES et PAGES.	
ASSIDUITÉ des professeurs, des étudiants.	Décret déterminant les conditions d'études et d'admission aux grades de bachelier et de licencié dans les Facultés de droit (*art. 1er*).	28 déc. 1880.	III.	536
Idem	Décret relatif au régime des établissements d'enseignement supérieur (*art. 16*).	30 juillet 1883.	III.	731
ASSOCIATIONS.	Ordonnance concernant les Facultés de droit et de médecine (*art. 20*).	5 juillet 1820.	I.	439
Idem	Statut portant règlement général concernant la discipline et la police intérieure des Facultés et des Écoles secondaires de médecine (*art. 31*).	9 avril 1825.	I.	521
Id.	Loi relative à la liberté de l'enseignement supérieur (*titres Ier, II*).	12 juillet 1875.	III.	12
Id.	*Rapport fait au nom de la Commission chargée d'examiner la proposition de loi de M. le comte Jaubert, relative à la liberté de l'enseignement supérieur, par M. Laboulaye.*	12 juillet 1875.	III.	18
Id.	*Rapport supplémentaire sur le même objet.*	12 juillet 1875.	III.	30
Id.	Circulaire pour l'exécution de la loi sur la liberté de l'enseignement supérieur.	16 oct. 1875.	III.	89
Id.	Décret portant règlement d'administration publique pour l'exécution de la loi du 12 juillet 1875, relative à la liberté de l'enseignement supérieur.	25 janv. 1876.	III.	120
Id.	Loi relative à la liberté de l'enseignement supérieur. . . .	18 mars 1880.	III.	388
Id.	*Exposé des motifs du projet de loi relatif à la liberté de l'enseignement supérieur, par M. Jules Ferry.*	18 mars 1880.	III.	389
Id.	*Rapport fait au nom de la Commission chargée d'examiner le projet de loi relatif à la liberté de l'enseignement supérieur, par M. Spuller.*	18 mars 1880.	III.	393
Id.	*Rapport fait au nom de la Commission chargée d'examiner le projet de loi, adopté par la Chambre des députés, relatif à la liberté de l'enseignement supérieur, par M. Jules Simon.*	18 mars 1880.	III.	425
ASTRONOMES, astronomes adjoints et aides-astronomes.	*Rapport* et Décret concernant la réorganisation de l'Observatoire de Paris et du Bureau des Longitudes (*art. 1, 4, 9, 13, 14*).	30 janv. 1854.	II.	306
Idem	Décret qui augmente le nombre des astronomes titulaires de l'Observatoire de Paris.	10 oct. 1862.	II.	619
Id.	Arrêté qui constitue une classe d'aides-astronomes à l'Observatoire de Paris.	26 oct. 1862.	II.	619
Id.	Décret portant réorganisation de l'Observatoire de Paris. .	3 avril 1868.	II.	734
Id.	*Rapport sur un projet d'avis relatif à des modifications à introduire dans le titre II du décret du 30 janvier 1854.*	3 avril 1868.	II.	734*n.*
Id.	Décret organique relatif aux Observatoires de Paris et de Marseille.	5 mars 1872.	II.	811
Id.	Décret portant organisation des Observatoires ressortissant au Ministère de l'Instruction publique.	21 fév. 1878.	III.	175

OBJET.	TITRES DES LÖIS, DÉCRETS, ORDONNANCES, RÈGLEMENTS, ARRÉTÉS, ETC.	DATES.	TOMES et PAGES.	
ASTRONOMES (Élèves).	Décret concernant la réorganisation de l'Observatoire de Paris et du Bureau des Longitudes (*art. 9, 15-18*)...	30 janv. 1854.	II.	306
Idem	Décret organique relatif aux Observatoires de Paris et de Marseille (*art. 2, 9, 10*).....................	5 mars 1872.	II.	811
Id.	Décret portant organisation des Observatoires ressortissant au Ministère de l'Instruction publique (*art. 2, 11*)...	21 fév. 1878.	III.	175
Id.	Arrêté concernant les élèves astronomes...........	31 oct. 1879.	III.	286
Id.	Décret concernant les employés de l'Observatoire de Paris.	12 mars 1880.	III.	378
Id.	Arrêté fixant la durée des études des élèves attachés à l'École d'astronomie instituée près l'Observatoire de Paris.	30 nov. 1881.	III.	592
AUMONIER.	Statut sur l'administration, la police et l'enseignement de l'École normale (*art. 8*)...................	30 mars 1810.	I.	268
Idem	Règlement concernant l'administration et la discipline de l'École normale (*art. 9*)...................	14 déc. 1815.	I.	394
Id.	Arrêté supprimant les fonctions d'aumônier de l'École normale supérieure.....................	31 déc. 1881.	III.	605
AVOCAT.	Loi relative aux Écoles de droit (*titre V*)..........	22 vent. An XII.	I.	137
	Voir : CONSEIL.			
AVOUÉ.	Loi relative aux Écoles de droit (*titre IV*).........	22 vent. An XII.	I.	137
BACCALAURÉAT.	Décret portant organisation de l'Université (*art. 16*)....	17 mars 1808.	I.	171
Idem.....	Arrêté concernant les épreuves d'admission aux Écoles du Gouvernement.....................	13 sept. 1852.	II.	233
Id.	Loi relative à la liberté de l'enseignement supérieur (*art. 4*).	18 mars 1880.	III.	388
(Droit.)	Loi relative aux Écoles de droit (*titre II*)..........	22 vent. An XII.	I.	137
Idem.....	Décret concernant l'organisation des Écoles de droit (*sections V, VI, VII*).....................	4ᵉ compᵗʳᵉ.An XII	I.	142
Id.	Décret qui détermine les époques auxquelles peuvent être subis les examens dans les Facultés de droit.......	3 juillet 1806.	I.	157
Id.	Instruction pour les Écoles de droit (*art. 57*)........	19 mars 1807.	I.	160
Id.	Décret portant organisation de l'Université (*art. 26*)...	17 mars 1808.	I.	171
Id.	Statut concernant les examens dans les cinq Facultés (*titre IV*).....................	18 oct. 1808.	I.	194
Id.	Décret concernant les droits de sceau de l'Université....	17 fév. 1809.	I.	210
Id.	Arrêté relatif à l'obtention des grades de bachelier et de licencié par les étudiants pourvus du certificat de capacité en droit.....................	5 nov. 1813.	I.	369
Id.	Ordonnance concernant les Facultés de droit et de médecine (*art. 1ᵉʳ*).....................	5 juillet 1820.	I.	439
Id.	Ordonnance concernant l'enseignement, les inscriptions, les examens et les grades dans les Facultés de droit.....	4 oct. 1820.	I.	450
Id.	Statut portant règlement général concernant la discipline et la police intérieure des Facultés et des Écoles secondaires de médecine (*art. 5*)...................	9 avril 1825.	I.	521
Id.	Règlement général sur la comptabilité de l'Université (*art. 134, 135*).....................	11 nov. 1826.	I.	540

OBJET.	TITRES DES LOIS, DÉCRETS, ORDONNANCES, RÈGLEMENTS, ARRÊTÉS, ETC.	DATES.	TOMES et PAGES.
BACCALAURÉAT. (Droit.)	Arrêté concernant les examens que doivent subir les étudiants de la Faculté de droit de Paris.	5 mai 1829.	I. 627
Idem	Ordonnance portant que les inscriptions dites de capacité ne pourront plus compter pour le baccalauréat ni pour la licence en droit.	13 juin 1830.	I. 641
Id.	Ordonnance qui détermine les grades exigés pour pouvoir prendre des inscriptions dans les Facultés de droit et de médecine.	9 août 1836.	I. 736
Id.	Ordonnance concernant les examens dans les Facultés de droit	6 juillet 1841.	I. 907
Id.	Règlement relatif aux examens de baccalauréat, de licence et de doctorat en droit.	6 juillet 1841.	I. 908
Id.	Arrêté relatif aux examens de baccalauréat et de licence en droit.	22 sept. 1843.	I. 957
Id.	Arrêté concernant l'enseignement de la législation et de la procédure criminelle à la Faculté de droit de Paris. . . .	8 juin 1846.	I. 983
Id.	Arrêté concernant l'enseignement du droit romain.	4 fév. 1853.	II. 267
Id.	*Rapport et Décret sur le régime financier des établissements d'enseignement supérieur (titre IV)*	22 août 1854.	II. 349
Id.	Décret relatif aux matières d'enseignement et d'examens dans les Facultés de droit.	26 mars 1877.	III. 147
Id.	*Note au Conseil supérieur de l'Instruction publique sur cet objet.*	26 mars 1877.	II. 148 n.
Id.	Circulaire relative à l'exécution du décret du 26 mars 1877.	18 mai 1877.	III. 149 n.
Id.	Décret déterminant les conditions d'études et d'admission aux grades de bachelier et de licencié dans les Facultés de droit.	28 déc. 1880.	III. 536
Id.	*Enquête sur un projet de décret relatif au baccalauréat et à la licence en droit.*	28 déc. 1880.	III. 541 n.
Id.	*Rapport fait au Conseil supérieur de l'Instruction publique sur un projet de décret relatif aux conditions d'études et d'admission aux grades de bachelier et de licencié dans les Facultés de droit, par M. Beudant.*	28 déc. 1880.	III. 546 n.
Id.	Circulaire relative à l'application de l'article 9 du décret du 28 décembre 1880.	21 juin 1881.	III. 539 n.
Id.	Circulaire relative à l'application de l'article 7 du décret du 28 décembre 1880.	15 mai 1882.	III. 538 n.
Id.	Décret portant modification de l'article 3 du décret du 28 décembre 1880.	21 juillet 1882.	III. 537 n.
Id.	*Rapport au Conseil supérieur de l'Instruction publique sur cet objet.*	21 juillet 1882.	III. 537 n.
Id.	Décret portant modification de l'article 10 du décret du 28 décembre 1880.	22 juillet 1882.	III. 540 n.
Id.	*Rapport au Conseil supérieur de l'Instruction publique sur cet objet.*	22 juillet 1882.	III. 539 n.
(Enseignement second. spécial.)	Décret relatif au baccalauréat de l'enseignement secondaire spécial	28 juillet 1882.	III. 666
(Lettres.)	Décret portant organisation de l'Université (*art. 19*). . . .	17 mars 1808.	1. 171

OBJET.	TITRES DES LOIS, DÉCRETS, ORDONNANCES, RÈGLEMENTS, ARRÊTÉS, ETC.	DATES.	TOMES et PAGES.
BACCALAURÉAT. (Lettres.)	Statut concernant les examens dans les cinq Facultés (*titre II, art. 5-8*)	18 oct. 1808.	I. 194
Idem	Décret concernant les droits de sceau de l'Université. . . .	17 fév. 1809.	I. 210
Id.	Arrêté qui détermine les grades de l'Université que peuvent réclamer les anciens gradués.	12 mai 1809.	I. 218
Id.	Arrêté relatif à la collation du grade de bachelier ès lettres aux élèves des Écoles ecclésiastiques.	23 juin 1809.	I. 224
Id.	Décision portant que le baccalauréat ès lettres étant exigé pour être gradué dans une autre Faculté, les gradués dans les Facultés autres que celle des Lettres peuvent requérir comme tels le grade de bachelier ès lettres. . .	22 sept. 1809.	I. 174 *n.*
Id.	Statut sur les Facultés des lettres et des sciences (*art. 17 et suiv.*).	16 fév. 1810.	I. 249
Id.	Statut sur l'administration, la police et l'enseignement de l'École normale (*art. 29, 30*).	30 mars 1810.	I. 268
Id.	Instruction pour l'exécution du statut du 16 février 1810 sur les facultés des sciences et des lettres.	5 avril 1810.	I. 312
Id.	Arrêté relatif aux séminaristes qui doivent être pourvus du grade de bachelier ès lettres.	23 nov. 1810.	I. 255 *n.*
Id.	Décret concernant le régime de l'Université (*art. 23*). . .	15 nov. 1811.	I. 319
Id.	Décision relative au certificat à produire pour le grade de bachelier	20 nov. 1812.	I. 321 *n.*
Id.	Arrêté qui détermine les conditions nécessaires pour être admis au grade de bachelier ès lettres.	26 nov. 1812.	I. 362
Id.	Ordonnance relative aux Écoles ecclésiastiques (*art. 5*). .	5 oct. 1814.	I. 371
Id.	Décision qui impose aux étudiants en médecine l'obligation de présenter le diplôme de bachelier ès lettres pour être admis au premier examen	14 oct. 1815.	I. 387
Id.	Arrêté relatif aux droits à accorder aux Commissions d'examen pour le grade de bachelier ès lettres.	16 nov. 1815.	I. 391
Id.	Règlement concernant l'administration et la discipline de l'École normale (*art. 34, 35*).	14 déc. 1815.	I. 394
Id.	Ordonnance qui confirme l'arrêté de la Commission supprimant un certain nombre de Facultés des sciences et des lettres.	18 janv. 1816.	I. 402
Id.	Arrêté qui règle les conditions requises pour être admis à l'examen du baccalauréat dans les Facultés des lettres. .	26 sept. 1818.	I. 419
Id.	Ordonnance concernant les Facultés de droit et de médecine (*art. 1, 2, 3*).	5 juillet 1820.	I. 439
Id.	Statut portant règlement sur les examens pour le baccalauréat ès lettres.	13 sept. 1820.	I. 447
Id.	Circulaire pour l'application du statut qui précède.	19 sept. 1820.	I. 448
Id.	*Rapport* et Ordonnance concernant le Conseil royal de l'Instruction publique (*titre III*).	27 fév. 1821.	I. 466
Id.	Règlement concernant les examens pour le baccalauréat ès lettres.	13 mars 1821.	I. 471
Id.	Arrêté relatif aux examens extraordinaires de la Faculté des lettres de Paris.	7 avril 1821.	I. 472
Id.	Ordonnance relative aux conditions à remplir pour être admis à l'examen du baccalauréat ès lettres.	17 oct. 1821.	I. 479

OBJET.	TITRES DES LOIS, DÉCRETS, ORDONNANCES, RÈGLEMENTS, ARRÊTÉS, ETC.	DATES.	TOMES et PAGES.
BACCALAURÉAT. (Lettres.)	Arrêté relatif aux formalités à remplir pour être admis aux examens du baccalauréat et de la licence ès lettres.	15 janv. 1822.	I. 481
Idem	Ordonnance portant réorganisation de la Faculté de médecine de Paris (art. 24).	2 février 1823.	I. 488
Id.	Arrêté qui fixe les époques de l'ouverture et de la clôture des cours de la Faculté des lettres de Paris ainsi que celles des examens pour le baccalauréat.	12 juillet 1823.	I. 499
Id.	Arrêté qui autorise les bacheliers ès lettres à prendre la 1re et la 2e inscription de médecine avant d'être pourvus du baccalauréat ès sciences (art. 1er).	9 sept. 1823.	I. 501
Id.	Statut portant règlement général concernant la discipline et la police intérieure des Facultés et Écoles secondaires de médecine (art. 5).	9 avril 1825.	I. 521
Id.	Décision relative au diplôme de bachelier accordé gratuitement aux séminaristes.	21 juin 1825.	I. 536
Id.	Décision rapportant la décision du 21 juin 1825.	11 oct. 1825.	I. 537 n.
Id.	Règlement général sur la comptabilité de l'Université (art. 159, 175, 176).	11 nov. 1826.	I. 540
Id.	Arrêté concernant les études dans les Facultés de théologie protestante (art. 2).	24 mai 1828.	I. 609
Id.	Arrêté qui interdit aux professeurs de Faculté et aux membres des Commissions des lettres de donner des répétitions aux candidats qu'ils doivent examiner.	8 sept. 1829.	I. 629
Id.	Ordonnance qui crée à Ajaccio une Commission d'examen pour les aspirants au baccalauréat ès lettres.	16 sept. 1829.	I. 631
Id.	Rapport et Ordonnance concernant la remise en activité de l'École royale des Chartes (art. 3).	11 nov. 1829.	I. 629
Id.	Arrêté qui prescrit une nouvelle épreuve pour l'examen du baccalauréat ès lettres.	9 février 1830.	I. 634
Id.	Arrêté relatif à l'examen de philosophie pour le baccalauréat ès lettres.	11 sept. 1830.	I. 644
Id.	Arrêté qui exige des candidats au grade de bachelier ès lettres le double certificat de rhétorique et de philosophie.	17 juillet 1835.	I. 724
Id.	Ordonnance qui détermine les grades exigés pour pouvoir prendre des inscriptions dans les Facultés de droit et de médecine (art. 1er, 4).	9 août 1836.	I. 736
Id.	Arrêté contenant de nouvelles dispositions pour prévenir les erreurs de noms et les substitutions de personnes dans les candidatures pour le baccalauréat ès lettres.	11 avril 1837.	I. 745
Id.	Arrêté relatif à la déclaration exigée des aspirants au grade de bachelier ès lettres.	16 mai 1837.	I. 746 n.
Id.	Arrêté relatif aux conditions exigées des candidats au grade de bachelier ès lettres.	20 juillet 1838.	I. 794
Id.	Circulaire qui fixe l'époque des examens pour le baccalauréat ès lettres.	24 juillet 1838.	I. 794
Id.	Arrêté qui détermine les conditions d'admission aux grades dans les Facultés de théologie (art. 1er).	24 août 1838.	I. 802

OBJET.	TITRES DES LOIS, DÉCRETS, ORDONNANCES, RÈGLEMENTS, ARRÊTÉS, ETC.	DATES.	TOMES et PAGES.
BACCALAURÉAT. (Lettres.)	Arrêté qui interdit l'annonce des cours préparatoires à l'examen du baccalauréat ès lettres et détermine les conditions d'admission à cet examen.	28 août 1838.	I. 803
Idem	*Avis du Conseil sur le choix du professeur de mathématiques ou de physique adjoint au jury du baccalauréat ès lettres.*	23 nov. 1838.	I. 479 n.
Id.	*Idem*	14 déc. 1838.	I. 479 n.
Id.	Circulaire relative aux examens dans les Facultés des lettres et des sciences.	1er déc. 1839.	I. 816
Id.	Arrêté déterminant les enseignements que doivent suivre les élèves de philosophie des Collèges de Paris, candidats au baccalauréat ès lettres.	21 février 1840.	I. 820
Id.	Règlement pour le baccalauréat ès lettres.	14 juillet 1840.	I. 858
Id.	Circulaire relative au nouveau règlement du baccalauréat ès lettres.	17 juillet 1840.	I. 865
Id.	*Rapport* et Ordonnance portant organisation des Écoles de pharmacie (*art. 13*).	27 sept. 1840.	I. 876
Id.	Circulaire interprétative de l'arrêté du 17 juillet 1840 concernant l'examen du baccalauréat ès lettres.	31 déc. 1840.	I. 862 n.
Id.	Règlement pour les Écoles de pharmacie (*art. 17*).	5 fév. 1841.	I. 892
Id.	Ordonnance qui transfère à Bastia la Commission des lettres établie à Ajaccio.	20 sept. 1844.	I. 961
Id.	Ordonnance portant création de l'École française d'Athènes (*art. 4*).	11 sept. 1846.	I. 987
Id.	Ordonnance qui supprime les Commissions des lettres.	1er janv. 1847.	I. 1005
Id.	Arrêté qui établit des sessions extérieures pour le baccalauréat ès lettres.	2 janv. 1847.	I. 1005
Id.	Arrêté concernant le professeur de sciences qui doit être adjoint au jury d'examen pour le baccalauréat ès lettres.	11 juillet 1848.	II. 53
Id.	Circulaire relative à la délivrance des certificats d'admission au grade de bachelier ès lettres.	14 mars 1849.	II. 64
Id.	*Rapport* et Décret supprimant le certificat d'études exigé des candidats au baccalauréat ès lettres.	16 nov. 1849.	II. 77
Id.	Règlement pour le baccalauréat ès lettres.	26 nov. 1849.	II. 79
Id.	*Avis du Conseil sur la suppression des immunités accordées aux candidats au baccalauréat ès lettres se destinant à l'état ecclésiastique.*	11 déc. 1849.	II. 78 n.
Id.	Loi relative à l'enseignement (*art. 63*).	15 mars 1850.	II. 85
Id.	Règlement d'administration publique pour l'exécution de la loi du 15 mars 1850 (*art. 53*).	29 juillet 1850.	II. 155
Id.	Instruction pour l'application de l'article 63 de la loi du 15 mars 1850, fixant un délai d'ajournement.	29 nov. 1850.	II. 183
Id.	Nouvelles instructions pour l'application de l'article 63 de la loi du 15 mars 1850.	17 déc. 1850.	II. 190
Id.	*Rapport* et Décret sur le nouveau plan d'études pour les Lycées et les Facultés (*art. 8, 9, 11, 12*).	10 avril 1852.	II. 216
Id.	Règlement sur l'examen du baccalauréat ès lettres.	5 sept. 1852.	II. 224
Id.	Arrêté qui fixe les droits de présence aux examens du baccalauréat ès lettres et du baccalauréat ès sciences.	14 déc. 1852.	II. 259

OBJET.	TITRES DES LOIS, DÉCRETS, ORDONNANCES, RÉGLEMENTS, ARRÊTÉS, ETC.	DATES.	TOMES et PAGES.
BACCALAURÉAT. (Lettres.)	Circulaire pour l'exécution du règlement du 5 septembre 1852 relatif à l'examen du baccalauréat ès lettres.	14 déc. 1852.	II. 260
Idem	Circulaire pour l'exécution de l'arrêté du 14 décembre 1852.	16 déc. 1852.	II 259 n.
Id.	Arrêté désignant les chefs-lieux d'Académie où siègeront les jurys d'examen pour le baccalauréat ès lettres et ès sciences.	13 juin 1853.	II. 287
Id.	Circulaire relative à l'arrêté précédent.	13 juin 1853.	II. 289
Id.	Circulaire relative au nouveau mode de notation dans les examens du baccalauréat ès lettres et ès sciences. . . .	14 juin 1853.	II. 290
Id.	Arrêté concernant l'admission à l'examen du baccalauréat à la session d'avril.	7 juillet 1854.	II. 337
Id.	Circulaire relative à l'exécution de l'arrêté précédent. . . .	15 juillet 1854.	II. 337 n.
Id.	*Rapport* et Décret sur le régime des établissements d'enseignement supérieur (*titre II, art. 8*).	22 août 1854.	II. 349
Id.	Arrêté déterminant les centres d'examen pour les épreuves du baccalauréat pendant la session d'août 1855.	4 mai 1855.	II. 435
Id.	Règlement sur l'examen du baccalauréat ès lettres.	3 août 1857.	II. 485
Id.	Instruction pour l'exécution du règlement précédent. . . .	14 août 1857.	II. 496
Id.	Décret qui institue dans les colonies de la Martinique, de la Guadeloupe et de la Réunion des Commissions chargées d'examiner les aspirants au baccalauréat ès lettres ou ès sciences.	23 déc. 1857.	II. 507
Id.	Règlement relatif aux Facultés (*art. 4 et suiv.*).	27 fév. 1858.	II. 509
Id.	Instruction relative à l'exécution du règlement précédent. .	15 mars 1858.	II. 511
Id.	Circulaire relative à la session de juillet-août 1858, concernant le baccalauréat.	18 juin 1858.	II. 513
Id.	Arrêté relatif aux sessions d'avril et de décembre pour le baccalauréat.	15 juillet 1858.	II. 513
Id.	*Rapport* et Décret relatifs au rétablissement du baccalauréat ès lettres pour les aspirants au doctorat en médecine (*art. 1er*).	23 août 1858.	II. 517
Id.	Arrêté qui détermine les mentions à porter sur les certificats d'aptitude au diplôme de bachelier ès lettres ou de bachelier ès sciences.	24 janv. 1859.	II. 524
Id.	Décret relatif à la présidence des jurys d'examen dans les Facultés.	20 juillet 1861.	II. 595
Id.	*Note au Conseil impérial de l'Instruction publique sur cet objet.*	20 juillet 1861.	II. 595 n.
Id.	Circulaire qui décide qu'un même sujet de composition sera envoyé du Ministère à toutes les Facultés, une fois au moins dans chacune des sessions d'examen du baccalauréat.	24 oct. 1863.	II. 631
Id.	Décret qui rend applicables aux établissements français de l'Inde les dispositions du décret du 23 décembre 1857. . .	18 nov. 1863.	II. 632
Id.	*Rapport* et Décret concernant le baccalauréat ès lettres et le baccalauréat ès sciences.	27 nov. 1864.	II. 658
Id.	*Note présentée au Conseil impérial de l'Instruction publique sur la réforme du baccalauréat.*	27 nov. 1864.	II. 660 n.
Id.	Règlement pour les examens du baccalauréat ès lettres. . .	28 nov. 1864.	II. 664

OBJET.	TITRES DES LOIS, DÉCRETS, ORDONNANCES, RÈGLEMENTS, ARRÊTÉS, ETC.	DATES.	TOMES et PAGES.
BACCALAURÉAT. (Lettres.)	Règlement concernant l'épreuve des langues vivantes dans les examens subis en Algérie par les candidats au grade de bachelier.	10 nov. 1875.	III. 96
Idem	Circulaire relative au certificat d'aptitude correspondant à la première série des épreuves du baccalauréat ès lettres.	17 nov. 1877.	III. 171
Id.	Décret portant règlement d'administration publique déterminant les conditions d'études exigées des aspirants au grade de docteur en médecine (*art. 2*).	20 juin 1878.	III. 213
Id.	Décret portant règlement d'administration publique déterminant les conditions d'études exigées des aspirants au titre de pharmacien de première classe (*art. 2*).	12 juillet 1878.	III. 219
Id.	Décret concernant l'examen du baccalauréat ès lettres.	19 juin 1880.	III. 486
Id.	*Rapport fait au Conseil supérieur de l'Instruction publique sur cet objet, par* M. Lebaigue	19 juin 1880.	III. 486
Id.	Arrêté concernant les épreuves d'admission au grade de bachelier ès lettres.	19 juin 1880.	III. 489
Id.	Décret concernant l'épreuve des langues vivantes dans l'examen du baccalauréat ès lettres.	15 janv. 1881.	III. 553
Id.	Arrêté fixant l'indemnité due à certains membres des jurys du baccalauréat.	13 mai 1881.	III. 571
Id.	Circulaire relative à l'application de l'article 18 de l'arrêté du 19 juin 1880.	29 oct. 1881.	III. 492 *n.*
Id.	Arrêté relatif à la session extraordinaire du baccalauréat.	10 fév. 1882.	III. 610
Id.	Arrêté relatif au mode d'examen adopté dans l'Académie de Toulouse pour les épreuves du baccalauréat.	6 juin 1882.	III. 628 *n.*
Id.	Arrêté relatif aux centres d'examen pour les épreuves du baccalauréat pendant la session de juillet-août 1882.	10 juin 1882.	III. 627
Id.	Circulaire relative aux demandes de dispense d'âge pour le baccalauréat.	1er juillet 1882.	III. 631
Id.	Arrêté relatif aux notations pour le baccalauréat ès sciences et le baccalauréat ès lettres.	19 juillet 1882.	III. 632
Id.	*Rapport fait au Conseil supérieur de l'Instruction publique sur cet objet, par* M. Lespiault	19 juillet 1882.	III. 632 *n.*
Id.	Circulaire relative à la dispense de la partie scientifique du baccalauréat ès lettres.	29 juillet 1882.	III. 668
Id.	Décret autorisant l'admission de la langue arabe parmi les épreuves du baccalauréat ès lettres dans l'Académie d'Alger.	26 déc. 1882.	III. 693
Id.	Arrêté relatif à la session extraordinaire de baccalauréat dans les Facultés des lettres et des sciences.	13 janv. 1883.	III. 695
Id.	Circulaire pour l'exécution de l'arrêté précédent.	24 janv. 1883.	III. 695 *n.*
Id.	Circulaire relative à l'emploi de lexiques au baccalauréat ès lettres.	21 mars 1883.	III. 710
Id.	*Note publiée au Journal général sur cet objet.*	21 mars 1883.	III. 710 *n.*
Id.	Circulaire relative aux certificats de réception aux épreuves du baccalauréat ès lettres.	5 mai 1883.	III. 716
Id.	Arrêté relatif au mode d'examen des baccalauréats ès sciences et ès lettres adopté dans plusieurs Académies.	30 mai 1883.	III. 718

OBJET.	TITRES DES LOIS, DÉCRETS, ORDONNANCES, RÈGLEMENTS, ARRÊTÉS, ETC.	DATES.	TOMES et PAGES.
BACCALAURÉAT. (Lettres.)	Arrêté relatif aux centres d'examen pour le baccalauréat ès lettres et ès sciences.	6 juin 1883.	III. 724
	Voir : Circonscriptions, Commission des lettres, Grades.		
(Médecine.)	Décret portant organisation de l'Université (*art. 26*). . . .	17 mars 1808.	I. 171
Idem	Décret concernant les droits de sceau de l'Université (*art. 10*).	17 fév. 1809.	I. 210
(Sciences.)	Décret portant organisation de l'Université (*art. 22*). . . .	17 mars 1808.	I. 171
Idem.	Statut concernant les examens dans les cinq Facultés (*titre III*)	18 oct. 1808.	I. 194
Id.	Décret concernant les droits de sceau de l'Université. . . .	17 fév. 1809.	I. 210
Id.	Règlement particulier pour la faculté des sciences de Paris (*titre II*)	10 oct. 1809.	I. 233
Id.	Statut sur les Facultés des lettres et des sciences (*art. 40*).	16 fév. 1810.	I. 249
Id.	Statut sur l'administration, la police et l'enseignement de l'École normale (*art. 29, 30*).	30 mars 1810.	I. 268
Id.	Décret concernant le régime de l'Université (*art. 23*). . . .	15 nov. 1811.	I. 319
Id.	Règlement concernant l'administration et la discipline de l'École normale (*àrt. 36*).	14 déc. 1815.	I. 394
Id.	Ordonnance concernant les Facultés de droit et de médecine (*art. 4*).	5 juillet 1820.	I. 439
Id.	Règlement concernant le diplôme de bachelier ès sciences exigé des étudiants en médecine.	25 sept. 1821.	I. 477
Id.	Ordonnance portant réorganisation de la Faculté de médecine de Paris (*art. 24*).	2 fév. 1823.	I. 488
Id.	Arrêté qui autorise les bacheliers ès lettres à prendre la 1re et la 2e inscription avant d'être pourvus du baccalauréat ès sciences.	9 sept. 1823.	I. 501
Id.	Statut portant règlement général concernant la discipline et la police intérieure des Facultés et des Écoles secondaires de médecine (*art. 5*).	9 avril 1825.	I. 521
Id.	Règlement général sur la comptabilité de l'Université (*art. 159*).	11 nov. 1826.	I. 540
Id.	Ordonnance qui détermine les grades exigés pour pouvoir prendre des inscriptions dans les Facultés de droit et de médecine	9 août 1836.	I. 736
Id.	Arrêté qui établit trois sessions pour les examens du baccalauréat ès sciences.	17 avril 1846.	I. 983
Id.	Règlement relatif aux examens pour les divers grades dans les Facultés des sciences.	8 juin 1848.	II. 46
Id.	*Rapport* et Décret sur le nouveau plan d'études pour les Lycées et les Facultés (*art. 9, 10 et 12*).	10 avril 1852.	II. 216
Id.	Règlement sur le baccalauréat ès sciences.	7 sept. 1852.	II. 226
Id.	Arrêté concernant les épreuves d'admission aux Écoles spéciales du Gouvernement.	13 sept. 1852.	II. 233
Id.	Arrêté qui fixe les droits de présence aux examens du baccalauréat ès lettres et du baccalauréat ès sciences. . . .	14 déc. 1852.	II. 259
Id.	Circulaire pour l'exécution de l'arrêté précédent.	16 déc. 1852.	II. 259 *n.*

OBJET.	TITRES DES LOIS, DÉCRETS, ORDONNANCES, RÈGLEMENTS, ARRÊTÉS, ETC.	DATES.	TOMES et PAGES.
BACCALAURÉAT. (Sciences.)	Envoi de nouveaux modèles de certificats d'aptitude au grade de bachelier ès lettres et de bachelier ès sciences et de procès-verbaux d'examen	19 juin 1865.	II. 686
Idem	Envoi de modèles de tableaux statistiques des épreuves du baccalauréat ès lettres et du baccalauréat ès sciences. . .	5 juillet 1865.	II. 693
Id.	Instruction pour les examens des baccalauréats ès sciences et ès lettres.	8 juillet 1865.	II. 695
Id.	Instruction pour l'envoi des pièces relatives aux examens du baccalauréat	3 juillet 1866.	II. 704
Id.	Règlement relatif aux suffrages exprimés dans les épreuves du baccalauréat ès sciences et du baccalauréat ès lettres.	19 mars 1870.	II. 788
Id.	*Note au Conseil impérial de l'Instruction publique sur cet objet*	19 mars 1870.	II. 789 n.
Id.	Arrêté autorisant l'ouverture d'une session extraordinaire pour les épreuves du baccalauréat.	21 mars 1870.	II. 792
Id.	Circulaire relative aux modifications apportées aux règlements du baccalauréat.	28 mars 1870.	II. 793
Id.	Décret relatif à l'échange des brevets de capacité délivrés dans les colonies.	26 oct. 1871.	II. 802
Id.	Arrêté qui détermine la valeur du diplôme de bachelier ès sciences délivré par le Lycée de Galata-Séraï.	12 fév. 1872.	II. 807
Id.	Arrêté relatif à l'épreuve orale des langues vivantes dans l'examen du baccalauréat ès lettres et du baccalauréat ès sciences.	26 déc. 1874.	II. 945
Id.	Règlement concernant l'épreuve des langues vivantes dans les examens subis en Algérie par les candidats aux grades de bachelier	10 nov. 1875.	III. 96
Id.	Décret portant règlement d'administration publique déterminant les conditions d'études exigées des aspirants au titre de pharmacien de 1re classe (*art. 2*).	12 juillet 1878.	III. 219
Id.	Décret relatif à l'épreuve de philosophie des baccalauréats ès sciences (complet et restreint).	5 fév. 1881.	III. 557
Id.	Arrêté fixant l'indemnité due à certains membres des jurys du baccalauréat.	13 mai 1881.	III. 571
Id.	Arrêté relatif à la session extraordinaire du baccalauréat. .	10 fév. 1882.	III. 610
Id.	Arrêté relatif au mode d'examen adopté dans l'Académie de Toulouse pour les baccalauréats ès sciences et ès lettres.	6 juin 1882.	III. 628 n.
Id.	Arrêté relatif aux centres d'examen du baccalauréat pendant la session de juillet-août 1882.	10 juin 1882.	III. 627
Id.	Circulaire relative aux demandes de dispense d'âge pour le baccalauréat	1er juillet 1882.	III. 631
Id.	Arrêté relatif aux notations pour le baccalauréat ès sciences et le baccalauréat ès lettres.	19 juillet 1882.	III. 632
Id.	*Rapport fait au Conseil supérieur de l'Instruction publique sur cet objet, par* M. Lespiault	19 juillet 1882.	III. 632 n.
Id.	Arrêté relatif à la session extraordinaire de baccalauréat dans les Facultés des lettres et des sciences.	13 janv. 1883.	III. 695
Id.	Circulaire pour l'exécution de l'arrêté précédent.	24 janv. 1883.	III. 695 n.

OBJET.	TITRES DES LOIS, DÉCRETS, ORDONNANCES, RÈGLEMENTS, ARRÊTÉS, ETC.	DATES.	TOMES et PAGES.
BACCALAURÉAT. (Sciences.)	Circulaire relative à l'emploi de dictionnaires par les candidats au baccalauréat ès sciences dans l'épreuve de la version latine	24 avril 1883.	III. 716
Idem	Arrêté relatif au mode d'examen des baccalauréats ès sciences et ès lettres dans plusieurs Académies.	30 mai 1883.	III. 718
Id.	Arrêté relatif aux centres d'examen pour le baccalauréat ès lettres et ès sciences.	6 juin 1883.	III. 724
complémentaire.	Décision relative aux étudiants en médecine, bacheliers ès sciences, candidats à la licence.	7 nov. 1826.	I. 539
Idem	*Rapport* et Décret relatifs au rétablissement du baccalauréat ès lettres pour les aspirants au doctorat en médecine (*art. 3*).	23 août 1858.	II. 517
Id.	Instruction pour l'application des dispositions de l'article 3 du décret du 23 août 1858, relatives à l'échange du diplôme de bachelier ès sciences restreint pour la partie mathématique contre un diplôme ordinaire de bachelier ès sciences.	23 avril 1860.	II. 562
(mathématiques, naturelles.)	Ordonnance concernant les Facultés de droit et de médecine (*art. 4*).	5 juillet 1820.	I. 439
Idem	Règlement concernant le diplôme de bachelier ès sciences exigé des étudiants en médecine.	25 sept. 1821.	I. 477
Id.	Arrêté qui autorise les bacheliers ès lettres à prendre la 1re et la 2e inscription avant d'être pourvus du baccalauréat ès sciences.	9 sept. 1823.	I. 501
Id.	Statut portant règlement général concernant la discipline et la police intérieure des Facultés et des Écoles secondaires de médecine (*art. 5*).	9 avril 1825.	I. 521
Id.	Arrêté qui détermine les matières sur lesquelles seront interrogés les aspirants au grade de bachelier ès sciences mathématiques et physiques.	10 nov. 1829.	I. 630
Id.	Ordonnance portant que les étudiants en médecine ne seront plus astreints à prendre préalablement le grade de bachelier ès sciences.	18 janv. 1831.	I. 660
Id.	Règlement relatif aux examens pour les divers grades dans les Facultés des sciences (*art. 1er*).	8 juin 1848.	II. 46
Id.	*Rapport* et Décret sur le nouveau plan d'études pour les Lycées et les Facultés (*art. 9*).	10 avril 1852.	II. 216
(physiques, restreint.)	Ordonnance concernant les Facultés de droit et de médecine (*art. 4*).	5 juillet 1820.	I. 439
Idem	Règlement concernant le diplôme de bachelier ès sciences exigé des étudiants en médecine.	25 sept. 1821.	I. 477
Id.	Arrêté qui autorise les bacheliers ès lettres à prendre la 1re et la 2e inscription avant d'être pourvus du baccalauréat ès sciences.	9 sept. 1823.	I. 501
Id.	Statut portant règlement général concernant la discipline et la police intérieure des Facultés et des Écoles secondaires de médecine (*art. 5*).	9 avril 1825.	I. 521

OBJET.	TITRES DES LOIS, DÉCRETS, ORDONNANCES, RÈGLEMENTS, ARRÊTÉS, ETC.	DATES.	TOMES et PAGES.
BACCALAURÉAT (physiques, restreint.)	Arrêté qui détermine les matières sur lesquelles seront interrogés les aspirants au grade de bachelier ès sciences mathématiques et physiques.	10 nov. 1829.	I. 630
Idem	Ordonnance portant que les étudiants en médecine ne seront plus astreints à prendre préalablement le grade de bachelier ès sciences.	18 janv. 1831.	I. 660
Id.	Rapport et Ordonnance concernant l'organisation des Écoles préparatoires de médecine et de pharmacie (art. 4). . . .	13 oct. 1840.	I. 884
Id.	Règlement relatif aux examens pour les divers grades dans les Facultés des sciences (art. 2).	8 juin 1848.	II. 46
Id.	Rapport et Décret sur le nouveau plan d'études pour les Lycées et les Facultés (art. 9).	10 avril 1852.	II. 216
Id.	Rapport et Décret relatifs au rétablissement du baccalauréat ès lettres pour les aspirants au doctorat en médecine.	23 août 1858.	II. 517
Id.	Règlement pour le baccalauréat ès sciences restreint. . . .	20 janv. 1859.	II. 523
Id.	Arrêté qui détermine les mentions à porter sur les certificats d'aptitude au diplôme de bachelier ès lettres ou de bachelier ès sciences.	24 janv. 1859.	II. 524
Id.	Circulaire relative au baccalauréat ès sciences restreint exigé des aspirants au doctorat en médecine.	14 fév. 1859.	II. 529
Id.	Décret qui détermine l'époque à laquelle les élèves de l'École préparatoire de médecine et de pharmacie d'Alger doivent produire le baccalauréat ès sciences restreint. . .	24 mars 1860.	II. 561
Id.	Décret portant règlement d'administration publique déterminant les conditions d'études exigées des aspirants au grade de docteur en médecine (art. 2).	20 juin 1878.	III. 213
Id.	Décret relatif à l'épreuve de philosophie des baccalauréats ès sciences (complet et restreint).	5 fév. 1881.	III. 557
Id.	Décret relatif au baccalauréat de l'enseignement secondaire spécial (art. 8).	28 juillet 1882.	III. 666
Id.	Circulaire relative à la dispense de la partie scientifique du baccalauréat ès lettres.	29 juillet 1882.	III. 668
(scindé.)	Arrêté relatif à l'examen du baccalauréat ès sciences scindé.	6 déc. 1859.	II. 548
Idem	Circulaire pour l'exécution de l'arrêté précédent.	15 déc. 1859.	II. 550
Id.	Complément d'instructions pour l'exécution de l'arrêté du 6 décembre 1859.	5 mars 1860.	II. 555
Id.	Circulaire relative au baccalauréat ès sciences divisé en deux parties . . .	15 fév. 1861.	II. 582
Id.	Circulaire relative à la partie scientifique du nouveau plan d'études des Lycées.	22 sept. 1863.	II. 630
Id.	Règlement pour l'examen du baccalauréat ès sciences (art. 33).	25 mars 1865.	II. 680
(Théologie).	Décret portant organisation de l'Université (art. 27). . . .	17 mars 1808.	I. 171
Idem	Statut concernant les examens dans les cinq Facultés (titre V).	18 oct. 1808.	I. 194
Id.	Décret concernant les droits de sceau de l'Université. . . .	17 fév. 1809.	I. 210

OBJET.	TITRES DES LOIS, DÉCRETS, ORDONNANCES, RÉGLEMENTS, ARRÊTÉS, ETC.	DATES.	TOMES et PAGES.
BACCALAURÉAT. (Théologie.)	Statut portant règlement général concernant la discipline et la police intérieure des Facultés et des Écoles secondaires de médecine (*art. 5*).	9 avril 1825.	I. 521
Idem	Règlement général sur la comptabilité de l'Université (*art. 159*).	11 nov. 1826.	I. 540
Id.	Règlement sur la discipline et les études des élèves de la Faculté de théologie protestante de Strasbourg.	14 nov. 1827.	I. 600
Id.	Arrêté concernant les études dans les Facultés de théologie protestante.	24 mai 1828.	I. 609
Id.	Ordonnance qui détermine les conditions d'admission aux fonctions d'évêque, vicaire général, chanoine et curé, et de professeur dans les Facultés de théologie.	25 déc. 1830.	I. 659
Id.	Arrêté qui détermine les conditions d'admission aux grades dans les Facultés de théologie.	24 août 1838.	I. 802
Id.	*Rapport* et Décret sur le régime financier des établissements d'enseignement supérieur (*titre V*).	22 août 1854.	II. 349
BATIMENTS.	*Voir :* BIENS AFFECTÉS A L'INSTRUCTION PUBLIQUE.		
BIBLIOTHÉCAIRES, BIBLIOTHÈQUES.	Décret relatif à l'Instruction et à la conservation des monuments publics, des bibliothèques faisant partie des domaines nationaux, etc.	13-19 oct. 1790.	I. 6
Idem	Décret relatif à l'organisation du Jardin national des Plantes et du Cabinet d'histoire naturelle sous le nom de Muséum d'histoire naturelle (*titre III*).	10 juin 1793.	I. 11
Id.	Décret portant suppression de toutes les Académies et Sociétés littéraires patentées ou dotées par la Nation.	8 août 1793.	I. 14
Id.	Règlement pour le Muséum national d'histoire naturelle présenté par les professeurs et approuvé par le Comité d'Instruction publique de la Convention nationale (*chap. III, art. 30-33*).	21 sept. 1793.	I. 15
Id.	Décret portant établissement de trois Écoles de santé (*art. 6*).	14 frim. An III.	I. 29
Id. . . , . .	Loi qui établit dans l'enceinte de la Bibliothèque nationale une École publique destinée à l'enseignement des Langues orientales.	10 germ. An III.	I. 32
Id.	Loi relative à la formation d'un Bureau des Longitudes (*art. 16*).	7 mess. An III.	I. 33
Id.	Règlement pour l'École de médecine de Paris (*titre Ier, chap. III, art. 18-21, et IV, art. 1er; titre II, chap. III, art. 2, 9-11*).	14 mess. An IV.	I. 42
Id.	Règlement pour l'École de médecine de Montpellier (*chap. Ier, art. 1, 3, 4, 8; chap. II, art. 2*).	2 fruct. An XI.	I. 125
Id.	Décret concernant l'organisation des Écoles de droit (*art. 71*).	4e compre. An XII.	I. 142
Id.	Statut concernant le régime et la police générale de l'Université (*art. 21*).	28 oct. 1808.	I. 203
Id.	Statut sur l'administration, la police et l'enseignement de l'École normale (*titre II, § 8*).	30 mars 1810.	I. 268

3.

OBJET.	TITRES DES LOIS, DÉCRETS, ORDONNANCES, RÈGLEMENTS, ARRÊTÉS, ETC.	DATES.	TOMES et PAGES.
BIBLIOTHÉCAIRES, BIBLIOTHÈQUES.	Règlement concernant l'administration et la discipline de l'École normale (*titre II*, § 7).	14 déc. 1815.	I. 394
Idem	Arrêté portant que la bibliothèque de l'Université sera transportée à l'École normale.	3 nov. 1817.	I. 417*n*.
Id.	Arrêté concernant la bibliothèque de l'Université.	29 mai 1818.	I. 417
Id.	Ordonnance portant réorganisation de la Faculté de médecine de Paris (*art. 9*).	2 fév. 1823.	I. 488
Id.	Règlement pour la Faculté de médecine de Montpellier (*art. 44*).	1er mars 1825.	I. 515
Id.	Arrêté portant règlement pour la Faculté de médecine de Strasbourg (*art. 10*).	11 avril 1829.	I. 625
Id.	*Rapport* et Ordonnance concernant la remise en activité de l'École royale des Chartes (*art. 10*).	11 nov. 1829.	I. 631
Id.	Arrêté concernant la bibliothèque de la Faculté de théologie de Paris.	28 oct. 1834.	I. 707
Id.	Règlement pour l'exécution des lois de finances des 23 et 24 mai 1834 en ce qui concerne l'Université (*art. 134-135*).	27 nov. 1834.	I. 710
Id.	Règlement sur la discipline intérieure de l'École normale (*art. 27-30*).	19 août 1836.	I. 736
Id.	Ordonnance sur les bibliothèques publiques.	22 fév. 1839.	I. 811
Id.	Arrêté qui réunit à la bibliothèque de l'Université la bibliothèque affectée à la théologie.	31 déc. 1839.	I. 818*n*.
Id.	Arrêté concernant la bibliothèque de l'Université et la bibliothèque de la Faculté de théologie de Paris.	18 janv. 1840.	I. 818
Id.	Arrêté relatif à l'organisation de la bibliothèque de l'Académie de Paris.	20 nov. 1846.	I. 991
Id.	Arrêté concernant les bibliothèques du Ministère de l'Instruction publique et les ouvrages provenant du dépôt légal, des souscriptions et de la publication des documents historiques.	22 nov. 1846.	I. 992
Id.	Décret organique concernant l'Instruction publique (*art. 3*).	9 mars 1852.	II. 209
Id.	Règlement sur le régime intérieur et la discipline de l'École normale supérieure (*art. 16*).	16 sept. 1852.	II. 246
Id.	Décret portant réorganisation de l'Observatoire de Paris et du Bureau des Longitudes (*titre III*).	30 janv. 1854.	II. 306
Id.	Arrêté portant création d'une bibliothèque des Facultés dans chaque chef-lieu d'Académie.	18 mars 1855.	II. 432
Id.	Circulaire relative à l'exécution de l'arrêté précédent.	20 mars 1855.	II. 432*n*.
Id.	*Rapport* et Décret concernant le Collège de France (*art. 22*).	8 oct. 1857.	II. 499
Id.	*Rapport* et Décret portant que la bibliothèque de la Sorbonne portera désormais le titre de *Bibliothèque de l'Université de France*.	16 mars 1861.	II. 585
Id.	Arrêté relatif au conservateur de la bibliothèque et du mobilier de la Faculté de droit de Paris.	10 juin 1864.	II. 654
Id.	Loi portant fixation du budget général des dépenses et des recettes de l'exercice 1874 [*Droit de bibliothèque*].	29 déc. 1873.	II. 871
Id.	Instruction générale pour l'organisation des bibliothèques universitaires.	4 mai 1878.	III. 190

OBJET.	TITRES DES LOIS, DÉCRETS, ORDONNANCES, RÉGLEMENTS, ARRÊTÉS, ETC.	DATES.	TOMES et PAGES.
BIBLIOTHÉCAIRES, BIBLIOTHÈQUES.	Arrêté instituant une Commission centrale des bibliothèques académiques.	31 janv. 1879.	III. 246
Idem	Règlement pour les bibliothèques universitaires.	23 août 1879.	III. 270
Id.	Arrêté concernant les mesures d'ordre relatives au service de lecture dans les bibliothèques universitaires.	23 août 1879.	III. 275
Id.	Arrêté concernant l'examen professionnel pour l'obtention du certificat d'aptitude aux fonctions de bibliothécaire. .	23 août 1879.	III. 276
Id.	Circulaire relative aux règlements concernant les bibliothèques universitaires.	23 août 1879.	III. 276 n.
Id.	Circulaire relative aux conférences et aux bourses de licence dans les Facultés des sciences et des lettres.	8 sept. 1879.	III. 278
Id.	Règlement pour le service de la bibliothèque de la Faculté de droit de Paris.	22 avril 1880.	III. 453
Id.	Mesures d'ordre relatives au service de lecture à la bibliothèque de la Faculté de droit de Paris.	22 avril 1880.	III. 456
Id.	Règlement pour le service de la bibliothèque de la Faculté de médecine de Paris.	22 avril 1880.	III. 457
Id.	Circulaire relative au budget des bibliothèques universitaires	23 avril 1880.	III. 460
Id.	Circulaire augmentant le délai pendant lequel peuvent être prêtés les livres des bibliothèques universitaires.	15 oct. 1880.	III. 519
Id.	Circulaire relative aux bibliothèques universitaires. . . .	20 janv. 1881.	III. 554
Id.	Règlement pour le service de la bibliothèque de l'École supérieure de pharmacie de Paris.	13 fév. 1882.	III. 611
Id.	Circulaire relative à l'échange des thèses et publications académiques avec des Universités étrangères.	31 mai 1882.	III. 621
Id.	Instruction pour les bibliothécaires des bibliothèques universitaires sur le service d'échange de thèses et de publications académiques avec des Universités étrangères.	31 mai 1882.	III. 623
Id.	Arrêté portant règlement du service des thèses.	21 juillet 1882.	III. 652
Id.	Instruction pour les secrétaires des Facultés et les bibliothécaires des bibliothèques universitaires pour le service des thèses.	21 juillet 1882.	III. 654
Id.	Circulaire pour l'exécution de l'arrêté du 21 juillet 1882 relatif au service des thèses.	11 août 1882.	III. 652 n.
Id.	Arrêté portant modification au règlement général du 23 août 1879, relatif au service des bibliothèques universitaires.	4 déc. 1882.	III. 689
Id.	Arrêté déterminant les conditions d'obtention du certificat d'aptitude aux fonctions de bibliothécaire universitaire.	4 déc. 1882.	III. 690
BIBLIOTHÈQUE (droit de).	Loi de finances.	29 déc. 1873.	II. 871
Idem	Circulaire relative à l'application de la loi de finances du 29 décembre 1873.	31 déc. 1873.	II. 871 n.
Id.	Loi de finances.	3 août 1875.	III. 77
Id.	Circulaire relative au droit de bibliothèque dans les Facultés et Écoles supérieures de pharmacie.	15 oct. 1875.	III. 88
Id.	Circulaire relative au droit de bibliothèque en ce qui concerne les étudiants des Facultés libres.	11 nov. 1878.	III. 227

OBJET.	TITRES DES LOIS, DÉCRETS, ORDONNANCES, RÈGLEMENTS, ARRÊTÉS, ETC.	DATES.	TOMES et PAGES.	
BIBLIOTHÈQUE (droit de).	Loi portant fixation du budget de l'exercice 1883.	29 déc. 1882.	III.	694
Idem	Circulaire relative à la perception des droits de bibliothèque et de travaux pratiques dans les établissements d'enseignement supérieur.	27 mars 1883.	III.	711
Id.	Loi de finances.	1er mai 1883.	III.	712 n.
Id.	Exposé des motifs pour cette loi	1er mai 1883.	III.	711 n.
BIBLIOTHÈQUES CIRCULANTES.	Circulaire relative aux conférences et aux bourses de licence dans les Facultés des sciences et des lettres. . . .	8 sept. 1879.	III.	278
Idem	Circulaire concernant la préparation à l'examen de licence.	12 mai 1880.	III.	464
Id.	Circulaire relative à la préparation aux grades dans les Facultés des sciences et des lettres. . . . . : . .	1er oct. 1880.	III.	511
BIENS affectés à l'Instruction publique.	Décret concernant l'administration des biens déclarés à la disposition de la Nation.	22 avril 1790.	I.	1
Idem	Décret prorogeant la suspension de la vente des biens des établissements d'instruction publique. . . . . : . .	16 fév. 1793.	I.	9 n.
Id.	Décret relatif à la vente des biens formant la dotation des Collèges et autres établissements d'instruction publique.	8-10 mars 1793.	I.	10
Id.	Arrêté relatif aux baux à longues années des biens ruraux appartenant aux établissements d'instruction publique.	7 germ. An IX.	I.	59
Id.	Décret qui donne à l'Université les biens restés disponibles des anciens établissements d'instruction publique. . . .	11 déc. 1808.	I.	206
Id.	Décret portant concession gratuite aux départements, arrondissements et communes de la pleine propriété des édifices et bâtiments nationaux actuellement occupés pour le service de l'administration des cours et des tribunaux et de l'Instruction publique	9 avril 1811.	I.	315
Id.	Arrêté relatif au mode à suivre pour l'aliénation des biens appartenant à l'Université.	4 août 1812.	I.	357
Id.	Décret concernant les biens de l'Université.	29 août 1813.	I.	366
Id.	Arrêté concernant le mode à suivre pour l'aliénation des biens appartenant à l'Instruction publique.	9 oct. 1821.	I.	478
Id.	Règlement général sur la comptabilité de l'Université (art. 11 et suiv.).	11 nov. 1826.	I.	540
Id.	Loi fixant le budget des recettes pour l'exercice 1851. . . .	7 août 1850.	II.	164
	Voir : COLLÈGE DE FRANCE, ÉCOLES, FACULTÉS, JURISPRUDENCE, LABORATOIRES, SORBONNE.			
BIFURCATION.	Décret concernant la bifurcation des études dans les Lycées.	2 sept. 1863.	II.	630
BOURSES D'ÉTUDES.	Arrêté concernant les bourses de Facultés.	5 nov. 1877.	III.	169
Idem	Rapport sur cet objet fait au nom de la Commission du budget des dépenses de l'exercice 1877, par M. Bardoux.	5 nov. 1877.	III.	166 n.
Id.	Circulaire pour l'exécution de l'arrêté du 5 novembre 1877 relatif aux bourses d'enseignement supérieur.	10 fév. 1878.	III.	174
Id.	Circulaire relative aux indemnités de voyage réclamées par les élèves des Facultés.	5 avril 1878.	III.	189
Id.	Arrêté relatif au concours pour les bourses d'enseignement supérieur.	7 juin 1878.	III.	211

OBJET.	TITRES DES LOIS, DÉCRETS, ORDONNANCES, RÉGLEMENTS, ARRÊTÉS, ETC.	DATES.	TOMES et PAGES.	
BOURSES D'ÉTUDES.	Arrêté concernant les bourses dans les Facultés de médecine et dans les Écoles supérieures de pharmacie.	29 juin 1878.	III.	219
Idem	Circulaire relative à l'ouverture d'un concours pour les bourses de licence.	10 oct. 1878.	III.	226
Id.	Arrêté relatif aux boursiers de licence près les Facultés des sciences et des lettres [*Service militaire*].	31 janv. 1879.	III.	245
Id.	Arrêté concernant le concours pour les bourses de doctorat en médecine.	28 mai 1879.	III.	252
Id.	Circulaire concernant le concours pour l'obtention des bourses de licence.	5 juin 1879.	III.	253
Id.	Circulaire relative à l'exécution de l'arrêté du 31 janvier 1879.	24 juin 1879.	III.	245 *n.*
Id.	Circulaire relative aux conférences et aux bourses de licence dans les Facultés des sciences et des lettres.	8 sept. 1879.	III.	278
Id.	Règlement pour les bourses de doctorat en médecine. . . .	15 nov. 1879.	III.	287
Id.	Règlement concernant les bourses de pharmacien de 1re classe.	20 nov. 1879.	III.	288 *n.*
Id.	Circulaire concernant le mode de payement des bourses d'études.	20 déc. 1879.	III.	289
Id.	Circulaire relative à l'application du règlement du 15 novembre 1879 relatif aux bourses de doctorat en médecine.	16 janv. 1880.	III.	311
Id.	Règlement concernant les bourses de licence et d'agrégation dans les Facultés des sciences et des lettres.	3 juin 1880.	III.	473
Id.	*Rapport fait au nom de la Commission du budget (exercice 1881), par* M. Duvaux.	8 juin 1880.	III.	473 *n.*
Id.	Circulaire relative au règlement concernant les bourses de licence et d'agrégation.	30 juin 1880.	III.	477 *n.*
Id.	Circulaire relative à l'engagement décennal exigé des candidats aux bourses	17 sept. 1880.	III.	513 *n.*
Id.	Circulaire relative à la préparation aux grades dans les Facultés des sciences et des lettres.	1er oct. 1880.	III.	511
Id.	Décret relatif au stage pour l'agrégation des Lycées. . . .	28 janv. 1881.	III.	476 *n.*
Id.	Circulaire relative aux bourses et demi-bourses de licence et aux bourses d'agrégation.	31 mai 1881.	III.	573
Id.	Arrêté fixant les conditions des bourses de licence, d'agrégation et de doctorat instituées près le Muséum d'histoire naturelle.	25 avril 1882.	III.	613
Id.	Arrêté modifiant les épreuves du concours pour les bourses de licence ès lettres.	8 mai 1882.	III.	615
Id.	Circulaire concernant les bourses de licence et d'agrégation.	4 juin 1882.	III.	624
Id.	Circulaire relative à la préparation aux examens de licence et d'agrégation dans les Facultés des sciences et des lettres.	5 avril 1883.	III.	713
Id.	Circulaire relative aux compositions que doivent faire les boursiers d'agrégation.	5 mai 1883.	III.	717
Id.	Arrêté relatif à l'ouverture du concours pour les bourses de licence.	24 mai 1883.	III.	717
Id.	Circulaire pour l'exécution de l'arrêté précédent.	24 mai 1883.	III.	718 *n.*

OBJET.	TITRES DES LOIS, DÉCRETS, ORDONNANCES, RÈGLEMENTS, ARRÊTÉS, ETC.	DATES.	TOMES et PAGES.
BOURSES D'ÉTUDES.	Arrêté relatif à l'institution de bourses d'agrégation de l'enseignement secondaire spécial près l'École préparatoire à l'enseignement supérieur des sciences et des lettres de Rouen.	6 juillet 1883.	III. 727
	Voir : ÉLÈVES NATIONAUX.		
BOURSES DE VOYAGE.	Décret concernant les pensions, gratifications et autres récompenses nationales (*titre II, art. 8, 9*).	22 août 1790.	I. 2
Idem	Loi sur l'organisation de l'Instruction publique (*titre V*).	3 brum. An IV.	I. 36
Id.	Affectation d'une somme de 12000 francs pour six bourses de voyage : *Rapport fait au nom de la Commission du budget (exercice 1873) [Journal officiel, 1872, page 5795], approuvé par la loi de finances du 20 décembre 1872.*	20 déc. 1872.	» »
BUDGET	Règlement général sur la comptabilité de l'Université. . . .	11 nov. 1826.	I. 540
Idem	Loi relative à la fixation du budget des dépenses de l'exercice 1830.	2 août 1829.	I. 628
Id.	Circulaire portant que l'intégrité des droits d'examens subis devant les Facultés de théologie, des sciences et des lettres et des Commissions des lettres figureront au budget général de l'Université.	18 déc. 1829.	I. 634
Id.	*Rapport au Roi sur le régime financier de l'Université.*	22 nov. 1833.	I. 686
Id.	Loi de finances.	24 mai 1834.	I. 701
Id.	Règlement pour l'exécution des lois de finances des 23 et 24 mai 1834 en ce qui concerne l'Université.	27 nov. 1834.	I. 710
Id.	Loi fixant le budget des recettes pour l'exercice 1851. . . .	7 août 1850.	II. 164
Id.	Loi sur l'administration de l'Instruction publique (*titre II*).	14 juin 1854.	II. 316
Id.	Décret sur l'organisation des Académies (*art. 18*).	22 août 1854.	II. 340
Id.	*Rapport* et Décret sur le régime financier des établissements d'enseignement supérieur.	22 août 1854.	II. 349
Id.	Instruction sur l'exécution du décret du 22 août 1854 en ce qui concerne le régime financier des établissements d'enseignement supérieur. . . . . : . .	27 déc. 1854.	II. 390
Id.	Instruction aux préfets pour le nouveau mode de comptabilité concernant le service de l'enseignement supérieur.	27 déc. 1854.	II. 414
Id.	Instruction du Ministre des Finances aux receveurs des finances, relative au nouveau mode de comptabilité des établissements d'enseignement supérieur.	28 déc. 1854.	II. 390 n.
Id.	*État comparatif des droits exigés par le décret du 22 août 1854 et par les règlements antérieurs à ce décret pour l'obtention des grades dans les établissements d'enseignement supérieur.*	28 déc. 1854.	II. 402 et suiv.
Id.	Circulaire modifiant la durée de l'exercice financier des établissements publics d'enseignement supérieur.	12 janv. 1856.	II. 461
Id.	Loi portant fixation du budget général des dépenses et des recettes de l'exercice 1882 et suppression du service spécial des établissements d'enseignement supérieur.	28 juin 1861.	II. 591
Id.	Règlement sur la comptabilité des dépenses du Ministère de l'Instruction publique.	16 oct. 1867.	II. 717

OBJET.	TITRES DES LOIS, DÉCRETS, ORDONNANCES, RÈGLEMENTS, ARRÊTÉS, ETC.	DATES.	TOMES et PAGES.
BUDGET.	Instruction relative au règlement précédent.	15 nov. 1867.	II. 791
Idem	Loi portant fixation du budget général des dépenses et des recettes de l'exercice 1869.	2 août 1868.	II. 761
Id.	Loi relative aux Conseils généraux.	10 août 1871.	II. 798
Id.	Circulaire concernant l'époque où les projets de budgets des établissements d'enseignement supérieur doivent être adressés à l'administration centrale.	12 mars 1879.	III. 247
	Voir : COMPTABILITÉ.		
BULLETINS D'ÉTUDES.	Arrêté relatif à l'ouverture et à la clôture des cours et à la discipline des étudiants dans les Facultés de droit et de médecine (art. 3).	26 oct. 1838.	I. 807
Idem	Circulaire prescrivant l'envoi d'un bulletin semestriel aux parents des étudiants des Facultés et Écoles.	20 avril 1852.	II. 222
Id.	Décret relatif au régime des établissements d'enseignement supérieur (art. 26).	30 juillet 1883.	III. 731
BUREAU CENTRAL MÉTÉOROLOGIQUE.	Rapport et Décret concernant l'organisation du Bureau central météorologique.	14 mai 1878.	III. 205
Idem	Arrêté concernant les délégués des Commissions régionales et départementales.	10 juillet 1879.	III. 208 n.
Id.	Circulaire concernant les observations météorologiques.	28 avril 1879.	III. 251
BUREAU D'ADMINISTRATION	Règlement pour l'École de médecine de Montpellier (chap. III).	2 fruct. An XI.	I. 125
Idem	Décret concernant l'organisation des Écoles de droit (section IV).	4ᵉcompᵗᵉ.An XII.	I. 142
Id.	Instruction pour les Écoles de droit.	19 mars 1807.	I. 160
Id.	Statut concernant le régime et la police générale de l'Université (art. 14).	28 oct. 1808.	I. 203
BUREAU DES LONGITUDES.	Loi relative à la formation d'un Bureau des Longitudes.	7 mess. An III.	I. 33
Idem	Rapport de Grégoire sur cet objet.	7 mess. An III.	III. 856 a.
Id.	Règlement du Bureau des Longitudes.	4ᵉcompᵗᵉ. An III.	I. 35
Id.	Statut concernant le régime et la police générale de l'Université (art. 20).	28 oct. 1808.	I. 203
Id.	Ordonnance qui crée trois emplois d'artiste adjoint près le Bureau des Longitudes.	21 oct. 1814.	I. 372
Id.	Décret qui confirme les dispositions de l'ordonnance qui précède et de celle qui crée une place d'adjoint pour l'histoire et l'astronomie chez les Orientaux.	6 avril 1815.	I. 383
Id.	Dispositions organiques concernant l'Instruction publique (art. 1 et 2).	9 mars 1852.	II. 209
Id.	Décret concernant la réorganisation de l'Observatoire de Paris et du Bureau des Longitudes.	30 janv. 1854.	II. 306
Id.	Rapport fait au nom de la Commission, chargée par le Ministre de l'Instruction publique d'examiner les améliorations à apporter dans l'organisation scientifique et administrative de l'Observatoire de Paris et du Bureau des Longitudes.	20 janv. 1854.	II. 306 n.
Id.	Décret portant réorganisation du Bureau des Longitudes.	26 mars 1862.	II. 606

OBJET.	TITRES DES LOIS, DÉCRETS, ORDONNANCES, RÉGLEMENTS, ARRÊTÉS, ETC.	DATES.	TOMES et PAGES.
BUREAU DES LONGITUDES.	*Rapport* et Décret sur la réorganisation du Bureau des Longitudes.	15 mars 1874.	II. 878
Idem	Arrêté qui détermine la nature des travaux des membres adjoints du Bureau des Longitudes.	24 fév. 1877.	III. 146
Id.	Arrêté relatif au personnel du bureau des calculs du Bureau des Longitudes.	29 janv. 1881.	III. 556
CAHIERS D'ÉTUDIANTS.	Décret concernant l'organisation des Écoles de droit (*art. 70*).	4ᵉcompᵗ°.AnXII.	I. 142
Idem	Instructions pour les Écoles de droit (*art. 36*).	19 mars 1807.	I. 160
CAISSIER GÉNÉRAL DE L'UNIVERSITÉ.	Décret portant règlement pour l'Université (*titre VI*).	17 sept. 1808.	I. 189
CAISSIERS DES ACADÉMIES.	Décret concernant les droits de sceau de l'Université (*art. 3, 4*).	17 fév. 1809.	I. 210
Idem	Décret concernant diverses dispositions pour accorder le régime des anciennes Écoles avec celui de l'Université (*art. 6*).	4 juin 1809.	I. 219
	Voir : SECRÉTAIRES D'ACADÉMIES, DE FACULTÉS.		
CALCULATEURS.	Décret concernant la réorganisation de l'Observatoire de Paris et du Bureau des Longitudes (*art. 9, 20*).	30 janv. 1854.	II. 306
Idem	Décret portant réorganisation de l'Observatoire de Paris.	3 avril 1868.	II. 734
Id.	*Rapport sur un projet d'avis relatif à des modifications à introduire dans le titre II du décret du 30 janvier 1854.*	3 avril 1868.	II. 734*n.*
Id.	Décret concernant les employés de l'Observatoire de Paris.	12 mars 1880.	III. 378
CALOMNIE.	Décret concernant le régime de l'Université (*art. 73*).	15 nov. 1811.	I. 319
CAPACITÉ EN DROIT.	Loi relative aux Écoles de droit (*titre II*).	22 vent. An XII.	I. 137
Idem	Décret concernant l'organisation des Écoles de droit (*sections V, VI et VII*).	4ᵉcompᵗ°.AnXII.	I. 142
Id.	Arrêté relatif à l'obtention des grades de bachelier et de licencié par les étudiants pourvus du certificat de capacité en droit.	5 nov. 1813.	I. 369
Id.	Circulaire relative à l'ordonnance du 5 juillet 1820, concernant les études, l'ordre et la discipline dans les Facultés.	19 juillet 1820.	I. 444
Id.	Ordonnance concernant l'enseignement, les inscriptions et les grades dans les Facultés de droit (*art. 5, 6, 7*).	4 oct. 1820.	I. 450
Id.	Décision concernant le nombre des examinateurs pour l'examen de capacité à la Faculté de droit de Paris.	13 avril 1824.	I. 508
Id.	Règlement général sur la comptabilité de l'Université (*art. 136*).	11 nov. 1826.	I. 540
Id.	Arrêté concernant les examens que doivent subir les étudiants de la Faculté de droit de Paris.	5 mai 1829.	I. 627
Id.	Ordonnance portant que les inscriptions dites de capacité ne pourront plus compter pour le baccalauréat ni pour la licence en droit.	13 juin 1830.	I. 641
Id.	Ordonnance qui détermine les grades exigés pour pouvoir prendre des inscriptions dans les Facultés de droit et de médecine.	9 août 1836.	I. 736

OBJET.	TITRES DES LOIS, DÉCRETS, ORDONNANCES, RÉGLEMENTS, ARRÊTÉS, ETC.	DATES.	TOMES et PAGES.
CAUTIONNEMENT.	Avis du Conseil sur la constitution en rentes sur l'État du cautionnement des secrétaires agents comptables.	19 sept. 1843.	I. 955
Idem	Décret relatif aux cautionnements des agents comptables ressortissant au département de l'Instruction publique. .	31 oct. 1849.	II. 75
Id. , ...	Décret relatif aux secrétaires des Facultés et des Académies (*art. 3*).	13 fév. 1851.	II. 194
Id.	Arrêté portant création d'emplois de secrétaires agents comptables des Facultés.	24 août 1854.	II. 364
Id.	Arrêté qui institue des secrétaires agents comptables dans les Écoles préparatoires médicales et dans les Écoles préparatoires à l'enseignement supérieur des sciences et des lettres.	2 mars 1855.	II. 431
Id.	Arrêté portant institution d'un emploi de secrétaire agent comptable à l'École préparatoire de médecine et de pharmacie d'Alger.	9 janv. 1865.	II. 674
Id.	Arrêté relatif à la perception des droits universitaires à Paris.	25 juillet 1882.	III. 664
Id.	Décret relatif à la perception des droits universitaires dans les départements (*art. 5*).	25 nov. 1882.	III. 685
Id.	Arrêté relatif au mode de perception des droits universitaires dans les départements (*art. 18*).	25 nov. 1882.	III. 686
	Voir : AGENTS COMPTABLES.		
CENSURE.	Décret portant organisation de l'Université (*art. 47, 57*).	17 mars 1808.	I. 171
Idem	Décret concernant le régime de l'Université (*art. 43, 66, 68, 71, 72, 74, 75, 146, 164*).	15 nov. 1811.	I. 319
Id.	Loi relative à l'enseignement (*art. 76*).	15 mars 1850.	II. 85
Id.	Décret organique concernant l'Instruction publique (*art. 3*).	9 mars 1852.	II. 209
Id.	Loi relative au Conseil supérieur de l'Instruction publique (*art. 5*).	19 mars 1873.	II. 848
Id.	Loi relative au Conseil supérieur de l'Instruction publique et aux Conseils académiques (*art. 13*).	27 fév. 1880.	III. 322
CERTIFICATS D'APTITUDE.	Décret portant organisation de l'Université (*art. 58*). . . .	17 mars 1808.	I. 171
Idem	Règlement concernant le régime de l'Université, la subordination, la correspondance et les attributions de ses diverses autorités (*art. 24*).	10 oct. 1809.	I. 230
Id.	Règlement particulier pour la Faculté des sciences de Paris (*art. 41*).	10 oct. 1809.	I. 233
Id.	Statut sur les Facultés des lettres et des sciences (*art. 44, 45*).	16 fév. 1810.	I. 249
	Modèles : Bacheliers, licenciés et docteurs.	»	I. 256
Id.	Statut portant règlement sur les examens pour le baccalauréat ès lettres (*art. 7*).	13 sept. 1820.	I. 447
Id.	Circulaire relative à l'application du statut précédent. . . .	19 sept. 1820.	I. 448
Id.	*Modèle du certificat d'aptitude.*	»	I. 449
Id.	Règlement concernant les examens pour le baccalauréat ès lettres (*art. 8*).	13 mars 1821.	I. 471

OBJET.	TITRES DES LOIS, DÉCRETS, ORDONNANCES, RÈGLEMENTS, ARRÊTÉS, ETC.	DATES.	TOMES et PAGES.	
CERTIFICATS D'APTITUDE.	Statut portant règlement général concernant la discipline et la police intérieure des Facultés et des Écoles secondaires de médecine (*art. 34*).	9 avril 1825.	I.	521
Idem	Règlement pour le baccalauréat ès lettres (*titre IV*).	14 juillet 1840.	I.	858
Id.	*Modèles.*	»	I.	864
Id.	Règlement pour les Écoles de pharmacie (*art. 23*).	5 fév. 1841.	I.	892
Id.	Règlement pour le baccalauréat ès lettres (*art. 23, 24*).	26 nov. 1849.	II.	79
Id.	Circulaire relative au nouveau mode de votation dans les examens du baccalauréat ès lettres et ès sciences.	14 juin 1853.	II.	290
Id.	*Modèles des certificats d'aptitude.*	»	II.	291
Id.	Règlement sur l'examen du baccalauréat ès lettres (*art. 23, 24*).	3 août 1857.	II.	485
Id.	Règlement sur l'examen du baccalauréat ès sciences (*art. 22, 23, 24*).	7 août 1857.	II.	492
Id.	Instruction pour l'exécution des règlements précédents.	14 août 1857.	II.	496
Id.	Instruction pour l'exécution de l'arrêté du 6 décembre 1859 relatif à l'examen du baccalauréat ès sciences scindé.	5 mars 1860.	II.	555
Id.	*Modèles des certificats d'aptitude.*	»	II.	557
Id.	Règlement pour les examens du baccalauréat ès lettres (*art. 29, 30*).	28 nov. 1864.	II.	664
Id.	Règlement pour l'examen du baccalauréat ès sciences (*art. 28, 29*).	25 mars 1865.	II.	680
Id.	Envoi de nouveaux modèles de certificats d'aptitude au grade de bachelier ès lettres et de bachelier ès sciences et de procès-verbaux d'examen.	19 juin 1865.	II.	686
Id.	*Modèles.*	»	II.	687
Id.	Règlement pour le baccalauréat ès lettres (*art. 22, 23*).	25 juillet 1874.	II.	887
Id.	Décret relatif à la composition des jurys chargés de la collation des grades (*art. 8, 9*).	26 déc. 1875.	III.	104
Id.	Circulaire relative au certificat d'aptitude correspondant à la première série des épreuves du baccalauréat ès lettres.	17 nov. 1877.	III.	171
Id.	Circulaire relative aux nouveaux modèles de certificats d'aptitude pour les grades de pharmacien de 1re et de 2e classe	18 mai 1880.	III.	466
Id.	Arrêté concernant les épreuves d'admission au grade de bachelier ès lettres (*titre IV*).	19 juin 1880.	III.	489
Id.	Décret relatif au régime des établissements d'enseignement supérieur (*art. 22*).	30 juillet 1883.	III.	731
CERTIFICAT DE CAPACITÉ pour les sciences appliquées.	*Rapport* et décret sur le régime financier des établissements d'enseignement supérieur (*titre II*).	22 août 1854.	II.	349
Idem	Règlement pour l'enseignement des sciences appliquées dans les Écoles préparatoires à l'enseignement supérieur des sciences et des lettres (*titres III et IV*).	26 déc. 1854.	II.	382
Id.	Instruction pour l'exécution du règlement précédent.	26 déc. 1854.	II.	386
CERTIFICAT D'ÉTUDES.	Statut concernant les examens dans les cinq Facultés (*art. 5*).	18 oct. 1808.	I.	194

OBJET.	TITRES DES LOIS, DÉCRETS, ORDONNANCES, RÉGLEMENTS, ARRÊTÉS, ETC.	DATES.	TOMES et PAGES.	
CERTIFICAT D'ÉTUDES.	Arrêté relatif à la collation du grade de bachelier ès lettres aux élèves des Écoles ecclésiastiques.	23 juin 1809.	I.	224
Idem	Décret concernant le régime de l'Université (*art. 23*). . .	15 nov. 1811.	I.	319
Id.	Arrêté qui détermine les conditions nécessaires pour être admis au grade de bachelier ès lettres.	26 nov. 1812.	I.	362
Id.	Arrêté qui règle les conditions requises pour être admis à l'examen du baccalauréat dans les Facultés des lettres.	26 sept. 1818.	I.	419
Id.	Ordonnance concernant les Facultés de droit et de médecine (*art. 2*).	5 juillet 1820.	I.	439
Id.	Circulaire relative à l'ordonnance du 5 juillet 1820 concernant les études, l'ordre et la discipline dans les Facultés.	19 juillet 1820.	I.	444
Id.	Statut portant règlement sur les examens pour le baccalauréat ès lettres.	13 sept. 1820.	I.	447
Id.	Circulaire relative à l'application du statut précédent. . . .	19 sept. 1820.	I.	448
Id.	*Modèle de certificat d'études.*	»	I.	450
Id.	Règlement concernant les examens pour le baccalauréat ès lettres.	13 mars 1821.	I.	471
Id.	Ordonnance relative aux conditions à remplir pour être admis à l'examen du baccalauréat ès lettres.	17 oct. 1821.	I.	479
Id.	Arrêté relatif aux formalités à remplir pour être admis aux examens du baccalauréat et de la licence ès lettres. . . .	15 janv. 1822.	I.	481
Id.	Arrêté qui exige des candidats au baccalauréat ès lettres le double certificat de rhétorique et de philosophie. . . .	17 juillet 1835.	I.	724
Id.	Arrêté contenant de nouvelles dispositions pour prévenir les erreurs de noms et les substitutions de personnes dans les candidatures pour le baccalauréat ès lettres. . .	11 avril 1837.	I.	745
Id.	Arrêté qui interdit l'annonce de cours préparatoires à l'examen du baccalauréat ès lettres et détermine les conditions d'admission à cet examen. . . .	28 août 1838.	I.	803
Id.	*Rapport* et Décret supprimant le certificat d'études exigé des candidats au baccalauréat ès lettres. . . .	16 nov. 1849.	II.	77
Id.	Loi relative à l'enseignement (*art. 63*). . . .	15 mars 1850.	II.	85
CERTIFICAT D'ÉTUDES de droit administratif et de coutumes indigènes.	*Voir :* ALGÉRIE.			
CERTIFICAT D'EXAMEN de grammaire.	*Rapport* et Décret sur le nouveau plan d'études pour les Lycées et les Facultés (*art. 2*). . . .	10 avril 1852.	II.	216
Idem	Règlement sur la réception des officiers de santé, des pharmaciens, herboristes et sages-femmes de 2ᵉ classe (*art. 6*).	23 déc. 1854.	II.	372
Id.	Instruction pour l'exécution du règlement précédent. . . .	23 déc. 1854.	II.	377
Id.	Instruction générale sur l'exécution du plan d'études des Lycées . . .	23 déc. 1854.	II.	374n.
Id.	*Modèle du certificat.*	»	II.	374n.
Id.	Circulaire rappelant à l'exécution des règlements relatifs aux aspirants pharmaciens de 2ᵉ classe. . . .	13 déc. 1858.	II.	522

OBJET.	TITRES DES LOIS, DÉCRETS, ORDONNANCES, RÈGLEMENTS, ARRÊTÉS, ETC.	DATES.	TOMES et PAGES.
CHANCELIER de l'Université, du Conseil royal.	*Rapport* et Ordonnances concernant la nouvelle organisation du Conseil royal de l'Université et des Conseils académiques.	7 sept. 1845.	I. 967
Idem	Arrêté concernant les traitements des divers fonctionnaires de l'Université (*art. 1er*).	23 nov. 1848.	II. 61
CHANGEMENT de Facultés, d'Écoles par les étudiants.	Arrêté du Gouvernement portant règlement pour l'exercice de la médecine (*art. 24*).	20 prair. An XI.	I. 109
Idem	Arrêté du Gouvernement contenant règlement sur les Écoles de pharmacie (*art. 28*).	25 therm. An XI.	I. 119
Id.	Instruction pour les Écoles de droit (*art. 14*).	19 mars 1807.	I. 160
Id.	Arrêté approuvant la décision par laquelle une Faculté a refusé de délivrer un certificat d'inscription à un élève ajourné pour un nouvel examen.	1er oct. 1813.	I. 368
Id.	Ordonnance concernant les Facultés de droit et de médecine (*art. 16*).	5 juillet 1820.	I. 439
Id.	Circulaire relative aux élèves exclus d'une Faculté.	12 fév. 1821.	I. 442 n.
Id.	Statut portant règlement général concernant la discipline et la police intérieure des Facultés et des Écoles secondaires de médecine (*art. 28*).	9 avril 1825.	I. 521
Id.	Règlement général sur la comptabilité de l'Université (*art. 147*).	11 nov. 1826.	I. 540
Id.	Arrêté concernant les étudiants ajournés ou refusés à leurs examens	26 avril 1828.	I. 608
Id.	Arrêté concernant les étudiants qui continuent près la Faculté de droit de Paris les études commencées dans les Facultés de droit des départements.	24 nov. 1829.	I. 633
Id.	Arrêté relatif à l'ouverture et à la clôture des cours et à la discipline des étudiants dans les Facultés de droit et de médecine (*art. 7, 8*).	26 oct. 1838.	I. 807
Id.	Arrêté qui détermine les conditions auxquelles un étudiant peut changer de Faculté.	25 oct. 1839.	I. 816
Id.	Règlement pour les Écoles de pharmacie (*art. 21*).	5 fév. 1841.	I. 892
Id.	Ordonnance concernant les examens dans les Facultés de droit (*art. 4*).	6 juillet 1841.	I. 907
Id.	Loi relative à la liberté de l'enseignement supérieur (*art. 15*).	12 juillet 1875.	III. 12
Id.	Règlement relatif aux étudiants qui veulent passer d'une Faculté dans une autre.	24 nov. 1875.	III. 99
Id.	Circulaire relative aux étudiants en droit qui veulent changer de Faculté.	21 juin 1881.	III. 539 n.
Id.	Décret relatif au régime des établissements d'enseignement supérieur (*art. 23, 24*).	30 juillet 1883.	III. 731
Id.	Circulaire relative à l'exécution du décret précédent.	31 oct. 1883.	III. 765
CHANOINE.	Loi relative aux séminaires métropolitains (*art. 4*).	23 vent. An XII.	I. 141
Idem	Ordonnance qui détermine les conditions d'admission aux fonctions d'évêque, vicaire général, chanoine et curé, et de professeur dans les Facultés de théologie.	25 déc. 1830.	I. 659

OBJET.	TITRES DES LOIS, DÉCRETS, ORDONNANCES, RÈGLEMENTS, ARRÊTÉS, ETC.	DATES.	TOMES et PAGES.
CHARGÉS DE COURS.	Arrêté qui fixe l'indemnité qui sera allouée aux suppléants des Facultés de droit chargés de faire le cours d'une chaire vacante.	19 mars 1819.	I. 426
Idem	Décision portant que les chargés de cours, docteurs ès lettres et ès sciences, sont aptes à prendre part aux exercices des Facultés, excepté dans l'Académie de Paris. . .	13 janv. 1837.	I. 745
Id.	*Rapport* et Ordonnance portant création de trois ordres d'agrégés près les Facultés des lettres (*art. 7*).	24 mars 1840.	I. 840
Id.	*Rapport* et Décret concernant le traitement des chargés de cours et des suppléants dans les Facultés.	20 août 1881.	III. 585
Id.	Décret relatif au traitement des chargés de cours et des suppléants dans les Facultés de théologie et les Écoles supérieures de pharmacie.	15 oct. 1881.	III. 591
CHARTE.	Charte constitutionnelle.	14 août 1830.	I. 641
CHEF DES TRAVAUX ANATOMIQUES.	*Voir :* TRAVAUX ANATOMIQUES.		
CHIRURGIENS.	Ordonnance concernant les chirurgiens embarqués sur les navires de commerce.	4 août 1819.	I. 428
Idem	Règlement relatif aux chirurgiens embarqués à bord des navires expédiés pour la pêche de la morue.	15 fév. 1859.	II. 530
	Voir : SERVICE DE SANTÉ.		
CHOLÉRA.	*Voir :* GRATUITÉ.		
CIRCONSCRIPTIONS académiques, médicales.	Arrondissements des commissaires des cinq Écoles de médecine pour les jurys de réception des officiers de santé.	20 prair. An XI.	I. 118
Idem	Arrêté concernant la circonscription des arrondissements des Facultés de médecine pour les jurys médicaux, l'admission des candidats aux examens, la répartition des droits de réception entre les membres du jury, les procès-verbaux du jury et les modèles des certificats et titres des réceptions	21 mai 1812.	I. 346
Id.	Ordonnance qui détermine les circonscriptions des Facultés de médecine en ce qui concerne le droit de présentation aux chaires des Écoles préparatoires de médecine et de pharmacie	18 avril 1841.	I. 905
Id.	Loi sur l'administration de l'Instruction publique (*art. 11*).	14 juin 1854.	II. 316
Id.	Décret sur l'organisation des Académies.	22 août 1854.	II. 340
Id.	*Rapport* et Décret sur le régime financier des établissements d'enseignement supérieur (*art. 18*).	22 août 1854.	II. 349
Id.	Règlement sur la réception des officiers de santé, des pharmaciens, herboristes et sages-femmes de 2ᵉ classe.	23 déc. 1854.	II. 372
Id.	Instruction pour l'exécution du règlement précédent.	23 déc. 1854.	II. 377
Id.	Règlement qui modifie la circonscription de l'École préparatoire de médecine et de pharmacie de Reims.	25 avril 1857.	II. 482
Id.	Arrêté fixant les circonscriptions des Écoles préparatoires de médecine et de pharmacie pour les trois nouveaux départements de la Savoie, de la Haute-Savoie et des Alpes-Maritimes	4 mars 1861.	II. 585

OBJET.	TITRES DES LOIS, DÉCRETS, ORDONNANCES, RÈGLEMENTS, ARRÊTÉS, ETC.	DATES.	TOMES et PAGES.	
CIRCONSCRIPTIONS académiques, médicales.	Arrêté relatif au département d'*Eure-et-Loir*.	27 juillet 1866.	II.	705
Idem	Arrêté qui détermine la circonscription de la Faculté mixte de médecine et de pharmacie de Lille. . . , ...	30 déc. 1876.	III.	143
Id.	Arrêté modifiant la circonscription des Écoles de médecine de Tours et d'Angers.	10 août 1877.	III.	163
Id.	Arrêté qui détermine la circonscription des Facultés de médecine, des Écoles supérieures de pharmacie, des Écoles de plein exercice et des Écoles préparatoires de médecine et de pharmacie.	22 juillet 1878.	III.	222
CLASSEMENT (professeurs).	*Rapport* et Décret relatifs aux professeurs de l'École des Chartes.	18 août 1866.	II.	706
Idem	Loi portant fixation du budget général des dépenses et des recettes de l'exercice 1869.	2 août 1868.	II.	761
Id.	*Rapport* et Décret réorganisant l'École des Chartes (*art. 3*).	30 janv. 1869.	II.	767
Id.	Circulaire relative à la répartition en trois classes des professeurs de l'enseignement supérieur.	18 fév. 1870.	II.	787
Id.	Décret relatif au classement et au traitement des professeurs des Facultés et Écoles supérieures de pharmacie.	12 fév. 1881.	III.	558
Id.	*Rapport fait au nom de la Commission du budget (exercice 1881), par* M. Duvaux.	12 fév. 1881.	III.	561
Id.	Décret modifiant l'article 8 du décret du 12 février 1881. . .	28 mai 1881.	III.	573
Id.	Décret relatif au classement des professeurs des Facultés et Écoles supérieures de pharmacie.	16 juillet 1881.	III.	576
Id.	Décret relatif au classement des professeurs des Écoles d'enseignement supérieur d'Alger.	24 déc. 1881.	III.	594
CLERGÉ DE FRANCE.	*Voir :* DÉCLARATION.			
CLINIQUE (aides de).	Arrêté concernant l'organisation des cliniques de la Faculté de médecine dans les hôpitaux de Paris.	3 juillet 1824.	I.	508
Idem	Dispositions réglementaires concernant les fonctions de chefs et d'aides de clinique à la Faculté de médecine de Paris.	23 juin 1865.	II.	691
Id.	Règlement concernant les chefs et aides de clinique de la Faculté de médecine de Paris.	30 juin 1880.	III.	495
Id.	Règlement concernant les chefs et aides de clinique de la Faculté de médecine de Montpellier.	30 juin 1880.	III.	498
Id.	Règlement concernant les chefs et aides de clinique de la Faculté de médecine de Paris.	1er juin 1883.	III.	720
CLINIQUE (chefs de).	Règlement pour l'École de médecine de Paris (*titre Ier, chap. III*).	14 mess. An IV.	I.	42
Idem	Ordonnance portant réorganisation de la Faculté de médecine de Paris (*art. 10*).	2 fév. 1823.	I.	488
Id.	Arrêté concernant l'organisation des cliniques de la Faculté de médecine dans les hôpitaux de Paris.	3 juillet 1824.	I.	508
Id.	Dispositions réglementaires pour les concours de places de chef de clinique.	23 août 1862.	II.	617

OBJET.	TITRES DES LOIS, DÉCRETS, ORDONNANCES, RÈGLEMENTS, ARRÊTÉS, ETC.	DATES.	TOMES et PAGES.	
CLINIQUE (chefs de).	Dispositions réglementaires concernant les fonctions de chefs et d'aides de clinique à la Faculté de médecine de Paris.	23 juin 1865.	II.	691
Idem	Dispositions réglementaires concernant les fonctions de chef de clinique à la Faculté de médecine de Montpellier. . .	26 déc. 1865.	II.	698
Id.	Arrêté portant modification du règlement de 1865 sur les concours pour les emplois de chef de clinique à la Faculté de médecine de Paris.	4 août 1868.	II.	763
Id.	Règlement pour les chefs et aides de clinique de la Faculté de médecine de Paris.	30 juin 1880.	III.	495
Id.	Règlement pour les chefs et aides de clinique de la Faculté de médecine de Montpellier.	30 juin 1880.	III.	498
Id.	Arrêté portant règlement du concours pour l'emploi de chef de clinique à la Faculté de médecine de Lille.	10 déc. 1880.	III.	522
Id.	Arrêté réglant le concours pour les emplois de chefs et de chefs adjoints de clinique chirurgicale à la Faculté de médecine de Paris.	14 juin 1881.	III.	575
Id.	Arrêté réglant les attributions et le mode de nomination des chefs de clinique de la Faculté de médecine de Nancy.	15 mai 1882.	III.	616
Id.	Arrêté modifiant les conditions du concours pour les emplois de chef de clinique de la Faculté de médecine de Paris	6 juin 1882.	III.	626
Id.	Règlement concernant les chefs et aides de clinique de la Faculté de médecine de Paris.	1er juin 1883.	III.	720
Id.	Décret portant réorganisation des Écoles préparatoires de médecine et de pharmacie (*art. 9*).	1er août 1883.	III.	743
Id.	Arrêté relatif aux chefs de clinique près la Faculté de médecine de Paris.	25 oct. 1883.	III.	765
CLINIQUES.	Décret portant établissement de trois Écoles de santé (*art. 4 et suiv.*).	14 frim. An III.	I.	29
Idem	Règlement pour l'École de médecine de Paris (*titre Ier, chap. III*).	14 mess. An IV.	I.	42
Id.	Règlement pour l'École de médecine de Montpellier (*chap. II, art. 5, 9*).	2 fruct. An XI.	I.	125
Id.	Ordonnance portant réorganisation de la Faculté de médecine de Paris (*art. 21*).	2 fév. 1823.	I.	488
Id.	Arrêté concernant l'organisation des cliniques de la Faculté de médecine dans les hôpitaux de Paris.	3 juillet 1824.	I.	508
Id.	*Rapport* et Ordonnance concernant l'organisation des Écoles préparatoires de médecine et de pharmacie (*art. 9*). . .	13 oct. 1840.	I.	884
Id.	Arrêté portant règlement d'études pour les Écoles préparatoires de médecine et de pharmacie.	2 avril 1857.	II.	477
Id.	Circulaire relative à l'exécution de l'arrêté précédent. . . .	16 avril 1857.	II.	479
Id.	Arrêté qui répartit les cliniques de la Faculté de médecine dans les hôpitaux de Paris.	1er janv. 1867.	II.	711
Id.	Loi relative à l'organisation des services hospitaliers de l'armée dans les hôpitaux militaires et dans les hospices civils	7 juillet 1877.	III.	154
Id.	Décret portant création de cours annexes dans les Facultés de médecine.	20 août 1877.	III.	164

OBJET.	TITRES DES LOIS, DÉCRETS, ORDONNANCES, RÈGLEMENTS, ARRÊTÉS, ETC.	DATES.	TOMES et PAGES.	
CLINIQUES.	Décret relatif à la Commission chargée d'organiser les cours annexes de clinique.	6 déc. 1877.	III.	165
Idem	Décret portant règlement pour les cours cliniques annexes dans les hôpitaux.	15 avril 1879.	III.	249
Id.	Décret portant règlement d'administration publique pour l'exécution de la loi du 7 juillet 1877.	1er août 1879.	III.	269
CODEX.	Loi contenant organisation des Écoles de pharmacie (*art. 38*).	21 germ. An XI.	I.	105
Idem	Ordonnance sur la publication d'un nouveau Codex pharmaceutique.	8 août 1816.	I.	410
Id.	*Rapport au Roi sur la publication du nouveau Codex pharmaceutique*	10 sept. 1835.	I.	725
Id.	Décision relative à la publication d'un nouveau Codex pharmaceutique.	20 juin 1861.	II.	589
Id.	Arrêté qui institue une Commission pour la revision du Codex.	11 déc. 1861.	II.	590*n.*
Id.	Décret rendant obligatoire pour les pharmaciens le nouveau *Codex medicamentarius.*	5 déc. 1866.	II.	707
Id.	*Rapport des Ministres de l'Instruction publique et de l'Agriculture et du Commerce concernant l'institution d'une Commission chargée de reviser le Codex.* . . .	5 fév. 1880.	III.	320
COLLATION DES GRADES.	*Voir :* GRADES.			
COLLECTIONS.	Décret relatif à l'organisation du Jardin national des Plantes et du Cabinet d'histoire naturelle sous le nom de Muséum d'histoire naturelle (*titre III*).	10 juin 1793.	I.	11
Idem	Règlement pour le Muséum national d'histoire naturelle présenté par les professeurs et approuvé par le Comité d'Instruction publique de la Convention nationale (*chap. III et IV*).	21 sept. 1793.	I.	15
Id.	Décret portant établissement de trois Écoles de santé (*art. 6*).	14 frim. An III.	III.	29
Id.	Règlement pour l'École de médecine de Paris (*titre Ier, chap. Ier, art. 3, chap. III, art. 22 et suiv.*).	14 mess. An IV.	I.	42
Id.	Arrêté concernant le conservateur des collections à la Faculté de médecine de Paris.	13 août 1822.	I.	484
Id.	Ordonnance portant réorganisation de la Faculté de médecine de Paris (*art. 9*).	2 fév. 1823.	I.	488
Id.	*Rapport* et Ordonnance concernant l'organisation des Écoles préparatoires de médecine et de pharmacie (*art. 8*).	13 oct. 1840.	I.	884
Id.	Règlement pour l'acquisition des collections scientifiques dans les Facultés des sciences et de médecine et dans les Écoles préparatoires.	11 déc. 1846.	I.	999
Id.	Arrêté qui fixe le traitement des fonctionnaires de l'École pratique de la Faculté de médecine de Paris (*art. 2*). . .	10 août 1859.	II.	543
Id.	*Rapport* et Décret portant réorganisation de l'administration du Muséum d'histoire naturelle (*art. 6-10*).	29 déc. 1863.	II.	633

OBJET.	TITRES DES LOIS, DÉCRETS, ORDONNANCES, RÈGLEMENTS, ARRÊTÉS, ETC.	DATES.	TOMES et PAGES.
COLLECTIONS.	Règlement général pour l'exécution du décret précédent (*art. 5 et suiv.*).	2 janv. 1864.	II. 635
Idem	Circulaire relative aux allocations attribuées aux Facultés des sciences pour les collections.	21 janv. 1881.	III. 555
COLLÈGE DE FRANCE.	Décret relatif à l'organisation du Jardin national des Plantes et du Cabinet d'histoire naturelle sous le nom de Muséum d'histoire naturelle (*titre Ier, art. 13*).	10 juin 1793.	I. 11
Idem	Décret portant que le Collège de France connu ci-devant sous le nom de Collège royal est conservé provisoirement.	25 mess. An III.	I. 34
Id.	Décret qui transfère au Collège de France la chaire de grec moderne de l'École des Langues orientales.	26 brum. An XII.	I. 149
Id.	Décret relatif aux chaires de langues persane, turque et grecque vulgaire.	22 brum. An XIV.	I. 149
Id.	Décret portant organisation de l'Université (*art. 14, 15, 113*).	17 mars 1808.	I. 171
Id.	Statut concernant la division de l'Université en Académies et les villes qui en seront les chefs-lieux (*art. 9, 10*). . .	18 oct. 1808.	I. 196
Id.	Statut concernant le régime et la police générale de l'Université (*art. 17*).	28 oct. 1808.	I. 203
Id.	Arrêté portant organisation de la Faculté des sciences de Paris (*art. 4*).	14 avril 1809.	I. 216
Id.	Arrêté déterminant les différentes classes d'individus auxquels il peut être accordé immédiatement des diplômes de grades dans les sciences ou dans les lettres.	23 mai 1809.	I. 219
Id.	Arrêté portant que le professeur d'éloquence latine du Collège de France fera deux leçons à la Faculté des lettres de Paris.	20 janv. 1811.	I. 213n.
Id.	Ordonnance portant création de chaires de langue et littérature des Chinois et des Mantchous, et de langue et littérature sanscrites.	29 nov. 1814.	I. 372
Id.	Décret qui confirme les dispositions de l'ordonnance précédente	6 avril 1815.	I. 383
Id.	Règlement général sur la comptabilité de l'Université (*art. 179*).	11 nov. 1826.	I. 540
Id.	Règlement pour le Collège de France.	25 oct. 1828.	II. 500n.
Id.	Ordonnance portant règlement pour le Collège de France. .	26 juillet 1829.	II. 500n.
Id.	Ordonnance relative à la chaire de poésie latine.	31 août 1830.	I. 643
Id.	Ordonnance portant création d'une chaire d'archéologie. .	12 mars 1831.	I. 661
Id.	Ordonnance portant création d'une chaire d'économie politique	12 mars 1831.	I. 662
Id.	Ordonnance portant création d'une chaire d'histoire des législations comparées.	12 mars 1831.	I. 662
Id.	Ordonnance qui supprime la chaire d'anatomie humaine. .	1er août 1832.	I. 672
Id.	*Rapport* et Ordonnance portant création d'une chaire d'histoire naturelle des corps organisés.	8 déc. 1837.	I. 780
Id.	Arrêté relatif à l'administration de la comptabilité du Collège de France.	5 mai 1838.	I. 791
Id.	Ordonnance portant création de la chaire de langue et littérature slaves.	19 avril 1840.	II. 763n.

OBJET.	TITRES DES LOIS, DÉCRETS, ORDONNANCES, RÈGLEMENTS, ARRÊTÉS, ETC.	DATES.	TOMES et PAGES.
COLLÉGE DE FRANCE.	Ordonnance portant création des chaires de langues et littératures d'origine germanique et de langues et littératures de l'Europe méridionale.	28 juillet 1841.	I. 909
Idem	Ordonnance portant création de la chaire d'embryogénie comparée.	2 sept. 1844.	I. 961
Id.	*Rapport* et Décret portant suppression et création de chaires au Collège de France.	7 avril 1848.	II. 30
Id.	*Rapport sur l'École d'administration établie au Collège de France.*	10 avril 1848.	II. 33
Id.	Arrêté qui détermine le programme du concours d'admission aux places d'élèves de l'École d'administration établie au Collège de France.	11 avril 1848.	II. 38
Id.	Arrêté qui détermine les conditions exigées pour les examens d'admission à l'École d'administration près le Collège de France.	12 avril 1848.	II. 42
Id.	Circulaire sur les examens d'admission à l'École d'administration .	12 avril 1848.	II. 43
Id.	Décret qui exempte du service militaire les élèves du Collège de France.	22 avril 1848.	II. 44
Id.	Arrêté qui établit un nouveau concours pour les candidats à l'École d'administration.	5 juillet 1848.	II. 47
Id.	Circulaire relative au concours pour l'École d'administration.	12 juillet 1848.	II. 49n.
Id.	Arrêté nommant aux chaires rétablies par l'Assemblée nationale .	24 déc. 1848.	II. 63
Id.	Arrêté relatif au mode de nomination de l'administrateur du Collège de France.	23 janv. 1849.	II. 64
Id.	Dispositions organiques concernant l'Instruction publique (*art. 1, 2*).	9 mars 1852.	II. 209
Id.	*Rapport* et Décret relatifs aux chaires de langue et littérature françaises du moyen âge, de langue et littérature française modernes, de langues et littératures de l'Europe méridionale, de langues et littératures d'origine germanique, de langues et littératures étrangères de l'Europe moderne .	17 janv. 1853.	II. 265
Id.	*Rapport* et Décret concernant les suppléants au Collège de France.	3 juillet 1857.	II. 482
Id.	*Rapport* et Décret concernant le Collège de France.	8 octobre 1857.	II. 499
Id.	*Rapport* et Décret relatifs à la chaire d'archéologie.	8 février 1860.	II. 553
Id.	*Rapport* et Décret portant création de la chaire d'épigraphie et d'antiquités romaines.	27 février 1861.	II. 584
Id.	Décret portant suppression de la chaire d'astronomie et création de la chaire de mécanique céleste.	14 juin 1861.	II. 589
Id.	Décret transférant au Collège de France la chaire de grammaire comparée de la Faculté des lettres de Paris.	1er juin 1864.	II. 652
Id.	Décret portant création de la chaire de chimie organique.	8 août 1865.	II. 697
Id.	Décret portant création de la chaire de langues et littératures d'origine slave.	1er nov. 1868.	II. 763
Id.	Décret portant création de la chaire d'histoire des doctrines économiques.	1er oct. 1871.	II. 802

OBJET.	TITRES DES LOIS, DÉCRETS, ORDONNANCES, RÈGLEMENTS, ARRÊTÉS, ETC.	DATES.	TOMES et PAGES.
COLLÈGE DE FRANCE.	Arrêté instituant au Collége de France un laboratoire d'histologie	21 oct. 1872.	II. 831
Idem	Décret relatif au Collège de France.	1er fév. 1873.	II. 835
Id.	Décret portant création de la chaire de philosophie moderne.	1er janv. 1874.	II. 871
Id.	Décret portant création de la chaire de philologie et d'archéologie assyriennes.	1er janv. 1874.	II. 871
Id.	Décret portant création de la chaire d'anatomie générale.	19 août 1875.	III. 85
Id.	Décret rétablissant la chaire de langues et littératures de l'Europe méridionale.	28 janv. 1876.	III. 123
Id.	*Rapport fait au nom de la Commission du budget relativement au projet de création de la chaire de langues et littératures méridionales, par M. Ch. Lepère.*	25 juillet 1875.	III. 123 n.
Id.	Décret portant création de la chaire de chimie minérale.	28 juillet 1876.	III. 132
Id.	Décret portant création de la chaire d'épigraphie et d'antiquités grecques	1er janv. 1877.	III. 146
Id.	Décret portant création de la chaire d'esthétique et d'histoire de l'art.	28 mars 1878.	III. 189
Id.	Décret portant création de la chaire d'histoire des religions.	10 janv. 1880.	III. 316
Id.	Décret portant création de la chaire de celtique.	2 janv. 1882.	III. 605
Id.	Arrêté portant création d'un laboratoire de physique biologique	13 janv. 1882.	III. 607
Id.	Décret relatif à l'installation d'une station de chimie végétale.	17 janv. 1883.	III. 696
Id.	Décret relatif à l'observatoire d'astronomie physique et à la station de chimie végétale annexée à la chaire de chimie organique du Collège de France.	22 mars 1883.	III. 711
Id.	Décret affectant un terrain à la station de chimie végétale annexée à la chaire de chimie organique du Collége de France	4 déc. 1883.	III. 792
	Voir : ÉCOLE D'ADMINISTRATION, TRAITEMENTS.		
COLLÈGES.	Décret accordant des secours provisoires aux différents Colléges qui ont perdu leurs revenus par la suppression des dîmes ou des droits féodaux.	29 mai-6 juin 1792.	I. 8
Idem	Arrêté concernant le Collège des étudiants en médecine à Paris	20 juin 1809.	I. 223
Id.	Arrêté qui autorise l'établissement à Strasbourg d'une maison d'études près des Facultés.	11 nov. 1828.	I. 614
Id.	Arrêté qui autorise la création, à Paris, d'un établissement destiné à recevoir les élèves de la Faculté de médecine.	20 oct. 1837.	I. 777
COLLÈGES DE MÉDECINE.	Statut concernant le régime et la police générale de l'Université (*art. 16*).	28 oct. 1808.	I. 203
	Voir : COLLÈGES, ÉCOLES SECONDAIRES DE MÉDECINE.		
COLONIES.	Loi concernant l'organisation constitutionnelle des colonies.	12 niv. An VI.	I. 56
Idem	Ordonnance concernant le Gouvernement de l'île Bourbon et de ses dépendances.	21 août 1825.	III. 377 n.
Id.	Décision du Conseil royal relative à un élève de l'École de jurisprudence établie à l'Ile Bourbon.	1er juillet 1828.	I. 611

OBJET.	TITRES DES LOIS, DÉCRETS, ORDONNANCES, RÈGLEMENTS, ARRÊTÉS, ETC.	DATES.	TOMES et PAGES.
COLONIES.	*Note sur l'École de droit de l'Ile Bourbon.*	»	I. 611
Idem	Décret qui institue dans les colonies de la Martinique, de la Guadeloupe et de la Réunion, des Commissions chargées d'examiner les aspirants au baccalauréat ès lettres ou ès sciences.	23 déc. 1857.	II. 507
Id.	Décret qui rend applicables aux établissements français de l'Inde les dispositions du décret du 23 décembre 1857. .	18 nov. 1863.	II. 632
Id.	Décret relatif à l'échange des brevets de capacité délivrés dans les colonies.	26 oct. 1871.	II. 802
Id.	Règlement qui rend applicable dans les colonies les décrets des 9 avril et 25 juillet 1874 relatifs au baccalauréat ès lettres.	2 avril 1875.	III. 3
Id.	Décret concernant le service de l'Instruction publique à la Réunion	2 mars 1880.	III. 376
Id.	*Rapport* et Décret concernant l'exercice de la médecine dans les colonies de la Martinique, de la Guadeloupe, de la Réunion et de la Guyane.	10 avril 1880.	III. 452
Id.	Décret concernant les études de droit faites à Pondichéry.	1er juillet 1880.	III. · 500
Id.	Décret déclarant applicables dans les colonies de la Martinique, de la Guadeloupe, de la Réunion et dans les établissements français de l'Inde pour l'obtention des brevets de capacité de l'enseignement secondaire, les dispositions du décret du 19 juin 1880 relatif aux examens du baccalauréat ès lettres.	11 déc. 1880.	III. 524
Id.	Décret instituant un examen spécial pour les élèves qui ont suivi les cours de licence en droit à Pondichéry.	17 mai 1881.	III. 572
Id.	Décret modifiant la composition du Conseil privé dans les colonies de la Martinique, de la Guadeloupe et de la Réunion, en ce qui concerne l'examen des affaires de l'Instruction publique.	25 mai 1882.	III. 619
Id.	Circulaire déterminant les sommes à payer par les candidats à la licence en droit qui ont fait leurs études à Pondichéry.	31 mai 1882.	III. 620
Id.	Décret portant application provisoire à la Martinique des décrets des 1er juillet 1880 et 17 mai 1881 sur l'équivalence des études de droit faites à Pondichéry.	9 juin 1882.	III. 627
Id.	*Rapport* et Décret concernant la composition des jurys d'examen pour le baccalauréat dans les colonies de la Martinique, de la Réunion et de la Guadeloupe.	27 août 1882.	III. 672
Id.	Décret portant création d'un emploi de chef de service de l'Instruction publique à la Martinique.	21 sept. 1882.	III. 677
Id.	Décret portant création et organisation à Fort-de-France (Martinique) d'une École préparatoire à l'enseignement du droit.	20 janv. 1883.	III. 697
COMITÉ consultatif de l'enseignement public.	Décret portant institution d'un Comité consultatif de l'enseignement public.	25 mars 1873.	II. 854
Idem	*Discours prononcé à l'Assemblée nationale par M. Jules Simon à l'occasion du projet de loi sur le Conseil supérieur de l'Instruction publique.*	18 mars 1873.	II. 854*n*.

OBJET.	TITRES DES LOIS, DÉCRETS, ORDONNANCES, RÉGLEMENTS, ARRÊTÉS, ETC.	DATES.	TOMES et PAGES.
COMITÉ consultatif de l'enseignement public.	Règlement pour le Comité consultatif de l'enseignement public.	23 mars 1875.	III. 2
Idem	Décret portant réorganisation du Comité consultatif de l'enseignement public	5 déc. 1877.	III. 172
Id.	Arrêté relatif aux Commissions du Comité consultatif de l'enseignement public	10 janv. 1878.	III. 174
Id.	Décret portant organisation du Comité consultatif de l'enseignement public.	11 mai 1880.	III. 462
	Voir : COMITÉS.		
COMITÉS.	Loi relative à la réorganisation des Comités de la Convention nationale.	7 fruct. An II.	I. 27
Idem	Décret sur l'organisation des Académies (*art. 18*).	22 août 1854.	II. 340
Id.	Circulaire relative aux réunions des Comités de perfectionnement de l'enseignement supérieur.	3 février 1855.	II. 424
Id.	Décret qui institue un Comité permanent chargé de l'examen des affaires de révocation des professeurs.	11 juillet 1863.	II. 628
Id.	Arrêté relatif au Comité des inspecteurs généraux.	28 sept. 1869.	II. 781
Id.	Circulaire qui rétablit les réunions mensuelles des doyens des Facultés dans les Académies.	10 nov. 1872.	II. 831
Id.	Arrêté instituant un Comité consultatif des Observatoires astronomiques de province.	27 nov. 1879.	III. 292
COMMIS d'Académie, d'inspection académique.	*Voir :* COMITÉ CONSULTATIF DE L'ENSEIGNEMENT PUBLIC. Circulaire relative aux fonctions des secrétaires d'Académie.	20 fév. 1810.	I. 261
Idem	Ordonnance qui répartit en classes les commis des Académies, Facultés et Collèges royaux.	8 sept. 1845.	I. 971
Id.	*Rapport* et Arrêté concernant la nouvelle circonscription des Académies et les fonctionnaires de l'administration académique.	7 sept. 1848.	II. 56
Id.	Arrêté concernant les traitements des divers fonctionnaires de l'Université (*art. 3*).	23 nov. 1848.	II. 61
Id.	Décret qui fixe les traitements des fonctionnaires de l'administration académique.	22 août 1854.	II. 348
Id.	Arrêté qui fixe les traitements des commis de l'inspection académique.	29 déc. 1860.	II. 581
Id.	Arrêté qui fixe les traitements des commis d'inspection académique dans les trois nouveaux départements.	1er janv. 1861.	II. 582
Id.	Arrêté qui fixe les traitements des commis d'Académie. . .	3 janv. 1863.	II. 623
Id.	Décret concernant les inspecteurs d'Académie, commis d'Académie, commis d'inspection académique et le secrétariat de l'Académie de Paris.	27 déc. 1865.	II. 699
Id.	Décret relatif aux traitements des fonctionnaires de l'administration académique.	26 déc. 1867.	II. 730
Id.	Décret relatif à la répartition en classes des commis d'inspection académique.	14 sept. 1875.	III. 87
Id.	Décret qui fixe les traitements des fonctionnaires de l'administration académique en France et en Algérie.	31 déc. 1876.	III. 144

OBJET.	TITRES DES LOIS, DÉCRETS, ORDONNANCES, RÈGLEMENTS, ARRÊTÉS, ETC.	DATES.	TOMES et PAGES.
COMMIS d'Académie, d'inspection académique.	Décret concernant les classes des commis d'inspection académique.	24 déc. 1879.	III. 312
Idem	Décret fixant les traitements des commis d'inspection académique.	10 déc. 1881.	III. 593
Id.	Décret relatif aux emplois de commis principaux et de commis auxiliaires dans les bureaux des inspections académiques.	17 fév. 1883.	III. 703
Id.	Circulaire relative à l'exécution du décret précédent. . . .	17 fév. 1883.	III. 703 *n.*
COMMISSIONS de l'Instruction publique.	Loi qui supprime le Conseil exécutif provisoire.	12 germ. An II.	I. 27
Idem	Ordonnance qui établit une *Commission de l'Instruction publique* et maintient l'organisation des Académies. . .	15 août 1815.	I. 386
Id.	Décision relative aux attributions de la *Commission de l'Instruction publique.*	18 nov. 1815.	I. 386 *n.*
Id.	Délibération relative aux attributions de la *Commission de l'Instruction publique.*	24 nov. 1815.	I. 387 *n.*
Id.	Ordonnance qui donne à la Commission de l'Instruction publique le titre de *Conseil royal de l'Instruction publique,* et qui contient règlement à cet égard.	1er nov. 1820.	I. 452
	Voir : CONSEIL ROYAL DE L'INSTRUCTION PUBLIQUE, CONSEIL SUPÉRIEUR DE L'INSTRUCTION PUBLIQUE.		
COMMISSIONS des lettres.	Arrêté portant suppression de plusieurs Facultés des sciences et des lettres.	31 oct. 1815.	I. 387
Idem	Arrêté relatif aux droits à accorder aux Commissions d'examen pour le grade de bachelier ès lettres.	16 nov. 1815.	I. 391
Id.	Ordonnance qui confirme l'arrêté de la Commission supprimant un certain nombre de Facultés des sciences et des lettres.	18 janv. 1816.	I. 402
Id.	Règlement général sur la comptabilité de l'Université (*art. 159*).	11 nov. 1826.	I. 540
Id.	Ordonnance qui crée à Ajaccio une Commission d'examen pour les aspirants au baccalauréat ès lettres.	16 sept. 1829.	I. 629
Id.	Arrêté relatif aux droits alloués aux Commissions chargées de délivrer les grades.	30 sept. 1831.	I. 666
Id.	Règlement pour le baccalauréat ès lettres.	14 juillet 1840.	I. 858
Id.	Ordonnance qui transfère à Bastia la Commission des lettres établie à Ajaccio.	20 sept. 1844.	I. 961
Id.	Ordonnance qui supprime les Commissions des lettres. . . .	1er janv. 1847.	I. 1005
COMPTABILITÉ.	Règlement pour le Muséum national d'histoire naturelle, présenté par les professeurs et approuvé par le Comité d'Instruction publique de la Convention nationale (*chap. V*).	21 sept. 1793.	I. 15
Idem	Loi relative à la formation d'un Bureau des Longitudes (*art. 14, 15*).	7 mess. An III.	I. 33
Id.	Règlement pour l'École de médecine de Paris (*titre III*).	14 mess. An IV.	I. 42
Id.	Loi qui détermine le mode administratif des recettes et des dépenses	11 frim. An VII.	I. 57

OBJET.	TITRES DES LOIS, DÉCRETS, ORDONNANCES, RÈGLEMENTS, ARRÊTÉS, ETC.	DATES.	TOMES et PAGES.
COMPTABILITÉ.	*État des dépenses du Ministère de l'Intérieur relatives à l'Instruction publique*	11 brum. An VII.	I. 58 *n.*
Idem	Loi relative à la liquidation de la dette publique.	30 vent. An VIII.	I. 58
Id.	Arrêté du Gouvernement portant règlement pour l'exercice de la médecine (§ *8*).	20 prair. An XI.	I. 109
Id.	Arrêté du Gouvernement contenant règlement sur les Écoles de pharmacie (*titre Iᵉʳ*).	25 therm. An XI.	I. 119
Id.	Règlement pour l'École de médecine de Montpellier (*chap. III*).	2 fruct. An XI.	I. 125
Id.	Décret concernant l'organisation des Ecoles de droit (*section VII*).	4ᵉ compᵗᵉ. An XII.	I. 142
Id.	Instruction pour les Ecoles de droit.	19 mars 1807.	I. 160
Id.	Décret portant organisation de l'Université (*art. 62, 77; titre XVII*).	17 mars 1808.	I. 171
Id.	Décret sur la dotation de l'Université.	24 mars 1808.	I. 189
Id.	Décret portant règlement pour l'Université (*titre XI*). . .	17 sept. 1808.	I. 189
Id.	Statut concernant le régime et la police générale de l'Université (*art. 11*).	28 oct. 1808.	I. 203
Id.	Arrêté qui fixe l'époque à laquelle commence à courir le traitement des membres de l'Université.	7 nov. 1808.	I. 177 *n.*
Id.	Arrêté relatif à l'administration et à la comptabilité des Facultés de droit.	31 janv. 1809.	I. 208
Id.	Décret concernant les droits de sceau de l'Université. . . .	17 fév. 1809.	I. 210
Id.	Arrêté qui organise la Faculté des lettres de Paris (*art. 20-22*).	6 mars 1809.	I. 213
Id.	Arrêté portant organisation de la Faculté des sciences de Paris (*art. 19-21*).	14 avril 1809.	I. 216
Id.	Décret concernant diverses dispositions pour accorder le régime des anciennes Écoles avec celui de l'Université (*titre Iᵉʳ*).	4 juin 1809.	I. 219
Id.	Arrêté qui organise la Faculté de théologie catholique de Paris (*art. 14-16*).	16 juin 1809.	I. 222
Id.	Règlement particulier pour la Faculté des sciences de Paris (*titre IV*).	10 oct. 1809.	I. 233
Id.	Circulaire relative aux fonctions des secrétaires d'Académie.	20 fév. 1810.	I. 261
Id.	Statut sur l'administration économique de l'École normale.	29 mai 1810.	I. 282
Id.	Statut sur l'administration économique des Facultés de droit	13 juillet 1810.	I. 286
Id.	Statut sur l'administration économique des Facultés de théologie, des sciences et des lettres.	14 sept. 1810.	I. 294
Id.	Circulaire relative à l'exécution du statut précédent.	13 nov. 1810.	I. 297 *n.*
Id.	Règlement concernant le régime de l'Université, la subordination, la correspondance et les attributions de ses diverses autorités.	10 oct. 1810.	I. 298
Id.	Circulaire relative à l'administration économique des Facultés de droit.	13 avril 1811.	I. 290 *n.*
Id.	Décret concernant le régime de l'Université (*chap. II*). . .	15 nov. 1811.	I. 319
Id.	Arrêté relatif aux dépenses des Facultés.	28 avril 1812.	I. 345

OBJET.	TITRES DES LOIS, DÉCRETS, ORDONNANCES, RÈGLEMENTS, ARRÊTÉS, ETC.	DATES.	TOMES et PAGES.
COMPTABILITÉ.	Arrêté concernant la circonscription des arrondissements des Facultés de médecine pour les jurys médicaux, l'admission des candidats aux examens, la répartition des droits de réception entre les membres du jury, les procès-verbaux du jury et les modèles des certificats et titres de réception.	21 mai 1812.	I. 346
Idem	Arrêté portant règlement pour les Conseils académiques.	26 mai 1812.	I. 354
Id.	Arrêté qui fixe les règles à suivre dans la reddition du compte général de l'Université.	10 nov. 1812.	I. 361
Id.	Arrêté relatif à la reddition, à la vérification et aux arrêtés définitifs des comptes dus à l'Université.	4 juin 1813.	I. 365
Id.	Ordonnance portant règlement sur l'Instruction publique (*titre V*).	17 fév. 1815.	I. 374
Id.	Ordonnance qui établit une Commission de l'Instruction publique et maintient l'organisation des Académies.	15 août 1815.	I. 386
Id.	Loi portant suppression du droit décennal établi par l'article 27 du décret du 17 septembre 1808.	23 juillet 1820.	I. 447
Id.	Ordonnance qui donne à la Commission de l'Instruction publique le titre de *Conseil royal de l'Instruction publique*, et qui contient règlement à cet égard (*art. 5*).	1er nov. 1820.	I. 452
Id.	Ordonnance portant réorganisation de la Faculté de médecine de Paris (*art. 7*).	2 fév. 1823.	I. 488
Id.	Règlement général sur la comptabilité de l'Université.	11 nov. 1826.	I. 540
Id.	Ordonnance portant que les agents comptables de l'Université seront individuellement justiciables de la Cour des comptes.	21 août 1827.	I. 598
Id.	Circulaire concernant les recettes des jurys de médecine.	5 mars 1829.	I. 618
Id.	Loi relative à la fixation du budget des dépenses de l'exercice 1830.	2 août 1829.	I. 628
Id.	Rapport au Roi sur le régime financier de l'Université.	22 nov. 1833.	I. 686
Id.	Loi de finances.	24 mai 1834.	I. 701
Id.	Règlement pour l'exécution des lois de finances des 23 et 24 mai 1834 en ce qui concerne l'Université.	27 nov. 1834.	I. 710
Id.	Arrêté portant abrogation de l'article 89 du règlement du 27 novembre 1834 qui décide qu'en cas d'absence d'un fonctionnaire, par congé ou pour raison de service, le Recteur ou le doyen émarge pour lui.	8 déc. 1835.	I. 727
Id.	Circulaire relative à l'exécution de l'arrêté précédent.	19 déc. 1835.	I. 727n.
Id.	Arrêté relatif à l'administration de la comptabilité du Collége de France.	5 mai 1838.	I. 791
Id.	*Rapport* et Ordonnance portant organisation des Écoles de pharmacie (*titre III*).	27 sept. 1840.	I. 876
Id.	*Rapport* et Ordonnance concernant l'organisation des Écoles préparatoires de médecine et de pharmacie.	13 oct. 1840.	I. 884
Id.	Règlement concernant les Écoles préparatoires de médecine et de pharmacie (*titre Ier*).	12 mars 1841.	I. 899
Id.	Règlement pour l'exécution de la loi de finances du 25 juin 1841 et de l'ordonnance du 27 septembre 1840 en ce qui concerne la perception des droits dus dans les Écoles de pharmacie.	27 nov. 1841.	I. 911

OBJET.	TITRES DES LOIS, DÉCRETS, ORDONNANCES, RÈGLEMENTS, ARRÊTÉS, ETC.	DATES.	TOMES et PAGES.	
COMPTABILITÉ.	Décret relatif à l'administration financière de la Faculté de droit de Nancy.	17 sept. 1864.	II.	655
Idem	Circulaire relative à la perception des droits universitaires dans les établissements d'enseignement supérieur.	25 mars 1865.	III.	764n.
Id.	Décret relatif à la comptabilité publique.	1er mai 1867.	II.	714
Id.	Règlement sur la comptabilité des dépenses du Ministère de l'Instruction publique.	16 oct. 1867.	II.	717
Id.	Instruction relative à l'exécution du règlement précédent.	15 nov. 1867.	II.	719
Id.	Décret qui modifie l'article 479 du décret du 31 mai 1862 portant règlement général sur la comptabilité publique.	18 déc. 1867.	II.	729
Id.	Loi portant fixation du budget général des dépenses et des recettes de l'exercice 1869.	2 août 1868.	II.	761
Id.	Décret portant règlement d'administration publique, modifiant les conditions d'études exigées des aspirants au grade de pharmacien de 2e classe (art. 5).	14 juillet 1875.	III.	42
Id.	Circulaire relative à la tenue régulière de la comptabilité des dépenses du matériel dans les établissements d'enseignement supérieur.	29 déc. 1875.	III.	111
Id.	Circulaire pour l'exécution du décret du 14 janvier 1876 relatif au traitement des professeurs et des agrégés.	25 mars 1876.	III.	128
Id.	Circulaire concernant les dispositions financières à adopter pour le fonctionnement du jury mixte.	26 juillet 1876.	III.	131
Id.	Décret concernant les marchés de gré à gré passés par le Ministre de l'Instruction publique pour la construction des instruments astronomiques.	23 sept. 1876.	III.	139
Id.	Circulaire concernant l'époque où les projets de budgets des établissements d'enseignement supérieur doivent être adressés à l'administration centrale.	12 mars 1879.	III.	247
Id.	Circulaire relative aux nouveaux états sommaires des droits acquis au Trésor public.	31 janv. 1881.	III.	556
Id.	Arrêté relatif à la perception des droits universitaires à Paris.	25 juillet 1882.	III.	664
Id.	Instruction relative au nouveau mode de perception des droits dans les Facultés et établissements d'enseignement supérieur de Paris.	20 sept. 1882.	III.	676
Id.	Circulaire relative au remboursement des consignations non employées dans les Facultés et établissements d'enseignement supérieur de Paris.	7 oct. 1882.	III.	679
Id.	Circulaire relative à la perception des droits des travaux pratiques dans les Écoles supérieures de pharmacie.	9 oct. 1882.	III.	680
Id.	Instruction relative à la perception du droit de bibliothèque et des droits de travaux pratiques dans les Facultés et établissements d'enseignement supérieur de Paris.	16 oct. 1882.	III.	681
Id.	Instruction relative au même objet.	19 oct. 1882.	III.	681n.
Id.	Arrêté relatif au mode de perception des droits universitaires dans les départements.	25 nov. 1882.	III.	685
Id.	Circulaire relative au mode de perception et de répartition des droits de troisième examen de fin d'études pour les pharmaciens de 1re classe.	25 nov. 1882.	III.	686

OBJET.	TITRES DES LOIS, DÉCRETS, ORDONNANCES, RÈGLEMENTS, ARRÉTÉS, ETC.	DATES.	TOMES et PAGES.
COMPTABILITÉ.	Décret relatif à la perception des droits universitaires dans les départements	16 déc. 1882.	III. 692
Idem	Circulaire relative à la perception des droits universitaires dans les établissements d'enseignement supérieur des départements	28 fév. 1883.	III. 707
Id.	Instruction concernant la perception des droits dans les établissements d'enseignement supérieur de Paris.	14 mars 1883.	III. 709
Id.	Circulaire relative à la perception des droits de bibliothèque et de travaux pratiques dans les établissements d'enseignement supérieur.	27 mars 1883.	III. 711
Id.	Instruction pour l'ordonnancement des remises de droits dans les établissements d'enseignement supérieur. . . .	31 mars 1883.	III. 713
Id.	Instructions pour la préparation des budgets des facultés .	10 oct. 1883.	III. 760
Id.	Circulaire relative à la perception des droits universitaires dans les établissements d'enseignement supérieur. . . .	19 oct. 1883.	III. 764
Id.	Circulaire relative à l'application des décrets du 1er août 1883 sur le doctorat en médecine et l'officiat..	27 nov. 1883.	III. 776
Id.	*Tarif et nomenclature des droits à acquitter pour l'obtention des grades dans les Facultés et Écoles d'enseignement supérieur*	27 nov. 1883.	III. 777
CONCOURS entre les étudiants.	*Voir :* PRIX.		
CONCOURS POUR LES CHAIRES. (**Droit.**)	Loi relative aux Écoles de droit (*titre VI*)	22 vent. An XII.	I. 137
Idem	Décret concernant l'organisation des Écoles de droit. . . .	4ᵉcompᵗᵉ. An XII.	I. 142
Id.	Décret portant organisation de l'Université (*titre II*). . . .	17 mars 1808.	I. 171
Id.	Statut sur l'organisation des concours pour les Facultés en général et pour les Facultés de droit en particulier. . . .	18 avril 1809.	I. 218
Id.	Statut sur l'organisation des concours pour les Facultés en général et pour les Facultés de droit en particulier.. . .	31 oct. 1809.	I. 237
Id.	Statut relatif aux places de suppléants vacantes dans les Facultés de droit.	5 juin 1810.	I. 285
Id.	Arrêté relatif à la soutenance de la thèse dans les concours pour les chaires des Facultés de droit.	13 nov. 1815.	I. 389
Id.	Décision du Roi concernant les présentations aux chaires vacantes dans les Facultés.	31 janv. 1816.	I. 403
Id.	Ordonnance relative au mode de nomination des professeurs des Facultés.	12 août 1818.	I. 403 *n.*
Id.	Arrêté contenant, pour les Facultés de droit, des modifications au statut du 31 octobre 1809 sur les concours. . .	21 déc. 1818.	I. 422
Id.	Arrêté relatif aux concours pour les chaires de droit autres que celles du droit romain ou du Code civil	13 nov. 1819.	I. 431
Id.	Statut portant règlement général sur les concours dans les Facultés de droit et de médecine.	10 mai 1825.	I. 528
Id.	Règlement général sur la comptabilité de l'Université (*art. 269-275*)	11 nov. 1826.	I. 540
Id.	Arrêté qui fixe le mode de tirage au sort des matières de thèses et de leçons dans les concours.	1er mai 1832.	I. 670

OBJET.	TITRES DES LOIS, DÉCRETS, ORDONNANCES, RÈGLEMENTS, ARRÊTÉS, ETC.	DATES.	TOMES et PAGES.
CONCOURS POUR LES CHAIRES. (Droit.)	Arrêté sur les concours pour les places de suppléant dans les Facultés de droit.	15 juin 1832.	I. 672
Idem	Arrêté relatif aux droits de présence des membres des jurys des concours.	4 oct. 1833.	I. 573 n.
Id.	Arrêté relatif aux concours dans les Facultés de droit, en ce qui concerne les chaires de droit administratif.	5 janv. 1836.	I. 533 n.
Id.	Arrêté relatif aux concours devant les Facultés de droit. .	24 juillet 1838.	I. 795
Id.	Règlement pour les concours dans les Facultés de droit. .	4 sept. 1838.	I. 804
Id.	Arrêté concernant les concours près la Faculté de droit de Paris.	22 déc. 1838.	I. 810
Id.	Arrêté qui institue une nouvelle épreuve pour les candidats aux fonctions de professeur titulaire dans les Facultés de droit.	20 mars 1840.	I. 837
Id.	Arrêté qui supprime l'emploi de la langue latine dans les épreuves orales des concours pour les chaires de droit romain.	26 juin 1840.	I. 856
Id.	Arrêté relatif au délai d'inscription pour les concours devant les Facultés de droit.	1er sept. 1840.	I. 795 n.
Id.	Règlement pour un concours mixte devant la Faculté de droit de Paris.	4 déc. 1840.	I. 890
Id.	Arrêté relatif aux compositions dans les concours devant les Facultés de droit.	10 janv. 1841.	I. 795 n.
Id.	Règlement relatif aux concours dans les Facultés de droit .	29 juin 1841.	I. 907
Id.	Règlement relatif aux concours dans les Facultés de droit .	22 août 1843.	I. 949
Id.	Règlement relatif aux concours dans les Facultés de droit .	22 janv. 1847.	I. 1005
Id.	Arrêté relatif aux concours dans les Facultés de droit . . .	16 avril 1847.	I. 950 n.
Id.	Programme d'un concours ouvert près la Faculté de droit de Paris pour la chaire d'histoire du droit.	21 juillet 1849.	II. 70
Id.	Arrêté qui modifie l'article 4 du règlement du 22 janvier 1847 relatif aux concours dans les Facultés de droit.	16 nov. 1849.	I. 1006 n.
Id.	Arrêté qui fixe les droits de présence pour les concours dans les Facultés de droit.	11 avril 1850.	II. 123
Id.	Statut général pour les concours dans les Facultés de droit. *Voir :* AGRÉGATION.	16 mai 1850.	II. 140
(Lettres.)	Décret portant organisation de l'Université (*titre II*). . .	17 mars 1808.	I. 171
Idem	Décret portant règlement pour l'Université (*titre III*). . .	17 sept. 1808.	I. 189
Id.	Statut sur l'organisation des concours pour les Facultés en général et pour les Facultés de droit en particulier. . . .	31 oct. 1809.	I. 237
Id.	Arrêté qui fixe le mode de tirage au sort des matières de thèses et de leçons dans les concours. *Voir :* AGRÉGATION.	1er mai 1832.	I. 670
(Médecine.)	Décret portant organisation de l'Université (*titre II*). . .	17 mars 1808.	I. 171
Idem	Statut sur l'organisation des concours pour les Facultés en général et pour les Facultés de droit en particulier	31 oct. 1809.	I. 237
Id.	Statut sur les concours pour les chaires des Facultés de médecine.	31 juillet 1810.	I. 291

OBJET.	TITRES DES LOIS, DÉCRETS, ORDONNANCES, RÈGLEMENTS, ARRÊTÉS, ETC.	DATES.	TOMES et PAGES.
CONCOURS POUR LES CHAIRES. (Médecine.)	Statut portant règlement général sur les concours dans les Facultés de droit et de médecine.	10 mai 1825.	I. 528
Idem	Règlement général sur la comptabilité de l'Université (art. 273).	11 nov. 1826.	I. 540
Id.	Rapport et Ordonnance concernant la Faculté de médecine de Paris.	5 oct. 1830.	I. 644
Id.	Arrêté portant règlement sur les concours pour les chaires de professeurs dans la Faculté de médecine de Paris.	6 nov. 1830.	I. 656
Id.	Arrêté concernant les juges adjoints des concours pour les chaires vacantes à la Faculté de médecine de Paris.	19 mai 1831.	I. 656 n.
Id.	Arrêté concernant les concours dans la Faculté de médecine de Paris pour les chaires de clinique, de pathologie interne et thérapeutique générale.	31 mai 1831.	I. 657 n.
Id.	Arrêté modifiant l'article 30 du statut du 10 mai 1825 et l'article 8 de l'arrêté du 6 novembre 1830	10 juin 1831.	I. 531 n.
Id.	Arrêté qui fixe le mode de tirage au sort des matières de thèses et de leçons dans les concours.	1er mai 1832.	I. 670
Id.	Arrêté qui modifie les dispositions relatives aux épreuves du concours pour la Faculté de médecine de Paris.	7 sept. 1832.	I. 678 n.
Id.	Arrêté qui modifie le règlement du 6 novembre 1830 sur les concours dans la Faculté de médecine de Paris.	19 oct. 1832.	I. 675
Id.	Arrêté relatif aux concours dans la Faculté de médecine de Paris.	15 janv. 1833.	I. 677 n.
Id.	Règlement pour les concours aux chaires de physiologie et de botanique à la Faculté de médecine de Strasbourg.	8 mars 1833.	I. 681
Id.	Règlement sur le concours ouvert à la Faculté de médecine de Montpellier pour la chaire de clinique chirurgicale.	24 mai 1833.	I. 683
Id.	Arrêté qui modifie le règlement du 6 novembre 1830 sur les concours dans la Faculté de médecine de Paris.	28 juin 1833.	I. 685
Id.	Arrêté relatif au concours pour une chaire de clinique d'accouchements à la Faculté de médecine de Paris.	10 déc. 1833.	I. 691
Id.	Arrêté relatif aux concours dans la Faculté de médecine de Paris.	1er mars 1834.	I. 676 n.
Id.	Arrêté relatif au concours pour la chaire d'accouchements à la Faculté de médecine de Strasbourg.	4 mars 1834.	I. 699
Id.	Règlement pour le concours à la chaire de médecine légale de la Faculté de médecine de Montpellier.	17 juin 1834.	I. 702
Id.	Arrêté relatif à la désignation par l'Académie de médecine des juges adjoints et du suppléant pour les concours dans la Faculté de médecine de Paris.	21 nov. 1834.	I. 676 n.
Id.	Arrêté concernant les concours pour la chaire d'anatomie de la Faculté de médecine de Paris.	15 déc. 1835.	I. 658 n.
Id.	Règlement concernant les concours pour les chaires vacantes dans la Faculté de médecine de Paris.	8 mars 1836.	I. 728
Id.	Arrêté relatif à l'épreuve écrite dans les concours ouverts près la Faculté de médecine de Paris.	13 juin 1837.	I. 686 n.
Id.	Arrêté relatif au mode de désignation des membres de l'Académie de médecine appelés comme juges dans les concours ouverts à la Faculté de médecine de Paris.	24 sept. 1839.	I. 814

OBJET.	TITRES DES LOIS, DÉCRETS, ORDONNANCES, RÈGLEMENTS, ARRÊTÉS, ETC.	DATES.	TOMES et PAGES.
CONCOURS (Médecine.)	Arrêté relatif à l'annonce des concours devant les Facultés de médecine.	25 août 1840.	I. 795 n.
Idem	Règlement pour les concours aux chaires de pathologie externe et de clinique chirurgicale de la Faculté de médecine de Strasbourg.	8 sept. 1840.	I. 873
Id.	Règlement concernant les concours dans la Faculté de médecine de Paris.	23 oct. 1840.	I. 889
Id.	Décision du Roi qui fixe l'âge d'admissibilité aux épreuves des concours pour les chaires de professeur dans les Facultés de médecine.	9 janv. 1842.	I. 923
Id.	Règlement général pour les concours dans les Facultés de médecine	11 janv. 1842.	I. 923
Id.	Décision déterminant le nombre des juges des concours pour les chaires de professeur à la Faculté de médecine de Paris	5 janv. 1844.	I. 925 n.
Id.	Arrêté concernant les concours dans les Facultés de médecine	28 juillet 1847.	I. 1012
	Voir : AGRÉGATION.		
(Sciences.)	Décret portant organisation de l'Université (*titre II*).	17 mars 1808.	I. 171
Idem	Décret portant règlement pour l'Université (*titre III*).	17 sept. 1808.	I. 189
Id.	Statut sur l'organisation des concours pour les Facultés en général, et pour les Facultés de droit en particulier.	31 oct. 1809.	I. 237
Id.	Statut sur les concours dans les Facultés des sciences.	13 déc. 1811.	I. 341
Id.	Arrêté qui fixe le mode de tirage au sort des matières de thèses et de leçons dans les concours.	1er mai 1832.	I. 670
	Voir : AGRÉGATION.		
(Théologie.)	Décret portant organisation de l'Université (*titre II*).	17 mars 1808.	I. 171
Idem	Décret portant règlement pour l'Université (*titre III*).	17 sept. 1808.	I. 189
Id.	Statut sur l'organisation des concours pour les Facultés en général, et pour les Facultés de droit en particulier	31 oct. 1809.	I. 237
Id.	Règlement d'un concours pour la chaire de dogme de la Faculté de théologie protestante de Montauban.	16 nov. 1818.	I. 419
Id.	Arrêté qui organise la Faculté de théologie protestante de Strasbourg.	27 déc. 1818.	I. 425
Id.	Arrêté portant règlement général sur les concours ouverts dans les Facultés de théologie.	9 déc. 1828.	I. 614
Id.	Ordonnance qui dispense provisoirement les candidats aux concours dans les Facultés de théologie de produire les grades et institue les juges adjoints.	4 janv. 1829.	I. 617
Id.	Règlement pour un concours ouvert devant la Faculté de théologie protestante de Montauban à l'effet de pourvoir à la chaire de morale évangélique et d'éloquence sacrée.	6 mars 1830.	I. 634
Id.	Arrêté qui fixe le mode de tirage au sort des matières de thèses et de leçons dans les concours.	1er mai 1832.	I. 670
Id.	*Rapport* et Ordonnance qui proroge le terme dans lequel le concours sera exigé pour les chaires vacantes dans les Facultés de théologie catholique.	24 août 1838.	I. 800

5.

OBJET.	TITRES DES LOIS, DÉCRETS, ORDONNANCES, RÈGLEMENTS, ARRÊTÉS, ETC.	DATES.	TOMES et PAGES.
CONFESSION D'AUGSBOURG.	*Voir :* CULTES.		
CONGÉS.	Instruction pour les Écoles de droit (*art. 27, 28, 39*). . .	19 mars 1807.	I. 160
Idem	Arrêté sur la discipline des établissements de l'Université.	31 mars 1812.	I. 343
Id.	Statut portant règlement général concernant la discipline et la police intérieure des Facultés et des Écoles secondaires de médecine (*art. 54-60*)	9 avril 1825.	I. 521
Id.	Règlement pour les Écoles de pharmacie (*art. 11, 12*). .	5 fév. 1841.	I. 892
Id.	Instruction remettant aux Recteurs le droit d'accorder des congés aux membres du corps enseignant et rappelant les règles à suivre pour le traitement qu'ils doivent conserver pendant leur congé.	23 juillet 1847.	I. 1011
Id.	Décret réglant l'exécution de la loi du 9 juin 1853 sur les pensions civiles (*art. 16*).	9 nov. 1853.	II. 293
Id.	Arrêté contenant des dispositions réglementaires relatives aux fonctionnaires en congé.	22 fév. 1860.	II. 555
Id.	Circulaire relative aux autorisations d'absences.	2 mai 1862.	II. 608
CONGRÉGATIONS.	Décret relatif à la suppression des congrégations séculières et des confréries.	18-22 août 1792.	I. 8
Idem	*Rapport* et Décrets relatifs aux congrégations religieuses.	29 mars 1880.	III. 447
	Voir : CORPORATIONS ENSEIGNANTES.		
CONSEIL (Défenseur, Avocat).	Loi relative au Conseil supérieur de l'Instruction publique et aux Conseils académiques (*art. 11*).	27 fév. 1880.	III. 322
Idem	Décret portant règlement intérieur du Conseil supérieur de l'Instruction publique (*art. 5*). . . . . . :	11 mai 1880.	III. 461
Id.	Décret portant règlement intérieur des Conseils académiques (*art. 8*).	26 juin 1880.	III. 494
Id.	Décret relatif au régime des établissements d'enseignement supérieur (*art. 34, 35*).	30 juillet 1883.	III. 731
Id.	Circulaire relative à l'exécution du décret précédent.	31 oct. 1883.	III. 765
	Voir : JURISPRUDENCE (DISCIPLINE UNIVERSITAIRE).		
CONSEIL ACADÉMIQUE (Paris).	Décret portant organisation de l'Université (*art. 89*) . . .	17 mars 1808.	I. 171
Idem	Statut concernant la division de l'Université en Académies, et les villes qui en seront les chefs-lieux (*art. 11*). . . .	18 oct. 1808.	I. 196
Id.	Arrêté portant que le Grand-Maître délègue à un conseiller titulaire de l'Université les fonctions qui lui sont attribuées par l'article 89 du décret du 17 mars 1808	6 oct. 1809.	I. 183 *n.*
Id.	Arrêté relatif à l'administration et à la comptabilité des Facultés de droit (*art. 5*).	31 janv. 1809.	I. 208
Id.	Décret concernant le régime de l'Université (*art. 103, 104*).	15 nov. 1811.	I. 319
Id.	Décret relatif aux fonctions du trésorier et à la section de comptabilité du Conseil de l'Université.	31 août 1813.	I. 367
Id.	Arrêté qui institue une Commission chargée d'exercer, près l'École normale et les Lycées de Paris, la surveillance et les fonctions attribuées aux Conseils académiques pour les autres Lycées de l'Empire.	24 mai 1815.	I. 383

OBJET.	TITRES DES LOIS, DÉCRETS, ORDONNANCES, RÈGLEMENTS, ARRÊTÉS, ETC.	DATES.	TOMES et PAGES.
CONSEIL ACADÉMIQUE (Paris).	Loi relative à l'enseignement (*titre Ier, chap. II*).	15 mars 1850.	II. 85
Idem	Décret sur l'organisation des Académies (*art. 1er*).	22 août 1854.	II. 340
	Voir : CONSEILS ACADÉMIQUES.		
CONSEIL DE DISCIPLINE ET D'ENSEIGNEMENT.	Décret concernant l'organisation des Écoles de droit (*section IV*).	4e comp^{ro} An XII.	I. 142
Idem	Instruction pour les Écoles de droit (*chap. II*).	19 mars 1807.	I. 160
Id.	Statut concernant le régime et la police générale de l'Université (*art. 13, 14*).	28 oct. 1808.	I. 203
Id.	Décret concernant diverses dispositions pour accorder le régime des anciennes Écoles avec celui de l'Université (*art. 4*).	4 juin 1809.	I. 219
CONSEIL de l'Université impériale.	Décret portant organisation de l'Université (*art. 61, 66; titres IX, X*).	17 mars 1808.	I. 171
Idem	Statut concernant les Conseils de l'Université, la correspondance officielle, l'inspection et le visa des diplômes. . . .	20 janv. 1809.	I. 208
Id.	Arrêté qui contient les formules adoptées pour les statuts.	18 oct. 1809.	I. 181n.
Id.	Arrêté relatif aux dispositions réglementaires émanées du Conseil de l'Université.	28 nov. 1809.	I. 181n.
Id.	Arrêté qui règle l'ordre et la distribution du travail du Conseil de l'Université.	19 déc. 1809.	I. 181n.
Id.	Décret annulant le statut du 10 avril 1810 sur l'éméritat et les pensions de retraite des membres de l'Université. . .	14 juin 1810.	I. 278n.
Id.	Décret concernant le régime de l'Université.	15 nov. 1815.	I. 319
Id.	Règlement des travaux du Conseil de l'Université.	11 juin 1813.	I. 994n.
Id.	Décret relatif aux fonctions du trésorier et de la section de comptabilité du Conseil de l'Université.	31 août 1813.	I. 367
	Voir : COMMISSION DE L'INSTRUCTION PUBLIQUE; CONSEIL ROYAL DE L'INSTRUCTION PUBLIQUE; CONSEIL ROYAL DE L'UNIVERSITÉ; CONSEIL SUPÉRIEUR DE L'INSTRUCTION PUBLIQUE.		
CONSEIL DE PERFECTIONNE-MENT.	*Voir :* ÉCOLE DES CHARTES.		
CONSEIL D'ÉTAT.	Décret portant organisation de l'Université (*art. 82, 83*).	17 mars 1808.	I. 171
Idem	Décret concernant le régime de l'Université (*art. 149*). . .	15 nov. 1811.	I. 319
Id.	Ordonnance concernant les Facultés de droit et de médecine (*art. 19*).	5 juillet 1820.	I. 439
Id.	Loi sur l'administration de l'Instruction publique (*art. 14*).	14 juin 1854.	II. 316
Id.	Loi relative au Conseil supérieur de l'Instruction publique et aux Conseils académiques (*art. 6*).	27 fév. 1880.	III. 322
	Voir : JURISPRUDENCE.		
CONSEIL GÉNÉRAL d'enseignement et d'étude du droit.	Décret concernant l'organisation des Écoles de droit (*section II*).	4e comp^{ro} An XII.	I. 142
Idem	Statut concernant le régime et la police générale de l'Université (*art. 13*).	28 oct. 1808.	I. 203

OBJET.	TITRES DES LOIS, DÉCRETS, ORDONNANCES, RÈGLEMENTS, ARRÊTÉS, ETC.	DATES.	TOMES et PAGES.
CONSEIL ROYAL de l'Instruction publique.	Ordonnance portant règlement sur l'Instruction publique (*titres Ier, IV*).	17 fév. 1815.	I. 374
Idem	Ordonnance qui donne à la Commission de l'Instruction publique le titre de Conseil royal de l'Instruction publique et qui contient règlement à cet égard	1er nov. 1820.	I. 452
Id.	*Rapport* et Ordonnance concernant le Conseil royal de l'Instruction publique, les Facultés des lettres, les Collèges royaux et communaux, les Collèges particuliers, les Écoles normales partielles et les élèves qui se destinent à l'état ecclésiastique.	27 fév. 1821.	I. 466
Id.	Ordonnance qui donne au chef de l'Université le titre de Grand-Maître et détermine ses attributions	1er juin 1822.	I. 483
Id.	Ordonnance concernant les directeurs des Affaires ecclésiastiques et de l'Instruction publique.	1er sept. 1824.	I. 512
Id.	*Rapport* et Ordonnance concernant l'administration supérieure de l'Instruction publique (*titre VI*).	26 mars 1829.	I. 619
Id.	Ordonnance portant fixation du traitement des membres du Conseil royal de l'Instruction publique.	26 avril 1832.	I. 670
Id.	*Rapport* et Ordonnance concernant la nouvelle organisation du Conseil royal et des Conseils académiques.	7 sept. 1845.	I. 967
	Voir : CONSEIL DE L'UNIVERSITÉ IMPÉRIALE; COMMISSION DE L'INSTRUCTION PUBLIQUE; CONSEIL ROYAL DE L'UNIVERSITÉ; CONSEIL SUPÉRIEUR DE L'INSTRUCTION PUBLIQUE.		
CONSEIL ROYAL de l'Université.	*Rapport* et Ordonnances concernant la nouvelle organisation du Conseil royal et des Conseils académiques . . .	7 sept. 1845.	I. 967
Idem	Règlement des travaux du Conseil royal de l'Université. .	8 déc. 1846.	I. 994
	Voir : CONSEIL DE L'UNIVERSITÉ IMPÉRIALE; COMMISSION DE L'INSTRUCTION PUBLIQUE; CONSEIL ROYAL DE L'INSTRUCTION PUBLIQUE; CONSEIL SUPÉRIEUR DE L'INSTRUCTION PUBLIQUE.		
CONSEIL SUPÉRIEUR de l'Instruction publique.	Loi relative à l'enseignement (*titre Ier, chap. Ier; art. 85*).	15 mars 1850.	II. 85
Idem	*Rapport* et Décret concernant l'élection des membres du Conseil supérieur de l'Instruction publique	8 mai 1850.	II. 135
Id.	Règlement d'administration publique pour l'exécution de la loi du 15 mars 1850.	29 juillet 1850.	II. 155
Id.	Dispositions organiques concernant l'Instruction publique (*chap. II, III*).	9 mars 1852.	II. 209
Id.	Loi relative au Conseil supérieur de l'Instruction publique.	19 mars 1873.	II. 848
Id.	*Rapport fait au nom de la Commission chargée d'examiner la proposition de MM. le duc de Broglie, Wallon, de Courcelle, Saint-Marc Girardin et plusieurs de leurs collègues, ayant pour objet le rétablissement du Conseil supérieur de l'Instruction publique sur les bases de la loi de 1850 et la remise en vigueur des garanties assurées par cette loi aux membres de l'enseignement public, par M. le duc de Broglie*	27 juin 1871.	II. 850n.

OBJET.	TITRES DES LOIS, DÉCRETS, ORDONNANCES, RÈGLEMENTS, ARRÊTÉS, ETC.	DATES.	TOMES et PAGES.	
CONSEIL SUPÉRIEUR de l'Instruction publique.	Règlement pour la nomination et l'élection des membres du Conseil supérieur de l'Instruction publique.........	19 avril 1873.	II.	856
Idem	Arrêté qui fixe les frais de voyage et de séjour à Paris des membres du Conseil supérieur de l'Instruction publique.	26 janv. 1874.	II.	872
Id.	Loi relative au Conseil supérieur de l'Instruction publique et aux Conseils académiques...............	27 fév. 1880.	III.	322
Id.	*Exposé des motifs d'un projet de loi relatif au Conseil supérieur de l'Instruction publique et aux Conseils académiques, par M. J. Ferry.............*	»	III.	326
Id.	*Rapport fait au nom de la Commission chargée d'examiner le projet de loi relatif au Conseil supérieur de l'Instruction publique et aux Conseils académiques, par M. Chalamet...............*	»	III.	332
Id.	*Exposé des motifs du projet de loi adopté par la Chambre des députés, relatif au Conseil supérieur de l'Instruction publique et aux Conseils académiques, présenté au Sénat par M. J. Ferry.............*	»	III.	352
Id.	*Rapport fait au Sénat, au nom de la Commission chargée d'examiner le projet de loi adopté par la Chambre des députés, relatif au Conseil supérieur de l'Instruction publique et aux Conseils académiques, par M. Barthélemy Saint-Hilaire...............*	»	III.	355
Id.	Décret relatif à l'élection des membres du Conseil supérieur de l'Instruction publique................	16 mars 1880.	III.	384
Id.	Circulaires pour l'exécution du décret précédent.......	18 mars et 3 avril 1880.	III.	384*n.*
Id.	Instructions supplémentaires concernant les élections au Conseil supérieur de l'Instruction publique........	3 mai 1880.	III.	460
Id.	Décret portant règlement intérieur du Conseil supérieur de l'Instruction publique................	11 mai 1880.	III.	461
Id.	Arrêté fixant l'indemnité allouée aux membres du Conseil supérieur de l'Instruction publique qui résident hors du département de la Seine...............	20 mai 1880.	III.	472
	Voir : CONSEIL DE L'UNIVERSITÉ IMPÉRIALE; COMMISSION DE L'INSTRUCTION PUBLIQUE; CONSEIL ROYAL DE L'INSTRUCTION PUBLIQUE; CONSEIL ROYAL DE L'UNIVERSITÉ.			
CONSEILS ACADÉMIQUES.	Décret portant organisation de l'Université (*titres VII, X*).	17 mars 1808.	I.	171
Idem	Statut concernant la division de l'Université en Académies, et les villes qui en seront les chefs-lieux (*art. 11*)....	18 oct. 1808.	I.	196
Id.	Statut concernant le régime et la police générale de l'Université (*art. 11*).	28 oct. 1808.	I.	203
Id.	Statut concernant les Conseils de l'Université, la correspondance officielle, l'inspection et le visa des diplômes....	20 janv. 1809.	I.	208
Id.	Décret concernant diverses dispositions pour accorder le régime des anciennes Écoles avec celui de l'Université (*art. 4*).......................	4 juin 1809.	I.	219
Id.	Circulaire relative aux fonctions des secrétaires d'Académie.	20 fév. 1810.	I.	261

OBJET.	TITRES DES LOIS, DÉCRETS, ORDONNANCES, RÉGLEMENTS, ARRÊTÉS, ETC.	DATES.	TOMES et PAGES.	
CONSEILS ACADÉMIQUES.	Décision portant que l'entrée au Conseil académique ne peut seule, et par elle-même, donner le droit de porter le titre et la décoration d'officier d'Académie.	21 juin 1811.	I.	177*n*.
Idem	Décret concernant le régime de l'Université (*chap. II*). . .	15 nov. 1811.	I.	319
Id.	Arrêté relatif aux dépenses des Facultés.	28 avril 1812.	I.	345
Id.	Arrêté portant règlement pour les Conseils académiques.	26 mai 1812.	I.	354
Id.	Arrêté sur la reddition, la vérification et les arrêtés définitifs des comptes dus à l'Université.	4 juin 1813.	I.	365
Id.	Décret relatif aux fonctions du trésorier et à la section de comptabilité du Conseil de l'Université.	31 août 1813.	I.	367
Id.	Arrêté qui institue une Commission chargée d'exercer, près l'École normale et les Lycées de Paris, la surveillance et les fonctions attribuées aux Conseils académiques pour les autres Lycées de l'Empire.	24 mai 1815.	I.	383
Id.	Ordonnance concernant les Facultés de droit et de médecine (*art. 16-18*)	5 juillet 1820.	I.	439
Id.	Règlement général sur la comptabilité de l'Université. . .	11 nov. 1826.	I.	540
Id.	Arrêté relatif aux présentations que doivent faire les Conseils académiques pour les chaires vacantes dans les Facultés des sciences et des lettres.	17 déc. 1833.	I.	692
Id.	*Rapport* et Ordonnances concernant la nouvelle organisation du Conseil royal et des Conseils académiques. . .	7 sept. 1845.	I.	967
Id.	Loi relative à l'enseignement (*titre I*er, *chap. II; art. 85*).	15 mars 1850.	II.	85
Id.	Règlement d'administration publique pour l'exécution de la loi du 15 mars 1850 (*chap. II*, §§ *3, 4*).	29 juillet 1850.	II.	155
Id.	Circulaire à MM. les archevêques et évêques concernant la prochaine réunion des Conseils académiques.	10 août 1850.	II.	168
Id.	Instruction pour la tenue des Conseils académiques.	30 août 1850.	II.	179
Id.	Instruction relative aux délégués des préfets et des procureurs généraux aux Conseils académiques.	20 janv. 1851.	II.	193
Id.	Dispositions organiques concernant l'Instruction publique (*art. 3*).	9 mars 1852.	II.	209
Id.	Loi sur l'administration de l'Instruction publique (*titre I*er).	14 juin 1854.	II.	316
Id.	Décret sur l'organisation des Académies (§ *III*).	22 août 1854.	II.	340
Id.	Instruction relative à la première session des Conseils académiques.	8 mai 1855.	II.	436
Id.	Instruction relative à la session de novembre des Conseils académiques	16 oct. 1855.	II.	449
Id.	Arrêté qui proroge les Conseils académiques et les Conseils départementaux	30 déc. 1872.	II.	833
Id.	Loi relative au Conseil supérieur de l'Instruction publique (*art. 4, 5*).	19 mars 1873.	II.	848
Id.	Décret relatif aux établissements d'Instruction publique en Algérie (*art. 4*).	15 août 1875.	III.	78
Id.	Loi relative au Conseil supérieur de l'Instruction publique et aux Conseils académiques (*titre II*).	27 fév. 1880.	III.	322
Id.	*Exposé des motifs et Rapports*	»	III.	326
Id.	Décret relatif à l'élection des membres du Conseil supérieur de l'Instruction publique (*art. 13*).	16 mars 1880.	III.	384

OBJET.	TITRES DES LOIS, DÉCRETS, ORDONNANCES, RÈGLEMENTS, ARRÊTÉS, ETC.	DATES.	TOMES et PAGES.	
CONSEILS ACADÉMIQUES.	Circulaires pour l'exécution du décret précédent.	18 mars et 5 avril 1880.	III.	384 n.
Idem.	Décret portant règlement intérieur des Conseils académiques.	26 juin 1880.	III.	494
Id.	Arrêté concernant les frais de déplacement des membres des Conseils académiques.	5 juillet 1880.	III.	502
Id.	Décret relatif au Conseil académique d'Alger.	6 juillet 1880.	III.	503
	Voir : JURIDICTIONS, PRÉSENTATIONS.			
CONSEILS DÉPARTEMENTAUX.	Loi sur l'administration de l'Instruction publique (*titre Ier*).	14 juin 1854.	II.	316
Idem	Circulaire relative à l'exécution de l'article 10 de la loi du 14 juin 1854	11 juillet 1854.	II.	338
Id.	Décret sur l'organisation des Académies (§ *V*).	22 août 1854.	II.	340
Id.	Circulaire relative à la nomination des vice-présidents et des secrétaires des Conseils départementaux.	17 nov. 1854.	II.	370
Id.	Loi relative aux Conseils généraux (*art. 60*).	10 août 1871.	II.	798
Id.	Arrêté qui proroge les Conseils académiques et les Conseils départementaux	30 déc. 1872.	II.	833
Id.	Loi relative au Conseil supérieur de l'Instruction publique (*art. 4*).	19 mars 1873.	II.	848
Id.	Décret relatif aux établissements d'Instruction publique en Algérie (*art. 6*)	15 août 1875.	III.	78
Id.	Loi relative au Conseil supérieur de l'Instruction publique et aux Conseils académiques (*art. 7*).	27 fév. 1880.	III.	322
	Voir : JURIDICTIONS, JURISPRUDENCE.			
CONSEILS DES UNIVERSITÉS.	Ordonnance portant règlement sur l'Instruction publique (*titre II*).	17 fév. 1815.	I.	374
	Voir : CONSEIL DE L'UNIVERSITÉ IMPÉRIALE; COMMISSION DE L'INSTRUCTION PUBLIQUE; CONSEIL ROYAL DE L'INSTRUCTION PUBLIQUE; CONSEIL ROYAL DE L'UNIVERSITÉ; CONSEIL SUPÉRIEUR DE L'INSTRUCTION PUBLIQUE.			
CONSEILS GÉNÉRAUX.	Loi relative aux Conseils généraux	10 août 1871.	II.	798
CONSEILLERS DE L'UNIVERSITÉ.	Décret portant organisation de l'Université (*titres IV, § 2; IX; XVIII*).	17 mars 1808.	I.	171
Idem	Arrêté déterminant les différentes classes d'individus auxquels il peut être accordé immédiatement des diplômes de grades dans les sciences ou dans les lettres.	23 mai 1809.	I.	219
Id.	Règlement général sur la comptabilité de l'Université (*art. 179*).	11 nov. 1826.	I.	540
CONSERVATEURS des cabinets, des collections.	Décret portant établissement de trois Écoles de santé (*art. 6*).	14 frim. An III.	I.	29
Idem	Règlement pour l'École de médecine de Paris (*titre Ier, chap. Ier, art. 3; chap. III, IV*).	14 mess. An IV.	I.	42
Id.	Règlement pour l'École de médecine de Montpellier.	2 fruct. An XI.	I.	125
Id.	Arrêté concernant le conservateur des collections à la Faculté de médecine de Paris	13 août 1822.	I.	484

OBJET.	TITRES DES LOIS, DÉCRETS, ORDONNANCES, RÈGLEMENTS, ARRÊTÉS, ETC.	DATES.	TOMES et PAGES.
CONSERVATEURS des cabinets, des collections.	Ordonnance portant réorganisation de la Faculté de médecine de Paris (*art. 9*)	2 fév. 1823.	I. 488
Idem	Règlement pour la Faculté de médecine de Montpellier (*art. 44*)	1er mars 1825.	I. 515
Id.	Arrêté portant règlement pour la Faculté de médecine de Strasbourg (*art. 8, 10*)	11 avril 1829.	I. 625
Id.	Arrêté qui fixe le traitement des fonctionnaires de l'École pratique de la Faculté de médecine de Paris (*art. 2*). . .	10 août 1859.	II. 543
CONSTITUTION.	*Voir :* INSTRUCTION PUBLIQUE.		
CONTENTIEUX.	*Voir :* DISCIPLINE, JURIDICTIONS.		
CONTROLEUR.	Arrêté qui crée, à la Faculté de médecine de Paris, un emploi de contrôleur du matériel.	5 janv. 1854.	II. 306
CORPORATIONS ENSEIGNANTES.	Décret relatif à la suppression des congrégations séculières et des confréries.	18-22 août 1792.	I. 8
Idem	Décret portant organisation de l'Université (*art. 127*) . . .	17 mars 1808.	I. 171
Id.	Arrêté déterminant les différentes classes d'individus auxquels il peut être accordé immédiatement des diplômes de grades dans les sciences ou dans les lettres.	23 mai 1809.	I. 219
Id.	Arrêté qui détermine les grades auxquels ont droit les membres des anciennes corporations enseignantes.	22 août 1809.	I. 228
Id.	Statut sur l'émérital et les pensions de retraite des membres de l'Université (*art. 9*)	10 avril 1810.	I. 276
Id.	Décret annulant le statut précédent.	14 juin 1810.	I. 278n.
Id.	Arrêté relatif aux pensions à accorder aux membres des anciennes corporations enseignantes	23 avril 1813.	I. 364
Id.	*Rapport* et Décret relatifs aux congrégations religieuses. .	29 mars 1880.	III. 447
	Voir : GRADES.		
CORRESPONDANCE ADMINISTRATIVE.	Décret relatif à l'organisation du Jardin national des plantes et du Cabinet d'histoire naturelle, sous le nom de Muséum d'histoire naturelle (*titre IV*).	10 juin 1793.	I. 11
Idem	Extrait de la Constitution (*art. 299*).	5 fruct. An III.	I. 34
Id.	Instruction pour les Écoles de droit (*art. 8*)	19 mars 1807.	I. 160
Id.	Statut concernant le régime et la police générale de l'Université (*art. 9*).	28 oct. 1808.	I. 203
Id.	Statut concernant les Conseils de l'Université, la correspondance officielle, l'inspection et le visa des diplômes. . . .	20 janv. 1809.	I. 208
Id.	Règlement concernant le régime de l'Université, la subordination, la correspondance et les attributions de ses diverses autorités.	10 oct. 1810.	I. 298
Id.	Circulaire qui interdit la correspondance directe avec le chef de l'Université.	17 avril 1838.	I. 790
	Voir : RECTEURS.		
CORRESPONDANTS DES ÉTUDIANTS.	Ordonnance concernant les Facultés de droit et de médecine (*art. 6*)	5 juillet 1820.	I. 439

BJET.	TITRES DES LOIS, DÉCRETS, ORDONNANCES, RÈGLEMENTS, ARRÊTÉS, ETC.	DATES.	TOMES et PAGES.
SPONDANTS TUDIANTS.	Arrêté concernant l'enseignement et la discipline dans les Écoles secondaires de médecine (*art. Ier, 6*).	7 nov. 1820.	I. 454
em	Statut portant règlement général concernant la discipline et la police intérieure des Facultés et des Écoles secondaires de médecine (*art. 6, 7*)	9 avril 1825.	I. 521
d.	Décret relatif au régime des établissements d'enseignement supérieur (*art. 26*).	30 juillet 1883.	III. 731
	Voir : DISCIPLINE.		
CORSE.	Arrêté qui crée une Académie en Corse.	30 mars 1838.	I. 790
dem	Décret sur l'organisation des Académies (*art. 25*).	22 août 1854.	II. 340
d.	Décret qui fixe les attributions principales du Vice-Recteur de la Corse.	29 août 1860.	II. 569
OSTUME.	Règlement pour l'École de médecine de Montpellier (*chap. Ier, art. 9*)	2 fruct. An XI.	I. 125
dem	Arrêté qui détermine le costume des professeurs des Écoles de médecine.	20 brum. An XII.	I. 132
d.	Décret relatif au costume des professeurs des Écoles de pharmacie.	22 fruct. An XII.	I. 142
d.	Décret concernant l'organisation des Écoles de droit (*art. 68*)	4e comp^{re} An XII.	I. 142
d.	Décret qui règle le costume des inspecteurs généraux des Écoles de droit, des suppléants, des professeurs et des secrétaires généraux de ces Écoles.	28 flor. An XIII.	I. 149
d.	Instruction pour les Écoles de droit (*art. 57*).	19 mars 1807.	I. 160
d.	Décret portant organisation de l'Université (*titre XVI*). . .	27 mars 1808.	I. 171
d.	Décret concernant les costumes des membres de l'Université.	31 juillet 1809.	I. 225
d.	Règlement particulier pour la Faculté des sciences de Paris (*art. 52-56*).	10 oct. 1809.	I. 233
d.	Arrêté qui détermine le costume que les membres de l'Université porteront dans l'exercice de leurs fonctions. . . .	25 nov. 1809.	I. 246
d.	Statut sur les Facultés des lettres et des sciences (*art. 50, 51*).	16 février 1810.	I. 249
d.	Circulaire relative aux fonctions des secrétaires d'Académie.	20 février 1810.	I. 261
d.	Statut sur la composition des Facultés des sciences et des lettres de Paris (*art. 8*).	7 août 1812.	I. 359
d.	Arrêté concernant l'enseignement du culte réformé à la Faculté de théologie protestante de Strasbourg (*art. 6*). . .	6 oct. 1819.	I. 429
d.	Ordonnance qui donne à la Commission de l'Instruction publique le titre de Conseil royal de l'Instruction publique, et qui contient règlement à cet égard (*art. 13, 14*). . .	1er nov. 1820.	I. 452
d.	Arrêté concernant l'enseignement et la discipline dans les Écoles secondaires de médecine (*art. 22*).	7 nov. 1820.	I. 454
d.	Décision du Conseil relative aux Écoles de pharmacie. . . .	19 février 1841.	I. 892 *n.*
d.	Décret relatif au costume des fonctionnaires ressortissant au Ministère de l'Instruction publique et des Cultes. . .	24 déc. 1852.	II. 263
d.	Décret relatif au costume officiel des membres des Facultés de théologie catholique.	22 nov. 1863.	II. 632

OBJET.	TITRES DES LOIS, DÉCRETS, ORDONNANCES, RÈGLEMENTS, ARRÊTÉS, ETC.	DATES.	TOMES et PAGES.
COURS (Durée des).	Règlement pour le Muséum national d'histoire naturelle, présenté par les professeurs et approuvé par le Comité d'Instruction publique de la Convention nationale (*chap. II, art. I*er).	21 sept. 1793.	I. 15
Idem	Règlement pour l'École de médecine de Paris (*titre I*er) . .	14 mess. An IV.	I. 42
Id.	Arrêté contenant règlement sur les Écoles de pharmacie (*art. 16*).	25 therm. An XI.	I. 119
Id.	Règlement pour l'École de médecine de Montpellier (*chap. II*).	2 fruct. An XI.	I. 125
Id.	Instruction pour les Écoles de droit (*chap. IV*).	19 mars 1807.	I. 160
Id.	Règlement particulier pour la Faculté des sciences de Paris (*art. 24-26*).	10 oct. 1809.	I. 233
Id.	Statut sur les Facultés des sciences et des lettres (*art. 11, 56, 57*).	16 février 1810.	I. 249
Id.	Instruction pour l'exécution du statut précédent	5 avril 1810.	I. 255*n.*
Id.	Règlement des études pour l'École normale	5 déc. 1815.	I. 391
Id.	Arrêté qui fixe l'époque des vacances de la Faculté des lettres de Paris.	28 avril 1821.	I. 473
Id.	Ordonnance portant réorganisation de la Faculté de médecine de Paris (*art. 22*)	2 février 1823.	I. 488
Id.	Arrêté qui fixe les époques de l'ouverture et de la clôture des cours de la Faculté des lettres de Paris ainsi que celles des examens pour le baccalauréat.	12 juillet 1823.	I. 499
Id.	*Rapport* et Ordonnance portant organisation de l'École des Langues orientales vivantes (*art. 2*).	22 mai 1838.	I. 792
Id.	Arrêté relatif à l'ouverture et à la clôture des cours et à la discipline des étudiants dans les Facultés de droit et de médecine	26 oct. 1838.	I. 807
Id.	*Rapport* et Ordonnance portant organisation des Écoles de pharmacie (*art. 11*).	27 sept. 1840.	I. 876
Id.	Règlement pour les Écoles de pharmacie (*titre II*). . . .	5 février 1841.	I. 892
Id.	Règlement pour les Écoles préparatoires de médecine et de pharmacie (*art. 14*).	12 mars 1841.	I. 899
Id.	Circulaire relative à l'époque de la rentrée des Facultés de droit.	25 oct. 1847.	I. 1018
Id.	Arrêté portant règlement des études pour les Écoles préparatoires de médecine et de pharmacie.	2 avril 1857.	II. 477
Id.	Circulaire relative à l'exécution de l'arrêté précédent. . . .	16 avril 1857.	II. 479
Id.	*Rapport* et décret concernant le Collège de France (*titre II*).	8 oct. 1857.	II. 499
Id.	Règlement relatif à la répartition de l'enseignement dans les Écoles préparatoires de médecine et de pharmacie. . . .	7 avril 1859.	II. 534
Id.	Circulaire relative à l'exécution du règlement précédent. . .	8 avril 1859.	II. 535
Id.	Décret relatif au régime des établissements d'enseignement supérieur (*art. I*er).	30 juillet 1883.	III. 731
	Voir : ANNÉE SCOLAIRE.		
COURS COMPLÉMENTAIRES (Droit.)	*Rapport* et Ordonnance qui autorise les professeurs suppléants des Facultés de droit à faire des cours complémentaires.	22 mars 1840.	I. 838

OBJET.	TITRES DES LOIS, DÉCRETS, ORDONNANCES, RÈGLEMENTS, ARRÊTÉS, ETC.	DATES.	TOMES et PAGES.
COURS COMPLÉMENTAIRES (Droit.)	Arrêté qui établit des cours complémentaires à la Faculté de droit de *Nancy*.	19 janv. 1867.	II. 712
Idem	Arrêté qui crée un cours complémentaire d'économie politique à la Faculté de droit de *Nancy*.	21 avril 1868.	II. 743
Id.	Arrêté instituant des cours complémentaires à la Faculté de droit de *Douai*.	27 juillet 1869.	II. 780
Id.	Arrêté portant institution de cours complémentaires à la Faculté de droit de *Paris*.	18 nov. 1871.	II. 805
Id.	Arrêté relatif aux cours complémentaires de la Faculté de droit de *Douai*.	22 déc. 1874.	II. 780 *n.*
Id.	Décret portant modification des épreuves du doctorat en droit (*art. 3, 4*).	20 juillet 1882.	III. 634
(Lettres.)	*Rapport* et Ordonnance portant création de trois ordres d'agrégés près les Facultés des lettres (*art. 9*).	24 mars 1840.	I. 840
Idem	Arrêté concernant les agrégés des Facultés des sciences et des lettres (*art. 11*).	22 janv. 1847.	I. 1006
Id.	Décret qui institue des places d'agrégés près les Facultés des sciences et des lettres (*art. 5, 6*).	2 nov. 1875.	III. 94
(Médecine.)	Ordonnance portant réorganisation de la Faculté de médecine de Paris (*art. 4*).	2 février 1823.	I. 488
Idem	Ordonnance portant organisation de la Faculté de médecine de Montpellier (*art. 10*).	12 déc. 1824.	I. 513
Id.	Arrêté portant règlement pour la Faculté de médecine de Strasbourg (*art. 6*).	11 avril 1829.	I. 625
Id.	*Rapport* et Ordonnance concernant les agrégés des Facultés de médecine.	10 avril 1840.	I. 850
Id.	*Rapport* et Arrêté portant création de cours complémentaires à la Faculté de médecine de Paris.	14 août 1862.	II. 616
Id.	Arrêté concernant les cours complémentaires des études médicales pratiques de la Faculté de médecine de Paris.	21 avril 1877.	III. 151
Id.	Décret portant création de cours annexes dans les Facultés de médecine.	20 août 1877.	III. 164
Id.	Décret relatif à la Commission chargée d'organiser les cours annexes dans les Facultés de médecine.	6 déc. 1877.	III. 165 *n.*
Id.	Décret portant règlement pour les cours cliniques annexes dans les hôpitaux.	15 avril 1879.	III. 249
(Sciences.)	*Rapport* et Ordonnance portant création de trois ordres d'agrégés près les Facultés des sciences (*art. 4*).	28 mars 1840.	I. 842
Idem	Arrêté concernant les agrégés des Facultés des sciences et des lettres (*art. 11*).	22 janv. 1847.	II. 1006
Id.	Décret qui institue des places d'agrégés près les Facultés des sciences et des lettres (*art. 5, 6*).	2 nov. 1875.	III. 94
(Théologie.)	Arrêté autorisant des cours complémentaires de théologie à Marseille.	8 janv. 1869.	II. 765
	Voir : CONFÉRENCES.		

OBJET.	TITRES DES LOIS, DÉCRETS, ORDONNANCES, RÈGLEMENTS, ARRÊTÉS, ETC.	DATES.	TOMES et PAGES.	
COURS ISOLÉS.	Loi relative à la liberté de l'enseignement supérieur (*art. 2, 3, 7, 8; titre IV*).	12 juillet 1875.	III.	12
Idem	Décret portant règlement d'administration publique pour l'exécution de la loi du 12 juillet 1875 en ce qui concerne les cours isolés.	25 janv. 1876.	III.	122
Id.	Loi relative à la liberté de l'enseignement supérieur (*art. 6*).	18 mars 1880.	III.	388
COURS LIBRES.	Décision concernant les conditions auxquelles peuvent être accordées aux docteurs en médecine les autorisations de faire des cours publics dans les amphithéâtres de la Faculté de médecine de Paris.	14 juillet 1863.	II.	629
Idem	Règlement concernant les cours libres à l'École pratique de la Faculté de médecine de Paris.	9 fév. 1881.	III.	557
Id. .....°.	Arrêté relatif aux cours libres dans les Facultés de théologie protestante.	21 déc. 1882.	III.	692
Id.	Décret relatif aux cours libres dans les Facultés.	24 juillet 1883.	III.	728
Id.	Arrêté concernant les cours libres dans les Facultés.	24 juillet 1883.	III.	730
Id.	Circulaire relative aux décret et arrêté précédents.	12 août 1883.	III.	730*n.*
Id.	Arrêté portant règlement pour les cours libres à la Faculté de médecine de Nancy.	28 nov. 1883.	III.	791
	Voir : COURS PUBLICS.			
COURS (Police des).	Ordonnance concernant les Facultés de droit et de médecine (*art. 17*).	5 juillet 1820.	I.	439
Idem	Ordonnance portant réorganisation de la Faculté de médecine de Paris (*art. 31-36*).	2 fév. 1823.	I.	488
Id.	Statut portant règlement général concernant la discipline et la police intérieure des Facultés et des Écoles secondaires de médecine (*art. 30*).	9 avril 1825.	I.	521
Id.	Décret relatif au régime des établissements d'enseignement supérieur (*art. 17, 18*).	30 juillet 1883.	III.	731
Id.	Circulaire relative à l'exécution du décret précédent.	31 oct. 1883.	III.	765
COURS PUBLICS.	Décret portant organisation de l'Université (*art. 54*).	17 mars 1808.	I.	171
Idem	Arrêté qui fixe le droit qu'ont à payer ceux qui font des cours publics.	7 avril 1809.	I.	215
Id.	Circulaire portant qu'une autorisation du Grand-Maître est nécessaire pour pouvoir faire des cours publics.	26 fév. 1810.	I.	215*n.*
Id.	Décision du Conseil de l'Université relative aux cours publics.	5 janv. 1813.	I.	216*n.*
Id.	Règlement sur la comptabilité générale de l'Université (*art. 192-197*).	11 nov. 1826.	I.	540
Id.	Décision relative aux attributions de l'Université en matière de cours publics.	5 avril 1828.	I.	607
Id.	Avis du Conseil royal de l'Instruction publique portant que les Écoles de commerce et les cours publics de mécanique et de géométrie applicables aux arts industriels doivent être autorisés par le Ministre, Grand-Maître de l'Université.	23 oct. 1838.	I.	805
Id.	Loi relative à l'enseignement (*art. 77*).	15 mars 1850.	II.	85

OBJET.	TITRES DES LOIS, DÉCRETS, ORDONNANCES, RÈGLEMENTS, ARRÊTÉS, ETC.	DATES.	TOMES et PAGES.
COURS PUBLICS.	Décret qui détermine les conditions auxquelles les étrangers peuvent être admis à enseigner en France (*art. 6*).	5 déc. 1850.	II. 184
Idem	Décision concernant les conditions auxquelles peuvent être accordées aux docteurs en médecine les autorisations de faire des cours publics dans les amphithéâtres de la Faculté de médecine de Paris.	14 juillet 1863.	II. 629
Id.	Instruction sur les demandes d'autorisation de cours publics libres.	9 avril 1864.	II. 640
Id.	Instruction sur les cours publics libres.	23 janv. 1865.	II. 676
Id.	Circulaire qui détermine les attributions des Ministres de l'Intérieur et de l'Instruction publique en matière de cours publics.	25 nov. 1872.	II. 833
	Voir : COURS LIBRES.		
COURS SEMESTRIELS.	Règlement pour l'École de médecine de Paris (*titre Ier*). . .	14 mess. An IV.	I. 42
Idem	Règlement pour l'École de médecine de Montpellier (*chap. II*).	2 fruct. An XI.	I. 125
Id.	Arrêté relatif au cours de botanique de la Faculté des sciences de Paris.	5 août 1811.	I. 216 *n.*
Id.	Nouvelles dispositions règlementaires concernant les études dans les Facultés de médecine.	26 sept. 1837.	I. 772
Id.	Nouvelles dispositions règlementaires concernant les études dans les Écoles secondaires de médecine.	26 sept. 1837.	I. 773
Id.	Règlement concernant les Écoles préparatoires de médecine et de pharmacie (*art. 14*).	12 mars 1841.	I. 899
Id.	*Rapport* et Décret portant institution d'une chaire de physiologie générale à la Faculté des sciences de Paris. . . .	17 mars 1854.	II. 313
Id.	Arrêté portant règlement des études pour les Écoles préparatoires de médecine et de pharmacie.	2 avril 1857.	II. 477
Id.	Circulaire pour l'exécution de l'arrêté précédent.	16 avril 1857.	II. 479
Id.	*Rapport* et Décret concernant le Collège de France (*titre II*).	8 oct. 1857.	II. 499
Id.	Règlement relatif à la répartition de l'enseignement dans les Écoles préparatoires de médecine et de pharmacie. . .	7 avril 1859.	II. 534
Id.	Circulaire relative à l'exécution du règlement précédent. .	8 avril 1859.	II. 535
	Voir : COURS (DURÉE DES).		
CULTES.	Loi relative à l'organisation des cultes.	18 germ. An X.	III. 869 *a.*
Idem	*Rapport* et Décret portant réorganisation des cultes protestants.	26 mars 1852.	II. 213
Id.	*Rapport* et Arrêté portant règlement d'exécution du décret du 26 mars 1852 en ce qui concerne la formation des Conseils presbytéraux et des consistoires dans les deux cultes protestants.	10 sept. 1852.	II. 228
Id.	Loi qui modifie l'organisation de l'Église de la Confession d'Augsbourg.	1er août 1879.	III. 261
Id.	*Rapports faits au nom des Commissions chargées d'examiner le projet de loi sur les modifications à introduire dans l'organisation de l'Église de la Confession d'Augsbourg par suite des cessions territoriales de 1871.*	»	III. {261 *n.* 263 *n.*

OBJET.	TITRES DES LOIS, DÉCRETS, ORDONNANCES, RÈGLEMENTS, ARRÊTÉS, ETC.	DATES.	TOMES et PAGES.	
CULTES.	Décret pour l'exécution de la loi du 1er août 1879 sur l'organisation de l'Église de la Confession d'Augsbourg....	12 mars 1880.	III.	378
CUMUL.	Décret concernant les pensions, les gratifications et autres récompenses nationales (*titre Ier, art. 9, 12*).......	22 août 1790.	I.	2
Idem	Décret relatif au cumul des traitements...........	16 fruct. An III.	I.	34
Id.	Loi sur l'organisation de l'Instruction publique (*titre Ier, art. 7*)............................	3 brum. An IV.	I.	36
Id.	Sénatus-consulte organique de la Constitution........	16 therm. An X.	I.	59
Id.	Décret portant organisation de l'Université (*art. 124*)...	17 mars 1808.	I.	171
Id. ..:..	Loi de finances.............................	28 avril 1816.	I.	403
Id.	Loi de finances.............................	25 mars 1817.	I.	411
Id.	Loi de finances.............................	15 mai 1818.	I.	417
Id.	Ordonnance portant réorganisation de la Faculté de médecine de Paris (*art. 16*)....................	2 fév. 1823.	I.	483
Id.	Règlement général sur la comptabilité de l'Université (*art. 215*)............................	11 nov. 1826.	I.	540
Id.	Règlement de comptabilité en exécution de l'Ordonnance du 31 mai 1838 (*art. 25-27*)....................	16 déc. 1841.	I.	918
Id.	Décret relatif au cumul des traitements d'activité et des pensions de retraite.......................	13 mars 1848.	II.	30
Id.	Loi portant rectification du budget de l'exercice 1848....	12 déc. 1848.	II.	62
Id.	Décision du Conseil relative à l'application de l'article 5 de la loi du 12 décembre 1848 relatif au cumul........	19 janv. 1849.	II.	62n.
Id.	Décret relatif aux pensions de retraite des principaux des Colléges communaux et des fonctionnaires de l'Université qui cumulent deux traitements...............	29 août 1850.	II.	174
Id.	Dispositions organiques concernant l'Instruction publique (*art. 9*)............................	9 mars 1852.	II.	209
Id.	Règlement sur la comptabilité des dépenses du Ministère de l'Instruction publique (*art. 36, 37*)...........	16 oct. 1867.	II.	717
Id.	Instruction relative au règlement précédent.........	15 nov. 1867.	II.	719
Id.	Loi qui interdit la nomination de membres de l'Assemblée nationale à des fonctions publiques salariées........	25 avril 1872.	II.	818
Id.	Circulaire relative au cumul des fonctions de suppléant et de chef des travaux anatomiques dans les Écoles préparatoires de médecine et de pharmacie..........	10 oct. 1874.	II.	898
Id.	Décret déterminant : 1o les traitements des professeurs et agrégés dans les établissements d'enseignement supérieur; 2o le régime des suppléants et du cumul..........	14 janv. 1876.	III.	115
Id.	*Le traitement des fonctionnaires qui font partie du Sénat peut se cumuler avec l'indemnité accordée aux membres de cette assemblée.*...............	26 janv. 1877.	III.	77n.
Id.	Décret concernant l'enseignement et le traitement des professeurs dans les Écoles préparatoires de médecine et de pharmacie (*art. 3*)....................	10 août 1877.	III.	162
Id.	Décret portant réorganisation des Écoles préparatoires de médecine et de pharmacie (*art. 6*).............	1er août 1883.	III.	743
Id.	Décret relatif aux Écoles de plein exercice de médecine et de pharmacie (*art. 3*)...................	1er août 1883.	III.	746

OBJET.	TITRES DES LOIS, DÉCRETS, ORDONNANCES, RÈGLEMENTS, ARRÊTÉS, ETC.	DATES.	TOMES et PAGES.	
DÉPUTÉS.	Loi organique sur l'élection des députés.	30 nov. 1875.	III.	100
DESSINATEUR-PEINTRE.	Règlement pour l'École de médecine de Paris (*titre Ier, chap. IV, art. 2 ; titre II, chap. II, art. 12-13*). . .	14 mess. An IV.	I.	42
DESTITUTION.	Décret concernant le régime de l'Université (*art. 74*). . .	15 nov. 1811.	I.	319
Idem.	Ordonnance portant réorganisation de la Faculté de médecine de Paris (*art. 30*).	2 fév. 1823.	I.	488
Id.	Statut portant règlement général concernant la discipline et la police intérieure des Facultés et des Écoles secondaires de médecine (*art. 48*).	9 avril 1825.	I.	521
	Voir : RÉVOCATION.			
DÉTENTION.	Décret concernant le régime de l'Université (*art. 69*). . . .	15 nov. 1811.	I.	319
DIFFAMATION.	Décret concernant le régime de l'Université (*art. 73*). . .	15 nov. 1811.	I.	319
DIPLOMES.	Loi relative à l'exercice de la médecine (*titres III, IV, V*).	19 vent. An XI.	I.	93
Idem	Arrêté du Gouvernement portant règlement pour l'exercice de la médecine (*art. 25, 40, 42*).	20 prair. An XI.	I.	109
Id.	*Modèles de diplômes de* docteur en médecine, en chirurgie, *d'officier de santé, de sage-femme.*	»	I.	117
Id.	Arrêté du Gouvernement portant règlement pour les Écoles de pharmacie (*art. 29, 45*).	25 therm. An XI.	I.	119
Id.	*Modèles de diplômes de* pharmacien *et d'*herboriste. . . .	»	I.	124
Id.	Loi relative aux Écoles de droit (*art. 13*).	22 vent. An XII.	I.	137
Id.	Instruction pour les Écoles de droit (*art. 60, 61*).	19 mars 1807.	I.	160
Id.	Décret portant organisation de l'Université (*art. 58, 59, 67, 96*).	17 mars 1808.	I.	171
Id.	Délibération du Conseil de l'Université concernant la formule des diplômes.	1er oct. 1808.	I.	193
Id.	Décision relative au mode de délivrance des diplômes. . . .	25 nov. 1808.	I.	193*n.*
Id.	Statut concernant les Conseils de l'Université, la correspondance officielle, l'inspection et le visa des diplômes. .	20 janv. 1809.	I.	208
Id.	Décision relative aux frais de délivrance des diplômes dans les Facultés de droit et de médecine.	10 fév. 1809.	I.	210
Id.	Décret concernant les droits de sceau de l'Université. . . .	17 fév. 1809.	I.	210
Id.	*Modèle de diplôme.*	»	I.	212
Id.	Décret concernant diverses dispositions pour accorder le régime des anciennes Écoles avec celui de l'Université (*art. 3, 14, 26*).	4 juin 1809.	I.	219
Id.	Arrêté qui fixe la somme à prélever par les secrétaires commis des Facultés de médecine sur le droit de diplôme.	30 juin 1809.	I.	210*n.*
Id.	*Modèles de diplômes de* bachelier ès lettres	»	I.	256, 257,260
Id.	*Modèles de diplômes de* licencié ès lettres	»	I.	258, 261
Id.	*Modèle de diplôme de* docteur ès lettres	»	I.	258
Id.	*Modèle de diplôme de* bachelier ès sciences. . . , ...	»	I.	259
Id.	*Modèle de diplôme de* licencié ès sciences.	»	I.	259

OBJET.	TITRES DES LOIS, DÉCRETS, ORDONNANCES, RÈGLEMENTS, ARRÊTÉS, ETC.	DATES.	TOMES et PAGES.
DIPLOMES.	*Modèle de diplôme de* docteur ès sciences.	30 juin 1809.	I. 260
Idem	Règlement concernant le régime de l'Université, la subordination, la correspondance et les attributions de ses diverses autorités (*art. 24*).	10 oct. 1810.	I. 298
Id.	*Modèles de diplômes d'*officier de santé, *d'*herboriste, *de* pharmacien *et de* sage-femme.	21 mai 1812.	I. 349, 350
Id.	Ordonnance portant règlement sur l'Instruction publique (*art. 31*).	17 fév. 1815.	I. 374
Id.	Ordonnance qui établit une Commission de l'Instruction publique et maintient l'organisation des Académies (*art. 6*).	15 août 1815.	I. 386
Id.	Décision relative aux *duplicata* de diplômes.	4 nov. 1815.	I. 389
Id.	*Modèle de diplôme de* bachelier ès lettres.	19 sept. 1820.	I. 449
Id.	Ordonnance qui donne à la Commission de l'Instruction publique le titre de *Conseil royal de l'Instruction publique,* et qui contient règlement à cet égard (*art. 3*). .	1er nov. 1820.	I. 452
Id.	Arrêté qui prescrit les formalités à remplir pour la remise des diplômes.	15 sept. 1821.	I. 476
Id.	*Modèle de récépissé*	»	I. 476
Id.	Circulaire relative à l'exécution de l'arrêté du 15 septembre 1821.	5 fév. 1822.	I. 476 n.
Id.	Arrêté qui rapporte la décision du 10 février 1809 relative aux frais de délivrance des diplômes dans les Facultés de droit et de médecine.	6 sept. 1823.	I. 210 n.
Id.	Règlement sur la comptabilité générale de l'Université (*art 131 et suiv.; [Duplicata] art. 177*).	11 nov. 1826.	I. 540
Id.	Règlement pour le baccalauréat ès lettres (*art. 31, 32*). .	14 juillet 1840.	I. 858
Id.	Règlement pour les Écoles de pharmacie (*art. 23*).	5 fév. 1841.	I. 892
Id.	Règlement pour l'exécution de la loi de finances du 25 juin 1841 et de l'Ordonnance du 27 septembre 1840 en ce qui concerne la perception des droits dus dans les Écoles de pharmacie [*Duplicata*] (*art. 7*).	27 nov. 1841.	I. 911
Id.	Règlement sur le baccalauréat ès lettres (*art. 25, 26*). .	26 nov. 1849.	II. 79
Id.	Règlement d'administration publique pour l'exécution de la loi du 15 mars 1850 (*art. 54*).	29 juillet 1850.	II. 155
Id.	Décret relatif au régime financier des établissements d'enseignement supérieur [*Duplicata*] (*art. 4*).	22 août 1854.	II. 349
Id.	Règlement sur l'examen du baccalauréat ès lettres (*art. 25, 26*).	3 août 1857.	II. 485
Id.	Règlement sur le baccalauréat ès sciences (*art. 25, 26*). .	7 août 1857.	II. 492
Id.	Instruction pour l'exécution des règlements précédents. . .	14 août 1857.	II. 496
Id.	Règlement pour les examens du baccalauréat ès lettres (*titre XI*).	28 nov. 1864.	II. 664
Id.	Règlement pour l'examen du baccalauréat ès sciences (*titre XI*).	25 mars 1865.	II. 680
Id.	Décret relatif à la composition des jurys chargés de la collation des grades (*art. 8, 9.*).	26 déc. 1875.	III. 104
Id.	Arrêté concernant les épreuves d'admission au grade de bachelier ès lettres (*titre V*).	19 juin 1880.	III. 489

6.

OBJET.	TITRES DES LOIS, DÉCRETS, ORDONNANCES, RÉGLEMENTS, ARRÊTÉS, ETC.	DATES.	TOMES et PAGES.	
DIPLOMES.	Décret relatif au régime des établissements d'enseignement supérieur (*art. 22*).	30 juillet 1883.	III.	731
DIPLOMES D'EMPLOI.	Décret portant organisation de l'Université (*art. 3, 103*).	17 mars 1808.	I.	171
Idem	Décret portant règlement pour l'Université (*titres II, XIII*).	17 sept. 1808.	I.	189
Id.	Arrêté portant organisation de la Faculté des lettres de Paris (*art. 23*).	6 mars 1809.	I.	213
Id.	Arrêté portant organisation de la Faculté des sciences de Paris (*art. 22*).	14 avril 1809.	I.	216
Id.	Arrêté qui désigne les fonctionnaires assujettis à payer le droit de diplôme d'emploi.	4 déc. 1817.	I.	413
Id.	Règlement général sur la comptabilité de l'Université (*art. 183-191*).	11 nov. 1826.	I.	540
DIRECTEUR.	Décret relatif à l'organisation du Jardin national des plantes et du Cabinet d'histoire naturelle sous le nom de Muséum d'histoire naturelle (*titre Ier, art. 6, 7*)	10 juin 1793.	I.	11
Idem	Règlement pour le Muséum national d'histoire naturelle présenté par les professeurs et approuvé par le Comité d'Instruction publique de la Convention nationale (*chap. Ier, art. 7, 8*).	21 sept. 1793.	I.	15
Id.	Décret portant établissement de trois Écoles de santé (*art. 6*).	14 frim. An III.	I.	29
Id.	Règlement pour l'École de médecine de Paris (*titre Ier, chap. IV; titre III*).	14 mess. An IV.	I.	42
Id.	Arrêté des Consuls qui établit une direction de l'Instruction publique au Ministère de l'Intérieur.	17 vent. An X.	I.	60
Id.	Arrêté contenant règlement sur les Écoles de pharmacie (*titre Ier*).	25 therm. An XI.	I.	119
Id.	Règlement pour l'École de médecine de Montpellier.	2 fruct. An XI.	I.	125
Id.	Décret concernant l'organisation des Écoles de droit (*section IV*).	4° comp^{re} An XII.	I.	142
Id.	Instruction pour les Écoles de droit	19 mars 1807.	I.	160
Id.	Statut sur l'administration, la police et l'enseignement de l'École normale (*titre Ier*).	30 mars 1810.	I.	268
Id.	Statut sur l'administration économique de l'École normale (§ Ier).	29 mai 1810.	I.	282
Id.	Règlement concernant l'administration et la discipline de l'École normale (*titre Ier, § Ier*).	14 déc. 1815.	I.	394
Id.	Arrêté concernant l'enseignement et la discipline dans les Écoles secondaires de médecine (*art. 20 et suiv.*).	7 nov. 1820.	I.	454
Id.	Ordonnance concernant les directeurs des Affaires ecclésiastiques et de l'Instruction publique.	1er sept. 1824.	I.	512
Id.	Ordonnance qui supprime la place de directeur de l'Instruction publique.	16 nov. 1828.	I.	614
Id.	Ordonnance portant organisation des Écoles de pharmacie (*titre Ier*).	27 sept. 1840.	I.	876
Id.	Règlement pour les Écoles de pharmacie (*titre Ier*).	5 fév. 1841.	I.	892
Id.	Ordonnance concernant les Écoles préparatoires de médecine et de pharmacie (*art. 1, 2*).	12 mars 1841.	I.	899

OBJET.	TITRES DES LOIS, DÉCRETS, ORDONNANCES, RÉGLEMENTS, ARRÊTÉS, ETC.	DATES.	TOMES et PAGES.
DIRECTEUR.	Règlement concernant les Écoles préparatoires de médecine et de pharmacie (*titre I*er).	12 mars 1841.	I. 899
Idem	*Rapport* et *Décret* portant réorganisation de l'administration du Muséum d'histoire naturelle.	29 déc. 1863.	II. 633
Id.	Règlement général pour l'exécution du décret précédent. .	2 janv. 1864.	II. 635
	Voir : DOYENS, PRÉCIPUTS.		
DISCIPLINE.	Instruction pour les Écoles de droit (*chap. IV*).	19 mars 1807.	I. 160
Idem	Décret portant organisation de l'Université (*titres VI, VII, IX, X*).	17 mars 1808.	I. 171
Id.	Règlement particulier pour la Faculté des sciences de Paris (*titre III*).	10 oct. 1809.	I. 233
Id.	Statut sur les Facultés des lettres et des sciences (*art. 46 et suiv.*).	16 fév. 1810.	I. 249
Id.	Statut sur l'administration, la police et l'enseignement de l'École normale (*titre II, § 6*).	30 mars 1810.	I. 268
Id.	Décret concernant le régime de l'Université (*chap. II*). . .	15 nov. 1811.	I. 319
Id.	Arrêté sur la discipline des établissements de l'Université.	31 mars 1812.	I. 343
Id.	Règlement concernant l'administration et la discipline de l'École normale (*titre II*).	14 déc. 1815.	I. 394
Id.	Arrêté qui défend à tout autre qu'aux professeurs et aux étudiants interrogés de prendre la parole dans les auditoires ainsi que dans l'enceinte des Facultés.	30 nov. 1819.	I. 439 n.
Id.	Arrêté concernant la police intérieure des Facultés. . . .	7 mai 1820.	I. 436
Id.	Ordonnance relative aux professeurs et aux élèves des Écoles secondaires de médecine et des cours d'instruction médicale institués dans les hôpitaux.	18 mai 1820.	I. 438
Id.	Arrêté relatif aux étudiants qui prennent part à des désordres.	5 juin 1820.	I. 439 n.
Id.	Arrêté relatif aux étudiants exclus des Facultés de Paris.	10 juin 1820.	I. 439 n.
Id.	Ordonnance concernant les Facultés de droit et de médecine.	5 juillet 1820.	I. 439
Id.	Circulaire relative à l'ordonnance du 5 juillet 1820 concernant les études, l'ordre et la discipline dans les Facultés.	19 juillet 1820.	I. 444
Id.	Arrêté concernant l'enseignement et la discipline dans les Écoles secondaires de médecine.	7 nov. 1820.	I. 454
Id.	Arrrêté concernant l'enseignement et la discipline dans la Faculté de médecine de Paris.	7 nov. 1820.	I. 457
Id.	Instruction sur la juridiction de l'Université envers ses membres.	19 janv. 1821.	I. 461
Id.	Arrêté relatif aux étudiants qui prendraient part à des réunions	12 juin 1821.	I. 442 n.
Id.	Arrêté concernant la police des cours et exercices des Facultés de droit.	19 mars 1822.	I. 482
Id.	Ordonnance portant réorganisation de la Faculté de médecine de Paris (*titre IV*).	2 fév. 1823.	I. 488
Id.	Arrêté qui applique aux étudiants de toutes les Facultés l'article 33 de l'ordonnance du 2 février 1823.	11 mars 1823.	I. 493
Id.	Statut portant règlement général concernant la discipline et la police intérieure des Facultés et des Écoles secondaires de médecine.	9 avril 1825.	I. 521

OBJET.	TITRES DES LOIS, DÉCRETS, ORDONNANCES, RÈGLEMENTS, ARRÊTÉS, ETC.	DATES.	TOMES et PAGES.
DISCIPLINE.	Règlement sur la discipline et les études des élèves de la Faculté de théologie protestante de Strasbourg.	14 nov. 1827.	I. 600
Idem	Arrêté qui prescrit la vérification de la signature des étudiants avant qu'ils subissent leurs examens.	16 mars 1832.	I. 668
Id.	Règlement sur la discipline intérieure de l'École normale.	19 août 1836.	I. 736
Id.	Arrêté contenant de nouvelles dispositions pour prévenir les erreurs de noms et les substitutions de personnes dans les candidatures pour le baccalauréat ès lettres. . .	11 avril 1837.	I. 745
Id.	Arrêté relatif à l'ouverture et à la clôture des cours et à la discipline dans les Facultés de droit et de médecine.	26 oct. 1838.	I. 807
Id.	Règlement pour les Écoles de pharmacie (*art. 16*).	5 fév. 1841.	I. 892
Id.	Règlement concernant les Écoles préparatoires de médecine et de pharmacie (*art. 20*).	12 mars 1841.	I. 899
Id.	Règlement pour le baccalauréat ès lettres (*art. 7*).	26 nov. 1849.	II. 79
Id.	Loi relative à l'enseignement (*art. 14, 76*).	15 mars 1850.	II. 85
Id.	Règlement d'administration publique pour l'exécution de la loi du 15 mars 1850.	29 juillet 1850.	II. 155
Id.	Dispositions organiques concernant l'Instruction publique.	9 mars 1852.	II. 209
Id.	Circulaire prescrivant l'envoi d'un bulletin semestriel aux parents des étudiants des Facultés et Écoles.	20 avril 1852.	II. 222
Id.	Règlement sur l'examen du baccalauréat ès lettres (*art. 11, 12*).	5 sept. 1852.	II. 224
Id.	Règlement sur le baccalauréat ès sciences (*art. 12, 13*).	7 sept. 1852.	II. 226
Id.	Règlement sur le régime intérieur et la discipline de l'École normale supérieure.	16 sept. 1852.	II. 246
Id.	Règlement sur l'examen du baccalauréat ès lettres (*art. 10, 20, 21*).	3 août 1857.	II. 485
Id.	Règlement sur l'examen du baccalauréat ès sciences (*art. 10, 20, 21*).	7 août 1857.	II. 492
Id.	Instruction pour l'exécution des règlements précédents. . .	14 août 1857.	II. 496
Id.	Décret qui institue un Comité permanent chargé de l'examen des affaires de révocation des professeurs.	11 juillet 1863.	II. 628
Id.	Règlement pour les examens du baccalauréat ès lettres (*art 11; titre X*).	28 nov. 1864.	II. 664
Id.	Règlement pour l'examen du baccalauréat ès sciences (*art. 11, 27*).	25 mars 1865.	II. 680
Id.	Règlement pour le baccalauréat ès lettres (*titre IV*).	25 juillet 1874.	II. 887
Id.	Loi relative au Conseil supérieur de l'Instruction publique et aux Conseils académiques (*art. 7, 11*).	27 fév. 1880.	III. 322
Id.	Décret portant règlement intérieur du Conseil supérieur de l'Instruction publique.	11 mai 1880.	III. 461
Id.	Arrêté concernant les épreuves d'admission au grade de bachelier ès lettres (*titre IV*).	19 juin 1880.	III. 489
Id.	Décret portant règlement intérieur des Conseils académiques.	26 juin 1880.	III. 494
Id.	Décret déterminant les conditions d'études et d'admission aux grades de bachelier et de licencié dans les Facultés de droit (*art. 3*).	28 déc. 1880.	III. 536

OBJET.	TITRES DES LOIS, DÉCRETS, ORDONNANCES, RÈGLEMENTS, ARRÊTÉS, ETC.	DATES.	TOMES et PAGES.	
DISCIPLINE.	Décret relatif au régime des établissements d'enseignement supérieur.	30 juillet 1883.	III.	731
Idem	Circulaire relative à l'application du décret précédent. . .	31 oct. 1883.	III.	765
	Voir : JURIDICTIONS.			
DISPENSES.	Règlement concernant le régime de l'Université, la subordination, la correspondance et les attributions de ses diverses autorités (*art. 24*).	10 oct. 1810.	I.	298
Idem	Circulaire relative aux demandes formées par les étudiants.	19 mai 1838.	I.	791
Id.	Circulaire relative à l'instruction des demandes formées par les étudiants.	26 janv. 1882.	III.	610
DISSECTION.	Arrêté concernant la police des salles de dissection et des laboratoires d'anatomie.	3 vend. An VII.	I.	56
	Voir : ÉCOLES PRATIQUES, TRAVAUX PRATIQUES.			
DISTINCTIONS HONORIFIQUES.	Décret portant organisation de l'Université (*titre IV*, § *2* ; *art. 51*).	17 mars 1808.	I.	171
Idem	Décret portant règlement pour l'Université (*titre IV*). . .	17 sept. 1808.	I.	189
Id.	Décret concernant le costume des membres de l'Université.	31 juillet 1809.	I.	225
Id.	Statut sur l'éméritat et les pensions de retraite des membres de l'Université (*art. 4*).	10 avril 1810.	I.	276
Id.	Décision portant que les professeurs suppléants ou adjoints des Facultés ont le droit de porter le titre et la décoration d'officier de l'Université.	21 juin 1811.	I.	177 n.
Id.	Décision portant que l'entrée au Conseil académique ne peut seule, et par elle-même, donner le droit de porter le titre et la décoration d'officier d'Académie	21 juin 1811.	I.	177 n.
Id.	Arrêté concernant l'enseignement et la discipline dans les Écoles secondaires de médecine (*art. 22*).	7 nov. 1820.	I.	454
Id.	*Rapport* et Ordonnance concernant les inspecteurs généraux des études (*art. 2*).	24 août 1830.	I.	642
Id.	Ordonnance concernant les distinctions honorifiques accordées dans l'Université.	9 sept. 1845.	I.	972
Id.	Ordonnance concernant les titres universitaires.	1er nov. 1846.	I.	988
Id.	Arrêté concernant les titres universitaires.	10 déc. 1846.	I.	996
Id.	Décret relatif aux distinctions honorifiques des membres de l'enseignement public et libre.	9 déc. 1850.	II.	188
Id.	Circulaire relative à l'exécution du décret précédent.	20 déc. 1850.	II.	189 n.
Id.	Décret complémentaire sur le même objet.	16 janv. 1851.	II.	193
Id.	*Rapport* et Décret relatifs aux insignes des titres honorifiques de l'Université [*Modèles*].	7 avril 1866.	II.	702
Id.	Règlement relatif aux nominations d'officier d'Académie et d'officier de l'Instruction publique.	25 mai 1866.	II.	704
Id.	*Rapport* et Décret concernant les titres honorifiques créés par le décret du 17 mars 1808.	27 déc. 1866.	II.	708
Id.	Décret qui fixe l'époque des nominations.	30 juin 1880.	III.	495
	Voir : COSTUMES.			

OBJET.	TITRES DES LOIS, DÉCRETS, ORDONNANCES, RÈGLEMENTS, ARRÊTÉS, ETC.	DATES.	TOMES et PAGES.
DOCTORAT.	Décret portant organisation de l'Université (*art. 16*). . . .	17 mars 1808.	I. 171
Idem	Décision relative au titre de docteur conféré par une Université étrangère à un professeur de Faculté.	23 mars 1841.	I. 903
Id.	Loi relative à la liberté de l'enseignement supérieur (*art. 4*). . :	18 mars 1880.	III. 388
	Voir : JURISPRUDENCE, THÈSES.		
(Chirurgie.)	Loi relative à l'exercice de la médecine.	19 vent. An XI.	I. 93
Idem	Arrêté du Gouvernement portant règlement pour l'exercice de la médecine (*art. 10*).	20 prair. An XI.	I. 109
Id.	Décision relative aux docteurs en médecine qui demandent le grade de docteur en chirurgie, et réciproquement. . .	30 juin 1809.	I. 225
Id.	Arrêté concernant les examens dans les Facultés de médecine (*art. 3*).	22 oct. 1825.	I. 538
Id.	Règlement général sur la comptabilité de l'Université (*art. 151*).	11 nov. 1826.	I. 540
Id.	Règlement pour l'exécution des lois de finances des 23 et 24 mai 1834 en ce qui concerne l'Université (*titre Ier; chap. IV, section II*).	27 nov. 1834.	I. 710
Id.	Arrêté relatif aux thèses pour le doctorat en médecine et en chirurgie.	22 mars 1842.	I. 941
	Voir : DOCTORAT EN MÉDECINE, STAGE HOSPITALIER.		
(Droit.)	Loi relative aux Écoles de droit (*titre II*).	22 vent. An XII.	I. 137
Idem	Décret concernant l'organisation des Écoles de droit (*sections V, VI et VII*).	4e comp{re} An XII.	I. 142
Id.	Décret concernant les droits de sceau de l'Université. . . .	17 fév. 1809.	I. 210
Id.	Ordonnance concernant l'enseignement, les inscriptions, les examens et les grades dans les Facultés de droit.	4 oct. 1820.	I. 450
Id.	Règlement général sur la comptabilité de l'Université (*art. 134, 135*).	11 nov. 1826.	I. 540
Id.	*Rapport* et Ordonnance concernant l'administration supérieure de l'Instruction publique, des Facultés de droit (*art. 2*).	26 mars 1829.	I. 619
Id.	Arrêté concernant les examens que doivent subir les étudiants de la Faculté de droit de Paris.	5 mai 1829.	I. 627
Id.	Ordonnance relative au cours de droit constitutionnel français établi dans la Faculté de droit de Paris.	29 sept. 1835.	I. 726
Id.	*Rapport* et Ordonnance portant institution de prix en faveur des étudiants des Facultés de droit.	17 mars 1840.	I. 820
Id.	*Exposé fait par* le Ministre à *la Commission des hautes études de droit*.	»	I. 821 n.
Id.	Arrêté portant règlement pour les concours entre les étudiants des Facultés de droit.	17 mars 1840.	I. 836
Id.	Circulaire relative aux rapports sur les épreuves de doctorat dans les Facultés de droit.	11 août 1840.	I. 872
Id.	Ordonnance concernant les examens dans les Facultés de droit	6 juillet 1841.	I. 907
Id.	Règlement relatif aux examens de baccalauréat, de licence et de doctorat en droit.	6 juillet 1841.	I. 908

OBJET.	TITRES DES LOIS, DÉCRETS, ORDONNANCES, RÉGLEMENTS, ARRÊTÉS, ETC.	DATES.	TOMES et PAGES.
DOCTORAT. (Droit.)	Règlement relatif aux examens du doctorat en droit.	5 déc. 1850.	II. 185
Idem	Circulaire relative à l'exécution du règlement précédent. .	14 déc. 1850.	II. 189
Id.	Arrêté concernant l'enseignement du droit romain.	4 fév. 1853.	II. 267
Id.	*Rapport* et Décret sur le régime financier des établissements d'enseignement supérieur (*titre IV*).	22 août 1854.	II. 349
Id.	Décret portant création à la Faculté de droit de Toulouse d'un cours de droit français étudié dans ses origines féodales et coutumières.	10 mars 1859.	II. 531
Id.	Décret portant suppression de la chaire d'introduction générale à l'étude du droit et création d'une chaire de droit français étudié dans ses origines féodales et coutumières.	18 oct. 1859.	II. 544
Id.	Arrêté relatif au concours pour les prix de 4ᵉ année dans les Facultés de droit.	15 avril 1861.	II. 587
Id.	Dispositions relatives au 1ᵉʳ et au 2ᵉ examen de doctorat dans les Facultés de droit de Paris.	19 nov. 1862.	II. 620
Id.	Arrêté portant modification du règlement relatif au concours de doctorat dans les Facultés de droit.	24 déc. 1866.	II. 708
Id.	Décret relatif aux notations dans les épreuves du doctorat en droit.	30 déc. 1876.	III. 143
Id.	Décret relatif aux examens du doctorat en droit.	25 janv. 1877.	III. 634n.
Id.	Décret relatif aux conditions d'études exigées des candidats au grade de docteur en droit.	28 déc. 1878.	III. 240
Id.	Arrêté concernant les aspirants au doctorat en droit de la Faculté de droit de Paris.	18 janv. 1879.	III. 245
Id.	Arrêté concernant les aspirants au doctorat à la Faculté de droit de Nancy.	11 mars 1879.	III. 241n.
Id.	Décret concernant le nombre des examinateurs pour les épreuves du doctorat en droit.	5 juin 1880.	III. 481
Id.	*Rapport au Conseil supérieur sur cet objet.*	»	III. 481n.
Id.	Décret portant modification des épreuves du doctorat en droit.	20 juillet 1882.	III. 634
Id.	*Rapport sur un projet de modification des épreuves pour le doctorat en droit, par M. Beudant.*	»	III. 636
Id.	*Observations des Facultés et des Conseils académiques sur le projet de décret portant modification des épreuves du doctorat en droit*	»	III. 642
Id.	*Nouvelles observations des Facultés sur le texte définitif du projet portant modification des épreuves du doctorat en droit.*	»	III. 647
Id.	*Rapport présenté au Conseil supérieur de l'Instruction publique sur le même objet, par M. Beudant.* . .	»	III. 650
Id.	Circulaire relative aux cours de doctorat dans les Facultés de droit.	28 juillet 1882.	III. 668
Id.	Circulaire relative aux cours de doctorat dans les Facultés de droit.	3 nov. 1882.	III. 683
	Voir : ORGANISATION JUDICIAIRE.		
(Lettres.)	Décret portant organisation de l'Université (*art. 21*). . . .	17 mars 1808.	I. 171
Idem	Statut concernant les examens dans les cinq Facultés (*titre II*).	18 oct. 1808.	I. 194

OBJET.	TITRES DES LOIS, DÉCRETS, ORDONNANCES, RÉGLEMENTS, ARRÊTÉS, ETC.	DATES.	TOMES et PAGES.
DOCTORAT. (Lettres.)	Décret concernant les droits de sceau de l'Université. . . .	17 fév. 1809.	I. 210
Idem	Statut sur les Facultés des lettres et des sciences (*art. 35 et suiv.*).	16 fév. 1810.	I. 249
Id.	Instruction pour l'exécution du statut précédent.	5 avril 1810.	I. 255 n.
Id.	Arrêté qui impose aux élèves de l'École normale l'obligation de prendre le grade de docteur à Paris.	21 sept. 1813.	I. 367
Id.	Règlement général sur la comptabilité de l'Université (*art. 159, 160*).	11 nov. 1826.	I. 540
Id.	Arrêté qui détermine les droits de présence et le nombre des examinateurs pour les thèses de doctorat ès sciences et ès lettres.	15 déc. 1827.	I. 603
Id.	*Rapport* et Ordonnance concernant les remises de frais de licence et de doctorat dans les Facultés des lettres et des sciences.	10 juin 1840.	I. 853
Id.	Règlement relatif aux examens du doctorat ès lettres. . . .	17 juillet 1840.	I. 869
Id.	Circulaire relative à l'exécution du règlement précédent. .	19 juillet 1840.	I. 870
Id.	Arrêté qui fixe le nombre et la répartition des exemplaires des thèses de doctorat ès lettres.	7 déc. 1841.	I. 917
Id.	*Rapport* et Décret sur le régime financier des établissements d'enseignement supérieur (*titre II*).	22 août 1854.	II. 349
Id.	Décret relatif à la composition du jury pour les thèses de doctorat ès lettres	20 juillet 1882.	III. 633
Id.	Circulaire relative au décret précédent.	1er août 1882.	III. 633 n.
(Médecine.)	*Exposé des motifs du projet de loi sur l'exercice de la médecine par* le conseiller d'État Fourcroy.	vent. An XI.	I. 90
Idem	Loi relative à l'exercice de la médecine (*titre II*).	19 vent. An XI.	I. 93
Id.	Arrêté du Gouvernement portant règlement pour l'exercice de la médecine (§ *4*).	20 prair. An XI.	I. 109
Id.	Décret concernant les droits de sceau de l'Université	17 fév. 1809.	I. 210
Id.	Décision relative aux docteurs en médecine qui demandent le grade de docteur en chirurgie, et réciproquement. . . .	30 juin 1809.	I. 225
Id.	Circulaire qui fixe l'époque à laquelle doivent être subis les examens de doctorat en médecine.	10 juillet 1812.	I. 110 n.
Id.	Décision qui impose aux étudiants en médecine l'obligation de présenter le diplôme de bachelier ès lettres pour être admis au premier examen.	14 oct. 1815.	I. 387
Id.	Ordonnance concernant les Facultés de droit et de médecine (*art. 5*).	5 juillet 1820.	I. 439
Id.	Arrêté concernant l'enseignement et la discipline dans les Écoles secondaires de médecine.	7 nov. 1820.	I. 454
Id.	Arrêté concernant l'enseignement et la discipline dans la Faculté de médecine de Paris.	7 nov. 1820.	I. 457
Id.	Règlement concernant le diplôme de bachelier ès sciences exigé des étudiants en médecine.	25 sept. 1821.	I. 477
Id.	Ordonnance portant réorganisation de la Faculté de médecine de Paris (*titre III*).	2 fév. 1823.	I. 488
Id.	Règlement pour la Faculté de médecine de Paris (§ *1er*). . .	12 avril 1823.	I. 494

OBJET.	TITRES DES LOIS, DÉCRETS, ORDONNANCES, RÈGLEMENTS, ARRÊTÉS, ETC.	DATES.	TOMES et PAGES.
DOCTORAT. (Médecine.)	Arrêté qui autorise les bacheliers ès lettres à prendre la 1re et la 2e inscription avant d'être pourvus du baccalauréat ès sciences.	9 sept. 1823.	I. 501
Idem	Arrêté relatif aux inscriptions prises par les aspirants au titre d'officier de santé.	8 nov. 1823.	I. 502
Id.	Arrêté qui fixe les droits dus par les aspirants au doctorat en médecine pour les examens et la thèse, ainsi que la répartition de ces droits entre les examinateurs.	25 nov. 1823.	I. 502
Id.	Décision relative à la consignation des droits de diplôme. . .	29 juin 1824.	I. 211 *n.*
Id.	Règlement concernant l'enseignement, les examens, les thèses, les concours d'agrégation et les auxiliaires de l'enseignement à la Faculté de médecine de Montpellier (§ *1er*).	1er mars 1825.	I. 515
Id.	Statut portant règlement général concernant la discipline et la police intérieure des Facultés et des Écoles secondaires de médecine (*art. 5*).	9 avril 1825.	I. 521
Id.	Arrêté concernant les examens dans les Facultés de médecine.	22 oct. 1825.	I. 538
Id.	Règlement général sur la comptabilité de l'Université (*art. 145, 151-153*).	11 nov. 1826.	I. 540
Id.	Arrêté relatif aux formalités à remplir pour être admis à faire valoir, dans une Faculté de médecine, les études faites dans une École secondaire ou dans un hôpital où il existe des cours médicaux légalement institués.	20 mars 1827.	I. 598
Id.	Ordonnance portant que les étudiants en médecine ne seront plus astreints à prendre préalablement le grade de bachelier ès sciences.	18 janv. 1831.	I. 660
Id.	Arrêté contenant de nouvelles dispositions sur les examens que doivent subir les étudiants dans la Faculté de médecine de Paris, candidats au doctorat.	11 oct. 1831.	I. 667
Id.	Arrêté portant que le cinquième examen comprendra une épreuve écrite en latin et un examen oral.	26 août 1834.	I. 539 *n.*
Id.	Arrêté relatif aux épreuves du cinquième examen dans les Facultés de médecine de Montpellier et de Strasbourg. .	12 déc. 1834.	I. 721
Id.	Ordonnance qui fixe les droits exigés des élèves des Écoles secondaires, candidats au doctorat dans les Facultés de médecine.	12 avril 1835.	I. 722
Id.	Ordonnance qui détermine les grades exigés pour pouvoir prendre des inscriptions dans les Facultés de droit et de médecine.	9 août 1836.	I. 736
Id.	Nouvelles dispositions réglementaires concernant les études dans les Facultés de médecine.	26 sept. 1837.	I. 772
Id.	Nouvelles dispositions réglementaires concernant les études dans les Écoles secondaires de médecine.	26 sept. 1837.	I. 773
Id.	Arrêté concernant le cinquième examen de doctorat en médecine.	17 mars 1840.	I. 773 *n.*
Id.	*Rapport* et Ordonnance concernant le stage hospitalier exigé des candidats au doctorat en médecine.	3 oct. 1841.	I. 909
Id.	Arrêté relatif aux thèses pour le doctorat en médecine et en chirurgie.	22 mars 1842.	I. 941

OBJET.	TITRES DES LOIS, DÉCRETS, ORDONNANCES, RÈGLEMENTS, ARRÊTÉS, ETC.	DATES.	TOMES et PAGES.
DOCTORAT. (**Médecine.**)	Règlement relatif au troisième examen de doctorat dans les Facultés de médecine.	26 août 1842.	I. 944
Idem	Arrêté qui institue des examens de fin d'année pour les élèves en médecine.	7 sept. 1846.	I. 985
Id.	Circulaire relative à l'envoi d'un tableau trimestriel des actes de doctorat accomplis dans les Facultés de médecine.	24 juin 1847.	I. 1011
Id.	Règlement relatif aux examens pour les divers grades dans les Facultés des sciences (*art. 2*).	8 juin 1848.	II. 46
Id.	*Rapport* et Décret sur le nouveau plan d'études pour les Lycées et les Facultés (*art. 12*).	10 avril 1852.	II. 216
Id.	Arrêté qui détermine les matières du premier examen de fin d'année dans les Facultés de médecine.	8 juillet 1854.	II. 337
Id.	Circulaire relative à l'exécution de l'arrêté précédent. . . .	15 juillet 1854.	II. 337*n.*
Id.	*Rapport* et Décret sur le régime financier des établissements d'enseignement supérieur (*titre III*).	22 août 1854.	II. 349
Id.	Circulaire relative à l'application du règlement du 23 décembre 1854 sur les études dans les Écoles préparatoires de médecine et de pharmacie.	6 fév. 1855.	II. 425
Id.	Instruction imposant aux étudiants en médecine l'obligation de suivre les cours de chimie et d'histoire naturelle des Facultés des sciences.	24 juillet 1855.	II. 443
Id.	Instruction relative à la valeur des inscriptions prises par les étudiants dans les Écoles préparatoires de médecine et de pharmacie.	7 août 1855.	II. 444
Id.	Circulaire relative aux examens de fin de 1re et de 2e année subis avec succès dans les Écoles préparatoires de médecine et de pharmacie.	18 avril 1856.	II. 465
Id.	Arrêté portant règlement d'études dans les Écoles préparatoires de médecine et de pharmacie.	2 avril 1857.	II. 477
Id.	Circulaire relative à l'exécution de l'arrêté précédent. . . .	16 avril 1857.	II. 479
Id.	*Rapport* et Décret relatifs au rétablissement du baccalauréat ès lettres pour les aspirants au doctorat en médecine. . .	23 août 1858.	II. 517
Id.	Circulaire relative aux internes des asiles publics d'aliénés.	4 juin 1859.	II. 537
Id.	Décret qui règle les conditions du stage dans les hôpitaux exigé des aspirants au doctorat en médecine et au grade d'officier de santé.	18 juin 1862.	II. 609
Id.	Arrêté portant règlement pour l'accomplissement du stage dans les hôpitaux exigé des étudiants en médecine. . . .	1er juillet 1862.	II. 610
Id.	Circulaire relative au stage dans les hôpitaux.	3 juillet 1862.	II. 612
Id.	Circulaire relative à l'exécution de l'arrêté du 1er juillet 1862 concernant le stage dans les hôpitaux.	10 juillet 1862.	II. 615
Id.	Arrêté relatif à la composition écrite exigée pour le cinquième examen de doctorat en médecine.	4 nov. 1862.	II. 619
Id.	Arrêté qui prescrit l'adjonction d'une épreuve pratique d'accouchements au cinquième examen de doctorat en médecine.	25 nov. 1864.	II. 657
Id.	Décret portant règlement d'administration publique déterminant les conditions d'études exigées des aspirants au grade de docteur en médecine.	20 juin 1878.	III. 213

OBJET.	TITRES DES LOIS, DÉCRETS, ORDONNANCES, RÈGLEMENTS, ARRÊTÉS, ETC.	DATES.	TOMES et PAGES.
DOCTORAT. (Médecine.)	*Rapport fait au Conseil supérieur de l'Instruction publique sur un projet de règlement relatif aux études et aux examens de doctorat en médecine, par* M. Wurtz.	20 juin 1878.	III. 213 n.
Idem	Circulaire pour l'exécution du décret du 20 juin 1878. . . .	20 nov. 1878.	III. 230
Id.	Circulaire concernant les engagés conditionnels candidats au doctorat en médecine.	16 fév. 1879.	III. 246
Id.	Circulaire relative au programme des interrogations exigées des aspirants au doctorat en médecine dans les Écoles de plein exercice et préparatoires de médecine et de pharmacie.	25 juillet 1879.	III. 259
Id.	Circulaire concernant les travaux pratiques obligatoires pour les étudiants en médecine.	5 sept. 1879.	III. 277
Id.	Circulaire fixant la limite du délai d'ajournement aux épreuves pratiques.	10 fév. 1880.	III. 260 n.
Id.	Décret portant modification de l'article 4 du décret du 20 juin 1878.	23 juillet 1882.	III. 656
Id.	*Note au Conseil supérieur de l'Instruction publique sur cet objet.*	»	III. 656 n.
Id.	Décret portant modification de l'article 5 du décret du 20 juin 1878.	23 juillet 1882.	III. 657
Id.	*Note au Conseil supérieur de l'Instruction publique sur cet objet.*	»	III. 657 n.
Id.	Décret relatif au baccalauréat de l'enseignement secondaire spécial (*art. 8*).	28 juillet 1882.	III. 666
Id.	Décret portant réorganisation des Écoles préparatoires de médecine et de pharmacie (*art. 13*).	1er août 1883.	III. 743
Id.	Décret relatif aux Écoles de plein exercice de médecine et de pharmacie (*art. 4*).	1er août 1883.	III. 746
	Voir : SERVICE DE SANTÉ, STAGE HOSPITALIER, TRAVAUX PRATIQUES.		
(Sciences.)	Décret portant organisation de l'Université (*art. 24*). . . .	17 mars 1808.	I. 171
Idem	Statut concernant les examens dans les cinq Facultés (*titre III*).	18 oct. 1808.	I. 194
Id.	Décret concernant les droits de sceau de l'Université. . . .	17 fév. 1809.	I. 210
Id.	Règlement particulier pour la Faculté des sciences de Paris.	10 oct. 1809.	I. 233
Id.	Statut sur les Facultés des lettres et des sciences (*art. 35 et suiv.*).	16 fév. 1810.	I. 249
Id.	Instruction pour l'exécution du statut précédent.	5 avril 1810.	I. 255 n.
Id.	Arrêté qui impose aux élèves de l'École normale l'obligation de prendre le grade de docteur à Paris.	21 sept. 1813.	I. 367
Id.	Règlement général sur la comptabilité de l'Université (*art. 159, 160*).	11 nov. 1826.	I. 540
Id.	Arrêté qui détermine les droits de présence et le nombre des examinateurs pour les thèses de doctorat ès sciences et ès lettres.	15 déc. 1827.	I. 603
Id.	*Rapport* et Ordonnance concernant les remises de frais de licence et de doctorat dans les Facultés des lettres et des sciences.	10 juin 1840.	I. 853

OBJET.	TITRES DES LOIS, DÉCRETS, ORDONNANCES, RÉGLEMENTS, ARRÊTÉS, ETC.	DATES.	TOMES et PAGES.
DOCTORAT. (Sciences.)	Arrêté relatif aux examens pour les divers grades dans les Facultés des sciences	8 juin 1848.	II. 46
Idem	*Rapport* et Décret sur le régime financier des établissements d'enseignement supérieur (*titre II*).	22 août 1854.	II. 349
Id.	Règlement d'administration publique déterminant les conditions d'études pour l'obtention des grades de licencié et de docteur dans les Facultés des sciences.	15 juillet 1877.	III. 157
Id.	Circulaire relative à l'exécution du règlement précédent. .	27 août 1877.	III. 159 n.
Id.	Circulaire relative aux épreuves du doctorat ès sciences. . .	8 mai 1880.	III. 461
Id.	Circulaire relative au jury du doctorat ès sciences.	2 juillet 1882.	III. 631
	Voir : GRATUITÉ.		
(Théologie).	Décret portant organisation de l'Université (*art. 28*). . . .	17 mars 1808.	I. 171
Idem	Statut concernant les examens dans les cinq Facultés (*titre V*).	18 oct. 1808.	I. 194
Id.	Décret concernant les droits de sceau de l'Université. . . .	17 fév. 1809.	I. 210
Id.	Règlement général sur la comptabilité de l'Université (*art. 159, 160*).	11 nov. 1826.	I. 540
Id.	Arrêté qui détermine les conditions d'admission aux grades dans les Facultés de théologie.	24 août 1838.	I. 802
Id.	*Rapport* et Décret sur le régime financier des établissements d'enseignement supérieur (*titre V*).	22 août 1854.	II. 349
DONS ET LEGS.	Loi générale sur l'Instruction publique (*art. 43*).	11 flor. An X.	I. 81
Idem	Loi contenant organisation des Écoles de pharmacie (*art. 5*).	21 germ. An XI.	I. 105
Id.	Décret sur le mode d'acceptation des dons et legs faits aux fabriques, aux établissements d'Instruction publique et aux communes.	12 août 1807.	I. 170
Id.	Décret portant organisation de l'Université (*titre XVII*). .	17 mars 1808.	I. 171
Id.	Décret concernant le régime de l'Université (*chap. IV*). .	15 nov. 1811.	I. 319
Id.	Extrait de la loi fixant le budget des recettes pour l'exercice 1851.	7 août 1850.	II. 164
DOTATIONS.	Décret sur la dotation de l'Université.	24 mars 1808.	I. 189
Idem	Décret qui donne à l'Université les biens restés disponibles des anciens établissements d'instruction publique.	11 déc. 1808.	I. 206
Id.	Décret concernant le régime de l'Université (*chap. IV*). .	15 nov. 1811.	I. 319
Id.	Règlement général sur la comptabilité de l'Université. . . .	11 nov. 1826.	I. 540
Id.	Règlement pour l'exécution des lois de finances des 23 et 24 mai 1834 en ce qui concerne l'Université (*chap. Ier*).	27 nov. 1834.	I. 710
Id.	Extrait de la loi fixant le budget des recettes pour l'exercice 1851	7 août 1850.	II. 164
DOYENS.	Décret concernant l'organisation des Écoles de droit (*art. 22*).	4e compre An XII.	I. 142
Idem	Décret portant organisation de l'Université (*titres II, IV*).	17 mars 1808.	I. 171
Id.	Décret portant règlement pour l'Université (*titre III*). . .	17 sept. 1808.	I. 189
Id.	Statut concernant la division de l'Université en Académies, et les villes qui en seront les chefs-lieux.	18 oct. 1808.	I. 196

OBJET.	TITRES DES LOIS, DÉCRETS, ORDONNANCES, RÈGLEMENTS, ARRÊTÉS, ETC.	DATES.	TOMES et PAGES.
DOYENS.	Statut concernant le régime et la police générale de l'Université (*art. 12*).	28 oct. 1808.	I. 203
Idem	Arrêté qui organise la Faculté des lettres de Paris (*art. 15*).	6 mars 1809.	I. 213
Id.	Arrêté portant organisation de la Faculté des sciences de Paris (*art. 14*).	14 avril 1809.	I. 216
Id.	Arrêté qui organise la Faculté de théologie catholique de Paris (*art. 7*).	16 juin 1809.	I. 222
Id.	Règlement concernant le régime de l'Université, la subordination, la correspondance et les attributions de ses diverses autorités.	10 oct. 1810.	I. 298
Id.	Arrêté relatif aux rapports de subordination des fonctionnaires de chaque Académie.	30 mars 1811.	I. 313
Id.	Arrêté relatif aux dépenses des Facultés.	28 avril 1812.	I. 345
Id.	Circulaire portant que le doyen, en cas de partage, doit avoir voix prépondérante dans les délibérations des Facultés.	20 oct. 1820.	I. 452
Id.	Ordonnance qui établit, à Paris, pour tout le royaume, une Académie royale de médecine.	20 déc. 1820.	I. 459
Id.	Ordonnance portant réorganisation de la Faculté de médecine de Paris (*titre Ier*).	2 fév. 1823.	I. 488
Id.	Règlement pour la Faculté de médecine de Paris (§ 3).	12 avril 1823.	I. 494
Id.	Règlement pour la Faculté de médecine de Montpellier (*art. 45, 46*).	1er mars 1825.	I. 515
Id.	Statut portant règlement général concernant la discipline et la police intérieure des Facultés et des Écoles secondaires de médecine (*art. 43 et suiv.*).	9 avril 1825.	I. 521
Id.	Règlement général sur la comptabilité de l'Université (*art. 160, 179; 402-408*).	11 nov. 1826.	I. 540
Id.	Arrêté portant règlement pour la Faculté de médecine de Strasbourg (*art. 10*).	11 avril 1829.	I. 625
Id.	Ordonnance portant organisation de l'Académie de médecine.	18 oct. 1829.	I. 630
Id.	*Rapport* et Décret concernant la qualité de membre de l'Académie de médecine conférée au doyen de la Faculté de médecine de Paris.	19 mars 1850.	II. 122
Id.	Décret concernant la Faculté de médecine de Paris et les attributions du doyen.	16 avril 1862.	II. 606
	Voir : PRÉCIPUT.		
DROIT.	Décision royale portant formation d'une Commission des hautes études de droit.	29 juin 1838.	I. 821 *n.*
Idem	*Exposé fait par le Ministre à la première séance de la Commission des hautes études de droit.*	»	I. 821 *n.*
Id.	*Rapport adressé à M. le Ministre de l'Instruction publique au nom de la Commission des études de droit par M. Accarias.*	avril 1874.	III. 918 *a.*
DROIT DE ROBE.	Statut sur l'administration économique des Facultés de droit (*art. 14*).	13 juillet 1810.	I. 286
Idem	Statut sur les droits de présence dans les Facultés des sciences et des lettres de Paris.	7 août 1812.	I. 360

OBJET.	TITRES DES LOIS, DÉCRETS, ORDONNANCES, RÈGLEMENTS, ARRÊTÉS, ETC.	DATES.	TOMES et PAGES.
DROITS DE PRÉSENCE.	Règlement pour l'Ecole de médecine de Paris (*titre II, chap. II, art. 15*).	14 mess. An IV.	I. 42
Idem	Arrêté du Gouvernement portant règlement pour l'exercice de la médecine (*art. 13 et suiv.; 45*).	20 prair. An XI.	I. 109
Id.	Arrêté du Gouvernement portant règlement sur les Écoles de pharmacie (*art. 26, 30, 36, 44*).	25therm. An XI.	I. 119
Id.	Règlement pour l'École de médecine de Montpellier (*chap. III, art. 6*).	2 fruct. An XI.	I. 125
Id.	Décret concernant l'organisation des Écoles de droit (*art. 16, 65*).	4º compᵗʳᵉ An XII.	I. 142
Id.	Arrêté déterminant les droits que doivent payer les élèves ajournés.	10 juin 1806.	I. 555 n.
Id.	Instruction pour les Écoles de droit (*art. 62*).	19 mars 1807.	I. 160
Id.	Arrêté relatif à l'administration et à la comptabilité des Facultés de droit (*art. 7*).	31 janv. 1809.	I. 208
Id.	Décret concernant diverses dispositions pour accorder le régime des anciennes Écoles avec celui de l'Université (*art. 10*).	4 juin 1809.	I. 219
Id.	Statut portant règlement provisoire, pour l'année 1810, des traitements fixes et éventuels dans les Facultés de droit.	11 mai 1810.	I. 279
Id.	Statut sur l'administration économique des Facultés de droit.	13 juillet 1810.	I. 286
Id.	Statut sur l'administration économique des Facultés de théologie, des sciences et des lettres.	14 sept. 1810.	I. 294
Id.	Circulaire relative à l'exécution du statut précédent.	13 nov. 1810.	I. 297 n.
Id.	Circulaire relative à l'administration économique des Facultés de droit.	13 avril 1811.	I. 290 n.
Id.	Arrêté concernant la circonscription des arrondissements des Facultés de médecine pour les jurys médicaux, l'admission des candidats aux examens, la répartition des droits de réception entre les membres du jury, les procès-verbaux du jury et les modèles des certificats et titres des réceptions.	21 mai 1812.	I. 346
Id.	Statut sur les droits de présence dans les Facultés des lettres et des sciences de Paris.	7 août 1812.	I. 360
Id.	Arrêté relatif aux droits à accorder aux Commissions d'examen pour le grade de bachelier ès lettres.	16 nov. 1815.	I. 391
Id.	Arrêté qui fixe le droit de présence aux examens et actes publics dans les Facultés de théologie, des sciences et des lettres, autres que celles de Paris.	5 août 1817.	I. 411
Id.	Ordonnance portant réorganisation de la Faculté de médecine de Paris (*titre IV*).	2 fév. 1823.	I. 488
Id.	Arrêté qui fixe les droits dus par les aspirants au doctorat en médecine pour les examens et la thèse ainsi que la répartition de ces droits entre les examinateurs.	25 nov. 1823.	I. 502
Id.	Statut portant règlement général concernant la discipline et la police intérieure des Facultés et des Écoles secondaires de médecine (*art. 49 - 51*).	9 avril 1825.	I. 521
Id.	Règlement général sur la comptabilité de l'Université (*art. 290 - 297*).	11 nov. 1826.	I. 540

OBJET.	TITRES DES LOIS, DÉCRETS, ORDONNANCES, RÉGLEMENTS, ARRÊTÉS, ETC.	DATES.	TOMES et PAGES.
DROITS DE PRÉSENCE.	Arrêté qui fixe les droits de présence des juges du concours ouvert devant la Faculté de droit de Paris.	24 mars 1827.	III. 142n.
Idem	Arrêté qui détermine les droits de présence et le nombre des examinateurs pour les thèses de doctorat ès sciences et ès lettres.	15 déc. 1827.	I. 603
Id.	Arrêté concernant l'examen que doivent subir sur le droit administratif les étudiants de la Faculté de droit de Paris.	5 juillet 1828.	I. 612
Id.	Arrêté relatif aux droits alloués aux Commissions chargées de délivrer les grades.	30 sept. 1831.	I. 666
Id.	Arrêté qui fixe le minimum des droits de présence des professeurs des Facultés de médecine.	4 oct. 1839.	I. 815
Id.	Arrêté qui fixe le mode de répartition des droits de présence acquis aux professeurs des Facultés de médecine.	10 avril 1840.	I. 851
Id.	*Rapport* et Ordonnance portant organisation des Écoles de pharmacie (*art. 23*).	27 sept. 1840.	I. 876
Id.	Règlement pour les Écoles de pharmacie (*art. 5*).	5 fév. 1841.	I. 892
Id.	Règlement pour l'exécution de la loi de finances du 25 juin 1841 et de l'ordonnance du 27 septembre 1840 en ce qui concerne la perception des droits dus dans les Écoles de pharmacie (*art. 6*).	27 nov. 1841.	I. 911
Id.	Arrêté qui fixe le minimum des droits de présence des professeurs titulaires et adjoints des Écoles de pharmacie.	28 fév. 1845.	I. 965
Id.	Arrêté relatif à la répartition des droits de présence dans les Écoles de pharmacie.	15 avril 1845.	I. 965n.
Id.	Circulaire relative à la répartition des droits de présence dans les Facultés des lettres.	27 juillet 1849.	II. 68n.
Id.	Circulaire relative à la répartition des droits de présence.	17 déc. 1849.	II. 69n.
Id.	Avis du Conseil sur la répartition des droits de présence d'un concours ouvert près la Faculté de médecine de Strasbourg.	22 mars 1850.	III. 142n.
Id.	Décret relatif aux secrétaires des Facultés et des Académies (*art. 4*).	13 fév. 1851.	II. 194
Id.	Avis de la Section permanente sur les droits de présence d'un concours ouvert devant l'École de pharmacie de Strasbourg.	18 mars 1851.	III. 142n.
Id.	Arrêté relatif aux droits de présence aux examens dans les Facultés des lettres des départements.	1er avril 1851.	II. 197
Id.	Arrêté qui fixe les droits de présence aux examens du baccalauréat ès lettres et du baccalauréat ès sciences.	14 déc. 1852.	II. 259
Id.	Circulaire pour l'exécution de l'arrêté précédent.	16 déc. 1852.	II. 259n.
Id.	*Rapport* et Décret sur le régime financier des établissements d'enseignement supérieur (*art. 21*).	22 août 1854.	II. 349
Id.	Arrêté fixant les droits de présence des professeurs chargés d'examiner les candidats au titre d'officier de santé et de pharmacien et herboriste de 2ᵉ classe.	23 déc. 1854.	II. 381
Id.	Arrêté qui fixe le droit de présence dans les Facultés des lettres et des sciences et le maximum des traitements éventuels dans la Faculté des lettres et dans la Faculté des sciences de Paris.	26 déc. 1854.	II. 381

OBJET.	TITRES DES LOIS, DÉCRETS, ORDONNANCES, RÈGLEMENTS, ARRÊTÉS, ETC.	DATES.	TOMES et PAGES.	
DROITS DE PRÉSENCE.	Arrêté fixant les droits de présence des professeurs chargés d'examiner les candidats au certificat des sciences appliquées	26 déc. 1854.	II.	385
Idem	Circulaire contenant des instructions nouvelles sur les droits de présence dans les Facultés.	26 fév. 1855.	II.	430
Id.	Règlement relatif aux Facultés (*art. 11*).	27 fév. 1858.	II.	509
Id.	Instruction relative à l'exécution du règlement précédent. .	15 mars 1858.	II.	511
Id.	Arrêté qui fixe les droits de présence alloués aux membres des jurys de concours d'agrégation de médecine et de pharmacie.	6 déc. 1876.	III.	141
Id.	Arrêté fixant l'indemnité due à certains membres des jurys du baccalauréat.	13 mai 1881.	III.	571
DUPLICATA.	*Voir :* Diplomes.			
ÉCOLE ARCHÉOLOGIQUE DE ROME.	Décret relatif à l'École française d'Athènes et à l'École archéologique de Rome.	26 nov. 1874.	II.	913
Idem	Arrêté relatif aux membres libres de l'École archéologique de Rome.	28 déc. 1874.	II.	946
Id.	Décret portant règlement pour l'École archéologique de Rome.	20 nov. 1875.	III.	97
ÉCOLE D'ADMINISTRATION	*Exposé fait par le Ministre à la première séance de la Commission des hautes études de droit.*	» 1838.	I.	821*n.*
Idem	Arrêté du Gouvernement qui crée une École d'administration.	8 mars 1848.	II.	1
Id.	*Exposé des motifs et projet de décret sur l'École d'administration, par M. de Vaulabelle*	24 août 1848.	II.	1*n.*
Id.	*Rapport fait par M. Bourbeau, au nom de la Commission chargée d'examiner le projet de décret sur l'École d'administration*	16 déc. 1848.	II.	6
Id.	*Exposé des motifs et projet de loi sur l'École d'administration présentés par M. de Falloux*	22 janv. 1849.	II.	16
Id.	*Rapport fait par M. Boulatignier, au nom de la Commission chargée d'examiner la proposition de M. Bourbeau, concernant l'École d'administration.*	3 avril 1849.	II.	18
Id.	*Rapport fait par M. Dumas, au nom de la Commission chargée d'examiner le projet de loi sur l'École d'administration, présenté par M. le Ministre de l'Instruction publique.*	17 juillet 1849.	II.	23
Id.	Loi qui supprime l'École d'administration.	9 août 1849.	II.	71
Id.	*Discours prononcé à l'Assemblée nationale sur la suppression de l'École d'administration par M. Dumas.* . *Voir :* Collège de France.	9 août 1849.	II.	71*n.*
ÉCOLE DE BOTANIQUE.	Règlement pour le Muséum national d'histoire naturelle (*chap. III, art. 10 et suiv.*).	21 sept. 1793.	I.	15

OBJET.	TITRES DES LOIS, DÉCRETS, ORDONNANCES, RÈGLEMENTS, ARRÊTÉS, ETC.	DATES.	TOMES et PAGES.
ÉCOLE de Géographie, d'Histoire et d'Économie politique.	Loi générale sur l'Instruction publique (*titre V*)...... Voir : FACULTÉS DES LETTRES.	11 flor. An X.	I. 81
ÉCOLE DE JURISPRUDENCE	Décision du Conseil royal relative à un élève de l'École de jurisprudence établie à l'île Bourbon............	1er juillet 1828.	I. 611
Idem	*Note sur l'École de droit de l'île Bourbon.*....... Voir : COLONIES.	»	I. 611
ÉCOLE DE MATHÉMATIQUES TRANSCENDANTES.	Loi générale sur l'Instruction publique (*titre V*)...... Voir : FACULTÉS DES SCIENCES.	11 flor. An X.	I. 81
ÉCOLE DES ARTS MÉCANIQUES ET CHIMIQUES.	Loi générale sur l'Instruction publique (*art. 25*)...... Voir : FACULTÉS DES SCIENCES.	11 flor. An X.	I. 81
ÉCOLE DES CHARTES	Ordonnance portant création de l'École des Chartes.	22 fév. 1821.	I. 465
Idem	Ordonnance qui fixe la durée des cours à l'École des Chartes.	16 juillet 1823.	I. 500
Id.	*Rapport* et Ordonnance concernant la remise en activité de l'École royale des Chartes................	11 nov. 1829.	I. 631
Id.	Règlement de l'École des Chartes...............	17 nov. 1830.	III. 565 *n.*
Id.	Ordonnance relative aux publications prescrites par les articles 4 et 8 de l'ordonnance du 11 novembre 1829.....	1er mars 1832.	I. 668
Id.	Ordonnance qui organise l'École des Chartes.........	31 déc. 1846.	I. 1000
Id.	Arrêté relatif aux élèves de l'École des Chartes qui ont subi sans succès l'examen de fin d'année.............	16 mars 1849.	II. 65
Id.	*Rapport* et Décret portant réorganisation de l'École des Chartes...........................	18 oct. 1849.	II. 73
Id.	*Rapport* et Décret concernant les archivistes paléographes.	14 fév. 1851.	II. 195
Id.	Dispositions organiques concernant l'Instruction publique (*art. 3*)...........................	9 mars 1852.	II. 209
Id.	Règlement pour les examens, les compositions et les thèses des élèves de l'École des Chartes...............	26 mai 1854.	III. 566 *n.*
Id.	Décret concernant le personnel de l'École des Chartes. ...	30 sept. 1854.	II. 367
Id.	Décret portant réduction du stage quinquennal en faveur des anciens élèves de l'École des Chartes, candidats à l'agrégation d'histoire.....................	24 juillet 1863.	II. 629
Id.	Règlement pour les examens, les compositions et les thèses des élèves de l'École des Chartes...............	30 nov. 1865.	III. 567 *n.*
Id.	Décret concernant les examens de sortie de l'École des Chartes............................	2 fév. 1866.	II. 701
Id.	*Rapport* et Décret relatifs aux professeurs de l'École des Chartes............................	18 août 1866.	II. 706
Id.	*Rapport* et Décret réorganisant l'École des Chartes	30 anv. 1869.	II. 767
Id.	Arrêté relatif aux archivistes paléographes...........	25 mars 1870.	II. 793
Id.	Arrêté réglementaire concernant les élèves de l'École des Chartes............................	24 juillet 1872.	II. 821
Id.	Décret relatif à l'École des Chartes...............	29 août 1873.	II. 860

7.

OBJET.	TITRES DES LOIS, DÉCRETS, ORDONNANCES, RÈGLEMENTS, ARRÊTÉS, ETC.	DATES.	TOMES et PAGES.	
ÉCOLE DES CHARTES	Arrêté instituant un double examen annuel pour les élèves de chaque promotion de l'École des Chartes.	19 mars 1881.	III.	565
Idem	Arrêté fixant le traitement des professeurs de l'École des Chartes.	9 déc. 1881.	III.	593
	Voir : ARCHIVISTES PALÉOGRAPHES.			
ÉCOLE DES LANGUES ORIENTALES VIVANTES.	Loi qui établit dans l'enceinte de la Bibliothèque nationale une École publique destinée à l'enseignement des langues orientales.	10 germ. An III.	I.	32
Idem	Rapport de Lakanal sur cet objet.	10 germ. An III.	III.	852 a.
Id.	Décret qui transfère au Collège de France la chaire de grec moderne de l'École des Langues orientales.	26 brum. An XII.	I.	149
Id.	Décret portant création d'un cours de langue arménienne à l'École des Langues orientales vivantes.	27 fév. 1812.	I.	342
Id.	Décret relatif aux élèves entretenus à l'Imprimerie impériale pour la manipulation typographique des caractères orientaux.	22 mars 1813.	I.	363
Id.	Ordonnance relative au cours de grec vulgaire.	7 avril 1819.	I.	428
Id.	Ordonnance relative au cours d'arabe vulgaire	2 août 1820.	I.	447
Id.	Ordonnance sur l'établissement définitif d'un cours d'hindoustani.	17 déc. 1830.	I.	659
Id.	Ordonnance qui supprime la place de secrétaire de l'École spéciale des Langues orientales vivantes	28 août 1832.	I.	673
Id.	Rapport et Ordonnance portant organisation de l'École des Langues orientales vivantes.	22 mai 1838.	I.	792
Id.	Ordonnance portant création d'une chaire de langue chinoise vulgaire.	22 oct. 1843.	I.	958
Id.	Ordonnance portant création de la chaire de langue malaise et javanaise.	2 sept. 1844.	I.	961
Id.	Dispositions organiques concernant l'Instruction publique (art. 1, 2).	9 mars 1852.	II.	209
Id.	Décret transformant la chaire de grec moderne et de paléographie grecque en chaire de grec moderne.	1er juin 1864.	II.	652
Id.	Décret qui supprime la chaire d'arabe littéral, et qui crée une chaire de japonais.	24 mai 1868.	II.	743
Id.	Rapport et Décret portant réorganisation de l'École des Langues orientales vivantes.	8 nov. 1869.	II.	782
Id.	Décret relatif au Conseil de perfectionnement de l'École impériale des Langues orientales vivantes.	8 juin 1870.	II.	795
Id.	Décret relatif au Conseil de perfectionnement de l'École des Langues orientales vivantes.	31 déc. 1871.	II.	807
Id.	Arrêté portant institution de membres correspondants de l'École des Langues orientales vivantes.	26 fév. 1872.	II.	811
Id.	Décret portant règlement pour l'École des Langues orientales vivantes.	11 mars 1872.	II.	814
Id.	Décret relatif à l'immeuble affecté à l'École des Langues orientales vivantes.	6 sept. 1873.	II.	861
Id.	Décret relatif à l'administrateur de l'École des Langues orientales vivantes.	22 nov. 1873.	II.	869

OBJET.	TITRES DES LOIS, DÉCRETS, ORDONNANCES, RÉGLEMENTS, ARRÊTÉS, ETC.	DATES.	TOMES et PAGES.	
ÉCOLE DES LANGUES ORIENTALES VIVANTES.	Arrêté portant suppression de l'emploi de secrétaire adjoint de l'École des Langues orientales vivantes.	22 nov. 1873.	II.	869
Idem	Arrêté qui détermine les conditions d'admission à l'École des Langues orientales vivantes.	31 juillet 1876.	III.	132
Id.	Décret portant création de la chaire de langue russe	31 déc. 1876.	III.	144
Id. . . . , .	Décret concernant les chaires d'hindoustani et d'arabe littéral.	12 avril 1879.	III.	248
Id.	Arrêté concernant les cours complémentaires de grammaire arabe, d'hindoustani et de langue tamoule.	12 avril 1879.	III.	248
ÉCOLE FRANÇAISE D'ATHÈNES.	Décret portant création de l'École française d'Athènes. . .	11 sept. 1846.	I.	987
Idem	Ordonnance qui nomme le directeur de l'École française d'Athènes, et qui fixe son rang	18 déc. 1846.	I.	1000
Id.	Arrêté qui fixe le traitement du directeur, des membres et du secrétaire interprète de l'École française d'Athènes. .	1er fév. 1847.	I.	987*n.*
Id.	Arrêté concernant les membres de l'École française d'Athènes.	26 janv. 1850.	II.	83
Id.	*Rapport* et Décret concernant l'École française d'Athènes. .	7 août 1850.	II.	165
Id.	Décret qui admet les licenciés à l'examen des candidats au titre de membre de l'École française d'Athènes.	15 déc. 1852.	II.	262
Id.	*Rapport* et Décret sur l'École française d'Athènes	9 fév. 1859.	II.	524
Id.	Règlement concernant l'École française d'Athènes.	10 fév. 1859.	II.	527
Id.	Décret qui fixe à une année le séjour à Rome des membres de l'École française d'Athènes.	25 mars 1873.	II.	856
Id.	Décret relatif à l'École française d'Athènes et à l'École archéologique de Rome	26 nov. 1874.	II.	913
Id.	Décret relatif aux mémoires des membres de l'École française d'Athènes.	24 janv. 1883.	III.	701
Id.	Arrêté abrogeant l'arrêté du 10 février 1859 portant règlement pour l'École française d'Athènes.	12 sept. 1883.	III.	749
ÉCOLE FRANÇAISE DU CAIRE.	Décret portant institution d'une École française au Caire. .	28 déc. 1880.	III.	536
ÉCOLE NORMALE.	*Rapport de* Lakanal *sur l'organisation des Écoles normales.*	3 brum. An III.	III.	828 *a.*
Idem	Décret relatif à l'établissement des Écoles normales.	9 brum. An III.	I.	27
Id.	*Notice.*	»	I.	29*n.*
Id.	Décret qui détermine les conditions d'admission aux Écoles normales	18 frim. An III.	I.	28*n.*
Id.	Règlement pour les Écoles normales arrêté par les représentants du peuple près ces Écoles.	24 niv. An III.	III.	849 *a.*
Id.	*Compte rendu de la séance d'ouverture.*	»	III.851 *a.n.*	
Id.	*Discours sur la nécessité d'ajouter à l'École normale un professeur d'économie politique, par J. A.* Creuzé-Latouche.	12 pluv. An III.	III.	846 *a.*
Id.	Décret qui adjoint un professeur d'économie politique aux professeurs de l'École normale.	12 pluv. An III.	I.	28*n.*
Id.	*Rapport de* Daunou *sur la suppression de l'École normale*	7 flor. An III.	III.	854 *a.*

OBJET.	TITRES DES LOIS, DÉCRETS, ORDONNANCES, RÉGLEMENTS, ARRÊTÉS, ETC.	DATES.	TOMES et PAGES.
ÉCOLE NORMALE.	Décret portant organisation de l'Université (*titres XIV, XVIII*).	17 mars 1808.	I. 171
Idem	Décret portant règlement pour l'Université (*titre VIII*). .	17 sept. 1808.	I. 189
Id.	Règlement particulier pour la Faculté des sciences de Paris (*titre Ier*).	10 oct. 1809.	I. 233
Id.	Statut sur les Facultés des lettres et des sciences (*art. 58*).	16 fév. 1810.	I. 249
Id.	Statut sur l'administration, la police et l'enseignement de l'École normale.	30 mars 1810.	I. 268
Id.	Statut sur l'administration économique de l'École normale.	29 mai 1810.	I. 282
Id.	Décret relatif à la construction d'édifices pour le placement des archives impériales, de l'Université et de l'École des Beaux-Arts.	21 mars 1812.	I. 342
Id.	Statut sur le traitement des professeurs des Facultés attachés à l'École normale.	7 août 1812.	I. 358
Id.	Arrêté qui impose aux élèves de l'École normale l'obligation de prendre le grade de docteur à Paris.	21 sept. 1813.	I. 367
Id.	Circulaire relative à l'obligation de passer par l'École normale pour entrer dans l'enseignement.	13 nov. 1813.	I. 370
Id.	Arrêté qui détermine le cas où le titre d'agrégé pourra être accordé aux élèves de l'École normale.	30 nov. 1814.	I. 372
Id.	Ordonnance portant règlement sur l'Instruction publique (*titres Ier, III, IV*).	17 fév. 1815.	I. 374
Id.	Arrêté qui institue une Commission chargée d'exercer près l'École normale et les Lycées de Paris la surveillance et les fonctions attribuées aux Conseils académiques pour les autres Lycées de l'Empire.	24 mai 1815.	I. 383
Id.	Circulaire relative à l'admission des aspirants à l'École normale.	16 nov. 1815.	I. 390
Id.	Règlement des études pour l'École normale.	5 déc. 1815.	I. 391
Id.	Règlement concernant l'administration et la discipline de l'École normale.	14 déc. 1815.	I. 394
Id.	Règlement sur les concours entre les élèves des Collèges royaux pour l'admission à l'École normale.	30 mai 1816.	I. 409
Id.	Arrêté portant que la bibliothèque de l'Université sera transférée à l'École normale.	3 nov. 1817.	I. 417n.
Id.	Décision qui exempte les élèves de l'École normale du droit de sceau pour les grades qu'ils prendront dans les Facultés des sciences et des lettres.	30 avril 1819.	I. 428
Id.	Arrêté qui établit un concours entre les élèves qui terminent leurs cours.	12 juillet 1820.	I. 443
Id.	Ordonnance qui donne à la Commission de l'Instruction publique le titre de Conseil royal de l'Instruction publique et qui contient règlement à cet égard (*art. 8*).	1er nov. 1820.	I. 452
Id.	Ordonnance portant que l'ancienne maison de Sorbonne et les bâtiments en dépendant sont affectés au service de l'Instruction publique.	3 janv. 1821.	I. 459
Id.	Ordonnance qui affecte les bâtiments de la Sorbonne à l'École normale et à l'Académie de Paris.	16 mai 1821.	I. 459n.

OBJET.	TITRES DES LOIS, DÉCRETS, ORDONNANCES, RÈGLEMENTS, ARRÊTÉS, ETC.	DATES.	TOMES et PAGES.
ÉCOLE NORMALE.	Ordonnance qui supprime la grande École normale de Paris et porte qu'elle sera remplacée par les Écoles normales partielles des Académies.	6 sept. 1822.	I. 484
Idem	Arrêté relatif aux élèves de l'École préparatoire candidats à la licence et au concours d'agrégation.	15 juillet 1828.	I. 613
Id.	Ordonnance qui rétablit le titre d'École normale.	6 août 1830.	I. 641
Id.	Arrêté qui règle l'enseignement de l'École normale.	30 oct. 1830.	I. 649
Id.	Réglement pour le concours d'admission à l'École normale.	17 juin 1831.	I. 664
Id.	Arrêté relatif aux délégations des élèves dans les Collèges royaux	2 sept. 1831.	I. 666
Id.	Arrêté relatif à l'ouverture de l'année scolaire de l'École normale.	16 sept. 1831.	I. 666
Id.	Arrêté contenant des modifications au règlement des études en ce qui concerne la section des sciences.	11 nov. 1831.	I. 653n.
Id.	Arrêté sur les examens d'admission.	6 juillet 1832.	I. 672
Id.	Arrêté concernant l'application du règlement pour le concours d'admission.	17 août 1832.	I. 673
Id.	Arrêté qui répartit dans quatre divisions les élèves de l'École normale.	19 oct. 1832.	I. 679
Id.	Arrêté qui fixe de nouveau la répartition du prix de la pension des élèves de l'École normale par masses de dépenses.	23 janv. 1833.	I. 680
Id.	Arrêté relatif au programme des cours de l'École normale.	9 avril 1833.	I. 683
Id.	Arrêté portant que les élèves de la section des lettres subiront un examen spécial sur les compositions.	26 avril 1833.	I. 683
Id.	Arrêté relatif aux conférences de 3ᵉ année.	22 oct. 1833.	I. 686
Id.	Arrêté qui crée un emploi de préparateur spécial de chimie à l'École normale.	30 oct. 1833.	I. 686
Id.	Réglement des études.	18 fév. 1834.	I. 693
Id.	Arrêté relatif à l'admission des élèves de 1ʳᵉ année dans la conférence de grammaire.	17 juin 1834.	I. 694n.
Id.	Arrêté fixant le rang et le traitement du directeur des études.	14 sept. 1835.	I. 726
Id.	Réglement sur la discipline intérieure.	19 août 1836.	I. 736
Id.	Arrêté relatif à l'enseignement des sciences naturelles à l'École normale.	12 sept. 1837.	I. 770
Id.	Arrêté relatif au rapport public fait par le directeur de l'École normale.	15 sept. 1837.	I. 771
Id.	Arrêté relatif à la division de grammaire.	12 déc. 1837.	I. 696n.
Id.	Arrêté portant que les élèves de 3ᵉ année de l'École normale peuvent être appelés à assister et à participer aux classes dans les Collèges royaux de Paris.	14 août 1838.	I. 796
Id.	Réglement concernant la section des sciences.	24 août 1838.	I. 698n.
Id.	Arrêté qui répartit en deux divisions ou classes les élèves de 3ᵉ année des sciences de l'École normale.	2 oct. 1840.	I. 883
Id.	Arrêté qui établit deux divisions dans la section des sciences.	27 oct. 1840.	I. 884n.
Id.	Arrêté qui divise en deux sections la conférence de philosophie de la 1ʳᵉ année à l'École normale.	16 fév. 1841.	I. 898

OBJET.	TITRES DES LOIS, DÉCRETS, ORDONNANCES, RÈGLEMENTS, ARRÊTÉS, ETC.	DATES.	TOMES et PAGES.	
ÉCOLE NORMALE SUPÉRIEURE.	Arrêté relatif aux conférences de grammaire à l'École normale supérieure.	18 nov. 1859.	II.	548
Idem	Décision concernant les examens de fin d'année à l'École normale supérieure.	16 juillet 1860.	II.	566
Id.	Arrêté qui fixe l'époque de l'ouverture du concours d'admission à l'École normale supérieure.	12 mai 1863.	II.	626
Id.	Instruction relative aux compositions des candidats à l'École normale supérieure.	19 mai 1863.	II.	626
Id.	Arrêté qui exige une année de philosophie des candidats à l'École normale supérieure.	23 nov. 1863.	II.	632
Id.	Arrêté concernant les examens semestriels et les examens de fin d'année à l'École normale supérieure.	7 fév. 1865.	II.	679
Id.	Arrêté qui licencie l'École normale supérieure.	10 juillet 1867.	II.	715
Id.	Arrêté qui crée un laboratoire de chimie physiologique à l'École normale supérieure.	28 oct. 1867.	II.	719
Id.	Arrêté relatif aux élèves de la section des lettres de l'École normale supérieure.	15 fév. 1869.	II.	771
Id.	Arrêté relatif aux examens de fin d'année à l'École normale supérieure	26 juin 1872.	II.	820
Id.	Règlement concernant les élèves de la section des lettres de l'École normale supérieure refusés à la licence.	23 nov. 1875.	III.	99
Id.	Arrêté supprimant les fonctions d'aumônier de l'École normale supérieure.	31 déc. 1881.	III.	605
	Voir : ENGAGEMENT DÉCENNAL.			
ÉCOLE PAOLI.	*Rapport* et Ordonnance concernant l'École Paoli.	31 mars 1836.	I.	733
Idem	Règlement pour l'École Paoli.	21 nov. 1837.	I.	778
Id.	Décret portant organisation de l'École Paoli.	17 oct. 1851.	II.	205
Id.	Décret assimilant l'École Paoli aux Collèges communaux. .	23 janv. 1869.	II.	765
ÉCOLE PRATIQUE des Hautes Études.	*Rapport* et Décrets relatifs aux laboratoires d'enseignement et de recherches et à la création d'une École pratique des Hautes Études.	31 juillet 1868.	II.	746
Idem	Règlements intérieurs annexés aux décrets précédents. . .	31 juillet 1868.	II.	755
Id.	Décret portant création d'une section des sciences économiques à l'École pratique des Hautes Études.	30 janv. 1869.	II.	769
Id.	Règlement pour la section des sciences économiques à l'École pratique des Hautes Études.	30 janv. 1869.	II.	769
Id.	Arrêté instituant au Collège de France un laboratoire d'histologie.	21 oct. 1872.	II.	831
Id.	Arrêté portant approbation d'un règlement de l'École pratique des Hautes Études.	27 fév. 1874.	II.	877
Id.	Décision relative aux conditions à remplir par les élèves de l'École pratique des Hautes Études pour être admis à bénéficier de la subvention accordée par la ville de Paris.	10 juillet 1877.	III.	156
Id.	Arrêté portant institution d'un laboratoire de tératologie.	25 mars 1879.	III.	248
Id.	Arrêté instituant un laboratoire de zoologie marine à Villefranche	5 nov. 1881.	III.	592
ÉCOLE PRÉPARATOIRE.	*Voir :* ÉCOLES NORMALES PARTIELLES.			

OBJET.	TITRES DES LOIS, DÉCRETS, ORDONNANCES, RÈGLEMENTS, ARRÊTÉS, ETC.	DATES.	TOMES et PAGES.	
ÉCOLE SPÉCIALE de Médecine et de Pharmacie militaires.	*Voir* : SERVICE DE SANTÉ MILITAIRE.			
ÉCOLES CENTRALES.	Loi sur l'organisation de l'Instruction publique (*titre II*).	3 brum. An IV.	I.	36
ÉCOLES DE CHIRURGIE.	Décret portant établissement de trois Écoles de santé (*art. 8, 16*).	14 frim. An III.	I.	29
ÉCOLES DE DROIT.	Loi générale sur l'Instruction publique (*titre V*).	11 flor. An X.	I.	81
Idem	*Exposé des motifs de la loi concernant les Écoles de droit présenté par* le conseiller d'État Fourcroy. . . .	vent. An XII.	I.	133
Id.	Loi relative aux Écoles de droit.	22 vent. An XII.	I.	137
Id.	Décret concernant l'organisation des Écoles de droit.	4ᵉ compᵉ An XII.	I.	142
Id.	Décret concernant les vacances des Écoles de droit.	10 fév. 1806.	I.	150
Id.	Décret qui détermine les époques auxquelles peuvent être subis les examens dans les Écoles de droit.	3 juillet 1806.	I.	157
Id.	Décret concernant les fils de professeurs aux Écoles de droit.	25 janv. 1807.	I.	160
Id.	Instruction pour les Écoles de droit.	19 mars 1807.	I.	160
Id.	Décret portant organisation de l'Université (*art. 11*). . . .	17 mars 1808.	I.	171
	Voir : FACULTÉS DE DROIT.			
ÉCOLES DE MÉDECINE.	Décret portant établissement de trois Écoles de santé. . . .	14 frim. An III.	I.	29
Idem	*Rapport de* Fourcroy *relatif à un projet de décret sur l'établissement d'une École de santé.*	7 frim. An III.	III.	833 *a.*
Id.	Décret qui désigne les districts qui doivent envoyer des élèves aux Écoles de santé.	20 frim. An III.	III.	837 *a.*
Id.	Règlement pour l'École de médecine de Paris.	14 mess. An IV.	I.	42
Id.	Loi qui ordonne l'ouverture d'examens publics dans les Écoles de santé de Paris, Montpellier et Strasbourg. . . .	16 fruct. An V.	I.	55
Id.	Loi générale sur l'Instruction publique (*titres Iᵉʳ et V*). . .	11 flor. An X.	I.	81
Id.	Loi relative à l'exercice de la médecine.	19 vent. An XI.	I.	93
Id.	Arrêté portant règlement pour l'exercice de la médecine. .	20 prair. An XI.	I.	109
Id.	Règlement pour l'École de médecine de Montpellier.	2 fruct. An XI.	I.	125
Id.	Arrêté qui fixe le traitement des professeurs et des employés des Écoles de médecine.	13 vend. An XII.	I.	131
Id.	Décret établissant dans l'hospice de Besançon des cours pratiques destinés spécialement aux officiers de santé. . .	7 août 1806.	I.	158
Id.	Décret établissant dans l'hospice civil de Grenoble des cours pratiques pour l'instruction des candidats à la profession d'officier de santé.	20 nov. 1806.	I.	159
Id.	Décrets établissant des cours pratiques destinés spécialement aux officiers de santé dans les villes d'Amiens, Poitiers, Nantes, Reims, Caen et Marseille.	juillet 1806-mai 1808.	I.	160 *n.*
Id.	Décret qui établit à Montpellier un cours d'accouchements pour les élèves sages-femmes et ceux de l'École de médecine.	20 mars 1807.	I.	168
Id.	Décret portant organisation de l'Université (*art. 12*). . .	17 mars 1808.	I.	171
	Voir : JARDIN DES PLANTES, FACULTÉS DE MÉDECINE.			

OBJET.	TITRES DES LOIS, DÉCRETS, ORDONNANCES, RÈGLEMENTS, ARRÊTÉS, ETC.	DATES.	TOMES et PAGES.
ÉCOLES de plein exercice de Médecine et de Pharmacie.	Décret portant institution à Lille d'une École de plein exercice de médecine et de pharmacie.	19 déc. 1874.	II. 944
Idem	Décret concernant les Écoles de plein exercice de médecine et de pharmacie.	14 juillet 1875.	III. 35
Id.	*Rapport fait au Conseil supérieur de l'Instruction publique sur un projet de décret relatif aux Écoles de plein exercice de médecine et de pharmacie, par* M. Barth.	»	III. 35 n.
Id.	*Rapport de M. l'Inspecteur général de l'ordre de la médecine sur les conditions d'établissement des Écoles de plein exercice de médecine et de pharmacie.* . . .	»	III. 36 n.
Id.	Décret déterminant la durée du temps d'études dans les Écoles de plein exercice de médecine et de pharmacie et le montant des droits à percevoir dans ces Écoles pour l'obtention des grades.	20 nov. 1875.	III. 98
Id.	Décret qui déclare École de plein exercice l'École préparatoire de médecine et de pharmacie de *Marseille*. . . .	26 nov. 1875.	III. 100
Id.	Décret portant organisation de l'enseignement à l'École de plein exercice de médecine et de pharmacie de *Marseille*.	28 janv. 1876.	III. 124
Id.	Décret qui érige en École de plein exercice l'École préparatoire de médecine et de pharmacie de *Nantes*.	28 janv. 1876.	III. 125
Id.	Arrêté qui détermine les circonscriptions des Facultés de médecine, des Écoles supérieures de pharmacie, des Écoles de plein exercice et des Écoles préparatoires de médecine et de pharmacie.	22 juillet 1878.	III. 222
Id.	Circulaire du ministre de la guerre relative aux officiers de santé militaire qui acceptent des emplois dans des Facultés et Écoles de médecine.	23 fév. 1880.	III. 321
Id.	Décret relatif aux Écoles de plein exercice de médecine et de pharmacie.	1er août 1883.	III. 746
Id.	Circulaire relative à l'exécution du décret précédent. . . .	10 août 1883.	III. 747 n.
ÉCOLES DE SANTÉ.	*Rapport de* Fourcroy *relatif à un projet de décret sur l'établissement d'une École de santé.*	7 frim. An III.	III. 833 a.
Idem	Décret portant établissement de trois Écoles de santé. . . .	14 frim. An III.	I. 29
Id.	Décret qui désigne les districts qui doivent envoyer les élèves aux Écoles de santé.	20 frim. An III.	III. 837 a.
Id.	Décret portant que les Jardins des plantes de Montpellier et de Strasbourg font partie des Écoles de santé établies dans ces communes.	13 pluv. An III.	I. 32
Id.	Loi générale sur l'Instruction publique (*art. 24*).	11 flor. An X.	I. 81
	Voir : ÉCOLES DE MÉDECINE.		
ÉCOLES D'HISTOIRE NATURELLE.	Loi générale sur l'Instruction publique (*titre V*).	11 flor. An X.	I. 81
	Voir : FACULTÉS DES SCIENCES.		
ÉCOLES ECCLÉSIASTIQUES.	Ordonnance relative aux Écoles ecclésiastiques.	5 oct. 1814.	I. 371
	Voir : GRATUITÉ, SÉMINARISTES.		

OBJET.	TITRES DES LOIS, DÉCRETS, ORDONNANCES, RÈGLEMENTS, ARRÊTÉS, ETC.	DATES.	TOMES et PAGES.	
ECOLES NORMALES partielles, secondaires, préparatoires.	Décret relatif à l'établissement des Écoles normales (*art. 11, 13*).	9 brum. An III.	I.	27
Idem	Ordonnance concernant le Conseil royal de l'Instruction publique....., les Écoles normales partielles (*titre VI*) . .	27 fév. 1821.	I.	466
Id.	Règlement pour le concours des élèves qui doivent former les Écoles normales partielles.	27 oct. 1821.	I.	480
Id.	Arrêté concernant les examens que devront subir les élèves des Écoles normales partielles lorsqu'ils auront terminé leur philosophie	22 déc. 1821.	I.	481
Id.	Ordonnance qui supprime la grande École normale de Paris et porte qu'elle sera remplacée par les Écoles normales partielles des Académies.	6 sept. 1822.	I.	484
Id.	Arrêté relatif aux élèves de l'École préparatoire candidats à la licence et au concours d'agrégation.	15 juillet 1828.	I.	613
Id.	*Rapport* et Ordonnance concernant les Écoles normales secondaires.	6 déc. 1845.	I.	974
ÉCOLES PRATIQUES (Médecine et Pharmacie.)	Règlement pour l'École de médecine de Paris (*titre Ier, chap. III, art. 29*).	14 mess. An IV.	I.	42
Idem	Règlement pour la Faculté de médecine de Paris (*art. 2*). .	12 avril 1823.	I.	494
Id.	Règlement pour la Faculté de médecine de Montpellier (*art. 53*).	1er mars 1825.	I.	515
Id.	Arrêté portant création de prix et de mentions honorables dans les Facultés de médecine en faveur des élèves faisant partie de l'École pratique.	3 avril 1840.	I.	846
Id.	*Rapport* et Ordonnance portant organisation des Écoles de pharmacie (*art. 9*).	27 sept. 1840.	I.	876
Id.	Règlement pour les Écoles de pharmacie (*titre IV*). . . .	5 fév. 1841.	I.	892
Id.	Règlement pour l'École de dissection de la Faculté de médecine de Paris	4 août 1859.	II.	541
Id.	Arrêté qui fixe le traitement des fonctionnaires de l'École pratique de la Faculté de médecine de Paris.	10 août 1859.	II.	543
Id.	Arrêté qui modifie l'article 12 de l'arrêté du 4 août 1859. .	21 avril 1860.	III.	222 *n.*
Id.	Arrêté relatif aux prosecteurs, aides d'anatomie et élèves de l'École pratique de la Faculté de médecine de Paris. .	23 janv. 1863.	II.	623
Id.	Décret qui accorde la gratuité des exercices aux élèves de l'École pratique de la Faculté de médecine de Paris. . .	3 déc. 1864.	II.	670
Id.	Règlement concernant les élèves de l'École pratique de la Faculté de médecine de Paris.	10 janv. 1865.	II.	674
Id.	Règlement pour l'École pratique de la Faculté de médecine de Montpellier.	28 déc. 1865.	II.	700
Id.	Décret concernant les élèves de l'École pratique de la Faculté de médecine de Montpellier.	30 déc. 1865.	II.	701
Id.	Arrêté qui institue une Commission de surveillance des musées de la Faculté de médecine de Paris.	13 juillet 1868.	II.	745
Id.	Loi relative à la reconstruction de l'École pratique et des cliniques d'accouchement de la Faculté de médecine de Paris.	14 déc. 1875.	III.	103

OBJET.	TITRES DES LOIS, DÉCRETS, ORDONNANCES, RÈGLEMENTS, ARRÊTÉS, ETC.	DATES.	TOMES et PAGES.
ÉCOLES PRATIQUES (Médecine et Pharmacie).	*Convention passée avec l'État.*	14 déc. 1875.	III. 103 *n.*
Idem	Arrêté rapportant les dispositions financières édictées pour l'admission dans les pavillons de la Faculté de médecine de Paris.	18 juillet 1878.	III. 222
Id.	Règlement concernant l'École pratique de la Faculté de médecine de Paris.	30 nov. 1878.	III. 237
Id.	Règlement concernant l'adjuvat et le prosectorat à la Faculté de médecine de Paris.	10 juin 1879.	III. 254
Id.	Règlement concernant les cours libres à l'École pratique de la Faculté de médecine de Paris.	9 fév. 1881.	III. 557
ÉCOLES PRÉPARATOIRES (Droit, Médecine, Sciences et Lettres d'Alger).	*Voir :* ALGÉRIE.		
ÉCOLES PRÉPARATOIRES à l'enseignement supérieur des Sciences et des Lettres.	Décret sur l'organisation des Académies (*art. 4, 5*). . . .	22 août 1854.	II. 340
Idem	*Rapport* et Décret sur le régime financier des établissements d'enseignement supérieur (*titre II, section III*).	22 août 1854.	II. 349
Id.	Règlement pour l'enseignement des sciences appliquées dans les Écoles préparatoires à l'enseignement supérieur des sciences et des lettres.	26 déc. 1854.	II. 382
Id.	Arrêté fixant les droits de présence des professeurs chargés d'examiner les candidats au certificat des sciences appliquées	26 déc. 1854.	II. 385
Id.	Instruction sur l'exécution du règlement relatif à l'enseignement des sciences appliquées.	26 déc. 1854.	II. 386
Id.	Décret portant création d'une École préparatoire à l'enseignement supérieur des sciences et des lettres. . . . . à *Nantes*	30 mars 1855.	II. 433
Id.	— — à *Rouen*	31 mars 1855.	II. 434
Id.	— — à *Angers*	7 juillet 1855.	II. 441
Id.	— — à *Mulhouse* . .	22 sept. 1855.	II. 447
Id.	— — à *Moulins*	16 oct. 1856.	II. 473
Id.	— — à *Chambéry* . .	16 fév. 1861.	II. 583
Id.	Décret portant création de chaires à l'École préparatoire à l'enseignement supérieur des sciences et des lettres de Rouen.	16 déc. 1873.	II. 869
Id.	Décret relatif aux chaires d'enseignement supérieur instituées à l'École de Rouen.	5 fév. 1874.	II. 876
Id.	Décret portant création à l'École de Rouen d'une chaire de mécanique rationnelle et appliquée.	1er fév. 1877.	III. 146
ÉCOLES PRÉPARATOIRES de Médecine et de Pharmacie.	*Rapport* et Ordonnance concernant l'organisation des Écoles préparatoires de médecine et de pharmacie.. . . .	13 oct. 1840.	I. 884

OBJET.	TITRES DES LOIS, DÉCRETS, ORDONNANCES, RÈGLEMENTS, ARRÊTÉS, ETC.	DATES.	TOMES et PAGES.
ÉCOLES PRÉPARATOIRES de Médecine et de Pharmacie.	*Rapport relatif à la création d'Écoles préparatoires de médecine et de pharmacie dans les villes d'*Amiens, Caen, Poitiers, Rennes *et* Rouen.	14 fév. 1841.	I. 896
Idem	Ordonnance concernant les Écoles préparatoires de médecine et de pharmacie	12 mars 1841.	I. 899
Id.	Règlement concernant les Écoles préparatoires de médecine et de pharmacie.	12 mars 1841.	I. 899
Id.	Ordonnances portant création d'Écoles préparatoires de médecine et de pharmacie dans les villes d'*Angers, Besançon, Clermont, Marseille, Nantes, Toulouse* et *Limoges.*	31 mars 1841. .	I. 903 I. 896,897
Id.	Ordonnance qui détermine la circonscription des Facultés de médecine en ce qui concerne le droit de présentation aux chaires des Écoles préparatoires de médecine et de pharmacie	18 avril 1841.	I. 905
Id.	Ordonnance portant création d'Écoles préparatoires de médecine et de pharmacie dans les villes d'*Arras* et de *Lyon.*	13 juin 1841. .	I. 907 I. 896,897
Id.	Ordonnance portant création d'une École préparatoire de médecine et de pharmacie dans la ville de *Tours.*	22 juin 1841. .	I. 907 I. 896,897
Id.	Ordonnance portant création d'une École préparatoire de de médecine et de pharmacie dans la ville de *Grenoble.* .	3 oct. 1841. . .	I. 909 I. 896,897
Id.	Ordonnance portant création d'une École préparatoire de médecine et de pharmacie dans la ville de *Dijon.*	12 nov. 1841. .	I. 911 I. 896,897
Id.	Ordonnance portant création d'une École préparatoire de médecine et de pharmacie dans la ville de *Bordeaux.* .	6 mars 1842. .	I. 941 I. 896,897
Id.	Ordonnance concernant les droits à payer dans les Écoles préparatoires de médecine et de pharmacie pour les inscriptions de pharmacie.	13 mars 1842.	I. 941
Id.	Ordonnance qui impose aux élèves des Écoles préparatoires de médecine et de pharmacie l'obligation de faire une année de stage dans les hôpitaux.	10 avril 1842.	I. 942
Id.	Ordonnance portant création d'une École préparatoire de médecine et de pharmacie dans la ville d'*Orléans.*	15 janv. 1843. .	I. 946 I. 896,897
Id.	Ordonnance portant création d'une École préparatoire de médecine et de pharmacie dans la ville de *Nancy.*	17 oct. 1843. .	I. 958 I. 896,897
Id.	Arrêté qui institue des examens de fin d'année pour les élèves en médecine.	7 sept. 1846.	I. 985
Id.	Règlement pour l'acquisition des collections scientifiques dans les Facultés des sciences et de médecine et dans les Écoles préparatoires.	11 déc. 1846.	I. 999
Id.	Dispositions organiques concernant l'Instruction publique (*art. 3*).	9 mars 1852.	II. 209
Id.	Décret portant création d'une École préparatoire de médecine et de pharmacie à *Lille.*	12 août 1852. .	II. 224 I. 896,897

OBJET.	TITRES DES LOIS, DÉCRETS, ORDONNANCES, RÈGLEMENTS, ARRÊTÉS, ETC.	DATES.	TOMES et PAGES.
ÉCOLES PRÉPARATOIRES de Médecine et de Pharmacie.	Décret portant création d'une École préparatoire de médecine et de pharmacie à *Reims*.	12 mars 1853..	II. 273 I. 896,897
Idem	Décret portant réorganisation de l'École préparatoire de médecine et de pharmacie de *Lyon*.	13 août 1854. .	II. 339 I. 896,897
Id.	*Rapport* et Décret sur le régime financier des établissements d'enseignement supérieur (*titre III*).	22 août 1854.	II. 349
Id.	Décret portant réorganisation de l'École préparatoire de médecine et de pharmacie de *Bordeaux*.	10 oct. 1854. .	II. 368 I. 896,897
Id.	*Rapport* et Décret qui fixe le prix des inscriptions dans les Écoles préparatoires de médecine et de pharmacie. . .	28 oct. 1854.	II. 368
Id.	Décret portant réorganisation de l'École préparatoire de médecine et de pharmacie de *Nancy*.	6 déc. 1854.	II. 371
Id.	Décret portant réorganisation de l'École préparatoire de médecine et de pharmacie de *Poitiers*	13 déc. 1854.	II. 371
Id.	Règlement sur la réception des officiers de santé, des pharmaciens, herboristes et sages-femmes de 2º classe. . . .	23 déc. 1854.	II. 372
Id.	Instruction pour l'exécution du règlement du 23 décembre 1854 relatif à la réception des officiers de santé, des pharmaciens, herboristes et sages-femmes de 2º classe. .	23 déc. 1854.	II. 377
Id.	Arrêté fixant les droits de présence des professeurs chargés d'examiner les candidats au titre d'officier de santé, de pharmacien et herboriste de 2º classe.	23 déc. 1854.	II. 381
Id.	Instruction relative à l'exécution et aux conséquences de l'arrêté du 23 décembre 1854 concernant les officiers de santé, les pharmaciens, herboristes et sages-femmes de 2ᵉ classe.	2 février 1855.	II. 422
Id.	Circulaire relative à l'application du règlement du 23 décembre 1854 sur les études dans les Écoles préparatoires de médecine et de pharmacie	6 fév. 1855.	II. 425
Id.	Instruction imposant aux étudiants en médecine l'obligation de suivre les cours de chimie et d'histoire naturelle des Facultés des sciences.	24 juillet 1855.	II. 443
Id.	Instruction relative à la valeur des inscriptions prises par les étudiants dans les Écoles préparatoires de médecine et de pharmacie	7 août 1855.	II. 444
Id.	Instruction relative aux sessions d'examen des Écoles préparatoires de médecine et de pharmacie.	9 août 1855.	II. 445
Id.	Circulaire relative aux examens de fin de 1ʳᵉ et de 2ᵉ année subis avec succès dans les Écoles préparatoires de médecine et de pharmacie.	18 avril 1856.	II. 465
Id.	Arrêté portant règlement d'études dans les Écoles préparatoires de médecine et de pharmacie.	2 avril 1857.	II. 477
Id.	Circulaire relative à l'exécution du règlement précédent. .	16 avril 1857.	II. 479
Id.	Règlement qui modifie la circonscription de l'École préparatoire de médecine et de pharmacie de *Reims*. . . . . ,	25 avril 1857.	II. 482
Id.	Décret qui institue une École préparatoire de médecine et de pharmacie à *Alger*	4 août 1857.	II. 490

OBJET.	TITRES DES LOIS, DÉCRETS, ORDONNANCES, RÈGLEMENTS, ARRÊTÉS, ETC.	DATES.	TOMES et PAGES.
ÉCOLES PRÉPARATOIRES de Médecine et de Pharmacie.	Règlement relatif à la répartition de l'enseignement dans les Écoles préparatoires de médecine et de pharmacie. .	7 avril 1859.	II. 534
Idem	Circulaire relative à l'exécution du règlement précédent. .	8 avril 1859.	II. 535
Id.	Décret qui détermine l'époque à laquelle les élèves de l'École préparatoire de médecine et de pharmacie d'*Alger* doivent produire le baccalauréat ès sciences restreint. . .	24 mars 1860.	II. 561
Id.	Arrêté fixant les circonscriptions des Écoles préparatoires de médecine et de pharmacie pour les trois nouveaux départements de la Savoie, de la Haute-Savoie et des Alpes-Maritimes.	4 mars 1861.	II. 585
Id.	Décret qui supprime le cumul des fonctions de secrétaire d'Académie et de secrétaire agent comptable de l'École préparatoire de médecine et de pharmacie d'*Alger*. . . .	31 déc. 1864.	II. 672
Id.	Arrêté portant institution d'un emploi de secrétaire agent comptable à l'École préparatoire de médecine et de pharmacie d'*Alger*.	9 janv. 1865.	II. 674
Id.	Décret portant admission des étrangers israélites à l'École préparatoire de médecine et de pharmacie d'*Alger* . . .	27 janv. 1865.	II. 678
Id.	Envoi d'un modèle de certificat d'études dans les Écoles préparatoires de médecine et de pharmacie.	14 avril 1869.	II. 776
Id.	Décret relatif aux sessions d'examen dans les Écoles préparatoires de médecine et de pharmacie.	31 janv. 1874.	II. 873
Id.	Décret relatif au mode de nomination des suppléants et du chef des travaux anatomiques dans les Écoles préparatoires de médecine et de pharmacie.	4 février 1874.	II. 874
Id.	Circulaire pour l'exécution des règlements nouveaux relatifs aux Écoles préparatoires de médecine et de pharmacie.	1er avril 1874.	II. 882
Id.	Circulaire relative aux sessions d'examen dans les Écoles préparatoires de médecine et de pharmacie.	31 juillet 1874.	II. 896
Id. . .	Circulaire relative au cumul des fonctions de suppléant et de chef des travaux anatomiques dans les Écoles préparatoires de médecine et de pharmacie.	10 oct. 1874.	II. 898
Id.	Circulaire qui détermine le nombre et la nature des épreuves des concours pour les emplois de suppléant dans les Écoles préparatoires de médecine et de pharmacie.	10 oct. 1874.	II. 898
Id.	Circulaire relative à l'indemnité de séjour allouée aux présidents des jurys d'examens dans les Écoles préparatoires de médecine et de pharmacie.	23 janv. 1875.	III. 1
Id.	Décret relatif aux suppléants et aux chefs des travaux anatomiques dans les Écoles préparatoires de médecine et de pharmacie.	14 juillet 1875.	III. 42
Id.	Circulaire relative à l'organisation des travaux pratiques dans les Écoles préparatoires de médecine et de pharmacie.	4 mai 1876.	III. 131
Id.	Décret concernant l'enseignement et le traitement des professeurs dans les Écoles préparatoires de médecine et de pharmacie.	10 août 1877.	III. 162

OBJET.	TITRES DES LOIS, DÉCRETS, ORDONNANCES, RÈGLEMENTS, ARRÊTÉS, ETC.	DATES.	TOMES et PAGES.
ÉCOLES PRÉPARATOIRES de Médecine et de Pharmacie.	Arrêté modifiant la circonscription des Écoles préparatoires de médecine et de pharmacie de *Tours* et d'*Angers*.	10 août 1877.	III. 163
Idem	Circulaire pour l'exécution du décret du 10 août 1877 relatif à la réorganisation des Écoles préparatoires de médecine et de pharmacie.	28 fév. 1878.	III. 178
Id.	Arrêté qui détermine la circonscription des Facultés de médecine, des Écoles supérieures de pharmacie, des Écoles de plein exercice et des Écoles préparatoires de médecine et de pharmacie.	22 juillet 1878.	III. 222
Id.	Règlement qui détermine la nature des épreuves du concours pour l'emploi de chef des travaux chimiques dans les Écoles préparatoires de médecine et de pharmacie. . .	30 déc. 1878.	III. 243
Id.	Loi relative à l'enseignement supérieur en Algérie (*art. 3*).	20 déc. 1879.	III. 292
Id.	Circulaire du Ministre de la Guerre relative aux officiers de santé militaire qui acceptent des emplois dans les Facultés et Écoles de médecine.	23 fév. 1880.	III. 321
Id.	Décret retirant provisoirement à l'École préparatoire de médecine et de pharmacie d'*Arras* le droit de délivrer des inscriptions et de faire subir des examens.	23 janv. 1883.	III. 700
Id.	Arrêté relatif au même objet	23 janv. 1883.	III. 701
Id.	Décret portant réorganisation des Écoles préparatoires de médecine et de pharmacie.	1er août 1883.	III. 743
Id.	*Rapport fait au Conseil supérieur sur cet objet par* M. Gavarret	1er août 1883.	III. 737 n.
Id.	Circulaire relative à l'exécution du décret précédent	10 août 1883.	III. 747 n.
Id.	Règlement relatif à la présidence des sessions d'examens dans les Écoles de plein exercice et dans les Écoles préparatoires de médecine et de pharmacie.	31 déc. 1883.	III. 799
Id.	*Rapport fait au Conseil supérieur sur cet objet par* M. Gavarret.	31 déc. 1883.	III. 800 n.
	Voir : COLLÈGES DE MÉDECINE, ÉCOLES SECONDAIRES DE MÉDECINE ET DE PHARMACIE.		
ÉCOLES SECONDAIRES de Médecine et de Pharmacie.	Décret portant création dans l'ancienne École de médecine de Toulouse des cours gratuits de médecine et de chirurgie.	1er mai 1806.	I. 434 n. 2
Idem	Règlement concernant les cours publics de médecine et de chirurgie établis à l'ancienne École de médecine de Toulouse	22 nov. 1806.	I. 434 n. 1
Id.	Statut concernant le régime et la police générale de l'Université (*art. 16*).	28 oct. 1808.	I. 203
Id.	Règlement pour l'École secondaire de médecine de Toulouse.	22 avril 1820.	I. 434
Id.	Ordonnance relative aux professeurs et aux élèves des Écoles secondaires de médecine et des cours d'instruction médicale institués dans les hôpitaux.	18 mai 1820.	I. 438
Id.	Arrêté concernant l'enseignement et la discipline dans les Écoles secondaires de médecine.	7 nov. 1820.	I. 454

OBJET	TITRES DES LOIS, DÉCRETS, ORDONNANCES, RÈGLEMENTS, ARRÊTÉS, ETC.	DATES.	TOMES et PAGES.
ÉCOLES SECONDAIRES de Médecine et de Pharmacie.	Règlement pour l'École secondaire de médecine de Lyon. .	3 juillet 1821.	I. 475
Id.	Règlement général sur la comptabilité de l'Université (*art. 149*).	11 nov. 1826.	I. 540
Idem	Arrêté relatif aux formalités à remplir pour être admis à faire valoir dans une Faculté de médecine les études faites dans une École secondaire ou dans un hôpital où il existe des cours médicaux légalement institués. . . .	20 mars 1827.	I. 598
Id.	*Rapport* et Ordonnance concernant l'administration supérieure de l'Instruction publique, les Facultés de droit, les Facultés de médecine, les Écoles secondaires de médecine (*art. 6*).	26 mars 1829	I. 619
Id.	Arrêté contenant règlement pour l'École secondaire de médecine de Caen.	13 mars 1830.	I. 638
Id.	Règlement pour l'École secondaire de médecine de Rouen.	11 juillet 1834.	I. 705
Id.	Ordonnance qui fixe les droits exigés des élèves des Écoles secondaires, candidats au doctorat dans les Facultés de médecine.	12 avril 1835.	I. 722
Id.	Arrêté relatif aux droits que doivent payer, dans les Facultés de médecine, les élèves des Écoles secondaires qui auraient obtenu des remises de droits d'inscription. . .	16 juin 1835.	I. 723 *n.*
Id.	*Rapport de* M. Orfila *sur l'état de l'enseignement médical en France.*	10 sept. 1837.	I. 748
Id.	Arrêté qui établit des chaires de chimie et de pharmacie et d'histoire naturelle dans les Écoles secondaires de médecine.	15 sept. 1837.	I. 771
Id.	Nouvelles dispositions réglementaires concernant les études dans les Écoles secondaires de médecine.	26 sept. 1837.	I. 773
Id.	Circulaire relative à l'enseignement et aux études dans les Écoles secondaires de médecine.	6 oct. 1837.	I. 776
Id.	*Rapport* et Ordonnance concernant l'organisation des Écoles préparatoires de médecine et de pharmacie. . . .	13 oct. 1840.	I. 884
	Voir : COLLÈGES DE MÉDECINE, ÉCOLES PRÉPARATOIRES DE MÉDECINE ET DE PHARMACIE.		
ÉCOLES SPÉCIALES.	Loi sur l'organisation de l'Instruction publique (*titre Ier, art. 7 ; titre III; titre V, art. 8*)	3 brum. An IV.	I. 36
Idem	Loi générale sur l'Instruction publique (*titres Ier, V*). . .	11 flor. An X.	I. 81
Id.	Ordonnance relative au mode de présentation aux chaires vacantes dans les Écoles spéciales	28 déc. 1830.	I. 659
	Voir : ÉLÈVES NATIONAUX, FACULTÉS.		
ÉCOLES SPÉCIALES du Gouvernement.	Arrêté concernant les épreuves d'admission aux Écoles spéciales du Gouvernement.	13 sept. 1852.	II. 233
ÉCOLES SUPÉRIEURES DE PHARMACIE.	*Exposé des motifs de la loi sur l'organisation et la police de la pharmacie.*	germ. An XI.	I. 102
Idem	*Rapport sur le projet de loi relatif à l'organisation des Écoles de pharmacie, par* Carret (du Rhône). . . .	17 germ. An XI.	III. 881 *a.*
Id.	Loi contenant organisation des Écoles de pharmacie. . . .	21 germ. An XI.	I. 105

OBJET.	TITRES DES LOIS, DÉCRETS, ORDONNANCES, RÈGLEMENTS, ARRÊTÉS, ETC.	DATES.	TOMES et PAGES.	
ÉCOLES SUPÉRIEURES DE PHARMACIE.	Arrêté du Gouvernement contenant règlement sur les Écoles de pharmacie.	25 therm. An XI.	I.	119
Idem	Ordonnance qui établit un cours de physique élémentaire et un cours de toxicologie à l'École de pharmacie de Paris	7 janv. 1834.	I.	692
Id.	Ordonnance portant réorganisation de l'École de pharmacie de Montpellier.	30 sept. 1837.	I.	774
Id.	Rapport et Ordonnance portant organisation des Écoles de pharmacie	27 sept. 1840.	I.	876
Id.	Décision du roi sur la nomination des professeurs des Écoles de pharmacie.	23 oct. 1840.	I.	888
Id.	Règlement pour les Écoles de pharmacie.	5 fév. 1841.	I.	892
Id.	Règlement pour l'exécution de la loi de finances du 25 juin 1841 et de l'ordonnance du 27 septembre 1840 en ce qui concerne la perception des droits dus dans les Écoles de pharmacie.	27 nov. 1841.	I.	911
Id.	Circulaire qui exige une déclaration écrite des candidats aux examens dans les Facultés de médecine et les Écoles de pharmacie.	18 mars 1844.	I.	959
Id.	Arrêté qui fixe le minimum des droits de présence des professeurs titulaires et adjoints des Écoles de pharmacie.	28 fév. 1845.	I.	965
Id.	Arrêté qui institue des examens semestriels dans les Écoles supérieures de pharmacie.	15 oct. 1847.	I.	1016
Id.	Rapport sur l'organisation des Écoles de pharmacie.	27 avril 1850.	II.	124
Id.	Dispositions organiques concernant l'Instruction publique (chap. Ier)	9 mars 1852.	II.	209
Id.	Rapport et Décret sur le nouveau plan d'études pour les Lycées et les Facultés (art. 12)	10 avril 1852.	II.	216
Id.	Arrêté concernant l'enseignement pratique de la botanique dans les Écoles supérieures de pharmacie.	5 juillet 1853.	II.	293
Id.	Décret sur le régime financier des établissements d'enseignement supérieur (titre III).	22 août 1854.	II.	349
Id.	Règlement sur la réception des officiers de santé, pharmaciens, herboristes et sages-femmes de 2e classe.	23 déc. 1854.	II.	372
Id.	Arrêté fixant les droits de présence des professeurs chargés d'examiner les candidats au titre d'officier de santé, de pharmacien et herboriste de 2e classe.	23 déc. 1854.	II.	381
Id.	Décret portant création d'une chaire de zoologie à l'École supérieure de pharmacie de Paris	1er juillet 1856.	II.	473
Id.	Décret portant création d'une chaire de physique appliquée à la pharmacie à l'École supérieure de pharmacie de Paris.	17 déc. 1856.	II.	475
Id.	Décret portant affectation au service de l'Instruction publique d'un terrain occupé par le Muséum.	5 janv. 1867.	II.	711
Id.	Décret portant affectation d'un terrain au service de la Faculté de médecine et de l'École supérieure de pharmacie de Paris.	6 avril 1867.	II.	713
Id.	Décret instituant des concours et des prix dans les Écoles supérieures de pharmacie.	21 avril 1869.	II.	777

OBJET.	TITRES DES LOIS, DÉCRETS, ORDONNANCES, RÈGLEMENTS, ARRÊTÉS, ETC.	DATES.	TOMES et PAGES.	
ÉCOLES SUPÉRIEURES DE PHARMACIE.	Arrêté qui détermine la nature des prix fondés dans les Écoles supérieures de pharmacie.	21 avril 1869.	II.	778
Idem.	Arrêté qui institue un second prix à l'École supérieure de pharmacie de Paris	21 avril 1869.	II.	778
Id.	Décret relatif aux chaires de matière médicale et de chimie de l'École supérieure de pharmacie de Strasbourg. . . .	30 mars 1870.	II.	794
Id.	Arrêté qui fixe les indemnités de suppléance pour l'École supérieure de pharmacie de Paris.	30 mars 1872.	II.	816
Id.	Décret d'organisation de la Faculté de médecine et de l'École supérieure de pharmacie de Nancy.	1er oct. 1872.	II.	824
Id.	Décret qui supprime l'emploi de professeur adjoint dans les Écoles supérieures de pharmacie.	17 janv. 1874.	II.	872
Id.	Décret portant que l'École supérieure de pharmacie de Nancy formera désormais un établissement distinct de la Faculté de médecine de cette ville.	11 janv. 1876.	III.	114
Id.	Décret qui prescrit le payement, par douzième, des traitements des professeurs et agrégés des Facultés et des Écoles supérieures de pharmacie.	10 juillet 1877.	III.	154
Id.	Décret portant règlement d'administration publique déterminant les conditions d'études exigées des aspirants au titre de pharmacien de 1re classe (art. 5).	12 juillet 1878.	III.	219
Id.	Arrêté qui détermine la circonscription des Facultés de médecine, des Écoles supérieures de pharmacie.	22 juillet 1878.	III.	222
Id.	Décret autorisant les professeurs d'histoire naturelle médicale ou de botanique de la Faculté de médecine, de la Faculté des sciences ou de l'École supérieure de pharmacie de Paris à faire leurs cours au Muséum d'histoire naturelle.	10 janv. 1880.	III.	315
Id.	Décret portant création de chaires de minéralogie et hydrologie, et de cryptogamie à l'École supérieure de pharmacie de Paris	31 déc. 1881.	III.	605
Id.	Règlement pour le service de la bibliothèque de l'École supérieure de pharmacie de Paris.	13 fév. 1882.	III.	611
	Voir : Herboristes, Pharmaciens, Traitements.			
ÉCONOME.	Statut sur l'administration, la police et l'enseignement de l'École normale (art. 16, 17).	30 mars 1810.	I.	268
Idem	Statut sur l'administration économique de l'École normale (§ 4).	29 mai 1810.	I.	282
Id.	Règlement concernant l'administration et la discipline de l'École normale (§ 7).	14 déc. 1815.	I.	394
ÉLECTIONS.	Loi sur l'organisation du Conseil général et des Conseils d'arrondissement de la Seine et l'organisation municipale de la ville de Paris.	20 avril 1834.	I.	701
Idem	Avis du Conseil relatif à l'application de la loi du 20 avril 1834 en ce qui concerne les maîtres de conférences de l'École normale.	8 oct. 1844.	I.	701 n.
Id.	*Rapport* et Décret concernant l'élection des membres du Conseil supérieur de l'Instruction publique.	8 mai 1850.	II.	135

OBJET.	TITRES DES LOIS, DÉCRETS, ORDONNANCES, RÈGLEMENTS, ARRÊTÉS, ETC.	DATES.	TOMES et PAGES.
ÉLECTIONS.	Règlement d'administration publique pour l'exécution de la loi du 15 mars 1850 (*chap. II*, § 3).	29 juillet 1850.	II. 155
Idem	Règlement pour la nomination et l'élection des membres du Conseil supérieur de l'Instruction publique.	19 avril 1873.	II. 856
Id.	Décret relatif à l'élection des membres du Conseil supérieur de l'Instruction publique.	16 mars 1880.	III. 384
Id.	Circulaires sur le même objet.	18 mars 1880. 5 avril 1880.	III. 384 *n.*
Id.	Instructions supplémentaires concernant les élections au Conseil supérieur de l'Instruction publique.	3 mai 1880.	III. 460
ÉLÈVES NATIONAUX.	Décret portant établissement de trois Écoles de santé (*art. 9 et suiv.*).	14 frim. An III.	I. 29
Idem	Décret relatif au recrutement des élèves des Écoles de santé.	10 germ. An III.	I. 30 *n.*
Id.	Décret relatif au recrutement des élèves des Écoles de santé.	9 niv. An III.	I. 31 *n.*
Id.	Loi concernant l'organisation constitutionnelle des colonies.	12 niv. An VI.	I. 56
Id.	Loi générale sur l'Instruction publique (*titre VII*).	11 flor. An X.	I. 81
Id.	Loi relative à l'exercice de la médecine (*art. 13*).	19 vent. An XI.	I. 93
Id.	Décret concernant l'organisation des Écoles de droit (*art. 67*).	4e comp^re An XII.	I. 142
ÉLOGE.	Règlement relatif aux examens de baccalauréat, de licence et de doctorat en droit (*art. 6*).	6 juillet 1841.	I. 908
ÉMÉRITAT.	Décret portant organisation de l'Université (*titres XV, XVIII*).	17 mars 1808.	I. 171
Idem	Décret portant règlement pour l'Université (*titre IX*).	17 sept. 1808.	I. 189
Id.	Statut sur l'éméritat et les pensions de retraite des membres de l'Université.	10 avril 1810.	I. 276
Id.	Décret annulant le statut précédent.	14 juin 1810.	I. 278 *n*
Id.	Décret sur l'éméritat et les pensions de retraite des membres de l'Université.	22 oct. 1810.	I. 301
Id.	Décret relatif à la construction d'édifices pour le placement des Archives impériales, de l'Université et de l'École des Beaux-Arts.	21 mars 1812.	I. 342
	Voir : PENSIONS DE RETRAITE.		
EMPLOIS CIVILS.	*Voir :* SOUS-OFFICIERS.		
EMPLOYÉS.	Règlement pour le Muséum national d'histoire naturelle présenté par les professeurs et approuvé par le Comité d'Instruction publique de la Convention nationale (*chap. Ier, art. 6*).	21 sept. 1793.	I. 15
Idem	Ordonnance portant réorganisation de la Faculté de médecine de Paris (*art. 10, 14*).	2 fév. 1823.	I. 488
Id.	Décision relative aux employés de la Faculté de médecine de Paris.	26 avril 1823.	I. 489 *n.*

OBJET.	TITRES DES LOIS, DÉCRETS, ORDONNANCES, RÈGLEMENTS, ARRÊTÉS, ETC.	DATES.	TOMES et PAGES.
EMPLOYÉS.	Statut portant règlement général concernant la discipline et la police intérieure des Facultés et des Écoles secondaires de médecine (*art. 47*).	9 avril 1825.	I. 521
Idem	Arrêté portant règlement pour la Faculté de médecine de Strasbourg (*art. 9*).	11 avril 1829.	I. 625
Id.	*Rapport* et Ordonnance portant organisation des Écoles de pharmacie (*art. 8*).	27 sept. 1840.	I. 876
Id.	Règlement concernant les Écoles préparatoires de médecine et de pharmacie (*art. 1er*)	12 mars 1841.	I. 899
Id.	Dispositions organiques concernant l'Instruction publique (*art. 3*).	9 mars 1852.	II. 209
ENCOURAGEMENTS.	Décret concernant les pensions, gratifications et autres récompenses nationales (*titre II*).	22 août 1790.	I. 2
Idem	Règlement de comptabilité en exécution de l'ordonnance du 31 mai 1838 (*art. 31*).	16 déc. 1841.	I. 918
ENGAGEMENT DÉCENNAL.	Décret portant organisation de l'Université (*art. 112*). . .	17 mars 1808.	I. 171
Idem	Décret qui exempte provisoirement les élèves de l'École normale du service militaire.	29 juillet 1811.	I. 317
Id.	Loi sur le recrutement de l'armée.	10 mars 1818.	I. 414
Id.	Instruction relative à l'exemption du service militaire accordée aux membres et aux fonctionnaires de l'Instruction publique.	7 août 1818.	I. 415 n.
Id.	Loi sur le recrutement de l'armée.	21 mars 1832.	I. 669
Id.	Arrêté relatif à l'engagement décennal exigé des élèves de l'École normale.	13 déc. 1836.	I. 744
Id.	Loi relative à l'enseignement (*art. 79*).	15 mars 1850.	II. 85
Id.	Instruction pour l'exécution de l'article 79 de la loi du 15 mars 1850, relatif à la dispense du service militaire. .	18 déc. 1850.	II. 191
Id.	Loi sur le recrutement de l'armée (*art. 20*).	27 juillet 1872.	II. 822
Id.	Circulaire relative à l'exécution de l'article 20 de la loi du 27 juillet 1872 sur le recrutement en ce qui touche les membres de l'Instruction publique.	20 janv. 1873.	II. 833
Id.	Circulaire rappelant les formalités à remplir par les élèves de l'École normale supérieure pour la validité de leur engagement décennal.	13 déc. 1876.	III. 143
Id.	Arrêté concernant les boursiers de licence près les Facultés des sciences et des lettres.	31 janv. 1879.	III. 245
Id.	Circulaire relative à l'exécution de l'arrêté précédent. . . .	24 juin 1879.	III. 245 n.
Id.	Circulaire relative à l'engagement décennal exigé des boursiers de licence.	17 sept. 1880.	III. 513 n.
ENGAGÉS CONDITIONNELS.	Loi sur le recrutement de l'armée (*art. 53*).	27 juillet 1872.	II. 822
Idem	Circulaire concernant les engagés conditionnels candidats au doctorat en médecine.	16 février 1879.	III. 246
Id.	Décret déterminant les conditions d'études et d'admission aux grades de bachelier et de licencié dans les Facultés de droit (*art. 3*).	28 déc. 1880.	III. 536

OBJET.	TITRES DES LOIS, DÉCRETS, ORDONNANCES, RÈGLEMENTS, ARRÊTÉS, ETC.	DATES.	TOMES et PAGES.
ENGAGÉS CONDITIONNELS.	Circulaire relative aux étudiants en médecine et en pharmacie qui désirent faire leur volontariat dans une section d'infirmiers.	10 janv. 1881.	III. 551
Idem	Circulaire relative aux étudiants en médecine qui désirent faire leur volontariat dans une section d'infirmiers.	5 juillet 1881.	III. 576
Id.	Décret portant modification de l'article 3 du décret du 28 décembre 1880.	21 juillet 1882.	III. 537 *n.*
Id.	Décret relatif au régime des établissements d'enseignement supérieur (*art. 1er*).	30 juillet 1883.	III. 731
ENSEIGNEMENT PUBLIC.	Décret portant organisation de l'Université (*titres Ier, V*).	17 mars 1808.	I. 171
Idem	Décret portant réglement pour l'Université (*titre II*).	17 sept. 1808.	I. 189
Id.	Décret concernant le régime de l'Université (*chap. II, titre II*).	15 nov. 1811.	I. 319
Id.	Circulaire relative à l'obligation de passer par l'École normale pour entrer dans l'enseignement.	13 nov. 1813.	I. 370
Id.	Avis du Conseil portant que les Écoles de commerce et les cours publics de mécanique et de géométrie applicables aux arts industriels doivent être autorisés par le Ministre, Grand-Maître de l'Université.	23 oct. 1838.	I. 805
Id.	Loi relative à l'enseignement.	15 mars 1850.	II. 85
Id.	*Exposé des motifs du projet de loi sur l'Instruction publique présenté par* M. de Falloux.	»	II. 107
Id.	*Rapport fait par* M. Beugnot *au nom de la Commission chargée d'examiner le projet de loi sur l'Instruction publique*	»	II. 108
Id.	*Rapport supplémentaire.*	»	II. 120
Id.	Circulaire relative à la mise à exécution de la nouvelle loi sur l'enseignement.	27 août 1850.	II. 171
	Voir : INSTRUCTION PUBLIQUE.		
ENSEIGNEMENT (Liberté de l').	Décret sur l'organisation de l'Instruction publique.	29 frim. An II.	I. 26
Idem	Extrait de la Constitution (*art. 300*).	5 fruct. An III.	I. 34
Id.	Charte constitutionnelle.	14 août 1830.	I. 641
Id.	Extrait de la Constitution.	4 nov. 1848.	II. 60
Id.	Loi relative à l'enseignement.	15 mars 1850.	II. 85
Id.	Loi relative à la liberté de l'enseignement supérieur.	12 juillet 1875.	III. 12
Id.	Loi relative à la liberté de l'enseignement supérieur.	18 mars 1880.	III. 388
	Voir : ENSEIGNEMENT SUPÉRIEUR.		
ENSEIGNEMENT SUPÉRIEUR.	Décret qui établit trois degrés progressifs d'instruction indépendamment des Écoles primaires et supprime les Collèges et les Facultés.	15 sept. 1793.	I. 14
Idem	Loi sur l'organisation de l'Instruction publique (*titre III*).	3 brum. An IV.	I. 36
Id.	Loi générale sur l'Instruction publique (*titre V*).	11 flor. An X.	I. 81
Id.	Décret portant organisation de l'Université.	17 mars 1808.	I. 171
Id.	Ordonnance portant réglement sur l'Instruction publique.	17 fév. 1815.	I. 374
Id.	Ordonnance qui établit une Commission de l'Instruction publique et maintient l'organisation des Académies.	15 août 1815.	I. 386
Id.	Loi relative à l'enseignement (*art. 85*).	15 mars 1850.	II. 85

OBJET.	TITRES DES LOIS, DÉCRETS, ORDONNANCES, RÈGLEMENTS, ARRÊTÉS, ETC.	DATES.	TOMES et PAGES.	
ENSEIGNEMENT SUPÉRIEUR.	Loi sur l'administration de l'Instruction publique (*titre II*).	14 juin 1854.	II.	316
Idem	Décret sur l'organisation des Académies.	22 août 1854.	II.	340
Id.	Tableau des établissements d'enseignement supérieur et d'enseignement secondaire, rattachés aux seize centres académiques	22 août 1854.	II.	346
Id.	*Rapport* et Décret sur le régime financier des établissements d'enseignement supérieur.	22 août 1854.	II.	349
Id.	Circulaire sur l'application de la loi du 14 juin et des décrets du 22 août 1854	15 sept. 1854.	II.	365
Id.	Instruction relative à la session de novembre des Conseils académiques.	16 oct. 1855.	II.	449
Id.	*Explications sur la proposition de loi relative à la liberté de l'enseignement supérieur présentées par* M. le comte Jaubert.	nov. 1874.	III.	946 *a.*
Id.	Loi relative à la liberté de l'enseignement supérieur	12 juillet 1875.	III.	12
Id.	*Rapport fait au nom de la Commission chargée d'examiner la proposition de loi de* M. le comte Jaubert *relative à la liberté de l'enseignement supérieur, par* M. Laboulaye.	»	III.	18
Id.	*Rapport supplémentaire sur le même objet.*	»	III.	30
Id.	Circulaire pour l'exécution de la loi sur la liberté de l'enseignement supérieur	16 oct. 1875.	III.	89
Id.	Décret portant règlement d'administration publique pour l'exécution de la loi du 12 juillet 1875 relative à la liberté de l'enseignement supérieur.	25 janv. 1876.	III.	120
Id.	Décret portant règlement d'administration publique pour l'exécution de la loi du 12 juillet 1875 en ce qui concerne les cours isolés	25 janv. 1876.	III.	122
Id.	Loi relative à la liberté de l'enseignement supérieur.	18 mars 1880.	III.	388
Id.	*Exposé des motifs du projet de loi relatif à la liberté de l'enseignement supérieur présenté par* M. J. Ferry.	»	III.	389
Id.	*Rapport fait au nom de la Commission chargée d'examiner le projet de loi relatif à la liberté de l'enseignement supérieur par* M. Spuller.	»	III.	393
Id.	*Exposé des motifs du projet de loi adopté par la Chambre des députés, relatif à la liberté de l'enseignement supérieur, présenté au Sénat par* M. J. Ferry.	»	III.	424
Id.	*Rapport fait au nom de la Commission chargée d'examiner le projet de loi adopté par la Chambre des députés, relatif à la liberté de l'enseignement supérieur, par* M. J. Simon.	»	III.	425
Id.	Décret relatif au régime des établissements d'enseignement supérieur.	30 juillet 1883.	III.	731
Id.	Circulaire relative à l'application du décret précédent. . . .	31 oct. 1883.	III.	765
Id.	Circulaire relative aux établissements d'enseignement supérieur [*Universités*]	17 nov. 1883.	III.	774
ÉQUIVALENCES.	Règlement général sur la comptabilité de l'Université (*art. 152, 153*).	11 nov. 1826.	I.	540

OBJET.	TITRES DES LOIS, DÉCRETS, ORDONNANCES, RÈGLEMENTS, ARRÊTÉS, ETC.	DATES.	TOMES et PAGES.	
ÉQUIVALENCES.	Arrêté relatif aux médecins reçus dans les Universités étrangères.	8 sept. 1827.	I.	600
Idem	Décision relative aux études médicales faites dans les Universités étrangères.	20 juin 1834.	I.	703
Id.	Arrêté concernant les médecins étrangers qui sollicitent l'autorisation d'exercer la médecine en France.	18 oct. 1834.	I.	706
Id.	Arrêté portant que les études médicales faites dans les Universités étrangères seront comptées intégralement devant la Faculté de médecine de Strasbourg.	21 oct. 1834.	I.	707
Id.	Règlement pour l'exécution des lois de finances des 23 et 24 mai 1834 en ce qui concerne l'Université (*art. 48, 49*)	27 nov. 1834.	I.	710
Id.	Décision relative aux équivalences de grade.	3 nov. 1835.	I.	727
Id.	Arrêté relatif aux étrangers qui désirent suivre les cours des Facultés.	24 juillet 1840.	I.	871
Id.	Décret sur le régime financier des établissements d'enseignement supérieur (*art. 5*).	22 août 1854.	II.	349
Id.	Arrêté concernant les élèves de l'École de médecine et de chirurgie de Bucharest.	23 nov. 1857.	II.	506
Id.	Arrêté relatif au grade de maître ès arts conféré dans les provinces sardes annexées à la France.	23 juillet 1860.	II.	567
Id.	Décret relatif aux jeunes gens originaires de la Savoie et de Nice qui jouissent d'une bourse du Gouvernement sarde au Collège Charles-Albert.	24 oct. 1860.	II.	570
Id.	Décret relatif à l'équivalence du diplôme sarde de docteur en médecine avec le diplôme français correspondant.	24 oct. 1860.	II.	571
Id.	Décret relatif à l'équivalence du diplôme sarde de pharmacien avec le diplôme français correspondant.	24 oct. 1860.	II.	571
Id.	Arrêté contenant des dispositions transitoires en faveur des jeunes gens originaires de la Savoie et de Nice qui ont subi le premier examen pour le grade de maître ès arts.	25 oct. 1860.	II.	572
Id.	Arrêté qui détermine les équivalences de grades et d'études accordées aux étudiants en droit originaires de la Savoie et de Nice.	25 oct. 1860.	II.	573
Id.	Arrêté qui détermine les équivalences d'études accordées aux étudiants en médecine originaires de la Savoie et de Nice.	25 oct. 1860.	II.	575
Id.	Arrêté qui fixe les équivalences d'études accordées aux étudiants en pharmacie originaires de la Savoie et de Nice.	25 oct. 1860.	II.	576
Id.	Arrêté concernant les élèves de l'École de médecine de Bucharest.	11 juillet 1866.	II.	705
Id.	Arrêté qui détermine la valeur du diplôme de bachelier ès sciences délivré par le Lycée de Galata-Seraï.	12 fév. 1872.	II.	807
Id.	Circulaire relative aux équivalences de grades demandées par les élèves de l'École de médecine de Bucharest.	28 fév. 1880.	III.	375
ÉTABLISSEMENTS LIBRES.	Loi relative à la liberté de l'enseignement supérieur.	12 juillet 1875.	III.	12
Idem	Loi relative à la liberté de l'enseignement supérieur (*art. 4, 7*).	18 mars 1880.	III.	388
	Voir : ENSEIGNEMENT SUPÉRIEUR.			

OBJET.	TITRES DES LOIS, DÉCRETS, ORDONNANCES, RÈGLEMENTS, ARRÊTÉS, ETC.	DATES.	TOMES et PAGES.
ÉTRANGERS.	Loi relative à l'exercice de la médecine (*art. 4*).	19 vent. An XI.	I. 93
Idem	Ordonnance portant réorganisation de la Faculté de médecine de Paris (*art. 31*).	2 fév. 1823.	I. 488
Id.	Arrêté relatif aux médecins reçus dans les Universités étrangères.	8 sept. 1827.	I. 600
Id.	Arrêté concernant les étrangers qui désirent suivre les cours de la Faculté de droit de Strasbourg.	4 août 1829.	I. 628
Id.	Arrêté relatif aux réfugiés polonais, italiens et autres qui désirent suivre les cours de la Faculté de médecine de Montpellier.	4 déc. 1832.	I. 680
Id.	Arrêté concernant les médecins étrangers qui sollicitent l'autorisation d'exercer la médecine en France.	18 oct. 1834.	I. 706
Id.	Arrêté relatif aux étrangers qui désirent suivre les cours des Facultés.	24 juillet 1840.	I. 871
Id.	Arrêté concernant les étrangers qui désirent suivre les cours des Facultés.	25 juin 1841.	I. 871*n.*
Id.	Loi relative à l'enseignement (*art. 78*).	15 mars 1850.	II. 85
Id.	Décret qui détermine les conditions auxquelles les étrangers peuvent être admis à enseigner en France.	5 déc. 1850.	II. 184
Id.	Décret qui institue une École préparatoire de médecine et de pharmacie à Alger (*art. 9*).	4 août 1857.	II. 490
Id.	Décision impériale concernant les étudiants polonais. . . .	13 août 1864.	II. 654
Id.	Décret portant admission des étrangers israélites à l'École préparatoire de médecine et de pharmacie d'Alger. . . .	27 janv. 1865.	II. 678
Id.	Loi relative à la liberté de l'enseignement supérieur (*art. 9*).	12 juillet 1875.	III. 12
Id.	Règlement d'administration publique pour l'exécution de la loi précédente (*art. 8*).	25 janv. 1876.	III. 120
	Voir : EQUIVALENCES, GRATUITÉ, MÉDECINE (EXERCICE DE LA).		
ÉTUDES MÉDICALES	*Rapport sur la formation d'une Commission des études médicales.*	18 nov. 1845.	I. 972
	Voir : DOCTORAT EN MÉDECINE, EN CHIRURGIE, ÉCOLES ET FACULTÉS DE MÉDECINE, OFFICIERS DE SANTÉ, SAGES-FEMMES.		
ÉTUDIANTS.	Règlement pour le Muséum national d'histoire naturelle (*chap. II, art. 16*).	21 sept. 1793.	I. 15
Idem	Instruction pour les Écoles de droit (*chap. Ier, III*)	19 mars 1807.	I. 160
Id.	Arrêté concernant le Collège des étudiants en médecine de Paris.	20 juin 1809.	I. 223
Id.	Arrêté qui autorise la création, à Paris, d'un établissement destiné à recevoir les élèves de la Faculté de médecine. .	20 oct. 1837.	I. 777
Id.	Circulaire prescrivant l'envoi d'un bulletin semestriel aux parents des étudiants des Facultés et Écoles.	20 avril 1852.	II. 222
Id.	Décret relatif au régime des établissements d'enseignement supérieur (*art. 31*).	30 juillet 1883.	III. 731
	Voir : DISCIPLINE, JURISPRUDENCE.		

OBJET.	TITRES DES LOIS, DÉCRETS, ORDONNANCES, RÈGLEMENTS, ARRÊTÉS, ETC.	DATÉS.	TOMES et PAGES.
EXAMENS. (Médecine.)	Arrêté qui prescrit l'adjonction d'une épreuve pratique d'accouchements au cinquième examen de doctorat en médecine.	25 nov. 1864.	II. 657
Idem	Circulaire relative aux examens de réception des officiers de santé et des pharmaciens de 2° classe.	2 fév. 1867.	II. 712
Id.	Décret portant règlement d'administration publique déterminant les conditions d'études exigées des aspirants au grade de docteur en médecine (*art. 3, 4, 5*).	20 juin 1878.	III. 213
Id.	Décret portant modification de l'article 4 du décret du 20 juin 1878.	23 juillet 1882.	III. 656
Id.	Décret portant modification de l'article 5 du décret du 20 juin 1878.	23 juillet 1882.	III. 657
Id.	Décret relatif aux conditions d'études pour le titre d'officier de santé.	1er août 1883.	III. 737
Id.	Décret portant réorganisation des Écoles préparatoires de médecine et de pharmacie (*art. 13*).	1er août 1883.	III. 743
(Pharmacie.)	Loi portant organisation des Écoles de pharmacie (*titre III*).	21 germ. An XI.	I. 105
Idem	Arrêté du Gouvernement contenant règlement sur les Écoles de pharmacie (*titre III*).	25 therm. An XI.	I. 119
Id.	*Rapport* et Ordonnance portant organisation des Écoles de pharmacie (*titre II*).	27 sept. 1840.	I. 876
Id.	Règlement pour les Écoles de pharmacie (*titre III*).	5 fév. 1841.	I. 892
Id.	Règlement concernant les Écoles préparatoires de médecine et de pharmacie (*titre III*).	12 mars 1841.	I. 899
Id.	Règlement pour l'exécution de la loi de finances du 25 juin 1841 et de l'ordonnance du 27 septembre 1840, en ce qui concerne la perception des droits dus dans les Écoles de pharmacie (*chap. Ier*).	27 nov. 1841.	I. 911
Id.	Circulaire qui exige une déclaration écrite des candidats aux examens dans les Facultés de médecine et les Écoles de pharmacie.	18 mars 1844.	I. 959
Id.	Circulaire relative aux examens devant les jurys médicaux.	19 mai 1850.	II. 146
Id.	Règlement sur les réceptions des officiers de santé, des pharmaciens, herboristes et sages-femmes de 2° classe (*art. 8*).	23 déc. 1854.	II. 372
Id.	Instruction pour l'exécution du règlement précédent.	23 déc. 1854.	II. 377
Id.	Circulaire relative aux examens de réception des officiers de santé et des pharmaciens de 2° classe.	2 fév. 1867.	II. 712
Id.	Décret portant règlement d'administration publique, modifiant les conditions d'études exigées des aspirants au grade de pharmacien de 2° classe.	14 juillet 1875.	III. 42
Id.	Décret portant règlement d'administration publique déterminant les conditions d'études exigées des aspirants au grade de pharmacien de 1re classe (*art. 3*).	12 juillet 1878.	III. 219
Id.	Arrêté qui détermine les conditions d'études pour le diplôme supérieur de pharmacien de 1re classe.	31 juillet 1878.	III. 224
Id.	Décret portant règlement d'administration publique, relatif aux conditions d'études exigées des candidats au grade de pharmacien de 2° classe.	31 août 1878.	III. 225

OBJET.	TITRES DES LOIS, DÉCRETS, ORDONNANCES, RÈGLEMENTS, ARRÊTÉS, ETC.	DATES.	TOMES et PAGES.
EXAMENS. (Pharmacie.)	Règlement relatif à l'examen de validation de stage exigé des candidats aux grades de pharmacien de 1re et de 2e classe	30 déc. 1878.	III. 242
(Sciences.)	Règlement particulier pour la Faculté des sciences de Paris (*titre II*).	10 oct. 1809.	I. 233
Idem	Statut sur les Facultés des lettres et des sciences (*art. 13 et suiv.*).	16 fév. 1810.	I. 249
Id.	Instruction pour l'exécution du statut précédent.	5 avril 1810.	I. 255 *n.*
Id.	Circulaire relative aux examens dans les Facultés des lettres et des sciences.	1er déc. 1839.	I. 816
Id.	Arrêté qui autorise la Faculté des sciences de Paris à s'adjoindre des docteurs ès sciences pour le service des examens.	29 nov. 1842.	I. 945
	Voir : BACCALAURÉAT, DOCTORAT ET LICENCE ÈS SCIENCES.		
(Théologie.)	*Voir :* BACCALAURÉAT, DOCTORAT ET LICENCE EN THÉOLOGIE.		
EXAMENS DE FIN D'ANNÉE.	Règlement pour l'École de médecine de Paris (*titre Ier, chap. II, art. 6, 7*).	14 mess. An IV.	I. 42
Idem	Nouvelles dispositions réglementaires concernant les études dans les Écoles secondaires de médecine (*art. 4*).	26 sept. 1837.	I. 773
Id.	Règlement concernant les Écoles préparatoires de médecine et de pharmacie (*titre III*).	12 mars 1841.	I. 899
Id.	Arrêté qui institue des examens de fin d'année pour les élèves en médecine.	7 sept. 1846.	I. 985
Id.	Arrêté concernant les agrégés des Facultés des sciences et des lettres (*art. 10*).	22 janv. 1847.	I. 1006
Id.	Arrêté qui détermine les matières du premier examen de fin d'année dans les Facultés de médecine.	8 juillet 1854.	II. 337
Id.	Circulaire relative à l'exécution de l'arrêté précédent. . . .	10 juillet 1854.	II. 337 *n.*
Id.	*Rapport* et Décret sur le régime financier des établissements d'enseignement supérieur (*art. 12, 13*).	22 août 1854.	II. 349
Id.	Circulaire relative aux examens de fin de première et de deuxième années subis avec succès dans les Écoles préparatoires de médecine et de pharmacie.	18 avril 1856.	II. 465
Id.	Arrêté portant règlement d'études pour les Écoles préparatoires de médecine et de pharmacie.	2 avril 1857.	II. 477
Id.	Règlement relatif à la répartition de l'enseignement dans les Écoles préparatoires de médecine et de pharmacie (*art. 10*).	7 avril 1859.	II. 534
Id.	Circulaire relative à l'exécution du règlement précédent. .	8 avril 1859.	II. 535
Id.	Décision concernant les examens de fin d'année à l'École normale supérieure.	16 juillet 1860.	II. 566
Id.	Décret portant règlement d'administration publique, modifiant les conditions d'études exigées des aspirants au grade de pharmacien de 2e classe (*art. 2*).	14 juillet 1875.	III. 42
Id.	Décret portant règlement d'administration publique, déterminant les conditions d'études exigées des aspirants au grade de docteur en médecine (*art. 2*).	20 juin 1878.	III. 213

OBJET.	TITRES DES LOIS, DÉCRETS, ORDONNANCES, RÈGLEMENTS, ARRÊTÉS, ETC.	DATES.	TOMES et PAGES.	
EXAMENS DE FIN D'ANNÉE.	Décret portant règlement d'administration publique déterminant les conditions d'études exigées des aspirants au titre de pharmacien de 1re classe (*art. 2*)	12 juillet 1878.	III.	219
Idem	Décret relatif aux conditions d'études pour le titre d'officier de santé (*art. 5*).	1er août 1883.	III.	737
Id.	Circulaire pour l'exécution du décret précédent.	8 nov. 1883.	III.	772
EXAMENS EN LATIN.	Loi relative à l'exercice de la médecine (*art. 6, 7*).	19 vent. An XI.	I.	93
Idem	Arrêté du Gouvernement portant règlement pour l'exercice de la médecine (*art. 9, 12*).	20 prair. An XI.	I.	109
Id.	Décret concernant l'organisation des Écoles de droit (*art. 38, 43, 46*).	4e compre An XII.	I.	142
Id.	Règlement concernant les examens pour le baccalauréat ès lettres (*art. 4*).	13 mars 1821.	I.	471
Id.	Arrêté relatif à l'examen de philosophie pour le baccalauréat ès lettres.	11 sept. 1830.	I.	644
Id.	Arrêté portant que dans la Faculté de médecine de Paris le cinquième examen comprendra une épreuve écrite en latin et un examen oral.	26 août 1834.	I.	539 *n.*
Id.	Arrêté relatif aux épreuves du cinquième examen de doctorat dans les Facultés de médecine de Montpellier et de Strasbourg (*art. 3*).	12 déc. 1834.	I.	721
Id.	*Rapport* et Ordonnance qui supprime l'emploi de la langue latine dans les examens de droit.	25 juin 1840.	I.	854
Id.	Arrêté relatif à la composition écrite exigée pour le cinquième examen de doctorat en médecine.	4 nov. 1862.	II.	619
EXAMENS PUBLICS.	Loi relative à l'exercice de la médecine (*titres II, III*). .	19 vent. An XI.	I.	93
Idem	Arrêté du Gouvernement contenant règlement sur les Écoles de pharmacie (*art. 25, 33*).	25 therm. An XI.	I.	119
Id.	Décret concernant l'organisation des Écoles de droit (*art. 55*).	4e compre An XII.	I.	142
Id.	Statut concernant les examens dans les cinq Facultés (*titre Ier*).	18 oct. 1808.	I.	194
Id.	Statut sur les Facultés des lettres et des sciences (*art. 29*).	16 fév. 1810.	I.	249
Id.	Arrêté qui détermine les conditions d'admission aux grades dans les Facultés de théologie.	24 août 1838.	I.	802
Id.	Règlement pour le baccalauréat ès lettres (*art. 9*). . . .	14 juillet 1840.	I.	858
Id.	Règlement relatif aux examens du doctorat ès lettres (*art. 5*).	17 juillet 1840.	I.	869
Id.	Règlement pour les Écoles de pharmacie (*art. 18*). . . .	5 fév. 1841.	I.	892
Id.	Règlement sur l'examen du baccalauréat ès lettres (*art. 3*).	3 août 1857.	II.	485
Id.	Règlement sur l'examen du baccalauréat ès sciences (*art. 3*).	7 août 1857.	II.	492
Id.	Instruction pour l'exécution des règlements précédents. . .	14 août 1857.	II.	496
Id.	Règlement pour les examens du baccalauréat ès lettres (*art. 2*).	28 nov. 1864.	II.	664
Id.	Règlement pour l'examen du baccalauréat ès sciences (*art. 2*).	25 mars 1865.	II.	680
Id.	Règlement concernant les épreuves d'admission au grade de bachelier ès lettres (*art. 1er*).	19 juin 1880.	III.	489

OBJET.	TITRES DES LOIS, DÉCRETS, ORDONNANCES, RÈGLEMENTS, ARRÊTÉS, ETC.	DATES.	TOMES et PAGES.
EXAMENS SEMESTRIELS.	Arrêté qui institue des examens semestriels dans les Écoles supérieures de pharmacie.	15 oct. 1847.	I. 1016
Idem	*Rapport* et Décret sur le régime financier des établissements d'enseignement supérieur (*titre III*).	22 août 1854.	II. 349
Id.	Décret portant règlement d'administration publique, déterminant les conditions d'études exigées des aspirants au grade de docteur en médecine (*art. 5*).	20 juin 1878.	III. 213
Id.	Décret portant règlement d'administration publique, déterminant les conditions d'études exigées des aspirants au titre de pharmacien de 1re classe (*art. 2*).	12 juillet 1878.	III. 219
Id.	Circulaire pour l'application des dispositions du décret du 20 juin 1878 concernant les aspirants au doctorat en médecine.	25 juillet 1879.	III. 259
EXCÈS DE POUVOIR.	Décret concernant le régime de l'Université (*art. 45, 83*).	15 nov. 1811.	I. 319
	Voir : JURISPRUDENCE.		
EXCLUSION.	Arrêté relatif aux étudiants exclus des Facultés de Paris.	10 juin 1820.	I. 439 *n.*
Idem	Ordonnance concernant les Facultés de droit et de médecine (*art. 17, 18, 19, 23*)	5 juillet 1820.	I. 439
Id.	Circulaire relative aux élèves exclus des Facultés	12 fév. 1821.	I. 442 *n.*
Id.	Ordonnance portant réorganisation de la Faculté de médecine de Paris (*art. 33, 35, 36*).	2 fév. 1823.	I. 488
Id.	Arrêté qui applique aux étudiants de toutes les Facultés l'article 33 de l'ordonnance du 2 février 1823.	11 mars 1823.	I. 493
Id.	Statut portant règlement général concernant la discipline et la police intérieure des Facultés et des Écoles secondaires de médecine (*art. 21, 29, 33, 35, 39*).	9 avril 1825.	I. 521
Id.	Loi relative au Conseil supérieur de l'Instruction publique et aux Conseils académiques (*art. 7*).	27 fév. 1880.	III. 322
Id.	Décret portant règlement intérieur des Conseils académiques (*art. 9*)	26 juin 1880.	III. 494
Id.	Décret relatif au régime des établissements d'enseignement supérieur (*art. 19, 28, 29*).	30 juillet 1883.	III. 731
Id.	Circulaire relative à l'exécution du décret précédent. . . .	31 oct. 1883.	III. 765
EXCURSIONS SCIENTIFIQUES.	*Voir :* HERBORISATIONS.		
EXEMPTION DE DROITS.	*Voir :* GRATUITÉ, REMISES DE DROITS.		
EXERCICES PRATIQUES.	*Voir :* TRAVAUX PRATIQUES.		
EXPROPRIATION FORCÉE.	Décret qui confère au Grand-Maître de l'Université le pouvoir d'autoriser les poursuites en expropriation forcée. .	12 sept. 1811.	I. 317
EXTERNES DES HOPITAUX.	*Rapport* et Ordonnance concernant le stage hospitalier exigé des candidats au grade de docteur en médecine. . .	3 oct. 1841.	I. 909
Idem	Ordonnance qui impose aux élèves des Écoles préparatoires de médecine et de pharmacie l'obligation de faire une année de stage dans les hôpitaux (*art. 3*).	10 avril 1842.	I. 942

OBJET.	TITRES DES LOIS, DÉCRETS, ORDONNANCES, RÈGLEMENTS, ARRÊTÉS, ETC.	DATES.	TOMES et PAGES.
EXTERNES DES HOPITAUX.	Décret qui règle les conditions de stage dans les hôpitaux exigé des aspirants au doctorat en médecine et au grade d'officier de santé (*art. 5*).	18 juin 1862.	II. 609
	Voir : STAGE HOSPITALIER.		
FACULTÉS.	Décret qui établit trois degrés progressifs d'instruction indépendamment des Écoles primaires et supprime les Collèges et les Facultés.	15 sept. 1793.	I. 14
Idem	Décret portant organisation de l'Université (*titres Ier, II*).	17 mars 1808.	I. 171
Id.	Statut concernant la division de l'Université en Académies, et les villes qui en seront les chefs-lieux.	18 oct. 1808.	I. 196
Id.	Statut concernant le régime et la police générale de l'Université (*art. 7*).	28 oct. 1808.	I. 203
Id.	Règlement sur les Recteurs membres des Facultés.	21 mars 1809.	I. 215
Id.	Décret concernant diverses dispositions pour accorder le régime des anciennes Écoles avec celui de l'Université. .	4 juin 1809.	I. 219
Id.	Règlement concernant le régime de l'Université, la subordination, la correspondance et les attributions de ses diverses autorités.	10 oct. 1810.	I. 298
Id.	Arrêté relatif aux dépenses des Facultés.	28 avril 1812.	I. 345
Id.	Ordonnance portant règlement sur l'Instruction publique (*art. 26 et suiv.*).	17 fév. 1815.	I. 374
Id.	Ordonnance qui fixe le terme après lequel le grade de docteur sera obligatoire pour être admis aux chaires des Facultés.	12 août 1818.	I. 403*n.*
Id.	Règlement général sur la comptabilité de l'Université. . .	11 nov. 1826.	I. 540
Id.	Règlement pour l'exécution des lois de finances des 23 et 24 mai 1834 en ce qui concerne l'Université.	27 nov. 1834.	I. 710
Id.	Arrêté qui détermine les conditions auxquelles un étudiant peut changer de Faculté.	25 oct. 1839.	I. 816
Id.	Circulaire relative à la séance annuelle de rentrée des diverses Facultés.	31 juillet 1840.	I. 871
Id.	Circulaire relative aux discours de rentrée.	23 juin 1843.	I. 1010*n.*
Id.	Avis du Conseil royal concernant les rapports et les discours des séances de rentrée dans les Facultés et Écoles.	21 mai 1847.	I. 1010
Id.	Loi relative à l'enseignement (*art. 5*).	15 mars 1850.	II. 85
Id.	Dispositions organiques concernant l'Instruction publique.	9 mars 1852.	II. 209
Id.	*Rapport* et Décret sur le nouveau plan d'études pour les Lycées et les Facultés.	10 avril 1852.	II. 216
Id.	Loi sur l'administration de l'Instruction publique (*titre II*).	14 juin 1854.	II. 316
Id.	Décret sur l'organisation des Académies (§ *II*).	22 août 1854.	II. 340
Id.	Circulaire sur l'application de la loi du 14 juin et des décrets du 22 août 1854.	15 sept. 1854.	II. 365
Id.	Règlement relatif aux Facultés.	27 fév. 1858.	II. 509
Id.	Instruction relative à l'exécution du règlement précédent. .	15 mars 1858.	II. 511
Id.	Arrêté fixant l'époque de la clôture du registre d'inscription des Facultés.	5 février 1861.	II. 582
Id.	Instruction sur l'enseignement des Facultés et sur les leçons faites le soir.	6 avril 1864.	II. 639

OBJET.	TITRES DES LOIS, DÉCRETS, ORDONNANCES, RÈGLEMENTS, ARRÊTÉS, ETC.	DATES.	TOMES et PAGES.
FACULTÉS.	Circulaire prescrivant l'envoi pour les archives du Ministère des comptes rendus des séances de rentrée des Facultés et des palmarès des Lycées et Collèges.	21 janv. 1865.	II. 675
Idem	Loi portant fixation du budget général des dépenses et des recettes de l'exercice 1869.	2 août 1868.	II. 761
Id.	Circulaire relative à la répartition en trois classes des professeurs de l'enseignement supérieur.	18 fév. 1870.	II. 787
Id.	Circulaire qui rétablit les réunions mensuelles des doyens des Facultés dans les Académies.	10 nov. 1872.	II. 831
Id.	Règlement relatif aux étudiants qui veulent passer d'une Faculté dans une autre.	24 nov. 1875.	III. 99
Id.	Décret déterminant : 1º les traitements des professeurs et agrégés dans les établissements d'enseignement supérieur, 2º le régime des suppléances et du cumul.	14 janv. 1876.	III. 115
Id.	Circulaire pour l'exécution du décret du 14 janvier 1876 relatif au traitement des professeurs et agrégés.	25 mars 1876.	III. 128
Id.	Décret qui prescrit le payement par douzièmes des traitements des professeurs et agrégés des Facultés et Écoles supérieures de pharmacie.	1er juillet 1877.	III. 154
Id.	Décret relatif au classement et au traitement des professeurs des Facultés et Écoles supérieures de pharmacie. .	12 fév. 1881.	III. 558
Id.	*Rapport fait au nom de la Commission du budget (exercice 1881) par* M. Duvaux.	12 fév. 1881.	III. 561 *n.*
Id.	Circulaire relative aux vacances de chaires dans les Facultés	19 fév. 1881.	III. 563
Id.	Circulaire relative aux travaux personnels des professeurs des Facultés.	18 mars 1881.	III. 564
Id.	Décret modifiant l'article 8 du décret du 12 février 1881 relatif aux traitements des professeurs des Facultés et des Écoles supérieures de pharmacie.	28 mai 1881.	III. 573
Id.	Décret relatif au classement des professeurs des Facultés et Écoles supérieures de pharmacie.	16 juillet 1881.	III. 576
Id.	*Rapport* et Décret concernant les traitements des chargés de cours et des suppléants dans les Facultés.	20 août 1881.	III. 585
	Voir : ASSEMBLÉES DES PROFESSEURS, CONCOURS, COURS LIBRES, DISCIPLINE, ÉCOLES SPÉCIALES, FACULTÉS (divers ordres de), LEÇONS.		
FACULTÉS DE DROIT.	Édit touchant l'étude du droit civil et canonique et du droit français et les matricules des avocats.	avril 1679.	I. 406 *n.*
Idem	Déclaration sur l'édit d'avril 1679 portant règlement pour le rétablissement des études de droit civil et canonique. .	6 août 1682.	I. 404 *n.*
Id.	Décret relatif à tous les corps et établissements d'instruction et d'éducation publiques.	14-26 sept.1791. 12 oct. 1791.	I. 8
Id.	Décret portant organisation de l'Université (*titre II*). . . .	17 mars 1808.	I. 171
Id.	Statut concernant la division de l'Université en Académies et les villes qui en seront les chefs-lieux.	18 oct. 1808.	I. 196
Id.	Statut concernant les examens dans les cinq Facultés (*titre IV*).	18 oct. 1808.	I. 194

OBJET.	TITRES DES LOIS, DÉCRETS, ORDONNANCES, RÈGLEMENTS, ARRÊTÉS, ETC.	DATES.	TOMES et PAGES.
FACULTÉS DE DROIT.	Arrêté relatif à l'administration et à la comptabilité des Facultés de droit....................	31 janv. 1809.	I. 208
Idem....	Décret concernant diverses dispositions pour accorder le régime des anciennes Écoles avec celui de l'Université (*titre I*[er])...................	4 juin 1809.	I. 219
Id.......	Statut portant règlement provisoire, pour l'année 1810, des traitements fixes et éventuels dans les Facultés de droit.	11 mai 1810.	I. 279
Id......	Statut sur l'administration économique des Facultés de droit....................	13 juillet 1810.	I. 286
Id......	Circulaire relative à l'administration économique des Facultés de droit....................	13 avril 1811.	I. 290 *n.*
Id......	*Rapport présenté au Conseil de l'Université impériale par M. Chabot (de l'Allier), sur la situation actuelle des Facultés de droit.*...................	mars 1812.	III. 884 *a.*
Id......	Arrêté relatif au traitement des professeurs des Facultés de droit....................	7 juillet 1812.	I. 355
Id......	Instruction pour faire suivre aux étudiants en droit les cours de la Faculté des lettres.............	6 oct. 1812.	III. 890 *a.*
Id......	Circulaire qui fixe les époques des examens dans les Facultés de droit....................	23 sept. 1817.	I. 412
Id......	Arrêté contenant des dispositions supplémentaires à l'arrêté du 7 juillet 1812 relatif aux traitements dans les Facultés de droit....................	6 avril 1818.	I. 415
Id......	Arrêté qui fixe l'indemnité qui sera allouée aux suppléants des Facultés de droit chargés de faire le cours d'une chaire vacante....................	19 mars 1819.	I. 426
Id......	Ordonnance concernant les Facultés de droit et de médecine....................	5 juillet 1820.	I. 439
Id......	Ordonnance concernant l'enseignement, les inscriptions, les examens et les grades dans les Facultés de droit.....	4 oct. 1820.	I. 450
Id......	Arrêté concernant la police des cours et exercices des Facultés de droit....................	19 mars 1822.	I. 482
Id......	Règlement général sur la comptabilité de l'Université (*art. 132-142; 253-260; 275*)................	11 nov. 1826.	I. 540
Id......	*Rapport* et Ordonnance concernant l'administration supérieure de l'Instruction publique, les Facultés de droit..	26 mars 1829.	I. 619
Id......	Arrêté concernant les étudiants qui continuent près la Faculté de droit de Paris, les études commencées dans les Facultés de droit des départements............	24 nov. 1829.	I. 633
Id......	Ordonnance qui détermine les grades exigés pour pouvoir prendre des inscriptions dans les Facultés de droit et de médecine....................	9 août 1836.	I. 736
Id......	Constitution de la Commission des hautes études du droit.	29 juin 1838.	I. 821 *n.*
Id......	*Exposé fait par le Ministre à la première séance de la Commission des hautes études de droit.*.........	»	I. 821 *n.*
Id......	Arrêté relatif à l'ouverture et à la clôture des cours et à la discipline des étudiants dans les Facultés de droit et de médecine....................	26 oct. 1838.	I. 807
Id......	Arrêté relatif aux traitements éventuels dans les Facultés de droit des départements....................	16 juillet 1839.	I. 813

OBJET.	TITRES DES LOIS, DÉCRETS, ORDONNANCES, RÈGLEMENTS, ARRÊTÉS, ETC.	DATES.	TOMES et PAGES.
FACULTÉS DE DROIT.	*Rapport* et Ordonnance portant institution de prix en faveur des étudiants des Facultés de droit.........	17 mars 1840.	I. 820
Idem	Arrêté portant règlement pour les concours entre les étudiants des Facultés de droit	17 mars 1840.	I. 836
Id.	*Rapport* et Ordonnance qui autorise les professeurs suppléants des Facultés de droit à faire des cours complémentaires.	22 mars 1840.	I. 838
Id.	*Rapport* et Ordonnance qui supprime l'emploi de la langue latine dans les examens de droit.	25 juin 1840.	I. 854
Id.	Circulaire relative au cours d'introduction générale à l'étude du droit.	29 juin 1840.	I. 857
Id.	Circulaire relative aux avantages offerts aux élèves lauréats des Facultés de droit par les Ministres de la Justice et des Finances	11 juillet 1840.	I. 857
Id.	Circulaire relative aux récompenses décernées aux élèves des Facultés de droit.	13 août 1840.	I. 873
Id.	Ordonnance concernant les examens dans les Facultés de droit.	6 juillet 1841.	I. 907
Id.	Règlement relatif aux examens de baccalauréat, de licence et de doctorat en droit.	6 juillet 1841.	I. 908
Id.	Circulaire qui prescrit l'envoi d'un rapport annuel sur les actes accomplis dans les Facultés de droit.	4 fév. 1842.	I. 940
Id.	Arrêté concernant les prix et médailles décernés dans les Facultés de droit.	25 fév. 1842.	I. 836 *n.*
Id.	Circulaire relative à l'échange des thèses de doctorat entre les Facultés de droit.	12 avril 1844.	I. 959
Id.	Constitution nouvelle de la Commission des hautes études du droit.	20 fév. 1845.	I. 963
Id.	Décision qui fixe le minimum des traitements dans les Facultés de droit.	14 mars 1845.	I. 966
Id.	Arrêté qui fixe la date de l'ouverture et de la clôture du registre d'inscriptions dans les Facultés de droit pour le 1er trimestre de l'année scolaire.	29 août 1846.	I. 985
Id.	Circulaire relative à l'époque de la rentrée des Facultés de droit	25 oct. 1847.	I. 1018
Id.	Arrêté concernant l'inscription du premier trimestre de l'année scolaire et la distribution des prix dans les Facultés de droit.	8 sept. 1848.	II. 59
Id.	Avis du Conseil de l'Instruction publique sur la question de savoir si les professeurs suppléants peuvent faire partie de l'assemblée de la Faculté.	6 juillet 1849.	I. 231 *n.*
Id.	Dispositions organiques concernant l'Instruction publique.	9 mars 1852.	II. 209
Id.	*Rapport* et Décret sur le nouveau plan d'études pour les Lycées et les Facultés (*art. 13, 15*).	10 avril 1852.	II. 216
Id.	Arrêté relatif aux inscriptions des étudiants en droit dans les Facultés des lettres.	29 oct. 1852.	II. 252
Id.	Circulaire relative à l'exécution de l'arrêté précédent. . . .	29 oct. 1852.	II. 252 *n.*
Id.	Arrêté concernant l'enseignement du droit romain.	4 fév. 1853.	II. 267
Id.	Circulaire relative à l'exécution de l'arrêté précédent. . . .	10 fév. 1853.	II. 268

OBJET.	TITRES DES LOIS, DÉCRETS, ORDONNANCES, RÈGLEMENTS, ARRÊTÉS, ETC.	DATES.	TOMES et PAGES.
FACULTÉS DE DROIT.	Décret sur le régime financier des établissements d'enseignement supérieur (*art. 7; titre IV*)	22 août 1854.	II. 349
Idem	Arrêté portant organisation des conférences dans les Facultés de droit.	10 janv. 1855.	II. 420
Id.	Circulaire relative à l'exécution de l'arrêté précédent. . . .	10 janv. 1855.	II. 421
Id.	Circulaire concernant les étudiants en droit candidats au diplôme de licencié ès lettres.	9 juillet 1855.	II. 442
Id.	Arrêté relatif au concours pour les prix de 4e année dans les Facultés de droit.	15 avril 1861.	II. 587
Id.	Arrêté relatif au programme de l'enseignement du droit administratif.	31 déc. 1862.	II. 623
Id.	Circulaire relative à l'exécution de l'arrêté précédent. . . .	15 juin 1863.	II. 627
Id.	Circulaire relative aux inscriptions prises dans les Facultés des lettres par les étudiants en droit.	28 sept. 1866.	II. 706
Id.	Arrêté portant modification du règlement relatif au concours de doctorat dans les Facultés de droit.	24 déc. 1866.	II. 708
Id.	Décret qui institue un concours général annuel entre les élèves des Facultés de droit.	27 janv. 1869.	II. 766
Id.	Circulaire rappelant que le diplôme de bachelier ès lettres doit être exigé pour l'inscription aux cours des Facultés de droit.	23 sept. 1869.	II. 781
Id.	Arrêté fixant la nature et la valeur des prix attribués aux lauréats des Facultés de droit.	15 juillet 1870.	II. 795
Id.	*Rapport fait au nom de la Commission des études de droit par* M. Accarias.	avril 1874.	III. 918 *a.*
Id.	Règlement qui modifie les conditions d'admission au concours entre les étudiants des Facultés de droit.	26 juin 1875.	III. 12
Id.	Décret relatif aux matières d'enseignement et d'examens dans les Facultés de droit.	26 mars 1877.	III. 147
Id.	*Note au Conseil supérieur de l'Instruction publique sur cet objet.*	»	III. 148 *n.*
Id.	Circulaire pour l'exécution du décret précédent.	18 mai 1877.	III. 149 *n.*
Id.	Règlement qui modifie les conditions d'admission aux concours institués près les Facultés de droit entre les licenciés, les candidats au doctorat et les docteurs en droit.	10 août 1877.	III. 163
Id.	Circulaire relative à l'application de la loi du 18 mars 1880 en ce qui concerne les Facultés de droit.	16 juillet 1880.	III. 504
Id.	Circulaire relative aux étudiants en droit qui veulent changer de Faculté.	21 juin 1881.	III. 539 *n.*
Id.	Décret relatif aux concours annuels dans les Facultés de droit.	27 déc. 1881.	III. 595
Id.	*Exposé des motifs des projets de décret et d'arrêté relatifs aux concours annuels dans les Facultés de droit.*	»	III. 595 *n.*
Id.	*Rapport fait au Conseil supérieur de l'Instruction publique sur le même objet, par* M. Beudant.	»	III. 598 *n.*
Id.	Décret relatif aux concours entre les élèves de toutes les Facultés de droit.	27 déc. 1881.	III. 600
Id.	Arrêté relatif aux conférences dans les Facultés de droit. .	27 déc. 1881.	III. 600

OBJET.	TITRES DES LOIS, DÉCRETS, ORDONNANCES, RÈGLEMENTS, ARRÊTÉS, ETC.	DATES.	TOMES et PAGES.
FACULTÉS DE DROIT.	*Rapport fait au Conseil supérieur de l'Instruction publique sur cet objet, par* M. Beudant	27 déc. 1881.	III. 600 n.
Idem	Arrêté relatif aux concours annuels dans les Facultés de droit.	15 janv. 1882.	III. 608
Id.	Circulaire relative aux cours de doctorat dans les Facultés de droit.	28 juillet 1882.	III. 668
Id.	Circulaire relative aux cours de doctorat dans les Facultés de droit.	3 nov. 1882.	III. 683
	Voir : AGRÉGATION, BACCALAURÉAT (Droit), CONCOURS, DOCTORAT (Droit), ÉCOLES DE DROIT, ÉCOLES SPÉCIALES, LICENCE (Droit).		
FACULTÉS DE DROIT. (Départements.)	Statut concernant la division de l'Université en Académies, et les villes qui en seront les chefs-lieux.	18 oct. 1808.	I. 196
Idem	Arrêté relatif à l'administration et à la comptabilité des Facultés de droit.	31 janv. 1809.	I. 208
Id.	Statut portant règlement provisoire, pour l'année 1810, des traitements fixes et éventuels dans les Facultés de droit.	11 mai 1810.	I. 279
Id.	Ordonnance concernant l'enseignement, les inscriptions, les examens et les grades dans les Facultés de droit. . .	4 oct. 1820.	I. 450
Id.	Ordonnance portant suppression de la Faculté de droit de *Grenoble*.	2 avril 1821.	I. 472
Id.	Ordonnance portant création des chaires de Pandectes et de Code commercial à la Faculté de droit de *Toulouse*.	28 sept. 1822.	I. 486
Id.	Arrêté qui détermine les cours que doivent suivre les étudiants de la Faculté de droit de *Toulouse*.	26 oct. 1822.	I. 486 n.
Id.	Arrêté concernant les élèves qui voudront suivre les cours de Code commercial à la Faculté de droit de *Toulouse*. .	19 nov. 1822.	I. 487
Id.	Ordonnance qui établit une chaire de droit commercial dans les Facultés de droit de *Caen* et de *Poitiers*. . . .	10 déc. 1823.	I. 503
Id.	Arrêté qui détermine les cours que doivent suivre les étudiants de la Faculté de droit de *Caen*.	27 janv. 1824.	I. 486 n.
Id.	Ordonnance portant que la Faculté de droit de *Grenoble* sera rétablie	22 sept. 1824.	I. 513
Id.	*Rapport* et Ordonnance concernant l'administration supérieure de l'Instruction publique, les Facultés de droit, etc. (*titre I*er).	26 mars 1829.	I. 619
Id.	Arrêté sur l'enseignement de l'histoire du droit et du droit des gens à la Faculté de droit de *Strasbourg*.	14 avril 1829.	I. 626
Id.	Arrêté concernant les étrangers qui désirent suivre les cours de la Faculté de droit de Strasbourg.	4 août 1829.	I. 628
Id.	Ordonnance qui établit une chaire de droit administratif dans la Faculté de droit de *Toulouse*.	27 sept. 1829.	I. 630
Id.	Ordonnance portant qu'une chaire de droit administratif sera établie dans la Faculté de droit de *Caen*.	16 déc. 1829.	I. 634
Id.	Ordonnance portant création d'une chaire de droit commercial à la Faculté de droit de *Strasbourg*.	9 mai 1830.	I. 639

OBJET.	TITRES DES LOIS, DÉCRETS, ORDONNANCES, RÉGLEMENTS, ARRÊTÉS, ETC.	DATES.	TOMES et PAGES.
FACULTÉS DE DROIT. (Départements.)	Ordonnance qui supprime les chaires de Pandectes et de droit administratif à la Faculté de droit de *Toulouse* et qui crée dans cette Faculté une chaire de droit public français.	25 nov. 1830.	I. 658
Idem	Ordonnance portant création d'une chaire de droit commercial dans les Facultés de droit de *Rennes* et de *Dijon*. .	16 fév. 1831.	I. 660
Id.	Ordonnance portant création d'une chaire de droit commercial dans les Facultés de droit d'*Aix* et de *Grenoble*. . .	9 janv. 1832.	I. 667
Id.	Arrêté relatif aux cours que doivent suivre les élèves de la Faculté de droit de *Strasbourg*.	28 août 1832.	I. 640 n.
Id.	Ordonnance qui crée une chaire de droit administratif à la Faculté de droit de *Poitiers*.	2 sept. 1832.	I. 674
Id.	Ordonnance qui crée une chaire de droit administratif à la Faculté de droit d'*Aix*.	1er déc. 1835.	I. 727
Id.	*Rapport* et Ordonnance portant création d'une chaire de droit administratif dans les Facultés de droit de *Dijon*, de *Grenoble*, de *Rennes*, de *Strasbourg* et de *Toulouse*.	12 déc. 1837.	I. 781
Id.	Arrêté concernant l'enseignement du droit administratif dans les Facultés de droit de *Dijon*, de *Grenoble*, de *Rennes*, de *Strasbourg* et de *Toulouse*.	5 fév. 1839.	I. 811
Id.	Arrêté modifiant le titre de plusieurs chaires à la Faculté de droit de *Toulouse*.	13 déc. 1846.	I. 1000
Id.	Décret portant création d'une deuxième chaire de droit romain à la Faculté de droit de *Poitiers*.	10 mars 1859.	II. 531
Id.	Décret portant création à la Faculté de droit de *Toulouse* d'un cours de droit français étudié dans ses origines féodales et coutumières.	10 mars 1859.	II. 531
Id.	Décret portant création d'une deuxième chaire de droit romain à la Faculté de droit de *Caen*.	6 avril 1859.	II. 534
Id.	*Rapport* et Décret instituant une Faculté de droit dans la ville de *Nancy*.	9 janv. 1864.	II. 637
Id.	Décret relatif à l'administration financière de la Faculté de droit de *Nancy*.	17 sept. 1864.	II. 655
Id.	Décret portant création d'une Faculté de droit dans la ville de *Douai*.	28 avril 1865.	II. 684
Id.	Arrêté qui établit des cours complémentaires à la Faculté de droit de *Nancy*.	19 janv. 1867.	II. 712
Id.	*Rapport* et Décret portant création d'une deuxième chaire de droit romain à la Faculté de droit d'*Aix* et suppression de la chaire du droit des gens de la Faculté de droit de *Strasbourg*.	16 juillet 1867.	II. 716
Id.	Arrêté qui crée un cours complémentaire d'économie politique à la Faculté de droit de *Nancy*.	21 avril 1868.	II. 743
Id.	Arrêté instituant des cours complémentaires à la Faculté de droit de *Douai*.	27 juillet 1869.	II. 780
Id.	Décret portant création d'une Faculté de droit à *Bordeaux*.	15 déc. 1870.	II. 797
Id.	Décret concernant la chaire de procédure civile et législation criminelle et une chaire de droit romain à la Faculté de droit de *Nancy*.	10 déc. 1871.	II. 805

OBJET.	TITRES DES LOIS, DÉCRETS, ORDONNANCES, RÈGLEMENTS, ARRÊTÉS, ETC.	DATES.	TOMES et PAGES.
FACULTÉS DE DROIT. (Départements.)	Décret relatif aux chaires de procédure civile et de droit criminel à la Faculté de droit de *Nancy*.	15 sept. 1872.	II. 824
Idem	Décrets relatifs aux chaires de droit romain des Facultés de droit de *Bordeaux* et de *Grenoble*.	1er juillet 1873.	II. 859
Id.	Décret relatif à l'organisation de la Faculté de droit de *Nancy*	25 sept. 1874.	II. 897
Id.	Arrêté qui crée un enseignement complémentaire à la Faculté de droit de *Nancy*.	16 déc. 1874.	II. 944
Id.	Arrêté relatif aux cours complémentaires de la Faculté de droit de *Douai*.	22 déc. 1874.	II. 780 *n.*
Id.	Décret portant création d'une deuxième chaire de droit romain à la Faculté de droit de *Douai*.	1er sept. 1875.	III. 85
Id.	Décret portant création d'une chaire de droit criminel dans les Facultés de droit d'*Aix*, *Bordeaux*, *Caen*, *Dijon*, *Douai*, *Grenoble*, *Poitiers* et *Rennes*.	1er sept. 1875.	III. 85
Id.	Décret portant établissement d'une Faculté de droit dans la ville de *Lyon*.	29 oct. 1875.	III. 93
Id.	Décret portant création d'une chaire d'économie politique à la Faculté de droit de *Toulouse*.	25 janv. 1876.	III. 123
Id.	Décret relatif à l'organisation de la Faculté de droit de *Bordeaux*.	21 sept. 1876.	III. 138
Id.	Décret relatif à l'organisation de la Faculté de droit de *Douai*.	21 sept. 1876.	III. 139
Id.	Décret portant création d'une chaire d'économie politique dans les Facultés de droit de *Bordeaux* et de *Rennes*. .	25 oct. 1876.	III. 141
Id.	Décret portant création d'une Faculté de droit dans la ville de *Montpellier*.	28 nov. 1878.	III. 236
Id.	Décret portant création à la Faculté de droit de *Bordeaux* des chaires d'histoire du droit et de droit maritime. . .	28 oct. 1879.	III. 285
Id.	Décrets portant création dans les Facultés de droit de *Caen* et de *Nancy* d'une chaire d'économie politique. . .	15 janv. 1881.	III. 554
Id.	Décret portant création dans les Facultés de droit d'*Aix* et de *Dijon* d'une chaire d'économie politique.	1er janv. 1883.	III. 694
FACULTÉS DE DROIT. (Paris.)	Statut concernant la division de l'Université en Académies, et les villes qui en seront les chefs-lieux (*art. 5, 6*). . .	18 oct. 1808.	I. 196
Idem. . . .	Statut concernant les examens dans les cinq Facultés (*titre IV*).	18 oct. 1808.	I. 194
Id.	Arrêté désignant un conseiller titulaire pour remplir les fonctions de Recteur près la Faculté de droit de Paris. .	13 janv. 1809.	I. 207
Id.	Décret relatif aux chaires de droit français approfondi et de Code de commerce.	29 août 1809.	I. 427 *n.*
Id.	Statut portant règlement provisoire, pour l'année 1810, des traitements fixes et éventuels dans les Facultés de droit (§ *2*).	11 mai 1810.	I. 279
Id.	Statut sur l'administration économique des Facultés de droit (*titre VII*).	13 juillet 1810.	I. 286
Id.	Arrêté concernant les suppléants de la Faculté de droit de Paris.	27 juin 1815.	I. 384
Id.	Ordonnance relative à la Faculté de droit de Paris.	3 mai 1816,	I. 404

OBJET.	TITRES DES LOIS, DÉCRETS, ORDONNANCES, RÈGLEMENTS, ARRÊTÉS, ETC.	DATES.	TOMES et PAGES.
FACULTÉS DE DROIT. (Paris.)	Décision qui suspend l'application de l'ordonnance précédente.	11 juin 1816.	I. 404 n.
Idem	Ordonnance qui divise en deux sections la Faculté de droit de Paris.	24 mars 1819.	I. 426
Id.	Ordonnance portant que l'église de la Sorbonne servira d'auditoire à l'une des sections de la Faculté de droit de Paris.	7 juillet 1819.	I. 427 n.
Id.	Arrêté sur l'organisation de la Faculté de droit de Paris divisée en deux sections.	13 oct. 1819.	I. 429
Id.	Ordonnance concernant l'enseignement, les inscriptions, les examens et les grades dans les Facultés de droit.	4 oct. 1820.	I. 450
Id.	Arrêté qui fixe les droits pour les thèses de licence dans la Faculté de droit de Paris.	17 fév. 1821.	I. 465
Id.	Ordonnance concernant l'enseignement à la Faculté de droit de Paris	6 sept. 1822.	I. 485
Id.	Arrêté qui détermine les cours que doivent suivre les étudiants de la Faculté de droit de Paris.	1er oct. 1822.	I. 486
Id.	Règlement général sur la comptabilité de l'Université (*art. 261*).	11 nov. 1826.	I. 540
Id.	Ordonnance qui rétablit la chaire de droit administratif à la Faculté de droit de Paris.	19 juin 1828.	I. 610
Id.	Arrêté concernant l'examen que doivent subir sur le droit administratif les étudiants de la Faculté de droit de Paris.	5 juillet 1828.	I. 612
Id.	*Rapport* et Ordonnance concernant l'administration supérieure de l'Instruction publique, les Facultés de droit, etc. (*titre Ier*).	26 mars 1829.	I. 619
Id.	Arrêté sur l'enseignement des chaires d'histoire du droit et du droit des gens dans les Facultés de droit de Paris et de Strasbourg.	14 avril 1829.	I. 626
Id.	Arrêté concernant les examens que doivent subir les étudiants de la Faculté de droit de Paris.	5 mai 1829.	I. 627
Id.	Ordonnance portant création d'une chaire de procédure criminelle.	29 mai 1830.	I. 640
Id.	Ordonnance portant suppression de la chaire de procédure criminelle.	6 sept. 1830.	I. 640 n.
Id.	Ordonnance portant création d'une chaire de droit constitutionnel français.	22 août 1834.	I. 705
Id.	Arrêté qui détermine les cours que doivent suivre les élèves de 3e année de la Faculté de droit de Paris.	31 oct. 1834.	I. 707
Id.	Ordonnance relative au cours de droit constitutionnel français établi dans la Faculté de droit de Paris.	29 sept. 1835.	I. 726
Id.	*Rapport* et Ordonnance portant création d'une chaire de législation pénale comparée à la Faculté de droit de Paris.	12 déc. 1837.	I. 781
Id.	Ordonnance portant création d'une chaire d'introduction générale à l'étude du droit.	25 juin 1840.	I. 856
Id.	Arrêté concernant l'enseignement de la législation et de la procédure criminelles à la Faculté de droit de Paris.	8 juin 1846.	I. 983

OBJET.	TITRES DES LOIS, DÉCRETS, ORDONNANCES, RÈGLEMENTS, ARRÊTÉS, ETC.	DATES.	TOMES et PAGES.	
FACULTÉS DE DROIT. (Paris.)	Arrêté présidentiel qui fixe les traitements dans les Facultés de droit, de médecine et des lettres de Paris.	18 mai 1849.	II.	66
Idem	Règlement relatif au service des examens dans la Faculté de droit de Paris.	6 juillet 1849.	II.	68
Id.	*Rapport* et Décret concernant la création d'une chaire d'Institutes de Justinien.	8 déc. 1852.	II.	258
Id.	Décret portant suppression de la chaire d'introduction générale à l'étude du droit et création d'une chaire de droit français étudié dans ses origines féodales et coutumières.	18 oct. 1859.	II.	544
Id.	Dispositions relatives au premier et au deuxième examen de doctorat dans la Faculté de droit de Paris.	19 nov. 1862.	II.	620
Id.	Arrêté portant création d'une seconde section du cours de droit administratif à la Faculté de droit de Paris.	31 déc. 1862.	II.	622
Id.	Arrêté relatif au programme de l'enseignement du droit administratif.	31 déc. 1862.	II.	623
Id.	Arrêté relatif au conservateur de la bibliothèque et du mobilier de la Faculté de droit de Paris.	10 juin 1864.	II.	654
Id.	*Rapport* et Décret relatifs à la création d'une chaire d'économie politique à la Faculté de droit de Paris.	17 sept. 1864.	II.	655
Id. :	Arrêté relatif au cours d'économie politique à la Faculté de droit de Paris.	3 déc. 1864.	II.	670
Id.	Arrêté qui établit une seconde section pour les cours de droit administratif et de droit commercial à la Faculté de droit de Paris.	8 avril 1867.	II.	714
Id.	Arrêté portant institution de cours complémentaires à la Faculté de droit de Paris.	18 nov. 1871.	II.	805
Id.	Décret portant création de la chaire de Pandectes.	24 déc. 1878.	III.	240
Id. . . . : .	Décret portant création de la chaire de droit constitutionnel.	31 déc. 1879.	III.	314
Id.	Décret portant création de la chaire de droit administratif (*4° année*).	1er juill. 1883.	III.	727
	Voir : Concours, Écoles de droit.			
FACULTÉS DE MÉDECINE.	Décret portant organisation de l'Université (*art. 12*). . . .	17 mars 1808.	I.	171
Idem	Statut concernant la division de l'Université en Académies, et les villes qui en seront les chefs-lieux (*art. 7, 15, 20, 26, 34*).	18 oct. 1808.	I.	196
Id.	Statut concernant les examens dans les cinq Facultés (*titre IV*).	18 oct. 1808.	I.	194
Id.	Statut concernant le régime et la police générale de l'Université (*art. 15*).	28 oct. 1808.	I.	203
Id.	Décret concernant diverses dispositions pour accorder le régime des anciennes Écoles avec celui de l'Université (*titre II*).	4 juin 1809.	I.	219
Id.	Règlement concernant le régime de l'Université, la subordination, la correspondance et les attributions de ses diverses autorités (*art. 11*).	10 oct. 1810.	I.	298

OBJET.	TITRES DES LOIS, DÉCRETS, ORDONNANCES, RÉGLEMENTS, ARRÊTÉS, ETC.	DATES.	TOMES et PAGES.
FACULTÉS DE MÉDECINE.	Arrêté concernant la circonscription des arrondissements des Facultés de médecine pour les jurys médicaux, l'admission des candidats aux examens, la répartition des droits de réception entre les membres du jury, les procès-verbaux du jury et les modèles des certificats et titres des réceptions	21 mai 1812.	I. 346
Idem	Arrêté relatif à l'enseignement des maladies épidémiques et de la médecine légale à la Faculté de médecine de *Strasbourg*.	21 mai 1819.	I. 428
Id.	Ordonnance relative aux Facultés de droit et de médecine.	5 juillet 1820.	I. 439
Id.	Arrêté concernant les chaires de la Faculté de médecine de *Strasbourg*.	9 oct. 1821.	I. 478
Id.	Ordonnance portant organisation de la Faculté de médecine de *Montpellier*.	12 déc. 1824.	I. 513
Id.	Règlement concernant l'enseignement, les examens, les thèses, les concours d'agrégation et les auxiliaires de l'enseignement à la Faculté de médecine de *Montpellier*.	1er mars 1825.	I. 515
Id.	Règlement général sur la comptabilité de l'Université (*art. 143-157, 262-275*).	11 nov. 1826.	I. 540
Id.	Arrêté relatif aux formalités à remplir pour être admis à faire valoir dans une Faculté de médecine les études faites dans une École secondaire ou dans un hôpital où il existe des cours médicaux légalement constitués. . . .	20 mars 1827.	I. 598
Id.	*Rapport* et Ordonnance concernant l'administration supérieure de l'Instruction publique, les Facultés de droit, les Facultés de médecine, etc. (*titre II*) [*Strasbourg*]. .	26 mars 1829.	I. 619
Id.	Arrêté portant réglement pour la Faculté de médecine de *Strasbourg*.	11 avril 1829.	I. 625
Id.	Ordonnance portant création d'une chaire de chimie médicale générale et de toxicologie à la Faculté de médecine de *Montpellier*.	19 juin 1834.	I. 703
Id.	Ordonnance portant création d'une chaire de clinique externe et de médecine opératoire à la Faculté de médecine de *Strasbourg*.	13 mai 1835.	.I. 723
Id. o.	Ordonnance qui détermine les grades exigés pour pouvoir prendre des inscriptions dans les Facultés de droit et de médecine.	9 août 1836.	I. 736
Id.	Ordonnance portant création d'une chaire de pathologie et thérapeutique générales à la Faculté de médecine de *Montpellier*	25 oct. 1836.	I. 744
Id.	*Rapport de M. Orfila sur l'état de l'enseignement médical en France*.	10 sept. 1837.	I. 748
Id.	Nouvelles dispositions réglementaires concernant les études dans les Facultés de médecine.	26 sept. 1837.	I. 772
Id.	Ordonnance relative aux chaires de pathologie externe et d'opérations et appareils à la Faculté de médecine de *Montpellier*.	10 août 1838.	I. 796
Id.	Arrêté relatif à l'ouverture et à la clôture des cours et à la discipline des étudiants dans les Facultés de droit et de médecine.	26 oct. 1838.	I. 807

OBJET.	TITRES DES LOIS, DÉCRETS, ORDONNANCES, RÈGLEMENTS, ARRÊTÉS, ETC.	DATES.	TOMES et PAGES.
FACULTÉS DE MÉDECINE.	Arrêté portant création de prix et de mentions honorables dans les Facultés de médecine, en faveur des élèves faisant partie de l'École pratique.	3 avril 1840.	I. 846
Idem	Ordonnance qui détermine la circonscription des Facultés de médecine en ce qui concerne le droit de présentation aux chaires des Écoles préparatoires de médecine et de pharmacie.	18 avril 1841.	I. 905
Id.	Circulaire qui exige une déclaration écrite des candidats aux examens dans les Facultés de médecine et dans les Écoles de pharmacie.	18 mars 1844.	I. 959
Id.	Ordonnance portant création d'une chaire de médecine opératoire et d'une deuxième chaire de clinique interne à la Faculté de médecine de *Strasbourg*.	20 sept. 1844.	I. 962
Id.	Ordonnance portant transformation de chaires à la Faculté de médecine de *Strasbourg*.	1er mars 1845.	I. 966
Id.	Règlement pour l'acquisition des collections scientifiques dans les Facultés des sciences et de médecine et dans les Écoles préparatoires.	11 déc. 1846.	I. 999
Id.	Circulaire relative à l'envoi d'un tableau trimestriel des actes de doctorat accomplis dans les Facultés de médecine. . .	24 juin 1847.	I. 1011
Id.	Arrêté qui fixe les traitements des divers fonctionnaires et agents de la Faculté de médecine de *Montpellier*. . . .	21 juin 1850.	II. 154
Id.	Arrêté qui fixe les traitements des divers fonctionnaires de la Faculté de médecine de *Strasbourg*.	22 juin 1850.	II. 155
Id.	Décret qui transforme la chaire de botanique de la Faculté de médecine de *Montpellier*.	25 nov. 1850.	II. 183
Id.	Dispositions organiques concernant l'Instruction publique.	9 mars 1852.	II. 209
Id.	*Rapport* et Décret sur le nouveau plan d'études pour les Lycées et les Facultés (*art. 12, 15*).	10 avril 1852.	II. 216
Id.	Arrêté concernant l'enseignement pratique de la botanique.	5 juillet 1853.	II. 293
Id.	*Rapport* et Décret sur le régime financier des établissements d'enseignement supérieur (*titre III*).	22 août 1854.	II. 349
Id.	Instruction relative à la valeur des inscriptions prises par les étudiants dans les Écoles préparatoires de médecine et de pharmacie.	7 août 1855.	II. 444
Id.	Arrêté instituant un concours annuel près la Faculté de médecine de *Strasbourg* entre les internes des hôpitaux.	30 avril 1861.	II. 587
Id.	Décret portant création de deux chaires de pathologie à la Faculté de médecine de *Strasbourg*.	30 nov. 1864.	II. 669
Id.	Dispositions réglementaires concernant les fonctions de chef de clinique à la Faculté de médecine de *Montpellier*.	26 déc. 1865.	II. 698
Id.	Règlement pour l'École pratique de la Faculté de médecine de *Montpellier*.	28 déc. 1865.	II. 700
Id.	Décret concernant les élèves de l'École pratique de la Faculté de médecine de *Montpellier*.	30 déc. 1865.	II. 701
Id.	Décret concernant les chaires de chimie générale et toxicologie, de physique médicale, de médecine légale et de médecine légale et toxicologie de la Faculté de médecine de *Montpellier*.	15 déc. 1868.	II. 764

OBJET.	TITRES DES LOIS, DÉCRETS, ORDONNANCES, RÈGLEMENTS, ARRÊTÉS, ETC.	DATES.	TOMES et PAGES.
FACULTÉS DE MÉDECINE.	Décret portant création d'une chaire d'anatomie pathologique et histologie à la Faculté de médecine de *Montpellier*.	6 janv. 1874.	II. 871
Idem	Décret portant que l'École supérieure de pharmacie de *Nancy* formera désormais un établissement distinct de la Faculté de médecine de cette ville.	11 janv. 1876.	III. 114
Id.	Décret portant création de cours annexes dans les Facultés de médecine.	20 août 1877.	III. 164
Id.	Décret relatif à la Commission chargée d'organiser les cours annexes dans les Facultés de médecine.	6 déc. 1877.	III. 165 *n*.
Id.	Arrêté qui détermine la circonscription des Facultés de médecine, des Écoles supérieures de pharmacie, des Écoles de plein exercice et des Écoles préparatoires de médecine et de pharmacie.	22 juillet 1878.	III. 222
Id.	Règlement concernant les exercices pratiques à la Faculté de médecine de *Montpellier*.	15 janv. 1879.	III. 244
Id.	Arrêté concernant la répartition des travaux pratiques à la Faculté de médecine de *Montpellier*.	18 oct. 1879.	III. 284
Id.	Décret concernant les chaires de clinique obstétricale et accouchements, d'anatomie descriptive et d'histologie de la Faculté de médecine de *Nancy*.	30 oct. 1879.	III. 285
Id.	Décret portant création d'une chaire d'hygiène à la Faculté de médecine de *Nancy*.	31 déc. 1879.	III. 314
Id.	Règlement pour les concours d'aides des travaux pratiques à la Faculté de médecine de *Montpellier*.	22 janv. 1880.	III. 317
Id.	Circulaire du Ministre de la Guerre relative aux officiers de santé militaire qui acceptent des emplois dans les Facultés et Écoles de médecine.	23 fév. 1880.	III. 321
Id.	Règlement concernant les chefs et aides de clinique de la Faculté de médecine de *Montpellier*.	30 juin 1880.	III. 498
Id.	Décret relatif aux chaires de pathologie et thérapeutique générales et de clinique des maladies mentales et nerveuses à la Faculté de médecine de *Montpellier*.	20 déc. 1880.	III. 525
Id.	Arrêté portant règlement pour les cours libres à la Faculté de médecine de Nancy.	28 nov. 1883.	III. 791
	Voir : Concours, Doctorat (Médecine), Écoles de médecine, Officiers de santé, Sages-femmes.		
FACULTÉS DE MÉDECINE. (Paris.)	Statut concernant la division de l'Université en Académies, et les villes qui en seront les chefs-lieux (*art. 7*).	18 oct. 1808.	I. 196
Idem	Statut concernant les examens dans les cinq Facultés (*titre IV*).	18 oct. 1808.	I. 194
Id.	Arrêté désignant un conseiller titulaire pour remplir les fonctions de Recteur près la Faculté de médecine de Paris.	13 janv. 1809.	I. 206
Id.	Arrêté qui nomme le doyen et les professeurs de la Faculté de médecine de Paris.	17 janv. 1809.	I. 208
Id.	Arrêté concernant l'enseignement et la discipline dans la Faculté de médecine de Paris.	7 nov. 1820.	I. 457
Id.	Ordonnance qui établit à Paris, pour tout le Royaume, une Académie royale de médecine.	20 déc. 1820.	I. 459

OBJET.	TITRES DES LOIS, DÉCRETS, ORDONNANCES, RÈGLEMENTS, ARRÊTÉS, ETC.	DATES.	TOMES et PAGES.
FACULTÉS DE MÉDECINE. (Paris.)	Arrêté concernant le conservateur des collections à la Faculté de médecine de Paris.	13 août 1822.	I. 484
Id.	Ordonnance qui supprime la Faculté de médecine de Paris.	21 nov. 1822.	I. 487
Id.	Ordonnance portant réorganisation de la Faculté de médecine de Paris.	2 fév. 1823.	I. 488
Id.	Règlement pour la Faculté de médecine de Paris.	12 avril 1823.	I. 494
Id.	Règlement général sur la comptabilité de l'Université (*art. 143 et suiv.*).	11 nov. 1826.	I. 540
Id.	*Rapport* et Ordonnance concernant l'administration supérieure de l'Instruction publique, les Facultés de droit, les Facultés de médecine, etc. (*titre II*).	26 mars 1829.	I. 619
Id.	*Rapport* et Ordonnance concernant la Faculté de médecine de Paris.	5 oct. 1830.	I. 644
Id.	Ordonnance portant création de la chaire de pathologie et thérapeutique générales.	16 fév. 1831.	I. 660
Id.	Ordonnance qui autorise l'acceptation du legs fait par le baron Dupuytren pour l'institution d'une chaire d'anatomie pathologique.	5 juillet 1835.	I. 724
Id.	Arrêté qui complète l'enseignement de la pharmacie à la Faculté de médecine de Paris.	14 juillet 1837.	I. 748
Id.	Décret concernant la qualité de membre de l'Académie de médecine conféré au doyen de la Faculté de médecine de Paris.	19 mars 1850.	II. 122
Id.	*Rapport* et Décret concernant l'enseignement de la chimie à la Faculté de médecine de Paris.	10 déc. 1853.	II. 305
Id.	Arrêté qui crée à la Faculté de médecine de Paris un emploi de contrôleur du matériel.	5 janv. 1854.	II. 306
Id.	Décret concernant le chef des travaux anatomiques de la Faculté de médecine de Paris.	3 août 1859.	II. 540
Id.	Règlement pour l'École de dissection de la Faculté de médecine de Paris.	4 août 1859.	II. 541
Id.	*Rapport* et Décret portant création de la chaire de pharmacologie.	13 nov. 1859.	II. 544
Id.	*Rapport sur la chaire de pharmacie de la Faculté de médecine de Paris par* M. Dumas.	»	II. 544*n.*
Id.	Arrêté relatif aux dispositions financières édictées pour l'admission dans les pavillons de la Faculté de médecine de Paris.	21 avril 1860.	III. 222*n.*
Id.	Décret concernant la Faculté de médecine de Paris et les attributions du doyen.	16 avril 1862.	II. 606
Id.	*Rapport* et Décret portant création des chaires de médecine comparée et d'histologie.	19 avril 1862.	II. 607
Id.	Arrêté portant règlement pour l'accomplissement du stage dans les hôpitaux exigé des étudiants en médecine.	1er juillet 1862.	II. 610
Id.	Circulaire relative à l'exécution de l'arrêté précédent.	10 juillet 1862.	II. 615
Id.	*Rapport* et Arrêté portant création de cours complémentaires à la Faculté de médecine de Paris.	14 août 1862.	II. 616

OBJET.	TITRES DES LOIS, DÉCRETS, ORDONNANCES, RÉGLEMENTS, ARRÊTÉS, ETC.	DATES.	TOMES et PAGES.
FACULTÉS DE MÉDECINE. (Paris.)	Arrêté relatif aux prosecteurs, aides d'anatomie et élèves de l'École pratique de la Faculté de médecine de Paris. .	23 janv. 1863.	II. 623
Idem	Décision concernant les conditions auxquelles peuvent être accordées aux docteurs en médecine les autorisations de faire des cours publics dans les amphithéâtres de la Faculté de médecine de Paris.	14 juillet 1863.	II. 629
Id.	Dispositions réglementaires concernant les fonctions de chefs et d'aides de clinique à la Faculté de médecine de Paris.	23 juin 1865.	II. 691
Id.	Arrêté relatif à la circonscription de la Faculté de médecine de Paris.	27 juillet 1866.	II. 705
Id.	Arrêté qui répartit les cliniques de la Faculté de médecine dans les hôpitaux de Paris.	1er janv. 1867.	II. 711
Id.	Décret portant affectation au service de l'Instruction publique d'un terrain occupé par le Muséum.	5 janv. 1867.	II. 711
Id.	Décret portant affectation d'un terrain au service de la Faculté de médecine et de l'École supérieure de pharmacie de Paris.	6 avril 1867.	II. 713
Id.	Arrêté portant création d'un emploi de chef des travaux chimiques et d'un deuxième emploi de préparateur de chimie.	11 déc. 1867.	II. 729
Id.	Arrêté qui institue une Commission de surveillance des Musées de la Faculté de médecine de Paris.	13 juillet 1868.	II. 745
Id.	Décret portant création d'une chaire de pathologie comparée et expérimentale.	30 janv. 1869.	II. 771
Id.	Décret portant création d'une chaire d'histoire de la médecine et de la chirurgie.	9 mars 1870.	II. 788
Id.	Décret relatif au droit de réunion des professeurs de la Faculté de médecine de Paris.	9 nov. 1870.	II. 796
Id.	Arrêté qui institue des laboratoires dans les hôpitaux de Paris.	14 mars 1873.	II. 847
Id.	Loi relative à la reconstruction de l'École pratique et des cliniques d'accouchements de la Faculté de médecine de Paris.	14 déc. 1875.	III. 103
Id.	*Convention passée entre l'État et le Conseil municipal de la ville de Paris.*	28 avril 1875.	III. 103 *n.*
Id.	Arrêté relatif à la participation aux examens du chef des travaux anatomiques de la Faculté de médecine de Paris.	1er fév. 1877.	III. 146
Id.	Décret portant création d'une chaire clinique de pathologie mentale et des maladies de l'encéphale.	18 avril 1877.	III. 151
Id.	Arrêté concernant les cours complémentaires d'études médicales pratiques de la Faculté de médecine de Paris.	21 avril 1877.	III. 151
Id.	Règlement pour le Jardin botanique de la Faculté de médecine de Paris.	1er mai 1877.	III. 153
Id.	Règlement pour le laboratoire de botanique de la Faculté de médecine de Paris.	1er mai 1877.	III. 153
Id.	Règlement concernant les laboratoires des cliniques médicale et chirurgicale de la Faculté de médecine de Paris.	21 mars 1878.	III. 187
Id.	Arrêté modifiant l'article 8 du règlement précédent.	6 juin 1878.	III. 188 *n.*

OBJET.	TITRES DES LOIS, DÉCRETS, ORDONNANCES, RÈGLEMENTS, ARRÊTÉS, ETC.	DATES.	TOMES et PAGES.
FACULTÉS DE MÉDECINE. (Paris.)	Décret rapportant les dispositions financières édictées pour l'admission dans les pavillons de la Faculté de médecine de Paris.	18 juillet 1878.	III. 222
Idem	Règlement concernant l'École pratique de la Faculté de médecine de Paris.	30 nov. 1878.	III. 237
Id.	Décret portant création des chaires de maladies des enfants et d'ophtalmologie.	28 déc. 1878.	III. 240
Id.	Règlement concernant l'adjuvat et le prosectorat à la Faculté de médecine de Paris.	10 juin 1879.	III. 254
Id.	Règlement pour les travaux pratiques de la Faculté de médecine de Paris.	29 déc. 1879.	III. 312
Id.	Décret portant création d'une chaire de clinique des maladies cutanées et syphilitiques.	31 déc. 1879.	III. 314
Id.	Décret autorisant les professeurs d'histoire naturelle médicale et de botanique de la Faculté de médecine, de la Faculté des sciences et de l'École supérieure de pharmacie de Paris à faire leurs cours au Muséum d'histoire naturelle.	10 janv. 1880.	III. 315
Id.	Règlement concernant les chefs et aides de clinique de la Faculté de médecine de Paris.	30 juin 1880.	III. 495
Id.	Arrêté portant création d'un emploi de chef de laboratoire de clinique d'accouchements à la Faculté de médecine de Paris.	14 janv. 1881.	III. 553
Id.	Règlement concernant les cours libres à l'École pratique de la Faculté de médecine de Paris.	9 fév. 1881.	III. 557
Id.	Arrêté réglant le concours pour les emplois de chefs et de chefs adjoints de clinique chirurgicale à la Faculté de médecine de Paris.	14 juin 1881.	III. 575
Id.	Décret portant création de la chaire de clinique des maladies du système nerveux.	2 janv. 1882.	III. 605
Id.	Arrêté relatif à la chaire de clinique du système nerveux.	2 janv. 1882.	III. 605
Id.	Décret portant création d'un emploi de secrétaire et d'un emploi d'agent comptable à la Faculté de médecine de Paris.	26 janv. 1882.	III. 609
	Voir : CONCOURS, ÉCOLES DE MÉDECINE.		
FACULTÉS DE THÉOLOGIE CATHOLIQUE.	Décret portant organisation de l'Université (*titres II, V*).	17 mars 1808.	I. 171
Idem	Décret portant règlement pour l'Université (*titre III*).	17 sept. 1808.	I. 189
Id.	Statut concernant la division de l'Université en Académies, et les villes qui en seront les chefs-lieux (*titres II, V*).	18 oct. 1808.	I. 196
Id.	Statut concernant les examens dans les cinq Facultés (*titre V*).	18 oct. 1808.	I. 194
Id.	Arrêté qui organise la Faculté de théologie de *Paris*.	16 juin 1809.	I. 222
Id.	Arrêté qui organise la Faculté de théologie de *Bordeaux*.	19 sept. 1809.	I. 229
Id.	Arrêté qui organise de la Faculté de théologie de *Toulouse*.	24 nov. 1809.	I. 245
Id.	Statut sur l'administration économique des Facultés de théologie, des sciences et des lettres.	14 sept. 1810.	I. 294

OBJET.	TITRES DES LOIS, DÉCRETS, ORDONNANCES, RÈGLEMENTS, ARRÊTÉS, ETC.	DATES.	TOMES et PAGES.
FACULTÉS DE THÉOLOGIE CATHOLIQUE.	Circulaire relative à l'administration économique des Facultés de théologie, des sciences et des lettres.	13 nov. 1810.	I. 297 *n.*
Idem	Ordonnance portant que l'ancienne maison de Sorbonne et les bâtiments en dépendant sont affectés au service de l'Instruction publique.	3 janv. 1821.	I. 459
Id.	Ordonnance qui affecte les bâtiments de la Sorbonne à l'École normale et à l'Académie de Paris.	16 mai 1821.	I. 459 *n.*
Id.	Arrêté relatif au logement des professeurs de la Faculté de théologie de *Paris*.	29 juin 1822.	I. 483
Id.	Règlement général sur la comptabilité de l'Université (*art. 158 et suiv.*).	11 nov. 1826.	I. 540
Id.	Ordonnance d'organisation pour l'église de la Sorbonne. . .	3 mai 1828.	I. 608
Id.	Ordonnance qui détermine les conditions d'admission aux fonctions d'évêque, vicaire général, chanoine et curé, et de professeur dans les Facultés de théologie.	25 déc. 1830.	I. 659
Id.	*Rapport* et Ordonnance qui proroge le terme dans lequel le concours sera exigé pour les chaires vacantes dans les Facultés de théologie catholique.	24 août 1838.	I. 800
Id.	Arrêté qui détermine les conditions d'admission aux grades dans les Facultés de théologie.	24 août 1838.	I. 802
Id.	Avis du Conseil royal de l'Instruction publique concernant les doctrines enseignées dans les Facultés de théologie catholique.	23 oct. 1838.	I. 807
Id.	*Rapport* et Décret sur le régime des établissements d'enseignement supérieur (*art. 7; titre V*).	22 août 1854.	II. 349
	Voir : Baccalauréat (Théologie), Concours, Cultes, Doctorat (Théologie), Licence (Théologie).		
FACULTÉS DE THÉOLOGIE PROTESTANTE.	Décret portant organisation de l'Université (*titres II, III*).	17 mars 1808.	I. 171
Idem	Décret portant règlement pour l'Université (*titre III*). . .	17 sept. 1808.	I. 189
Id.	Statut concernant la division de l'Université en Académies, et les villes qui en seront les chefs-lieux (*titres II, V*). .	18 oct. 1808.	I. 196
Id.	Statut concernant les examens dans les cinq Facultés (*titre V*)	18 oct. 1808.	I. 194
Id.	Statut concernant le régime et la police générale de l'Université.	28 oct. 1808.	I. 203
Id.	Arrêté qui organise la Faculté de théologie protestante de *Montauban*.	8 déc. 1809.	I. 248
Id.	Arrêté relatif aux rapports de subordination des fonctionnaires de chaque Académie	30 mars 1811.	I. 313
Id.	Arrêté qui organise la Faculté de théologie protestante de *Strasbourg*.	27 déc. 1818.	I. 425
Id.	Arrêté concernant l'enseignement du culte réformé à la Faculté de théologie protestante de *Strasbourg*	6 oct. 1819.	I. 429
Id.	Ordonnance portant création d'un Ministère pour les Affaires ecclésiastiques et l'Instruction publique.	26 août 1824.	I. 512
Id.	Règlement général sur la comptabilité de l'Université (*art. 158 et suiv.*).	11 nov. 1826.	I. 540

OBJET.	TITRES DES LOIS, DÉCRETS, ORDONNANCES, RÈGLEMENTS, ARRÊTÉS, ETC.	DATES.	TOMES et PAGES.
FACULTÉS DE THÉOLOGIE PROTESTANTE.	Règlement sur la discipline et les études des élèves de la Faculté de théologie protestante de *Strasbourg*.	14 nov. 1827.	I. 600
Idem	Arrêté concernant les études dans les Facultés de théologie protestante.	24 mai 1828.	I. 609
Id.	*Rapport* et Décret portant réorganisation des cultes protestants.	26 mars 1852.	II. 213
Id.	*Rapport* et Décret sur le régime financier des établissements d'enseignement supérieur (*art. 7 ; titre V*). . . .	22 août 1854.	II. 349
Id.	*Rapport* et Décret transférant à *Paris* la Faculté mixte de théologie protestante dont le siège était à *Strasbourg*. .	27 mars 1877.	III. 149
Id.	Loi qui modifie l'organisation de l'Église de la Confession d'Augsbourg (*art. 25*).	1er août 1879.	III. 261
Id.	Décret pour l'exécution de la loi du 1er août 1879 sur l'organisation de l'Église de la Confession d'Augsbourg (*art. 29, 30*).	12 mars 1880.	III. 378
Id.	Décret relatif à la répartition de l'enseignement à la Faculté mixte de théologie protestante de *Paris*.	7 mai 1881.	III. 571
Id.	Arrêté relatif aux cours libres dans les Facultés de théologie protestante.	21 déc. 1882.	III. 692
	Voir : CONCOURS, CULTES.		
FACULTÉS DES LETTRES.	Décret portant organisation de l'Université (*titres II, III, XVIII*).	17 mars 1808.	I. 171
Idem	Statut concernant la division de l'Université en Académies, et les villes qui en seront les chefs-lieux.	18 oct. 1808.	I. 196
Id.	Statut concernant les examens dans les cinq Facultés (*titre II*).	18 oct. 1808.	I. 194
Id.	Statut concernant le régime et la police générale de l'Université (*art. 18, 21*).	28 oct. 1808.	I. 203⁻
Id.	Statut sur les Facultés des lettres et des sciences.	16 fév. 1810.	I. 249
Id.	Circulaire pour l'exécution du statut du 16 février 1810 sur les Facultés des sciences et des lettres.	5 avril 1810.	I. 255*n*.
Id.	Statut sur l'administration économique des Facultés de théologie, des sciences et des lettres.	14 sept. 1810.	I. 294
Id.	Règlement concernant le régime de l'Université, la subordination, la correspondance et les attributions de ses diverses autorités (*art. 13*).	10 oct. 1810.	I. 298
Id.	Circulaire relative à l'administration économique des Facultés de théologie, des sciences et des lettres.	13 nov. 1810.	I. 297*n*.
Id.	Instruction pour faire suivre aux étudiants en droit les cours de la Faculté des lettres.	6 oct. 1812.	III. 890*a*.
Id.	Arrêté portant suppression de plusieurs Facultés des sciences et des lettres.	31 oct. 1815.	I. 387
Id.	Ordonnance qui confirme l'arrêté de la Commission supprimant un certain nombre de Facultés des sciences et des lettres.	18 janv. 1816.	I. 402
Id.	*Rapport* et Ordonnance concernant le Conseil royal de l'Instruction publique, les Facultés des lettres, etc . . .	27 fév. 1821.	I. 466

OBJET.	TITRES DES LOIS, DÉCRETS, ORDONNANCES, RÈGLEMENTS, ARRÊTÉS, ETC.	DATES.	TOMES et PAGES.
FACULTÉS DES LETTRES.	Règlement général sur la comptabilité de l'Université (*art. 158 et suiv.*).	11 nov. 1826.	I. 540
Idem	Arrêté relatif au traitement des professeurs des Facultés, professeurs dans un Collège royal.	22 déc. 1835.	I. 728
Id.	*Rapport* et Ordonnance portant création 1° des Facultés des lettres de *Bordeaux, Lyon, Montpellier* et *Rennes;* 2° d'une chaire de littérature étrangère à la Faculté des lettres de *Strasbourg.*	24 août 1838.	I. 797
Id.	Circulaire relative aux examens dans les Facultés des lettres et des sciences.	1er déc. 1839.	I. 816
Id.	Ordonnance qui crée une Faculté des lettres à *Aix.*	11 juin 1846.	I. 984
Id.	Arrêté qui fixe la circonscription des Facultés des lettres.	31 janv. 1847.	I. 1008
Id.	Ordonnance qui crée une Faculté des lettres au chef-lieu de l'Académie de *Grenoble.*	2 avril 1847.	I. 1009
Id.	Arrêté portant transformation de la chaire de littérature latine et création d'une chaire de littérature étrangère à la Faculté des lettres de *Dijon.*	9 nov. 1848.	II. 61
Id.	Arrêté qui détermine les circonscriptions des Facultés des lettres pour la collation des grades.	20 juin 1849.	II. 67
Id.	Arrêté qui fixe la juridiction des Facultés des lettres pour la collation des grades.	1er avril 1851.	II. 196
Id.	Circulaire pour l'exécution de l'arrêté précédent.	5 avril 1851.	II. 198
Id.	*Rapport* et Décret sur le nouveau plan d'études pour les Lycées et les Facultés (*art. 13*).	10 avril 1852.	II. 216
Id.	Arrêté relatif aux inscriptions des étudiants en droit dans les Facultés des lettres.	29 oct. 1852.	II. 252
Id.	Circulaire pour l'exécution de l'arrêté précédent.	29 oct. 1852.	II. 252 n.
Id.	Arrêté sur l'enseignement triennal des Facultés des lettres.	7 mars 1853.	II. 270
Id.	Instructions relatives à l'arrêté précédent.	16 mars 1853.	II. 270 n.
Id.	Arrêté désignant les chefs-lieux d'Académie où siègeront les jurys d'examen du baccalauréat ès lettres et ès sciences.	13 juin 1853.	II. 287
Id.	Circulaire relative à l'arrêté précédent.	13 juin 1853.	II. 289
Id.	Décret sur l'organisation des Académies.	22 août 1854.	II. 340
Id.	*Rapport* et Décret sur le régime financier des établissements d'enseignement supérieur (*art. 7; titre II*).	22 août 1854.	II. 349
Id.	Règlement pour l'enseignement des sciences appliquées dans les Écoles préparatoires à l'enseignement supérieur des sciences et des lettres (*titre II*).	26 déc. 1854.	II. 382
Id.	Instruction relative à l'organisation des conférences dans les Facultés et à la suppression dans les Lycées des conférences préparatoires à la licence.	4 oct. 1855.	II. 447
Id.	Décret relatif aux chaires de littérature de la Faculté des lettres de *Caen.*	26 mars 1856.	II. 464
Id.	Décret portant création d'une chaire de littérature étrangère à la Faculté des lettres de *Besançon.*	19 janv. 1859.	II. 522
Id.	Décret portant création de chaires de littérature étrangère et de littérature ancienne à la Faculté des lettres de *Toulouse.*	9 sept. 1863.	II. 630

OBJET.	TITRES DES LOIS, DÉCRETS, ORDONNANCES, RÈGLEMENTS, ARRÊTÉS, ETC.	DATES.	TOMES et PAGES.
FACULTÉS DES LETTRES.	Circulaire relative aux inscriptions prises dans les Facultés des lettres par les étudiants en droit.	28 sept. 1866.	II. 706
Idem	Décret concernant les chaires de langue et littérature grecques et de langue et littérature latines de la Faculté des lettres de *Nancy*.	9 déc. 1871.	II. 805
Id.	Décret relatif à la chaire d'histoire et de géographie de la Faculté des lettres de *Nancy*.	23 fév. 1872.	II. 811
Id.	Décret portant création de la chaire de géographie à la Faculté des lettres de *Caen*.	29 déc. 1873.	II. 871
Id.	Décret qui institue des places d'agrégés près les Facultés des sciences et des lettres.	2 nov. 1875.	III. 94
Id.	Règlement pour les concours d'agrégation près les Facultés des sciences et des lettres.	2 nov. 1875.	III. 95
Id.	Circulaire pour l'exécution du décret du 2 novembre 1875 sur l'agrégation des Facultés des sciences et des lettres. .	10 déc. 1875.	III. 101
Id.	Décret portant création de la chaire de géographie à la Faculté des lettres de *Lyon*.	11 janv. 1876.	III. 115
Id.	Décret relatif aux chaires de langue et littérature grecques et de langue et littérature latines dans les Facultés des lettres de *Bordeaux, Lyon, Montpellier* et *Toulouse*.	25 fév. 1876.	III. 127
Id.	Décret portant création d'une chaire d'antiquités grecques et latines dans les Facultés des lettres de *Bordeaux* et de *Lyon*.	3 oct. 1876.	III. 140
Id.	Décret portant création d'une chaire d'antiquités grecques et latines à la Faculté des lettres de *Toulouse*.	1er nov. 1876.	III. 141
Id.	Décret portant création d'une chaire de géographie à la Faculté des lettres de *Bordeaux*.	16 nov. 1876.	III. 141
Id.	Décret relatif aux chaires de langue et littérature latines et de langue et littérature grecques de la Faculté des lettres de *Douai*.	31 déc. 1879.	III. 314
Id.	Circulaire relative à la préparation aux grades dans les Facultés des sciences et des lettres.	1er oct. 1880.	III. 511
Id.	Décrets portant création à la Faculté des lettres de *Lyon* d'une chaire d'histoire et d'antiquités du moyen âge et d'une chaire de langue et littérature du moyen âge. . .	15 janv. 1881.	III. 553
Id.	Décret portant création d'une chaire de géographie à la Faculté des lettres de *Toulouse*.	15 oct. 1881.	III. 591
Id.	Décrets relatifs aux chaires de littérature et institutions grecques et de littérature latine et institutions romaines dans les Facultés des lettres de *Caen, Poitiers* et *Rennes*.	15 oct. 1881.	III. 591
Id.	Décret relatif aux chaires d'histoire et de géographie des temps modernes et d'histoire et de géographie de l'antiquité et du moyen âge des Facultés des lettres de *Besançon* et de *Clermont*.	1er janv. 1883.	III. 694
Id.	Décret relatif aux chaires de littérature et institutions grecques et de littérature latine et institutions romaines des Facultés des lettres d'*Aix* et de *Grenoble*.	1er janv. 1883.	III. 694
Id.	Décret relatif aux chaires d'histoire et de géographie de l'antiquité et du moyen âge et d'histoire et de géographie des temps modernes de la Faculté des lettres de *Douai*.	15 janv. 1883.	III. 696

OBJET.	TITRES DES LOIS, DÉCRETS, ORDONNANCES, RÉGLEMENTS, ARRÊTÉS, ETC.	DATES.	TOMES et PAGES.	
FACULTÉS DES LETTRES.	Circulaire relative à l'amélioration des locaux des Facultés des lettres.	17 janv. 1883.	III.	696
Idem	Circulaire relative à la répartition de l'enseignement dans les Facultés des sciences et des lettres.	18 fév. 1883.	III.	705
Id.	Circulaire relative à la préparation aux examens de licence et d'agrégation dans les Facultés des sciences et des lettres.	5 avril 1883.	III.	713
	Voir : Concours, Écoles spéciales.			
FACULTÉS DES LETTRES. (Paris.)	Décret portant organisation de l'Université (*art. 15*). . . .	17 mars 1808.	I.	171
Idem	Statut concernant la division de l'Université en Académies, et les villes qui en seront les chefs-lieux (*art. 10*). . . .	18 oct. 1808.	I.	196
Id.	Statut concernant les examens dans les cinq Facultés (*titre II*).	18 oct. 1808.	I.	104
Id.	Statut concernant le régime et la police générale de l'Université (*art. 17*).	28 oct. 1808.	I.	203
Id.	Arrêté qui organise la Faculté des lettres de Paris.	6 mars 1809.	I.	213
Id.	Arrêté qui crée un nouveau cours de philosophie à la Faculté des lettres de Paris.	19 sept. 1809.	I.	213 *n.*
Id.	Décision concernant les professeurs de philosophie et de rhétorique des Lycées de Paris.	31 oct. 1809.	I.	229 *n.*
Id.	Statut sur les Facultés des lettres et des sciences (*art. 53-71*).	16 fév. 1810.	I.	249
Id.	Circulaire pour l'exécution du statut précédent.	5 avril 1810.	I.	255 *n.*
Id.	Statut sur l'administration économique des Facultés de théologie, des sciences et des lettres (*titre VI*).	14 sept. 1810.	I.	294
Id.	Arrêté portant qu'il sera fait quatre leçons d'éloquence latine à la Faculté des lettres de Paris.	20 janv. 1811.	I.	213 *n.*
Id.	Arrêté relatif à la répartition de l'enseignement de la philosophie à la Faculté des lettres de Paris.	5 nov. 1811.	I.	213 *n.*
Id.	Statut sur la composition des Facultés des sciences et des lettres de Paris.	7 août 1812.	I.	359
Id.	Ordonnance portant que l'ancienne maison de Sorbonne et les bâtiments en dépendant sont affectés au service de l'Instruction publique.	3 janv. 1821.	I.	459
Id.	Arrêté qui institue une Commission chargée d'exercer les fonctions rectorales près les Facultés des sciences et des lettres de Paris.	9 janv. 1821.	I.	460
Id.	Arrêté qui fixe l'époque des vacances de la Faculté des lettres de Paris.	28 avril 1821.	I.	473
Id.	Ordonnance qui affecte les bâtiments de la Sorbonne à l'École normale et à l'Académie de Paris.	16 mai 1821.	I.	459 *n.*
Id.	Arrêté qui fixe les époques de l'ouverture et de la clôture des cours de la Faculté des lettres de Paris ainsi que celles des examens pour le baccalauréat.	12 juillet 1823.	I.	499
Id.	Règlement général sur la comptabilité de l'Université (*art. 172-174*).	11 nov. 1826.	I.	540
Id.	*Rapport* et Décret concernant l'enseignement de la Faculté des lettres de Paris.	24 nov. 1852.	II.	255

OBJET.	TITRES DES LOIS, DÉCRETS, ORDONNANCES, RÈGLEMENTS, ARRÊTÉS, ETC.	DATES.	TOMES et PAGES.
FACULTÉS DES LETTRES. (Paris.)	Arrêté qui détermine la composition du secrétariat de la Faculté des lettres de Paris.	7 déc. 1852.	II. 257
Idem	Arrêté sur l'enseignement triennal des Facultés des lettres (art. 4).	7 mars 1853.	II. 270
Id.	Décret transférant au Collége de France la chaire de grammaire comparée de la Faculté des lettres de Paris. . . .	1er juin 1864.	II. 652
Id.	Décret relatif aux chaires de poésie grecque et d'éloquence grecque.	12 janv. 1874.	II. 872
Id.	Décret portant création de la chaire d'archéologie.	6 mars 1876.	III. 127
Id.	Décret portant création de la chaire d'histoire du moyen âge.	24 déc. 1878.	III. 240
Id.	Décret relatif aux chaires d'histoire de la philosophie ancienne et d'histoire de la philosophie moderne.	9 sept. 1879.	III. 282
Id.	Décret portant création de la chaire de langues et littératures de l'Europe méridionale.	31 déc. 1879.	III. 314
Id.	Décret portant création d'une chaire de littérature française du moyen âge et d'histoire de la langue française. .	15 janv. 1883.	III. 696
	Voir : CONCOURS, ÉCOLES SPÉCIALES.		
FACULTÉS DES SCIENCES.	Décret portant organisation de l'Université (*titres II, XVIII*).	17 mars 1808.	I. 171
Idem	Statut concernant la division de l'Université en Académies, et les villes qui en seront les chefs-lieux.	18 oct. 1808.	I. 196
Id.	Statut concernant les examens dans les cinq Facultés (*titre III*).	18 oct. 1808.	I. 194
Id.	Statut concernant le régime et la police générale de l'Université (*art. 18, 19*).	28 oct. 1808.	I. 203
Id.	Arrêté portant organisation de la Faculté des sciences de *Strasbourg*.	7 juillet 1809.	I. 225
Id.	Décision relative aux proviseurs et censeurs des Lycées adjoints aux Facultés des sciences.	3 oct. 1809.	I. 173 *n.*
Id.	Statut sur les Facultés des lettres et des sciences.	16 fév. 1810.	I. 249
Id.	Circulaire pour l'exécution du statut précédent.	5 avril 1810.	I. 255 *n.*
Id.	Statut sur l'administration économique des Facultés de théologie, des sciences et des lettres.	14 sept. 1810.	I. 294
Id.	Circulaire relative à l'administration économique des Facultés de théologie, des sciences et des lettres.	13 nov. 1810.	I. 297 *n.*
Id.	Règlement concernant le régime de l'Université, la subordination, la correspondance et les attributions de ses diverses autorités (*art. 13*).	10 oct. 1810.	I. 298
Id.	Arrêté portant suppression de plusieurs Facultés des sciences et des lettres.	31 oct. 1815.	I. 387
Id.	Ordonnance qui confirme l'arrêté de la Commission supprimant un certain nombre de Facultés des sciences et des lettres.	18 janv. 1816.	I. 402
Id.	Règlement général sur la comptabilité de l'Université (*art. 158 et suiv.*).	11 nov. 1826.	I. 540
Id.	Ordonnance qui rétablit la Faculté des sciences de *Lyon*.	9 déc. 1833.	I. 690

OBJET.	TITRES DES LOIS, DÉCRETS, ORDONNANCES, RÉGLEMENTS, ARRÊTÉS, ETC.	DATES.	TOMES et PAGES.
FACULTÉS DES SCIENCES.	*Rapport sur les améliorations à introduire dans l'enseignement des Facultés des sciences par* le baron Thénard.	12 déc. 1837.	I. 782
Idem	*Rapport* et Ordonnance portant création..... 3° de la Faculté des sciences de *Bordeaux;* 4° d'une chaire de zoologie et de physiologie animale dans les Facultés des sciences de *Caen, Dijon* et *Strasbourg;* 5° d'une chaire de chimie à la Faculté des sciences de *Grenoble.*	24 août 1838.	I. 797
Id.	Ordonnance portant création de chaires de zoologie dans les Facultés de *Grenoble* et de *Toulouse.*	20 déc. 1838.	I. 810
Id.	Ordonnance portant création de chaires à la Faculté des sciences de *Toulouse.*	10 mars 1839.	I. 812
Id.	Circulaire relative aux examens dans les Facultés des lettres et des sciences.	1er déc. 1839.	I. 816
Id.	Ordonnance portant création d'une Faculté des sciences à *Rennes.*	12 sept. 1840.	I. 875
Id.	Ordonnance portant création d'une Faculté des sciences à *Besançon.*	15 fév. 1845.	I. 962
Id.	Ordonnance portant création d'une chaire de mathématiques appliquées à la Faculté des sciences de *Rennes.*	1er nov. 1846.	I. 988
Id.	Règlement pour l'acquisition des collections scientifiques dans les Facultés des sciences et de médecine et dans les Écoles préparatoires.	11 déc. 1846.	I. 999
Id.	Règlement relatif aux examens pour les divers grades dans les Facultés des sciences.	8 juin 1848.	II. 46
Id.	Arrêté portant création d'une chaire d'astronomie à la Faculté des sciences de *Toulouse.*	19 juin 1848.	II. 47
Id.	Arrêté désignant les chefs-lieux d'Académie où siégeront les jurys d'examen du baccalauréat ès lettres et ès sciences.	13 juin 1853.	II. 287
Id.	Circulaire relative à l'exécution de l'arrêté précédent. . . .	13 juin 1853.	II. 289
Id.	Arrêté concernant l'enseignement pratique de la botanique.	5 juillet 1853.	II. 293
Id.	Décret portant création d'une chaire de géologie et minéralogie à la Faculté des sciences de *Rennes.*	1er avril 1854.	II. 315
Id.	Décret sur l'organisation des Académies (§ *II*).	22 août 1854.	II. 340
Id.	*Rapport* et Décret sur le régime financier des établissements d'enseignement supérieur *(art. 7; titre II).*	22 août 1854.	II. 349
Id.	Règlement pour l'enseignement des sciences appliquées dans les Écoles préparatoires à l'enseignement supérieur des sciences et des lettres *(titre II).*	26 déc. 1854.	II. 382
Id.	Circulaire relative au choix des instruments astronomiques et météorologiques destinés aux Facultés des sciences. . .	12 mars 1855.	II. 431
Id.	Instruction imposant aux étudiants en médecine l'obligation de suivre les cours de chimie et d'histoire naturelle des Facultés des sciences.	24 juillet 1855.	II. 443
Id.	Instruction relative à l'organisation des conférences dans les Facultés et à la suppression dans les Lycées des conférences préparatoires à la licence.	4 oct. 1855.	II. 447
Id.	Circulaire modifiant le mode de payement du droit d'immatriculation exigé des élèves inscrits dans les Facultés des sciences pour l'enseignement des sciences appliquées. . .	8 nov. 1855.	II. 452

OBJET.	TITRES DES LOIS, DÉCRETS, ORDONNANCES, RÈGLEMENTS, ARRÊTÉS, ETC.	DATES.	TOMES et PAGES.
FACULTÉS DES SCIENCES.	Circulaire sur la répartition de l'enseignement dans les Facultés des sciences.	30 nov. 1855.	II. 453
Idem	Décret portant création d'une chaire de géologie et de minéralogie à la Faculté des sciences de *Marseille*. . . .	13 nov. 1859.	II. 547
Id.	Décret portant création d'une chaire de mathématiques pures et d'une chaire de mathématiques appliquées à la Faculté des sciences de *Lille*.	19 nov. 1859.	II. 548
Id.	Décret relatif aux chaires de géologie, de minéralogie et de mathématiques pures et appliquées de la Faculté des sciences de *Lille*.	15 déc. 1864.	II. 671
Id.	Décret relatif aux chaires de chimie et de chimie générale et appliquée de la Faculté des sciences de *Lille*	15 déc. 1868.	II. 765
Id.	Décret portant création à la Faculté des sciences de *Nancy* d'une chaire de mathématiques pures et d'une chaire de mathématiques appliquées.	15 nov. 1871.	II. 805
Id.	Décret concernant les chaires de chimie agricole, de géologie et minéralogie et de zoologie et physiologie animales à la Faculté des sciences de *Nancy*.	9 déc. 1871.	II. 805
Id.	Décrets relatifs aux chaires de calcul différentiel et intégral et de mécanique rationnelle et appliquée des Facultés des sciences de *Lille*, *Marseille*, *Poitiers* et *Toulouse*.	31 oct. 1872.	II. 831
Id.	Décret portant création d'une chaire de zoologie à la Faculté des sciences de *Marseille*.	1er sept. 1875.	III. 85
Id.	Décret relatif aux chaires de mécanique rationnelle et appliquée et de calcul différentiel et intégral de la Faculté des sciences de *Grenoble*.	8 oct. 1875.	III. 87
Id.	Décret relatif aux chaires de botanique et zoologie et de géologie et minéralogie de la Faculté des sciences de *Poitiers*.	8 oct. 1875.	III. 88
Id.	Décret relatif aux chaires de mécanique rationnelle et appliquée et de calcul différentiel et intégral de la Faculté des sciences de *Caen*.	8 oct. 1875.	III. 88
Id.	Décrets relatifs aux chaires de botanique et zoologie, de géologie et minéralogie, de mécanique rationnelle et appliquée et de calcul différentiel et intégral de la Faculté des sciences de *Clermont*.	8 oct. 1875.	III. 88
Id.	Décret qui institue des places d'agrégés près les Facultés des sciences et des lettres.	2 nov. 1875.	III. 94
Id.	Règlement pour les concours d'agrégation près les Facultés des sciences et des lettres.	2 nov. 1875.	III. 95
Id.	Circulaire pour l'exécution du décret du 2 novembre 1875 sur l'agrégation des Facultés des sciences et des lettres.	10 déc. 1875.	III. 101
Id.	Décret portant création de la chaire d'astronomie physique à la Faculté des sciences de *Bordeaux*.	25 janv. 1876.	III. 122
Id.	Décret portant création à la Faculté des sciences de *Lyon* d'une chaire de chimie appliquée à l'industrie et à l'agriculture.	25 janv. 1876.	III. 122
Id.	Décret relatif aux chaires de botanique et de géologie et botanique de la Faculté des sciences de *Bordeaux*. . . .	1er oct. 1876.	III. 140
Id.	Décret portant création d'une chaire d'astronomie physique à la Faculté des sciences de *Lyon*.	3 oct. 1876.	III. 140

OBJET.	TITRES DES LOIS, DÉCRETS, ORDONNANCES, RÈGLEMENTS, ARRÊTÉS, ETC.	DATES.	TOMES et PAGES.
FACULTÉS DES SCIENCES.	Décret portant création d'une chaire de chimie appliquée à l'industrie et à l'agriculture à la Faculté des sciences de *Lille*.	20 oct. 1876.	III. 140
Idem	Décret portant création d'une chaire de botanique à la Faculté des sciences de *Nancy*.	1er mars 1877.	III. 147
Id.	Règlement d'administration publique déterminant les conditions d'études pour l'obtention des grades de licencié et de docteur dans les Facultés des sciences.	15 juillet 1877.	III. 157
Id.	Circulaire relative à l'exécution du règlement précédent.	27 août 1877.	III. 159 *n.*
Id.	Décret portant création d'une chaire de botanique dans les Facultés des sciences de *Lille* et de *Rennes*	18 mars 1878.	III. 182
Id.	Décret portant création d'une chaire d'astronomie à la Faculté des sciences de *Clermont*.	28 déc. 1878.	III. 240
Id.	Décret portant création d'une chaire d'astronomie dans la Faculté des sciences de *Marseille*.	31 déc. 1879.	III. 314
Id.	Arrêté portant création à *Luc* (Calvados) d'un laboratoire maritime.	28 sept. 1880.	III. 511 .
Id.	Circulaire relative à la préparation aux grades dans les Facultés des sciences et des lettres.	1er oct. 1880.	III. 511
Id.	Circulaire relative aux allocations attribuées aux Facultés des sciences pour les collections.	21 janv. 1881.	III. 555
Id.	Décret relatif à la chaire de botanique, minéralogie et géologie, et à la chaire de botanique de la Faculté des sciences de *Dijon*.	1er janv. 1883.	III. 694
Id.	Décret relatif aux chaires de botanique, minéralogie et géologie, et de géologie et paléontologie de la Faculté des sciences de *Caen*.	1er janv. 1883.	III. 694
Id.	Circulaire relative à la répartition de l'enseignement dans les Facultés des sciences et des lettres.	18 fév. 1883.	III. 705
Id.	Circulaire relative à la préparation aux examens de licence et d'agrégation dans les Facultés des sciences et des lettres.	5 avril 1883.	III. 713
Id.	Décret affectant à l'installation d'un laboratoire de zoologie maritime à *Marseille* un terrain appartenant à l'État.	16 juin 1883.	III. 726
Id.	Décret relatif aux chaires de mécanique rationnelle et d'astronomie de la Faculté des sciences de *Montpellier*.	12 juillet 1883.	III. 728
Id.	Décret portant création à la Faculté des sciences de *Besançon* d'une chaire d'astronomie.	15 oct. 1883.	III. 764
	Voir : Concours, Écoles spéciales.		
FACULTÉS DES SCIENCES. (Paris.)	Décret portant organisation de l'Université (*art. 14*).	17 mars 1808.	I. 171
Idem	Statut concernant la division de l'Université en Académies, et les villes qui en seront les chefs-lieux (*art. 9*).	18 oct. 1808.	I. 196
Id.	Statut concernant les examens dans les cinq Facultés (*titre III*).	18 oct. 1808.	I. 194
Id.	Statut concernant le régime et la police générale de l'Université (*art. 17*).	28 oct. 1808.	I. 203
Id.	Arrêté portant organisation de la Faculté des sciences de Paris.	14 avril 1809.	I. 216

OBJET.	TITRES DES LOIS, DÉCRETS, ORDONNANCES, RÈGLEMENTS, ARRÊTÉS, ETC.	DATES.	TOMES et PAGES.
FACULTÉS DES SCIENCES. (Paris.)	Décision concernant les professeurs de mathématiques transcendantes des Lycées de Paris.	3 oct. 1809.	I. 229 n.
Idem	Règlement particulier pour la Faculté des sciences de Paris.	10 oct. 1809.	I. 233
Id.	Statut sur les Facultés des lettres et des sciences (*art. 53-61; 72-80*).	16 fév. 1810.	I. 249
Id.	Circulaire pour l'exécution du statut du 16 février 1810 sur les Facultés des sciences et des lettres.	5 avril 1810.	I. 255 n.
Id.	Statut sur l'administration économique des Facultés de théologie, des sciences et des lettres (*titre VI*).	14 sept. 1810.	I. 294
Id.	Statut sur la composition des Facultés des sciences et des lettres de Paris.	7 août 1812.	I. 359
Id.	Ordonnance portant que l'ancienne maison de Sorbonne et les bâtiments en dépendant sont affectés au service de l'Instruction publique.	3 janv. 1821.	I. 459
Id.	Arrêté qui institue une Commission chargée d'exercer les fonctions rectorales près les Facultés des sciences et des lettres de Paris.	9 janv. 1821.	I. 460
Id.	Ordonnance qui affecte les bâtiments de la Sorbonne à l'École normale et à l'Académie de Paris.	16 mai 1821.	I. 459 n.
Id.	Règlement général sur la comptabilité de l'Université (*art. 172-174*).	11 nov. 1826.	I. 540
Id.	Arrêté relatif au cours de géométrie descriptive de la Faculté des sciences de Paris.	5 sept. 1834.	I. 706
Id.	Ordonnance portant création d'une chaire de mécanique physique et expérimentale.	12 déc. 1837.	I. 782
Id.	*Rapport sur les améliorations à introduire dans l'enseignement des Facultés des sciences par* le baron Thénard.	12 déc. 1837.	I. 782
Id.	Arrêté qui autorise la Faculté des sciences de Paris à s'adjoindre des docteurs ès sciences pour le service des examens.	29 nov. 1842.	I. 945
Id.	*Rapport* et Ordonnance portant création d'une chaire de géométrie supérieure et d'une chaire de mécanique céleste.	9 nov. 1846.	I. 990
Id.	Décret qui transforme la chaire de calcul des probabilités.	4 juin 1851.	II. 200
Id.	Arrêté concernant l'enseignement pratique de la botanique.	5 juillet 1853.	II. 293
Id.	*Rapport* et Décret concernant les chaires de botanique, anatomie et physiologie végétales, organographie végétale et physiologie générale.	17 mars 1854.	II. 313
Id.	Arrêté qui organise le secrétariat de la Faculté des sciences de Paris.	15 nov. 1854.	II. 370
Id.	Arrêté qui crée un laboratoire de perfectionnement près la Faculté des sciences de Paris.	22 fév. 1855.	II. 430
Id.	Arrêté portant que le laboratoire de perfectionnement de la Faculté des sciences de Paris sera installé à l'École normale supérieure.	22 fév. 1855.	II. 430
Id.	*Rapport* et Décret transférant au Muséum d'histoire naturelle la chaire de physiologie générale de la Faculté des sciences de Paris et à la Faculté des sciences de Paris la chaire de physiologie du Muséum d'histoire naturelle.	12 déc. 1868.	II. 764

OBJET.	TITRES DES LOIS, DÉCRETS, ORDONNANCES, RÈGLEMENTS, ARRÊTÉS, ETC.	DATES.	TOMES et PAGES.
FACULTÉS DES SCIENCES. (Paris.)	Décret portant création d'une troisième chaire de chimie. .	31 juillet 1875.	III. 76
Idem	Décret autorisant les professeurs d'histoire naturelle médicale et de botanique de la Faculté de médecine, de la Faculté des sciences et de l'École supérieure de pharmacie de Paris à faire leurs cours au Muséum d'histoire naturelle.	10 janv. 1880.	III. 315
	Voir : Concours, Écoles spéciales.		
FACULTÉS ET ÉCOLES. (Séances de rentrée.)	Instruction pour les Écoles de droit (*art. 18 et suiv.*). . .	19 mars 1807.	I. 160
Idem	Statut sur les Facultés des lettres et des sciences (*art. 11*).	16 fév. 1810.	I. 249
Id.	Instruction pour l'exécution du statut du 16 février 1810 sur les Facultés des lettres et des sciences.	5 avril 1810.	I. 255 n.
Id.	Arrêté relatif à l'ouverture et à la clôture des cours et à la discipline des étudiants dans les Facultés de droit et de médecine. . . . . '. .	26 oct. 1838.	I. 807
Id.	Circulaire relative à la séance annuelle de rentrée des diverses Facultés.	31 juillet 1840.	I. 871
Id.	Circulaire relative aux discours des séances de rentrée. . . .	23 juin 1843.	I. 1010 n.
Id.	Avis du Conseil royal concernant les rapports et discours des séances de rentrée dans les Facultés et Écoles	21 mai 1847.	I. 1010
Id.	Circulaire relative à l'époque de la rentrée des Facultés de droit.	25 oct. 1847.	I. 1018
Id.	Circulaire prescrivant l'envoi, pour les archives du Ministère, des comptes rendus des séances de rentrée des Facultés et des palmarès des Lycées et Collèges.	21 janv. 1865.	II. 675
Id.	Décret relatif au régime des établissements d'enseignement supérieur (*art 1er*).	30 juillet 1883.	III. 731
	Voir : Année scolaire, Cours (durée des).		
FACULTÉS LIBRES.	Loi relative à la liberté de l'enseignement supérieur. . . .	12 juillet 1875.	III. 12
Idem	Circulaire pour l'exécution de la loi précédente.	16 oct. 1875.	III. 89
Id.	Loi relative à la liberté de l'enseignement supérieur. . . .	18 mars 1880.	III. 388
FACULTÉS MIXTES de Médecine et de Pharmacie.	Décret d'organisation de la Faculté et de l'École de pharmacie de *Nancy*.	1er oct. 1872.	II. 824
Idem	*Lettre adressée par* M. Jules Simon, *ministre de l'Instruction publique, au doyen de la Faculté de médecine de Paris.*	12 nov. 1872.	II. 824 n.
Id.	Loi portant création des Facultés mixtes de médecine et de pharmacie dans les villes de *Bordeaux* et de *Lyon*. . .	8 déc. 1874.	II. 914
Id.	*Rapport fait au nom de la Commission chargée d'examiner différentes propositions relatives à la loi précédente, par* M. P. Bert.	»	II. 915 n.
Id.	Décret qui établit à *Lille* une Faculté mixte de médecine et de pharmacie.	12 nov. 1875.	III. 97
Id.	Décret portant que l'École supérieure de pharmacie de *Nancy* formera désormais un établissement distinct de la Faculté de médecine de cette ville.	11 janv. 1876.	III. 114

OBJET.	TITRES DES LOIS, DÉCRETS, ORDONNANCES, RÉGLEMENTS, ARRÊTÉS, ETC.	DATES.	TOMES et PAGES.
FACULTÉS MIXTES de Médecine et de Pharmacie.	Décret constituant l'enseignement à la Faculté mixte de médecine et de pharmacie de *Lille*.	31 août 1876.	III. 137
Idem	Arrêté qui détermine la circonscription de la Faculté mixte de médecine et de pharmacie de *Lille*.	30 déc. 1876.	III. 143
Id.	Décret qui constitue l'enseignement de la Faculté mixte de médecine et de pharmacie de *Lyon*.	24 avril 1877.	III. 151
Id.	Décret portant création de cours annexes dans les Facultés de médecine.	20 août 1877.	III. 164
Id.	Décret relatif à la Commission chargée d'organiser les cours annexes dans les Facultés de médecine.	6 déc. 1877.	III. 165 *n.*
Id.	Décret portant organisation de l'enseignement à la Faculté mixte de médecine et de pharmacie de *Bordeaux*.	16 juin 1878.	III. 211
Id.	Décret portant règlement d'administration publique déterminant les conditions d'études exigées des aspirants au titre de pharmacien de 1re classe (*art. 5*).	12 juillet 1878.	III. 219
Id.	Arrêté qui détermine la circonscription des Facultés de médecine, des Écoles supérieures de pharmacie, des Écoles de plein exercice et des Écoles préparatoires de médecine et de pharmacie.	22 juillet 1878.	III. 222
Id.	Décret portant création d'une Faculté mixte de médecine et de pharmacie à *Toulouse*.	28 nov. 1878.	III. 234
Id.	Décret relatif aux chaires d'anatomie pathologique et de pathologie générale et histologie à la Faculté mixte de médecine et de pharmacie de *Lille*.	27 janv. 1880.	III. 320
Id.	Décret relatif aux chaires de médecine légale et de chimie organique et toxicologie à la Faculté mixte de médecine et de pharmacie de *Lyon*.	3 juillet 1880.	III. 502
Id.	Arrêté créant un enseignement spécial pour les élèves sages-femmes à la Faculté mixte de médecine et de pharmacie de *Bordeaux*	22 mai 1882.	III. 618
Id.	Arrêté instituant un enseignement spécial à l'usage des élèves sages-femmes à la Faculté mixte de médecine et de pharmacie de *Lyon*	1er août 1882.	III. 669
Id.	Décret transformant en cours magistral le cours complémentaire de clinique ophtalmologique de la Faculté mixte de médecine et de pharmacie de *Bordeaux*.	30 déc. 1882.	III. 694
FEMMES.	Arrêt du Parlement de Paris concernant l'exercice de la profession de chirurgien par les femmes.	19 avril 1755.	I. 131 *n.*
Idem	*Rapport sur le projet de loi relatif à l'organisation des Écoles de pharmacie par Carret*	17 germ. An XI.	III. 881 *a.*
Id.	Circulaire sur l'exécution de l'article 23 de la loi du 19 ventôse an XI.	fruct. An XI.	I. 130
	Voir : Sages-femmes.		
FONCTIONNAIRES.	Statut sur l'administration, la police et l'enseignement de l'École normale.	30 mars 1810.	I. 268
Idem	Règlement concernant l'administration et la discipline de l'École normale (*titre Ier*).	14 déc. 1815.	I. 394
Id.	Ordonnance portant réorganisation de la Faculté de médecine de Paris (*art. 9, 14*).	2 fév. 1823.	I. 488

OBJET.	TITRES DES LOIS, DÉCRETS, ORDONNANCES, RÈGLEMENTS, ARRÊTÉS, ETC.	DATES.	TOMES et PAGES.
FONCTIONNAIRES.	Arrêté portant règlement pour la Faculté de médecine de Strasbourg (*art. 8*).....................	11 avril 1829.	I. 625
Idem	Décret concernant les militaires et les fonctionnaires qui ont perdu leur grade et leur rang par suite des événements de décembre 1851...................	12 sept. 1870.	II. 796
FONCTIONS (Correspondance des grades avec les).	Décret portant organisation de l'Université (*titre IV*). . . .	17 mars 1808.	I. 171
Idem	Règlement général sur la comptabilité de l'Université (*art. 160*)........................	11 nov. 1826.	I. 540
FONCTIONS (Titres attachés aux)	Décret portant organisation de l'Université (*titre IV*, § 2).	17 mars 1808.	I. 171
FORCE PUBLIQUE.	*Voir :* POLICE.		
FRAIS DE BUREAU.	Loi relative à la formation d'un Bureau des Longitudes (*art. 14*)............................	7 mess. An III.	I. 33
Idem	Arrêté qui fixe le traitement des inspecteurs généraux des Facultés de droit......................	14 mai 1816.	I. 408
Id.	Règlement pour la Faculté de médecine de Paris (*art. 49*).	12 avril 1823.	I. 494
Id.	Règlement général sur la comptabilité de l'Université (*art. 218, 219*).........................	11 nov. 1826.	I. 540
Id.	Règlement pour l'exécution des lois de finances des 23 et 24 mai 1834 en ce qui concerne l'Université (*art. 111*). .	27 nov. 1834.	I. 710
Id.	Arrêté qui crée une Académie en Corse............	30 mars 1838.	I. 790
Id.	Arrêté qui divise les Académies en deux classes, et qui fixe les frais de bureau et de logement accordés aux Recteurs.	30 nov. 1838.	I. 809
Id.	Règlement de comptabilité en exécution de l'ordonnance du 31 mai 1838 (*art. 28*)..................	16 déc. 1841.	I. 918
Id.	Loi sur l'administration de l'Instruction publique (*art. 10*).	14 juin 1854.	II. 316
Id.	Circulaire du Ministre de l'Intérieur aux préfets concernant le vote des frais de bureau pour les inspecteurs d'Académie par les Conseils généraux..............	29 juillet 1854.	II. 338
Id.	Règlement sur la comptabilité des dépenses du Ministère de l'Instruction publique (*art. 39*)..............	16 oct. 1867.	II. 717
FRAIS DE COURS.	Arrêté du Gouvernement contenant règlement sur les Écoles de pharmacie (*art. 15*).....................	25 therm. An XI.	I. 119
Id.	Règlement pour l'École de médecine de Montpellier (*chap. II, art. 16*)............................	2 fruct. An XI.	I. 125
Id.	Décret concernant l'enseignement et le traitement des professeurs dans les Écoles préparatoires de médecine et de pharmacie (*art. 4*)......................	10 août 1877.	III. 162
	Voir : COMPTABILITÉ.		
FRAIS de déplacement, d'inspection, de mission, de route, de tournées.	Décret concernant l'organisation des Écoles de droit (*art. 7*).	4e comp^re An XII.	I. 142
Idem	Arrêté fixant l'indemnité de voyage due aux inspecteurs de l'Université en tournée...................	7 fév. 1809.	I. 209

OBJET.	TITRES DES LOIS, DÉCRETS, ORDONNANCES, RÈGLEMENTS, ARRÊTÉS, ETC.	DATES.	TOMES et PAGES.
FRAIS de déplacement, d'inspection, de mission, de route, de tournées.	Instruction relative à la fixation des indemnités pour frais de route.	5 mars 1810.	I. 267
Idem	Arrêté qui fixe les frais de route des Recteurs et des inspecteurs d'Académie.	26 mars 1811.	I. 313
Id.	Règlement général sur la comptabilité de l'Université (*art. 210-212; 220-226; 240-244*)	11 nov. 1826.	I. 540
Id.	Arrêté qui supprime les indemnités accordées aux inspecteurs généraux et aux inspecteurs d'Académie pour missions et examens dans les chefs-lieux académiques. . . .	17 mars 1829.	I. 619
Id.	Circulaire qui prescrit le payement uniforme des frais de tournées dans les diverses Académies.	2 mars 1831.	I. 661
Id.	Arrêté relatif aux frais de mission des inspecteurs généraux.	10 avril 1832.	I. 670
Id.	Règlement pour l'exécution des lois de finances des 23 et 24 mai 1834 en ce qui concerne l'Université (*art. 108*) .	27 nov. 1834.	I. 710
Id.	Arrêté qui crée une Académie en Corse.	30 mars 1838.	I. 790
Id.	Arrêté qui fixe les indemnités de frais de mission, de tournées, d'inspection, de route et de déplacement.	21 février 1840.	I. 818
Id.	Règlement de comptabilité en exécution de l'ordonnance du 31 mai 1838 (*art. 34*).	16 déc. 1841.	I. 918
Id.	Arrêté portant fixation des frais d'inspection, de tournées, de mission et de déplacement des membres de l'Université	9 oct. 1848.	II. 59
Id.	Circulaire qui exige le détail de la dépense effectuée dans les frais de tournées.	25 février 1859.	II. 531
Id.	Transmission d'un nouveau modèle d'état pour la liquidation des frais de tournées des inspecteurs généraux. . . .	22 mars 1860.	II. 559
Id.	Règlement sur la comptabilité des dépenses du Ministère de l'Instruction publique (*art. 44*).	16 oct. 1867.	II. 717
Id.	Arrêté relatif aux frais d'inspection, de tournées et de mission.	29 oct. 1873.	II. 868
Id.	Arrêté qui fixe les frais de voyage et de séjour à Paris des membres du Conseil supérieur de l'Instruction publique.	26 janv. 1874.	II. 872
Id.	Arrêté concernant les frais de déplacement des membres des Conseils académiques.	5 juillet 1880.	III. 502
FRAIS DE REPRÉSENTATION.	Décret qui fixe les traitements des fonctionnaires de l'administration académique (*art. 2*).	22 août 1854.	II. 348
Idem	Décret relatif aux traitements des fonctionnaires de l'administration académique (*art. 3*).	26 déc. 1867.	II. 730
Id.	Décret portant augmentation des traitements des Recteurs d'Académie et des inspecteurs de l'Académie de Paris (*art. 1er*).	2 avril 1872.	II. 817
FRAIS D'ÉTUDES.	Arrêté déterminant les droits que doivent payer les élèves ajournés aux examens dans les Écoles de droit	10 juin 1806.	I. 555*n.*
Idem	Décret portant organisation de l'Université (*art. 132-136*).	17 mars 1808.	I. 171

OBJET.	TITRES DES LOIS, DÉCRETS, ORDONNANCES, RÈGLEMENTS, ARRÊTÉS, ETC.	DATES.	TOMES et PAGES.
FRAIS D'ÉTUDES.	Décret concernant les droits de sceau de l'Université. . . .	17 fév. 1809.	I. 210
Idem	Décision portant que les seuls aspirants aux grades sont tenus de prendre des inscriptions et d'en acquitter les droits.	11 sept. 1811.	I. 210n.
Id.	Ordonnance portant règlement sur l'Instruction publique (*titre V*).	17 fév. 1815.	I. 374
Id.	Décision relative à l'acquittement des droits de sceau. . .	4 nov. 1815.	I. 211n.
Id.	Règlement général sur la comptabilité de l'Université. . .	11 nov. 1826.	I. 540
Id.	Loi de finances.	24 mai 1834.	I. 701
Id.	Règlement pour l'exécution de la loi qui précède.	27 nov. 1834.	I. 710
Id.	Circulaire relative au droit d'examen exigé des candidats refusés par les Facultés.	23 mars 1835.	I. 722
Id.	Loi sur l'administration de l'Instruction publique (*art. 14*).	14 juin 1854.	II. 316
Id.	*Rapport* et Décret sur le régime financier des établissements d'enseignement supérieur.	22 août 1854.	II. 349
Id.	Instruction sur l'exécution du décret précédent.	27 déc. 1854.	II. 390
Id.	Instruction du Ministre des Finances aux receveurs des finances, relative au nouveau mode de comptabilité des établissements d'enseignement supérieur.	28 déc. 1854.	II. 390n.
Id.	État comparatif des droits exigés par le décret du 22 août 1854 et par les règlements antérieurs à ce décret pour l'obtention des grades dans les établissements d'enseignement supérieur.	»	II. 402
Id.	Décret qui fixe les droits à percevoir pour les conférences facultatives dans les Facultés.	18 mars 1859.	II. 531
Id.	Circulaire relative au payement de la rétribution fixée pour les conférences dans les Facultés.	20 mars 1860.	II. 558
Id.	Décret portant fixation des droits de manipulations aux conférences facultatives.	31 déc. 1864.	II. 673
Id.	Loi portant fixation du budget général des dépenses et des recettes de l'exercice 1874 [*Droit de bibliothèque*]. . . .	29 déc. 1873.	II. 871
Id.	Loi de finances [*Droit de bibliothèque*].	3 août 1875.	III. 77
Id.	Décret concernant la perception des droits relatifs aux examens passés devant les jurys mixtes.	16 août 1876.	III. 136
Id.	Circulaire relative à l'exécution du décret précédent. . . .	12 sept. 1876.	III. 136n.
Id.	Loi relative au Conseil supérieur de l'Instruction publique et aux Conseils académiques (*art. 6*).	27 fév. 1880.	III. 322
Id.	Loi concernant la régularisation des décrets rendus en Conseil d'État qui ont ouvert des crédits à divers Ministères sur l'exercice 1880 [*rétributions facultatives*]. . .	28 déc. 1880.	III. 536
Id.	Instruction relative à la perception du droit de bibliothèque et des droits de travaux pratiques dans les Facultés et établissements d'enseignement supérieur.	16 oct. 1882.	III. 681
Id.	Instruction relative au même objet.	19 oct. 1882.	III. 681n.
Id.	*Tarif et nomenclature des droits à acquitter pour l'obtention des grades dans les Facultés et Écoles d'enseignement supérieur*.	»	III. 777
FRAIS D'ÉTUDES. (Droit.)	Loi relative aux Écoles de droit (*titre VII*).	22 vent. An XII.	I. 137

OBJET.	TITRES DES LOIS, DÉCRETS, ORDONNANCES, RÈGLEMENTS, ARRÊTÉS, ETC.	DATES.	TOMES et PAGES.
FRAIS D'ÉTUDES. (Droit.)	Décret concernant l'organisation des Ecoles de droit (section VII).	4ᵉ compᵣᵉ AnXII.	I. 142
Idem	Décret concernant les droits de sceau de l'Université. . . .	17 fév. 1809.	I. 210
Id.	Arrêté qui fixe les droits pour les thèses de licence dans la Faculté de droit de Paris.	17 fév. 1821.	I. 465
Id.	*Rapport* et Décret sur le régime financier des établissements d'enseignement supérieur (*titre IV*).	22 août 1854.	II. 349
Id.	Circulaire relative au nouveau tarif des conférences dans les Facultés de droit, des sciences et des lettres.	2 avril 1859.	II. 532
Id.	Circulaire relative au droit de bibliothèque en ce qui concerne les étudiants en droit inscrits aux Facultés des lettres.	31 déc. 1873.	II. 871 *n.*
Id.	Décret relatif aux frais d'examens pour la licence en droit.	8 janv. 1881.	III. 548
Id.	Circulaire déterminant les sommes à payer par les candidats à la licence en droit qui ont fait leurs études à *Pondichéry*.	31 mai 1882.	III. 620
Id.	Décret relatif aux droits à percevoir des candidats au doctorat en droit.	14 sept. 1882.	III. 674
Id.	Décret concernant les droits à percevoir des candidats au certificat d'études de droit administratif et de coutumes indigènes	14 sept. 1882.	III. 675
Id.	*Tarif et nomenclature des droits à acquitter pour l'obtention des grades dans les Facultés et Écoles d'enseignement supérieur.*	»	III. 777
(Lettres.)	Décret concernant les droits de sceau de l'Université. . . .	17 fév. 1809.	I. 210
Idem	Décision qui exempte les élèves de l'École normale du droit de sceau pour les grades qu'ils prendront dans les Facultés des sciences et des lettres.	30 avril 1819.	I. 428
Id.	*Rapport* et Décret sur le régime financier des établissements d'enseignement supérieur (*titre II*).	22 août 1854.	II. 349
Id.	Circulaire relative au nouveau tarif des conférences dans les Facultés des sciences et des lettres.	2 avril 1859.	II. 532
Id.	Circulaire relative au droit de bibliothèque en ce qui concerne les étudiants en droit inscrits aux Facultés des lettres.	31 déc. 1873.	II. 871 *n.*
Id.	Décret portant règlement d'administration publique sur les droits d'examens et de diplôme et sur les conditions d'âge et d'études pour l'admission au grade de bachelier ès lettres (*art. 14*).	25 juillet 1874.	II. 885
Id.	*Tarif et nomenclature des droits à acquitter pour l'obtention des grades dans les Facultés et Écoles d'enseignement supérieur.*	»	III. 777
(Médecine et Pharmacie.)	Loi relative à l'exercice de la médecine (*art. 9, 19*). . . .	19 vent. AnXI.	I. 93
Idem	Loi contenant organisation des Écoles de pharmacie (*art. 10, 17, 18, 37*).	21 germ. An XI.	I. 105
Id.	Arrêté du Gouvernement portant règlement pour l'exercice de la médecine (*art. 21, 41, 43, 44*)	20 prair. An XI.	I. 109
Id.	Arrêté du Gouvernement contenant règlement sur les Écoles de pharmacie (*art. 31, 35, 43*).	25 therm. AnXI.	I. 119

OBJET.	TITRES DES LOIS, DÉCRETS, ORDONNANCES, RÈGLEMENTS, ARRÊTÉS, ETC.	DATES.	TOMES et PAGES.
FRAIS D'ÉTUDES. (Médecine et Pharmacie.)	Décision relative aux frais de délivrance des diplômes dans les Facultés de droit et de médecine.	10 février 1809.	I. 210
Idem	Décret concernant les droits de sceau de l'Université.	17 février 1809.	I. 210
Id.	Arrêté concernant la circonscription des arrondissements des Facultés de médecine pour les jurys médicaux, l'admission des candidats aux examens, la répartition des droits de réception entre les membres du jury, les procès-verbaux du jury et les modèles des certificats et titres de réceptions.	21 mai 1812.	I. 346
Id.	Ordonnance portant réorganisation de la Faculté de médecine de Paris (*art. 37*).	2 février 1823.	I. 488
Id.	Arrêté qui fixe le prix des inscriptions dans les Facultés de médecine.	26 avril 1823.	I. 499
Id.	Arrêté qui rapporte la décision du 10 février 1809 relative aux frais de délivrance des diplômes dans les Facultés de droit et de médecine.	6 sept. 1823.	I. 210 n.
Id.	Arrêté relatif aux inscriptions prises par les aspirants au titre d'officier de santé.	8 nov. 1823.	I. 502
Id.	Arrêté qui fixe les droits dus par les aspirants au doctorat en médecine pour les examens et la thèse ainsi que la répartition de ces droits entre les examinateurs.	25 nov. 1823.	I. 502
Idem	Arrêté qui fixe les sommes que devront payer les chirurgiens des armées de 3° et de 2° classe et les élèves en médecine et en chirurgie des armées qui voudront prendre le grade de docteur.	20 janv. 1824.	I. 504
Id.	Décision relative à l'acquittement des droits de diplôme de docteur en médecine.	29 juin 1824.	I. 211 n.
Id.	Ordonnance qui fixe les droits exigés des élèves des Écoles secondaires, candidats au doctorat dans les Facultés de médecine.	12 avril 1835.	I. 722
Id.	Décision concernant les frais d'études des étudiants en médecine qui passent d'une École secondaire dans une Faculté.	16 juin 1835.	I. 723 n.
Id.	*Rapport* et Ordonnance portant organisation des Écoles de pharmacie (*titre III*).	27 sept. 1840.	I. 876
Id.	*Rapport* et Ordonnance concernant l'organisation des Écoles préparatoires de médecine et de pharmacie (*art. 12, 13*).	13 oct. 1840.	I. 884
Id.	Règlement pour l'exécution de la loi de finances du 25 juin 1841 et de l'ordonnance du 27 septembre 1840 en ce qui concerne la perception des droits dus dans les Écoles de pharmacie.	27 nov. 1841.	I. 911
Id.	*Rapport* et Ordonnance concernant les droits à payer dans les Écoles préparatoires pour les inscriptions de pharmacie.	13 mars 1842.	I. 941
Id.	Décision portant modification de l'article 6 du règlement du 27 novembre 1841.	28 juillet 1845.	I. 912 n.
Id.	*Rapport* et Décret sur le régime financier des établissements d'enseignement supérieur (*titre III*).	22 août 1854.	II. 349

OBJET.	TITRES DES LOIS, DÉCRETS, ORDONNANCES, RÈGLEMENTS, ARRÊTÉS, ETC.	DATES.	TOMES et PAGES.
FRAIS D'ÉTUDES. (Médecine et Pharmacie.)	*Rapport* et Décret qui fixe le prix des inscriptions dans les Écoles préparatoires de médecine et de pharmacie. . . .	28 oct. 1854.	II. 368
Idem	Règlement pour l'École de dissection de la Faculté de médecine de Paris.	4 août 1859.	II. 541
Id.	Dispositions légales autorisant la perception d'un droit spécial pour l'inscription des élèves stagiaires en pharmacie.	26 juillet 1860.	II. 567
Id.	Instruction sur l'exécution du décret qui détermine le mode de justification du stage imposé aux élèves en pharmacie.	24 nov. 1860.	II. 578
Id.	Décret portant règlement d'administration publique modifiant les conditions d'études exigées des aspirants au grade de pharmacien de 2º classe.	14 juillet 1875.	III. 42
Id.	Circulaire relative aux droits de bibliothèque dans les Facultés et Écoles supérieures de pharmacie.	15 oct. 1875.	III. 88
Id.	Décret déterminant la durée du temps d'études dans les Écoles de plein exercice de médecine et de pharmacie et le montant des droits à percevoir dans ces Écoles pour l'obtention des grades.	20 nov. 1875.	III. 98
Id.	Décret portant règlement d'administration publique déterminant les conditions d'études exigées des aspirants au grade de docteur en médecine (*art. 8-10*).	20 juin 1878.	III. 123
Id.	Décret portant règlement d'administration publique déterminant les conditions d'études exigées des aspirants au titre de pharmacien de 1ʳᵉ classe (*art. 8 et suiv.*)	12 juillet 1878.	III. 219
Id.	Circulaire pour l'application du décret du 20 juin 1878 sur les études des aspirants au grade de docteur en médecine.	20 nov. 1878.	III. 230
Id.	Circulaire concernant les nouvelles dispositions réglementaires sur le stage, les études et les examens exigés des aspirants aux diplômes de pharmacien de 1ʳᵉ et de 2º classe.	7 juillet 1879.	III. 257
Id.	Décret concernant la perception des droits de travaux et exercices pratiques exigés des étudiants en médecine et en pharmacie.	14 oct. 1879.	III. 282
Id.	Circulaire concernant la perception des droits de travaux pratiques et de bibliothèque.	20 oct. 1879.	III. 285
Id.	Circulaire relative à l'admission des étudiants en médecine aux exercices pratiques obligatoires.	8 déc. 1879.	III. 283 *n.*
Id.	Décret portant règlement d'administration publique ayant pour objet : 1º de déterminer les conditions dans lesquelles pourront être décernés, par l'École préparatoire de médecine et de pharmacie d'Alger, les certificats d'aptitude permettant d'exercer la médecine en territoire indigène ; 2º de fixer les droits à percevoir pour chaque examen. .	3 août 1880.	III. 508
Id.	Décret portant règlement d'administration publique ayant pour objet de fixer les droits à percevoir des élèves en pharmacie aspirant au certificat de validation de stage.	3 août 1880.	III. 509
Id.	Circulaire relative à la perception du droit de bibliothèque et des droits de travaux pratiques dans les Écoles supérieures de pharmacie.	9 oct. 1882.	III. 680
Id.	Circulaire relative au mode de perception et de répartition des droits de troisième examen de fin d'études pour les pharmaciens de 3º classe.	16 déc. 1882.	III. 692

OBJET.	TITRES DES LOIS, DÉCRETS, ORDONNANCES, RÈGLEMENTS, ARRÊTÉS, ETC.	DATES.	TOMES et PAGES.
FRAIS D'ÉTUDES. (**Médecine** et **Pharmacie**).	*Tarif et nomenclature des droits à acquitter pour l'obtention des grades dans les Facultés et Écoles d'enseignement supérieur.*	»	III. 777
(**Sciences**.)	Décret concernant les droits de sceau de l'Université. . . .	17 fév. 1809.	I. 210
Idem	Décision qui exempte les élèves de l'École normale du droit de sceau pour les grades qu'ils prendront dans les Facultés des sciences et des lettres.	30 avril 1819.	I. 428
Id.	*Rapport* et Décret sur le régime des établissements d'enseignement supérieur (*titre II*).	22 août 1854.	II. 349
Id.	Circulaire modifiant le mode de payement du droit d'immatriculation exigé des élèves inscrits dans les Facultés des sciences pour l'enseignement des sciences appliquées. . .	8 nov. 1855.	II. 452
Id.	*Rapport* et Décret relatifs au rétablissement du baccalauréat ès lettres pour les aspirants au doctorat en médecine [*Baccalauréat ès sciences restreint*] (*art. 2, 3*). .	23 août 1858.	II. 517
Id.	Circulaire relative au nouveau tarif des conférences dans les Facultés de droit, des sciences et des lettres.	2 avril 1859.	II. 532
Id.	Instruction pour l'application des dispositions de l'article 3 du décret du 23 août 1858 relatives à l'échange du diplôme de bachelier ès sciences restreint pour la partie mathématique contre un diplôme ordinaire de bachelier ès sciences.	23 avril 1860.	II. 562
Id.	*Tarif et nomenclature des droits à acquitter pour l'obtention des grades dans les Facultés et Écoles d'enseignement supérieur.*	»	III. 777
(**Théologie**.)	Décret concernant les droits de sceau de l'Université. . . .	17 fév. 1809.	I. 210
Idem	*Rapport* et Décret sur le régime financier des établissements d'enseignement supérieur (*titre V*).	22 août 1854.	II. 349
Id.	*Tarif et nomenclature des droits à acquitter pour l'obtention des grades dans les Facultés et Écoles d'enseignement supérieur.*	»	III. 777
FRAUDE AUX EXAMENS.	Décret relatif au régime des établissements d'enseignement supérieur (*art. 19, 24, 34, 35*). . . . . : . .	30 juillet 1883.	III. 731
GALATA-SÉRAÏ.	Arrêté qui détermine la valeur du diplôme de bachelier ès sciences délivré par le lycée de Galata-Séraï.	12 fév. 1872.	II. 807
GENS DE LETTRES.	Décision du Conseil royal de l'Instruction publique relative à la qualification d'homme de lettres. . . . . *Voir :* CUMUL, LOGEMENTS.	22 sept. 1829.	I. 417*n.*
GOUVERNEMENT.	*Voir :* JURISPRUDENCE.		
GRADES.	Loi relative aux Écoles de droit (*titres II, III*).	22 vent. An XII.	I. 137
Idem	Décret portant organisation de l'Université (*titre III*). . .	17 mars 1808.	I. 171
Id.	Statut concernant les examens dans les cinq Facultés (*titre VI*).	18 oct. 1808.	I. 194

OBJET.	TITRES DES LOIS, DÉCRETS, ORDONNANCES, RÉGLEMENTS, ARRÊTÉS, ETC.	DATES.	TOMES et PAGES.
GRADES.	Arrêté relatif à la collation du grade de docteur en faveur des inspecteurs généraux de l'Université.	7 nov. 1808.	I. 205
Idem	Décision portant que les membres du Conseil de l'Université prendront le diplôme de docteur.	18 nov. 1808.	I. 180 n.
Id.	Arrêtés relatifs aux conditions de délivrance des diplômes par collation.	25 nov. 1808.	I. 193 n.
Id.	Décret concernant les droits de sceau de l'Université (*art. 13*).	17 fév. 1809.	I. 210
Id.	Arrêté concernant les gradués des anciennes Universités. .	28 fév. 1809.	I. 213
Id.	Arrêté déterminant les grades de l'Université que peuvent réclamer les anciens gradués.	12 mai 1809.	I. 218
Id.	Arrêté déterminant les différentes classes d'individus auxquels il peut être accordé immédiatement des diplômes de grades dans les sciences ou dans les lettres.	23 mai 1809.	I. 219
Id.	Décision relative à la quotité du droit exigé pour la collation du grade de docteur en médecine.	25 juillet 1809.	I. 211 n.
Id.	Arrêté qui détermine les grades auxquels ont droit les membres des anciennes corporations enseignantes.	22 août 1809.	I. 228
Id.	Décisions qui déterminent les diplômes que pourront demander les professeurs et suppléants des Facultés de médecine.	8 juillet 1809. 28 août 1809.	I. 173 n.
Id.	Décisions relatives aux grades que peuvent demander les professeurs et suppléants des Facultés de droit.	4 juillet 1809. 29 août 1809.	I. 144 n.
Id.	Décision relative aux ecclésiastiques gradués en droit canon.	29 août 1809.	I. 228
Id.	Décision portant que le baccalauréat ès lettres étant exigé pour être gradué dans une autre Faculté, les gradués dans les Facultés autres que celle des lettres peuvent requérir comme tels le grade de bachelier ès lettres. . .	22 sept. 1809.	I. 174 n.
Id.	Arrêté relatif à la délivrance des diplômes en collation ou échange de grades.	8 déc. 1809.	I. 247
Id.	Décision relative à la collation du grade de bachelier ès lettres.	31 déc. 1809.	I. 228 n.
Id.	Règlement général sur la comptabilité de l'Université [*Correspondance des grades avec les fonctions*] (*art. 160, 179*).	11 nov. 1826.	I. 540
Id.	Décision portant qu'il ne sera plus accordé de grades par collation.	5 fév. 1831.	I. 660
Id.	Règlement d'administration publique pour l'exécution de la loi du 15 mars 1850 (*art. 54*).	29 juillet 1850.	II. 155
Id.	Loi relative à la liberté de l'enseignement supérieur. . . .	12 juillet 1875.	III. 12
Id.	*Rapport fait au nom de la Commission chargée d'examiner la proposition de loi de M. le comte Jaubert relative à la liberté de l'enseignement supérieur, par M. Laboulaye.*	»	III. 18
Id.	*Rapport supplémentaire sur le même objet.*	»	III. 30
Id.	Loi relative à la liberté de l'enseignement supérieur (*art. 5*).	18 mars 1880.	III. 388
Id.	*Exposé des motifs du projet de loi relatif à la liberté de l'enseignement supérieur, présenté par M. J. Ferry.*	»	III. 389

OBJET.	TITRES DES LOIS, DÉCRETS, ORDONNANCES, RÈGLEMENTS, ARRÊTÉS, ETC.	DATES.	TOMES et PAGES.
GRADES.	*Rapport fait au nom de la Commission chargée d'examiner le projet de loi relatif à la liberté de l'enseignement supérieur, par M. Spuller.*	»	III. 393
Idem	*Rapport fait au nom de la Commission chargée d'examiner le projet de loi, adopté par la Chambre des députés, relatif à la liberté de l'enseignement supérieur, par M. J. Simon.*	»	III. 425
	Voir : Baccalauréat, Diplomes, Doctorat, Herboristes, Licence, Officiers de santé, Pharmaciens, Sages-Femmes.		
GRAND-MAITRE DE L'UNIVERSITÉ.	Décret portant organisation de l'Université (*titres IV, § 2; VII*).	17 mars 1808.	I. 171
Idem	Décret portant règlement pour l'Université (*art. 1er*). . . .	17 sept. 1808.	I. 189
Id.	Statut concernant le régime et la police générale de l'Université (*art. 1, 4, 5, 9, 29*).	28 oct. 1808.	I. 203
Id.	Arrêté relatif aux fonctions rectorales du Grand-Maître de l'Université.	10 janv. 1809.	I. 183 *n.*
Id.	Règlement concernant le régime de l'Université, la subordination, la correspondance et les attributions de ses diverses autorités (*art. 20*).	10 oct. 1810.	I. 298
Id.	Décret qui confère au Grand-Maître de l'Université le pouvoir d'autoriser les poursuites en expropriation forcée . .	12 sept. 1811.	I. 317
Id.	Ordonnance qui établit une Commission de l'Instruction publique et maintient l'organisation des Académies. . . .	15 août 1815.	I. 386
Id.	Ordonnance qui donne au chef de l'Université le titre de Grand-Maître et détermine ses attributions.	1er juin 1822.	I. 483
Id.	Ordonnance concernant l'administration supérieure de l'Instruction publique.	8 avril 1824.	I. 505
Id.	Ordonnance portant création d'un Ministère des Affaires ecclésiastiques et de l'Instruction publique.	26 août 1824.	I. 512
Id.	Décision du Roi portant que le Ministre de l'Intérieur exercera provisoirement les fonctions de Grand-Maître de l'Université.	16 janv. 1828.	I. 605
Id.	Ordonnance portant que l'Instruction publique sera dirigée par un Ministre Secrétaire d'État qui exercera les fonctions de Grand-Maître de l'Université de France.	10 fév. 1828.	I. 606
	Voir : Juridictions.		
GRATUITÉ.	Loi concernant l'organisation constitutionnelle des colonies.	12 niv. An VI.	I. 56
Idem	Décret concernant l'organisation des Écoles de droit (*art. 67*).	4e compro An XII.	I. 142
Id.	Décret concernant les fils des professeurs des Écoles de droit.	25 janv. 1807.	I. 160
Id.	Avis du Conseil de l'Université sur l'application du décret précédent.	18 juillet 1809.	I. 160 *n.*
Id.	Statut sur l'administration, la police et l'enseignement de l'École normale (*art. 25, 31*).	30 mars 1810.	I. 268

OBJET.	TITRES DES LOIS, DÉCRETS, ORDONNANCES, RÈGLEMENTS, ARRÊTÉS, ETC.	DATES.	TOMES et PAGES.
GRATUITÉ.	Arrêté relatif aux élèves qui ont remporté le prix d'honneur au concours des Lycées de Paris	17 mai 1810.	I. 282
Idem	Arrêté relatif aux exemptions des droits d'examen et de diplôme en faveur des aspirants à l'état ecclésiastique. .	28 oct. 1811.	I. 318
Id.	Circulaire relative aux exemptions de droits d'examens et de diplôme en faveur des aspirants à l'état ecclésiastique.	30 déc. 1811.	I. 318*n.*
Id.	Ordonnance relative aux Écoles ecclésiastiques (*art. 5*). . .	5 oct. 1814.	I. 371
Id.	Décision portant que les diplômes de bachelier ès lettres seront délivrés gratuitement aux élèves des séminaires. .	2 sept. 1815.	I. 371*n.*
Id.	Règlement concernant l'administration et la discipline de l'École normale (*art. 38*).	14 déc. 1815.	I. 394
Id.	Décision portant que les élèves des séminaires protestants pourront prendre gratuitement le grade de bachelier ès lettres.	1er fév. 1816.	I. 371*n.*
Id.	Décision relative au diplôme de bachelier délivré gratuitement aux séminaristes.	21 juin 1825.	I. 536
Id.	Décision relative au diplôme de bachelier délivré gratuitement aux séminaristes.	11 oct. 1825.	I. 537*n.*
Id.	Règlement général sur la comptabilité de l'Université (*art. 148, 175, 176*).	11 nov. 1826.	I. 540
Id.	Décision du Conseil sur l'application du décret du 25 janvier 1807 relatif aux fils des professeurs des Écoles de droit.	29 sept. 1827.	I. 160*n.*
Id.	*Rapport* et Ordonnance portant institution de prix en faveur des étudiants des Facultés de droit (*art. 4*). . . .	17 mars 1840.	I. 820
Id.	Arrêté portant création de prix et de mentions honorables dans les Facultés de médecine en faveur des élèves faisant partie de l'École pratique (*art. 11*).	3 avril 1840.	I. 846
Id.	*Rapport* et Ordonnance concernant les remises de frais de licence et de doctorat dans les Facultés des lettres et des sciences.	10 juin 1840.	I. 853
Id.	*Rapport* et Ordonnance portant organisation des Écoles de pharmacie (*art. 16*).	27 sept. 1840.	I. 876
Id.	Ordonnance relative à la scolarité des candidats aux grades de docteur en médecine et de pharmacien de 1re classe admis dans le service de santé militaire.	16 mai 1841.	I. 905
Id.	Règlement pour l'exécution de la loi de finances du 25 juin 1841 et de l'ordonnance du 27 septembre 1840 en ce qui concerne la perception des droits dus dans les Écoles de pharmacie (*art. 3*).	27 nov. 1841.	I. 911
Id.	Ordonnance relative aux aspirants au doctorat en médecine ou en chirurgie et aux aspirants au titre de pharmacien admis dans le service de santé de la marine.	15 mai 1842.	I. 943
Id.	Arrêté concernant les fils des professeurs des Écoles de pharmacie.	15 nov. 1842.	I. 945
Id.	Arrêté concernant les prix décernés aux élèves de l'École supérieure de pharmacie de Paris.	14 août 1858.	II. 516
Id.	Décision impériale concernant les étudiants polonais.	13 août 1864.	II. 654

OBJET.	TITRES DES LOIS, DÉCRETS, ORDONNANCES, RÈGLEMENTS, ARRÊTÉS, ETC.	DATES.	TOMES et PAGES.	
HERBORISTES.	Instruction relative à l'exécution et aux conséquences de l'arrêté du 23 décembre 1854.	2 fév. 1855.	II.	422
Idem	Décret relatif aux officiers de santé, pharmaciens, sages-femmes et herboristes de l'Alsace-Lorraine	27 déc. 1871.	II.	805
Id.	Arrêté concernant l'examen préparatoire que doivent subir les aspirants au titre d'élèves sages-femmes et les aspirants et aspirantes au titre d'herboriste de 1re classe. . .	1er août 1879.	III.	269
Id.	Arrêté relatif à la composition du jury pour l'examen prévu par l'arrêté précédent.	11 juin 1880.	III.	270 n.
	Voir : JURYS MÉDICAUX.			
HOMMES DE LETTRES.	Décision du Conseil royal de l'Instruction publique, relative à la qualification d'homme de lettres.	22 sept. 1829.	I.	417 n.
	Voir : CUMUL, LOGEMENTS, SORBONNE.			
HONORARIAT.	Règlement du Collège de France (*titre II*).	25 oct. 1828.	II.	500 n.
Idem	Décision relative aux Recteurs et inspecteurs honoraires. .	11 nov. 1832.	I.	680
Id.	*Rapport* et Décret concernant le Collège de France (*titre IV*).	8 oct. 1857.	II.	499
Id.	Décret déterminant les droits attribués à un professeur honoraire de la Faculté de médecine de Montpellier. . .	9 juin 1860.	II.	563
	Voir : ÉMÉRITAT.			
HOPITAUX ET HOSPICES.	Arrêté sur le service de santé dans les hôpitaux militaires et dans les hospices civils	9 frim. An XII.	I.	132
Idem	Décret qui règle les conditions du stage dans les hôpitaux exigé des aspirants au doctorat et au grade d'officier de santé.	18 juin 1862.	II.	609
Id.	Arrêté portant règlement pour l'accomplissement du stage dans les hôpitaux exigé des étudiants en médecine. . . .	1er juillet 1862.	II.	610
Id.	Circulaire relative au stage dans les hôpitaux.	3 juillet 1862.	II.	612
Id.	Circulaire relative à l'exécution de l'arrêté du 1er juillet 1862 concernant le stage dans les hôpitaux.	10 juillet 1862.	II.	615
Id.	Loi relative à l'organisation des services hospitaliers de l'armée dans les hôpitaux militaires et dans les hospices civils.	7 juillet 1877.	III.	154
Id.	Décret portant règlement d'administration publique pour l'exécution de la loi précédente.	1er août 1879.	III.	269
	Voir : CLINIQUES, LABORATOIRES.			
HOSPICE DE PERFECTIONNEMENT.	Règlement pour l'École de médecine de Paris (*titre II, chap. II*).	14 mess. An IV.	I.	42
HUISSIERS.	*Voir :* APPARITEURS.			
HYPOTHÈQUE LÉGALE.	Décret concernant le régime de l'Université (*art. 155*). . .	15 nov. 1811.	I.	319
Idem	Arrêté relatif à l'hypothèque légale de l'Université.	31 mars 1812.	I.	335 n.
INACTIVITÉ.	Loi modifiant le régime des pensions civiles (*art. 10*). . .	9 juin 1853.	II.	277
Idem	Décret réglant l'exécution de la loi précédente (*art. 27*). .	9 nov. 1853.	II.	293

OBJET.	TITRES DES LOIS, DÉCRETS, ORDONNANCES, RÈGLEMENTS, ARRÊTÉS, ETC.	DATES.	TOMES et PAGES.
INAMOVIBILITÉ.	Décret concernant l'organisation des Écoles de droit (*art. 14*)	4ᵉcompʳᵒ An XII.	I. 142
Idem	Décret portant organisation de l'Université (*titre II*)....	17 mars 1808.	I. 171
Id.	Ordonnance portant règlement pour l'Instruction publique (*art. 29*)	17 fév. 1815.	I. 374
Id.	Ordonnance qui établit une Commission de l'Instruction publique et maintient l'organisation des Académies. ..	15 août 1815.	I. 386
	Voir : NOMINATION (MODE DE).		
INCOMPATIBILITÉ.	Ordonnance portant réorganisation de la Faculté de médecine de Paris (*art. 16*)	2 fév. 1823.	I. 488
Idem	Avis du Conseil royal de l'Instruction publique sur l'incompatibilité des fonctions d'inspecteur d'Académie et de professeur de Faculté.	25 sept. 1838.	I. 805
Id.	Décision sur l'incompatibilité des fonctions de Recteur et d'examinateur.	2 juillet 1839.	I. 813
Id.	Règlement de comptabilité en exécution de l'ordonnance du 31 mai 1838 (*art. 105*)	16 déc. 1841.	I. 918
Id.	Loi électorale.	15 mars 1849.	II. 64
Id.	Règlement d'administration publique pour l'exécution de la loi du 15 mars 1850 (*art. 15*)	29 juillet 1850.	II. 155
Id.	Loi relative aux Conseils généraux (*art. 8*)	10 août 1871.	II. 798
Id.	Loi qui interdit la nomination des membres de l'Assemblée nationale à des fonctions publiques salariées.	25 avril 1872.	II. 818
Id.	Loi organique sur l'élection des sénateurs.	2 août 1875.	III. 76
Id.	Loi organique sur l'élection des députés.	30 nov. 1875.	III. 100
	Voir : CUMUL.		
INFIRMIERS MILITAIRES.	*Voir* : ENGAGÉS CONDITIONNELS.		
INJURES.	Décret concernant le régime de l'Université (*art. 71*). ..	15 nov. 1811.	I. 319
INSCRIPTIONS.	Statut concernant les examens dans les cinq Facultés (*art. 9*)	18 oct. 1808.	I. 194
Id.	Décret concernant diverses dispositions pour accorder le régime des anciennes Écoles avec celui de l'Université (*art. 3*)	4 juin 1809.	I. 219
Id.	Arrêté concernant la police intérieure des Facultés.	7 mai 1820.	I. 436
Id.	Statut portant règlement général concernant la discipline et la police intérieure des Facultés et des Écoles secondaires de médecine (*art. 1-12 ; 27, 28*)	9 avril 1825.	I. 521
Id.	Règlement général sur la comptabilité de l'Université (*art. 131 et suiv.*)	11 nov. 1826.	I. 540
Id.	Règlement pour l'exécution des lois de finances des 23 et 24 mai 1834 en ce qui concerne l'Université.	27 nov. 1834.	I. 710
Id.	Décret sur l'organisation des Académies (*art. 18*)	22 août 1854.	II. 340
Id.	*Rapport* et Décret sur le régime financier des établissements d'enseignement supérieur.	22 août 1854.	II. 349
Id.	Arrêté fixant l'époque de la clôture du registre d'inscription des Facultés.	5 fév. 1861.	II. 582

OBJET.	TITRES DES LOIS, DÉCRETS, ORDONNANCES, RÈGLEMENTS, ARRÊTÉS, ETC.	DATES.	TOMES et PAGES.
INSCRIPTIONS.	Loi relative à la liberté de l'enseignement supérieur (*titre III*).	12 juillet 1875.	III. 12
Idem	Règlement d'administration publique pour l'exécution de la loi précédente (*art. 7*).	25 janv. 1876.	III. 120
Id.	Règlement qui modifie l'article 4 du statut du 9 avril 1825.	10 août 1877.	III. 161
Id.	Circulaire relative au règlement précédent.	12 nov. 1878.	III. 162 n.
Id.	Arrêté portant abrogation du règlement du 10 août 1877 relatif à la prise de la première inscription.	20 juillet 1882.	III. 652
Id.	Circulaire relative à l'arrêté précédent.	16 août 1882.	III. 671
Id.	Décret relatif au régime des établissements d'enseignement supérieur (*art. 1er, 2, 3*).	30 juillet 1883.	III. 731
Id.	Circulaire relative à l'exécution du décret précédent.	31 oct. 1883.	III. 765
	Voir : FRAIS D'ÉTUDES, GRATUITÉ.		
INSCRIPTIONS. (Droit.)	Décret concernant l'organisation des Écoles de droit (*section V*).	4e comp^{re} An XII.	I. 142
Idem	Instruction pour les Écoles de droit (*chap. III, IV*).	19 mars 1807.	I. 160
Id.	Arrêté qui détermine les conditions exigées pour prendre la première inscription dans les Facultés de droit.	3 mai 1810.	I. 279
Id.	Instruction pour faire suivre aux étudiants en droit les cours de la Faculté des lettres.	6 oct. 1812.	III. 890 a.
Id.	Arrêté sur l'organisation de la Faculté de droit de Paris divisée en deux sections (*art. 8, 9*).	13 oct. 1819.	I. 429
Id.	Ordonnance concernant les Facultés de droit et de médecine.	5 juillet 1820.	I. 439
Id.	Circulaire pour l'exécution de l'ordonnance qui précède.	19 juillet 1820.	I. 444
Id.	Ordonnance concernant l'enseignement, les inscriptions, les examens et les grades dans les Facultés de droit.	4 oct. 1820.	I. 450
Id.	Décision du Roi concernant les élèves en droit et en médecine dont le dernier trimestre d'études tombe à la fin de l'année scolaire.	13 juin 1821.	I. 474
Id.	Décision portant qu'il ne sera plus accordé d'autorisation à l'effet de prendre la première inscription dans une Faculté de droit ou de médecine pendant le troisième trimestre de l'année scolaire.	27 mars 1824.	I. 505
Id.	Ordonnance portant que les inscriptions dites de capacité ne pourront plus compter pour le baccalauréat ni pour la licence en droit.	13 juin 1830.	I. 641
Id.	Arrêté relatif à l'ouverture et à la clôture des cours et à la discipline des étudiants dans les Facultés de droit et de médecine.	26 oct. 1838.	I. 807
Id.	Arrêté qui fixe la date de l'ouverture et de la clôture du registre d'inscriptions dans les Facultés de droit pour le premier trimestre de l'année scolaire.	29 août 1846.	I. 985
Id.	Circulaire relative à l'époque de la rentrée des Facultés de droit.	25 oct. 1847.	I. 1018
Id.	Arrêté concernant l'inscription du premier trimestre de l'année scolaire et la distribution des prix dans les Facultés de droit.	8 sept. 1848.	II. 59
Id.	Arrêté relatif aux inscriptions des étudiants en droit dans les Facultés des lettres.	29 oct. 1852.	II. 252
Id.	Circulaire relative à l'exécution de l'arrêté précédent.	29 oct. 1852.	II. 252 n.

OBJET.	TITRES DES LOIS, DÉCRETS, ORDONNANCES, RÈGLEMENTS, ARRÊTÉS, ETC.	DATES.	TOMES et PAGES.	
INSCRIPTIONS. (Droit.)	*Rapport* et Décret sur le régime financier des établissements d'enseignement supérieur (*art. 7*)............	22 août 1854.	II.	349
Idem	Circulaire concernant les étudiants en droit candidats au diplôme de licencié ès lettres................	9 juillet 1855.	II.	442
Id.	Circulaire relative aux inscriptions prises dans les Facultés des lettres par les étudiants en droit............	28 sept. 1866.	II.	706
Id.	Décret déterminant les conditions d'études et d'admission aux grades de bachelier et de licencié dans les Facultés de droit..........................	28 déc. 1880.	III.	536
Id.	Décret portant modification des épreuves du doctorat en droit...........................	20 juillet 1882.	III.	634
Id.	Décret relatif au régime des établissements d'enseignement supérieur (*art. 1er, 2, 3, 25*)............	30 juillet 1883.	III.	731
Id.	Circulaire relative à l'exécution du décret précédent.....	31 oct. 1883.	III.	765
	Voir : GRATUITÉ.			
(Lettres.)	Statut sur les Facultés des lettres et des sciences (*art. 13 et suiv.*).........................	16 fév. 1810.	I.	249
Idem	Instruction pour l'exécution du statut précédent......	5 avril 1810.	I.	255*n.*
Id.	Arrêté relatif aux formalités à remplir pour être admis aux examens du baccalauréat et de la licence ès lettres....	15 janv. 1822.	I.	481
Id.	Arrêté relatif aux inscriptions des étudiants en droit dans les Facultés des lettres................	29 oct. 1852.	II.	252
Id.	Circulaire relative à l'exécution de l'arrêté précédent....	29 oct. 1852.	II.	252*n.*
Id.	Circulaire concernant les étudiants en droit candidats au diplôme de licencié ès lettres................	9 juillet 1855.	II.	442
Id.	Circulaire relative aux inscriptions prises dans les Facultés des lettres par les étudiants en droit...........	28 sept. 1866.	II.	706
Id.	Décret relatif au régime des établissements d'enseignement supérieur (*art. 1er, 2, 3*)...............	30 juillet 1883.	III.	731
Id.	Circulaire relative à l'exécution du décret précédent.....	31 oct. 1883.	III.	765
	Voir : GRATUITÉ.			
(Médecine.)	Loi relative à l'exercice de la médecine (*art. 9*).......	19 vent. An XI.	I.	93
Idem	Arrêté du Gouvernement portant règlement pour l'exercice de la médecine (*§§ 2, 3*).................	20 prair. An XI.	I.	109
Id.	Ordonnance concernant les Facultés de droit et de médecine.	5 juillet 1820.	I.	439
Id.	Circulaire pour l'exécution de l'ordonnance qui précède...	19 juillet 1820.	I.	444
Id.	Arrêté concernant l'enseignement et la discipline dans les Écoles secondaires de médecine.............	7 nov. 1820.	I.	454
Id.	Arrêté concernant l'enseignement et la discipline dans la Faculté de médecine de Paris..............	7 nov. 1820.	I.	457
Id.	Décision du Roi concernant les élèves en droit et en médecine dont le dernier trimestre d'études tombe à la fin de l'année scolaire.......................	13 juin 1821.	I.	474
Id.	Ordonnance portant réorganisation de la Faculté de médecine de Paris (*titre III*).................	2 février 1823.	I.	488
Id.	Arrêté qui autorise les bacheliers ès lettres à prendre la première et la deuxième inscription de médecine avant d'être pourvus du baccalauréat ès sciences.........	9 sept. 1823.	I.	501

OBJET.	TITRES DES LOIS, DÉCRETS, ORDONNANCES, RÈGLEMENTS, ARRÊTÉS, ETC.	DATES.	TOMES et PAGES.
INSCRIPTIONS. (**Médecine.**)	Décision portant qu'il ne sera plus accordé d'autorisation à l'effet de prendre la première inscription dans une Faculté de droit ou de médecine pendant le troisième trimestre de l'année scolaire.	27 mars 1824.	I. 505
Idem	Règlement pour la Faculté de médecine de Montpellier (§ *3*).	1er mars 1825.	I. 515
Id.	Arrêté concernant les examens dans les Facultés de médecine (*art. 1er*).	22 oct. 1825.	I. 538
Id.	Arrêté relatif aux formalités à remplir pour être admis à faire valoir dans une Faculté de médecine les études faites dans une École secondaire ou dans un hôpital où il existe des cours médicaux légalement constitués. . . .	20 mars 1827.	I. 598
Id.	Ordonnance qui détermine les grades exigés pour pouvoir prendre des inscriptions dans les Facultés de droit et de médecine	9 août 1836.	I. 736
Id.	Nouvelles dispositions réglementaires concernant les études dans les Facultés de médecine.	26 sept. 1837.	I. 772
Id.	Nouvelles dispositions réglementaires concernant les études dans les Écoles secondaires de médecine.	26 sept. 1837.	I. 773
Id.	Arrêté relatif à l'ouverture et à la clôture des cours et à la discipline des étudiants dans les Facultés de droit et de médecine.	26 oct. 1838.	I. 807
Id.	*Rapport* et Ordonnance concernant l'organisation des Écoles préparatoires de médecine et de pharmacie (*art. 12-15*).	13 oct. 1840.	I. 884
Id.	Règlement concernant les Écoles préparatoires de médecine et de pharmacie (*titre II*).	12 mars 1841.	I. 899
Id.	Règlement sur la réception des officiers de santé, pharmaciens, herboristes et sages-femmes de 2e classe (*art. 5*).	23 déc. 1854.	II. 372
Id.	Instruction pour l'exécution du règlement précédent. . . .	23 déc. 1854.	II. 377
Id.	Circulaire relative à l'application du règlement du 23 décembre 1854 sur les études dans les Écoles préparatoires de médecine et de pharmacie.	6 fév. 1855.	II. 425
Id.	Instruction relative à la valeur des inscriptions prises par les étudiants dans les Écoles préparatoires de médecine et de pharmacie.	7 août 1855.	II. 444
Id.	Circulaire relative aux examens de fin de première et de deuxième année subis avec succès dans les Écoles préparatoires de médecine et de pharmacie.	18 avril 1856.	II. 465
Id.	Circulaire relative aux internes des asiles publics d'aliénés.	4 juin 1859.	II. 537
Id.	Décret qui règle les conditions du stage dans les hôpitaux, exigé des aspirants au doctorat en médecine et au grade d'officier de santé.	18 juin 1862.	II. 609
Id.	Arrêté portant règlement pour l'accomplissement du stage dans les hôpitaux, exigé des étudiants en médecine. . . .	1er juillet 1862.	II. 610
Id.	Décret portant règlement d'administration publique déterminant les conditions d'études exigées des aspirants au grade de docteur en médecine (*art. 6*).	20 juin 1878.	III. 213
Id.	Circulaire pour l'exécution du décret précédent.	20 nov. 1878.	III. 230
Id.	Décret relatif au régime des établissements d'enseignement supérieur (*art. 1er, 2, 3*).	30 juillet 1883.	III. 731

OBJET.	TITRES DES LOIS, DÉCRETS, ORDONNANCES, RÈGLEMENTS, ARRÊTÉS, ETC.	DATES.	TOMES et PAGES.
INSCRIPTIONS. (Médecine.)	Décret relatif aux conditions d'études pour le titre d'officier de santé.	1er août 1883.	III. 737
Idem	Circulaire relative à l'exécution du décret du 30 juillet 1883 concernant le régime des établissements d'enseignement supérieur.	31 oct. 1883.	III. 765
	Voir : Gratuité.		
(Pharmacie.)	Arrêté du Gouvernement portant règlement sur les Écoles de pharmacie (*art. 18*).	25 therm. An XI.	I. 119
Idem	*Rapport* et Ordonnance portant organisation des Écoles de pharmacie (*titres II, III*).	27 sept. 1840.	I. 876
Id.	*Rapport* et Ordonnance concernant l'organisation des Écoles préparatoires de médecine et de pharmacie (*art. 12-15*).	13 oct. 1840.	I. 884
Id.	Règlement pour les Écoles de pharmacie (*titre III*). . . .	5 février 1841.	I. 892
Id.	Règlement concernant les Écoles préparatoires de médecine et de pharmacie (*titre II*).	12 mars 1841.	I. 899
Id.	Règlement pour l'exécution de la loi de finances du 25 juin 1841 et de l'ordonnance du 27 septembre 1840 en ce qui concerne la perception des droits dus dans les Écoles de pharmacie.	27 nov. 1841.	I. 911
Id.	Règlement sur la réception des officiers de santé, des pharmaciens, herboristes et sages-femmes de 2e classe (*art. 5*).	23 déc. 1854.	II. 372
Id.	Instruction pour l'exécution du règlement précédent. . . .	23 déc. 1854.	II. 377
Id.	Circulaire relative à l'application du règlement du 23 décembre 1854 sur les études dans les Écoles préparatoires de médecine et de pharmacie.	6 février 1855.	II. 425
Id.	Instruction relative à la valeur des inscriptions prises par les étudiants dans les Écoles préparatoires de médecine et de pharmacie.	7 août 1855.	II. 444
Id	Circulaire relative aux examens de fin de première et de deuxième année subis avec succès dans les Écoles préparatoires de médecine et de pharmacie.	18 avril 1856.	II. 465
Id.	Décret portant règlement d'administration publique déterminant les conditions d'études exigées des aspirants au titre de pharmacien de 1re classe (*art. 4*).	12 juillet 1878.	III. 219
Id.	Circulaire concernant les nouvelles dispositions réglementaires sur le stage, les études et les examens exigés des aspirants aux diplômes de pharmacien de 1re et de 2e classe.	7 juillet 1879.	III. 257
Id.	Circulaire relative à la prise de la première inscription de stage par les élèves en pharmacie.	7 avril 1883.	III. 715
Id.	Décret relatif au régime des établissements d'enseignement supérieur (*art. 1er, 2, 3*).	30 juillet 1883.	III. 731
Id.	Circulaire relative à l'exécution du décret précédent	31 oct. 1883.	III. 765
	Voir : Gratuité.		
(Sciences.)	Règlement particulier pour la Faculté des sciences de Paris (*titre II*)	10 oct. 1809.	I. 233
Idem	Statut sur les Facultés des lettres et des sciences (*art. 13 et suiv.*).	16 fév. 1810.	I. 249
Id.	Instruction pour l'exécution du statut du 16 février 1810 sur les Facultés des lettres et des sciences.	5 avril 1810.	I. 255 n.

OBJET.	TITRES DES LOIS, DÉCRETS, ORDONNANCES, RÈGLEMENTS, ARRÊTÉS, ETC.	DATES.	TOMES et PAGES.	
INSCRIPTIONS. (Sciences.)	*Rapport* et Décret sur le régime financier des établissements d'enseignement supérieur (*art. 7; titre II*). . . .	22 août 1854.	II.	349
Idem	Décret relatif au régime des établissements d'enseignement supérieur (*art. 1er, 2, 3*).	30 juillet 1883.	III.	731
Id.	Circulaire relative à l'exécution du décret précédent. . . .	31 oct. 1883.	III.	765
	Voir : GRATUITÉ.			
(Théologie.)	Règlement sur la discipline et les études des élèves de la Faculté de théologie protestante de Strasbourg (*art. 2*). .	14 nov. 1827.	I.	600
Idem	*Rapport* et Décret sur le régime financier des établissements d'enseignement supérieur (*art. 7; titre V*). . . .	22 août 1854.	II.	349
Id.	Décret relatif au régime des établissements d'enseignement supérieur (*art. 1er, 2, 3*).	30 juillet 1883.	III.	731
Id.	Circulaire relative à l'exécution du décret précédent. . . .	31 oct. 1883.	III.	765
INSPECTEURS D'ACADÉMIE.	*Voir :* GRATUITÉ.			
	Décret portant organisation de l'Université (*titres IV, § 2; XI*).	17 mars 1808.	I.	171
Idem	Statut concernant le régime et la police générale de l'Université (*art. 7, 8*).	28 oct. 1808.	I.	203
Id.	Arrêté déterminant les différentes classes d'individus auxquels il peut être accordé immédiatement des diplômes de grades dans les sciences ou dans les lettres.	23 mai 1809.	I.	219
Id.	Statut portant création d'inspecteurs particuliers attachés à l'Académie de Paris.	16 mars 1810.	I.	268
Id.	Règlement concernant le régime de l'Université, la subordination, la correspondance et les attributions de ses diverses autorités (*titre II*).	10 oct. 1810.	I.	298
Id.	Arrêté sur les inspections qui doivent être faites par les Recteurs et les inspecteurs d'Académie.	8 janv. 1816.	I.	401
Id.	Statut portant règlement sur les examens pour le baccalauréat ès lettres (*art. 9*).	13 sept. 1820.	I.	447
Id.	Ordonnance portant réorganisation de la Faculté de médecine de Paris (*art. 16*).	2 fév. 1823.	I.	488
Id.	Règlement général sur la comptabilité de l'Université (*art. 160, 179*).	11 nov. 1826.	I.	540
Id.	Arrêté qui supprime les indemnités accordées aux inspecteurs généraux et aux inspecteurs d'Académie pour missions et examens dans les chefs-lieux académiques. . . .	17 mars 1829.	I.	619
Id.	Ordonnance relative aux conditions exigées des candidats aux places de censeur des études et à celles d'inspecteur d'Académie.	29 sept. 1832.	I.	674
Id.	Arrêté qui crée une Académie en Corse.	30 mars 1838.	I.	790
Id.	Avis du Conseil royal de l'Instruction publique sur l'incompatibilité des fonctions d'inspecteur d'Académie et de professeur de Faculté.	25 sept. 1838.	I.	805
Id.	Ordonnance concernant les fonctionnaires de l'Instruction publique en Algérie.	14 juillet 1844.	I.	960
Id.	*Rapport* et Arrêté concernant la nouvelle circonscription des Académies et les fonctionnaires de l'administration académique.	7 sept. 1848.	II.	56

OBJET.	TITRES DES LOIS, DÉCRETS, ORDONNANCES, RÈGLEMENTS, ARRÊTÉS, ETC.	DATES.	TOMES et PAGES.	
INSPECTEURS D'ACADÉMIE.	Arrêté concernant les traitements des divers fonctionnaires de l'Université.	23 nov. 1848.	II.	61
Idem	Loi relative à l'enseignement.	15 mars 1850.	II.	85
Id.	*Rapport* et Décret concernant les Académies universitaires et leurs fonctionnaires.	27 mai 1850.	II.	148
Id.	Règlement d'administration publique pour l'exécution de la loi du 15 mars 1850.	29 juillet 1850.	II.	155
Id.	Dispositions organiques concernant l'Instruction publique (*art. 3*).	9 mars 1852.	II.	209
Id.	Loi sur l'Instruction publique (*art. 2, 9, 10*).	14 juin 1854.	II.	316
Id.	Circulaire relative à l'exécution de l'article 10 de la loi du 14 juin 1854.	11 juillet 1854.	II.	338
Id.	Circulaire concernant le vote des frais de bureau pour les inspecteurs d'Académie par les Conseils généraux.	29 juillet 1854.	II.	338
Id.	Décret sur l'organisation des Académies (§§ *IV, VI*).	22 août 1854.	II.	310
Id.	Circulaire sur l'application de la loi du 14 juin et des décrets du 22 août 1854.	15 sept. 1854.	II.	365
Id.	Décret qui augmente le nombre des inspecteurs d'Académie à Paris.	31 janv. 1858.	II.	508
Id.	Arrêté relatif à l'installation des Recteurs et à la prestation de serment des fonctionnaires autres que les Recteurs.	30 juin 1860.	II.	565
Id.	Décret portant création d'emplois d'inspecteurs d'Académie.	10 nov. 1860.	II.	577
Id.	Loi relative aux Conseils généraux.	10 août 1871.	II.	798
Id.	Décret relatif à l'admission à la retraite des Recteurs et des inspecteurs d'Académie.	17 sept. 1873.	II.	861
Id.	Arrêté qui alloue l'indemnité d'agrégation aux inspecteurs d'Académie en résidence à Paris.	7 janv. 1881.	III.	547
	Voir : TRAITEMENTS.			
INSPECTEURS GÉNÉRAUX.	Sénatus-consulte. organique de la Constitution.	16 therm. An X.	I.	59
Idem	Loi générale sur l'Instruction publique (*art. 17 et suiv.*).	11 flor. An X.	I.	81
Id.	Arrêté qui fixe le traitement des trois inspecteurs généraux des études.	9 vend. An XI.	I.	83*n.*
Id.	Loi relative aux Écoles de droit (*titres II, VI*).	22 vent. An XII.	I.	137
Id.	Décret concernant l'organisation des Écoles de droit (*art. 4-8, 16, 19, 20, 23, 53*)	4º comp'º An XII.	I.	142
Id.	Décret portant organisation de l'Université (*titres IV, § 2; XI, XVIII*).	17 mars 1808.	I.	171
Id.	Statut concernant le régime et la police générale de l'Université (*art. 4-6, 13, 24*).	28 oct. 1808.	I.	203
Id.	Arrêté relatif à la collation du grade de docteur en faveur des inspecteurs généraux de l'Université.	7 nov. 1808.	I.	205
Id.	Arrêté fixant l'indemnité due aux inspecteurs de l'Université en tournée.	7 fév. 1809.	I.	209
Id.	Arrêté déterminant les différentes classes d'individus auxquels il peut être accordé immédiatement des diplômes de grades dans les sciences ou dans les lettres.	23 mai 1809.	I.	219

OBJET.	TITRES DES LOIS, DÉCRETS, ORDONNANCES, RÉGLEMENTS, ARRÊTÉS, ETC.	DATES.	TOMES et PAGES.
INSPECTEURS GÉNÉRAUX.	Décret concernant diverses dispositions pour accorder le régime des anciennes Écoles avec celui de l'Université (*art. 1er, 2*).	4 juin 1809.	I. 219
Idem	Règlement concernant le régime de l'Université, la subordination, la correspondance et les attributions de ses diverses autorités (*titre II*).	10 oct. 1810.	I. 298
Id.	Ordonnance portant règlement pour l'Instruction publique (*titre IV*).	17 fév. 1815.	I. 374
Id.	Ordonnance qui porte à quinze le nombre des inspecteurs généraux des études.	12 mars 1819.	I. 426
Id.	Ordonnance portant réorganisation de la Faculté de médecine de Paris (*art. 16*).	2 fév. 1823.	I. 488
Id.	Ordonnance qui détermine les attributions des inspecteurs généraux des études.	22 sept. 1824.	I. 512
Id.	Règlement général sur la comptabilité de l'Université (*art. 160, 179*).	11 nov. 1826.	I. 540
Id.	Arrêté qui supprime les indemnités accordées aux inspecteurs généraux et aux inspecteurs d'Académie pour missions et examens dans les chefs-lieux académiques.	17 mars 1829.	I. 619
Id.	*Rapport* et Ordonnance concernant les inspecteurs généraux des études.	24 août 1830.	I. 642
Id.	Arrêté relatif aux frais de mission des inspecteurs généraux des études.	10 avril 1832.	I. 670
Id.	Avis du Conseil royal de l'Instruction publique sur la possibilité et l'utilité de rétablir les inspecteurs généraux pour les Écoles de droit.	4 juillet 1837.	I. 746
Id.	Ordonnance portant création d'une place d'inspecteur général des Facultés de droit.	1er oct. 1844.	I. 962
Id.	Ordonnance portant création d'une place d'inspecteur général des Écoles de médecine.	21 avril 1845.	I. 966
Id.	*Rapport* et Ordonnances concernant la nouvelle organisation du Conseil royal et des Conseils académiques.	7 sept. 1845.	I. 967
Id.	Ordonnance portant création de deux places d'inspecteur supérieur pour l'Instruction primaire.	9 nov. 1846.	I. 990
Id.	Arrêté qui institue la Commission des inspecteurs généraux de l'Université.	12 août 1848.	II. 54
Id.	Loi relative à l'enseignement.	15 mars 1850.	II. 85
Id.	Règlement d'administration publique pour l'exécution de la loi du 15 mars 1850 (*chap. III*).	29 juillet 1850.	II. 155
Id.	Arrêté relatif aux inspecteurs généraux de l'Instruction publique.	26 août 1850.	II. 170
Id.	Dispositions organiques concernant l'Instruction publique (*art. 1er, 6*).	9 mars 1852.	II. 209
Id.	Arrêté relatif aux réunions périodiques des inspecteurs généraux.	28 oct. 1852.	II. 251
Id.	Décret relatif à la présidence des jurys d'examen dans les Facultés.	20 juillet 1861.	II. 595
Id.	*Note au Conseil impérial de l'Instruction publique sur cet objet.*	»	II. 595 n.

OBJET.	TITRES DES LOIS, DÉCRETS, ORDONNANCES, RÈGLEMENTS, ARRÊTÉS, ETC.	DATES.	TOMES et PAGES.	
INSPECTEURS GÉNÉRAUX.	Décret portant création de deux nouveaux emplois d'inspecteur général de l'enseignement secondaire.	12 fév. 1862.	II.	604
Idem	Arrêté relatif au Comité des inspecteurs généraux.	28 sept. 1869.	II.	781
Id.	Décret qui porte à huit le nombre des inspecteurs généraux pour l'enseignement primaire.	31 déc. 1876.	III.	145
Id.	Décret portant de huit à dix le nombre des inspecteurs généraux de l'enseignement secondaire.	13 janv. 1879.	III.	244
	Voir : TRAITEMENTS.			
INSPECTION.	Règlement pour l'École de médecine de Paris (*titre Ier, chap. IV*).	14 mess. An IV.	I.	42
Idem	Décret portant organisation de l'Université (*titre XI*).	17 mars 1808.	I.	171
Id.	Statut concernant le régime et la police générale de l'Université.	28 oct. 1808.	I.	203
Id.	Statut concernant les Conseils de l'Université, la correspondance officielle, l'inspection et le visa des diplômes.	20 janv. 1809.	I.	208
Id.	Règlement concernant le régime de l'Université, la subordination, la correspondance et les attributions de ses diverses autorités (*titre II*)	10 oct. 1810.	I.	298
Id.	Arrêté sur les inspections qui doivent être faites par les Recteurs et inspecteurs d'Académie	8 janv. 1816.	I.	401
Id.	Règlement concernant les Écoles préparatoires de médecine et de pharmacie (*art. 26*).	12 mars 1841.	I.	899
Id.	Loi relative à l'enseignement (*titre Ier, chap. III*).	15 mars 1850.	II.	85
Id.	Règlement d'administration publique pour l'exécution de la loi du 15 mars 1850 (*chap. III*).	29 juillet 1850.	II.	155
Id.	Circulaire relative à l'inspection des Lycées et Colléges par les professeurs des Facultés.	7 mai 1875.	III.	4
Id.	Circulaire relative à l'inspection des Lycées et Colléges par les professeurs des Facultés.	9 mars 1876.	III.	127
Id.	Circulaire portant suppression des inspections faites dans les Lycées et Collèges par les professeurs des Facultés.	20 sept. 1878.	III.	226
	Voir : FRAIS D'INSPECTION.			
INSTALLATION DES FONCTIONNAIRES.	Arrêté relatif à l'installation des Recteurs et à la prestation de serment des fonctionnaires autres que les Recteurs.	30 juin 1860.	II.	565
Idem	Règlement sur la comptabilité des dépenses du Ministère de l'Instruction publique (*art. 34*).	16 oct. 1867.	II.	717
INSTITUT.	Extrait de la Constitution (*art. 298*).	5 fruct. An III.	I.	34
Idem	Loi sur l'organisation de l'Instruction publique (*titres IV, V*).	3 brum. An IV.	I.	36
Id.	Loi contenant règlement pour l'Institut national des sciences et des arts.	15 germ. An IV.	III.	866 *a*.
Id.	Extrait de la Constitution.	22 frim. An VIII.	III.	869 *a*.
Id.	Arrêté relatif à la formation d'un tableau quinquennal de l'état et du progrés des sciences, des lettres et des arts.	13 vent. An X.	I.	60
Id.	Loi générale sur l'Instruction publique (*titre IX*).	11 flor. An X.	I.	81
Id.	Arrêté contenant une nouvelle organisation de l'Institut national.	3 pluv. An XI.	III.	879 *a*.

OBJET.	TITRES DES LOIS, DÉCRETS, ORDONNANCES, RÈGLEMENTS, ARRÊTÉS, ETC.	DATES.	TOMES et PAGES.
INSTITUT.	Arrêté déterminant les différentes classes d'individus aux-quels il peut être accordé immédiatement des diplômes de grades dans les sciences ou dans les lettres.	23 mai 1809.	I. 219
Idem	Ordonnance concernant la nouvelle organisation de l'Institut.	21 mars 1816.	III. 891 a.
Id.	Ordonnance qui fixe les époques des séances publiques an-nuelles de l'Institut et de l'Académie française.	4 avril 1831.	III. 892 a.
Id.	Ordonnance qui rétablit dans le sein de l'Institut royal de France l'ancienne classe des Sciences morales et politiques.	26 oct. 1832.	III. 893 a.
Id.	Extrait du règlement particulier de l'Académie des Sciences morales et politiques.	5 mars 1833.	III. 893 a.
Id.	Règlement concernant les réunions générales de l'Institut. .	19 juillet 1848.	III. 914 a.
Id.	Dispositions organiques concernant l'Instruction publique (art. 2).	9 mars 1852.	II. 209
Id.	Décret sur l'organisation des Académies (art. 7).	22 août 1854.	II. 340
Id.	Décret modifiant le régime administratif de l'Institut et augmentant le nombre des membres de l'Académie des Sciences morales et politiques.	14 avril 1855.	III. 915 a.
Id.	*Rapport* et Décret portant création d'une sixième place d'académicien libre et de sept correspondants à l'Académie des Sciences morales et politiques.	7 janv. 1857.	III. 916 a.
Id.	Décret portant création d'une sixième place d'associé étran-ger à la même Académie	28 mars 1857.	III. 917 a.
Id.	Décret portant augmentation du nombre des correspondants de l'Académie des Beaux-Arts	25 avril 1863.	III. 917 a.
Id.	Décret portant augmentation du nombre des membres de l'Académie des Sciences.	3 janv. 1866.	III. 917 a.
Id.	Décret relatif à une nouvelle organisation de l'Académie des Sciences morales et politiques	9 mai 1866.	III. 918 a.
Id.	Décret portant abrogation du décret du 14 avril 1855. . .	12 juillet 1872.	III. 918 a.
INSTITUT (Correspondants de l').	Arrêté concernant les agrégés des Facultés des sciences et des lettres (art. 6)	22 janv. 1847.	I. 1006
	Voir : COLLATION DES GRADES.		
INSTITUT (Membres de l').	Règlement général sur la comptabilité de l'Université (art. 179).	11 nov. 1826.	I. 540
Idem	*Rapport* et Ordonnance portant organisation de l'École des Langues orientales vivantes (art. 17).	22 mai 1838.	I. 792
Id.	Décret sur l'organisation des Académies (art. 7).	22 août 1854.	II. 340
	Voir : COLLATION DES GRADES.		
INSTITUT AGRONOMIQUE.	Arrêté qui établit un examen pour les candidats à l'Insti-tut agronomique de Versailles.	18 sept. 1850.	II. 181
Idem	Arrêté relatif aux candidats à l'Institut agronomique. . . .	13 oct. 1851.	II. 204
Id.	Loi ayant pour objet de pourvoir à l'enseignement supé-rieur de l'agriculture par la création d'un Institut agro-nomique au Conservatoire des arts et métiers de Paris. .	9 août 1876.	III. 134
Id.	Décision réglant l'organisation de l'Institut national agro-nomique.	»	III. 134 n.

OBJET.	TITRES DES LOIS, DÉCRETS, ORDONNANCES, RÈGLEMENTS, ARRÊTÉS, ETC.	DATES.	TOMES et PAGES.	
INSTITUTION DE MÉDECINE.	*Voir :* COLLÈGES.			
INSTRUCTION PUBLIQUE.	Décret pour la constitution des assemblées primaires et des assemblées administratives.	22 déc. 1789-janv. 1790.	I.	1
Idem	Décret relatif à l'Instruction et à la conservation des monuments publics, des bibliothèques faisant partie des domaines nationaux, etc.	13-19 oct. 1790.	I.	6
Id.	*Rapport de l'évêque d'Autun sur le projet d'ajournement, après l'adoption de la Constitution, des projets relatifs à l'Instruction.*	13 oct. 1790.	III.	827 *a.*
Id.	Décret relatif aux personnes chargées de l'Instruction publique.	15-17 avril 1791.	I.	7
Id.	Loi relative à l'organisation des Ministères.	25 mai 1791.	I.	7
Id.	Loi qui affecte en partie le Louvre et les Tuileries aux principaux établissements de l'Instruction publique.	1er juin 1791.	I.	7 *n.*
Id.	Extrait de la Constitution.	3-14 sept. 1791.	I.	8
Id.	Décret relatif à tous les corps et établissements d'instruction et d'éducation publiques.	14-26 sept.-12 oct. 1791.	I.	8
Id.	Décret relatif à la suppression des congrégations séculières et des confréries (*art. 4, 6, 7, 8*).	18-22 août 1792.	I.	8
Id.	Décret relatif à la vente des biens formant dotation des Collèges et autres établissements d'Instruction publique.	8-10 mars 1793.	I.	10
Id.	Décret qui établit trois degrés progressifs d'instruction, indépendamment des Écoles primaires et supprime les Collèges et les Facultés.	15 sept. 1793.	I.	14
Id.	Décret sur l'organisation de l'Instruction publique.	29 frim. An II.	I.	26
Id.	Extrait de la Constitution.	5 fruct. An III.	I.	34
Id.	*Rapport de Daunou sur l'organisation de l'Instruction publique.*	27 vend. An IV.	III.	861 *a.*
Id.	Loi sur l'organisation de l'Instruction publique.	3 brum. An IV.	I.	36
Id.	Loi relative à la liquidation de la dette publique.	30 vent. An VIII.	I.	58
Id.	Arrêté qui établit une direction de l'Instruction publique au Ministère de l'Intérieur.	17 vent. An X.	I.	60
Id.	*Discours prononcé au Corps législatif par A. F. Fourcroy, orateur du Gouvernement, sur un projet de loi relatif à l'Instruction publique.*	30 germ. An X.	I.	63
Id.	*Rapport fait au Corps législatif par Jard-Panvillier, l'un des orateurs du Tribunat au Corps législatif, sur le projet de loi relatif à l'organisation de l'Instruction publique.*	10 flor. An X.	I.	72
Id.	Loi générale sur l'Instruction publique.	11 flor. An X.	I.	81
Id.	Décret portant organisation de l'Université.	17 mars 1808.	I.	171
Id.	Décret portant règlement pour l'Université (*art. 2, 3, 4*). .	17 sept. 1808.	I.	189
Id.	Décret portant concession gratuite aux départements, arrondissements et communes de la pleine propriété des édifices et bâtiments nationaux actuellement occupés pour le service de l'administration, des cours et des tribunaux et de l'Instruction publique.	9 avril 1811.	I.	315
Id.	Décret concernant le régime de l'Université.	15 nov. 1811.	I.	319

12.

OBJET.	TITRES DES LOIS, DÉCRETS, ORDONNANCES, RÈGLEMENTS, ARRÊTÉS, ETC.	DATES.	TOMES et PAGES.
INSTRUCTION PUBLIQUE.	Ordonnance portant règlement sur l'Instruction publique. .	17 fév. 1815.	I. 374
Idem	Ordonnance qui établit une Commission de l'Instruction publique et maintient l'organisation des Académies. . . .	15 août 1815.	I. 386
Id.	*Rapport* et Ordonnance concernant le Conseil royal de l'Instruction publique, l'Académie de Paris, les Facultés des lettres, les Collèges royaux et communaux, les Collèges particuliers, les Écoles normales partielles et les élèves qui se destinent à l'état ecclésiastique.	27 fév. 1821.	I. 466
Id.	Ordonnance concernant l'administration supérieure de l'Instruction publique.	8 avril 1824.	I. 505
Id.	Ordonnance portant que l'Instruction publique sera dirigée par un Ministre Secrétaire d'État qui exercera les fonctions de Grand-Maître de l'Université de France.	10 fév. 1828.	I. 606
Id.	*Rapport* et Ordonnance concernant l'administration supérieure de l'Instruction publique, les Facultés de droit, les Facultés de médecine, les Écoles secondaires de médecine, les Collèges royaux et communaux, les Institutions et pensions et les Écoles primaires protestantes.	26 mars 1829.	I. 619
Id.	Charte constitutionnelle.	14 août 1830.	I. 641
Id.	Loi sur l'enseignement.	15 mars 1850.	II. 85
Id.	*Exposé des motifs du projet de loi sur l'Instruction publique présenté par M. de Falloux.*	»	II. 107
Id.	*Rapport fait par M. Beugnot au nom de la Commission chargée d'examiner le projet de loi sur l'Instruction publique*	»	II. 108
Id.	*Rapport supplémentaire.*	»	II. 120
Id.	Règlement d'administration publique pour l'exécution de la loi du 15 mars 1850.	29 juillet 1850.	II. 155
Id.	Circulaire relative à la mise à exécution de la nouvelle loi sur l'enseignement.	27 août 1850.	II. 171
Id.	Circulaire prescrivant l'envoi de rapports périodiques sur l'Instruction publique.	30 oct. 1850.	II. 182
Id.	Extrait de la Constitution.	14 janv. 1852.	II. 208
Id.	Dispositions organiques concernant l'Instruction publique.	9 mars 1852.	II. 209
Id.	Circulaire relative à l'exécution du décret du 9 mars 1852.	12 mars 1852.	II. 211
Id.	Loi sur l'administration de l'Instruction publique.	14 juin 1854.	II. 316
Id.	*Exposé des motifs du projet de loi sur l'administration de l'Instruction publique présenté au nom du Gouvernement par M. Fortoul.*	»	II. 324
Id.	*Rapport fait par M. J. Langlais au nom de la Commission chargée d'examiner le projet de loi sur l'administration de l'Instruction publique.*	»	II. 327
Id.	Décret sur l'organisation des Académies.	22 août 1854.	II. 340
Id.	*Tableau des établissements d'enseignement supérieur et d'enseignement secondaire rattachés aux centres académiques.*	»	II. 346
Id.	Circulaire sur l'application de la loi du 14 juin et des décrets du 22 août 1854	15 sept. 1854.	II. 365

OBJET.	TITRES DES LOIS, DÉCRETS, ORDONNANCES, RÈGLEMENTS, ARRÊTÉS, ETC.	DATES.	TOMES et PAGES.	
INSTRUCTION PUBLIQUE.	Arrêté qui institue une Commission chargée de l'examen des travaux à effectuer pour les établissements d'Instruction publique.	31 mars 1860.	II.	561
	Voir : CONSEIL SUPÉRIEUR DE L'INSTRUCTION PUBLIQUE, ENSEIGNEMENT PUBLIC, etc., UNIVERSITÉ.			
INSTRUMENTS ASTRONOMIQUES.	Décret concernant les marchés de gré à gré passés par le Ministre de l'Instruction publique pour la construction des instruments astronomiques.	23 sept. 1876.	III.	139
INTERNES.	Ordonnance qui impose aux élèves des Écoles préparatoires de médecine et de pharmacie l'obligation de faire une année de stage dans les hôpitaux.	10 avril 1842.	I.	942
Idem	Circulaire relative à l'application du règlement du 23 décembre 1854 sur les études dans les Écoles préparatoires de médecine et de pharmacie.	6 fév. 1855.	II.	425
Id.	Instruction relative à la valeur des inscriptions prises par les étudiants dans les Écoles préparatoires de médecine et de pharmacie.	7 août 1855.	II.	444
Id.	Circulaire relative aux internés des asiles publics d'aliénés.	4 juin 1859.	II.	537
Id.	Arrêté instituant un concours annuel près la Faculté de médecine de Strasbourg entre les internes des hôpitaux.	30 avril 1861.	II.	587
Id.	Décret qui règle les conditions du stage dans les hôpitaux exigé des aspirants au doctorat en médecine et au grade d'officier de santé.	18 juin 1862.	II.	609
Id.	Arrêté relatif aux internes des asiles publics d'aliénés. . .	29 août 1862.	II.	618
Id.	Circulaire relative à l'exécution de l'arrêté précédent. . . .	29 août 1862.	II.	618
Id.	Arrêté réglant les conditions dans lesquelles le service de l'internat dans les hôpitaux sera compté en compensation du stage.	4 nov. 1862.	II.	620
JARDINIERS.	Règlement pour le Muséum national d'histoire naturelle présenté par les professeurs et approuvé par le Comité d'Instruction publique de la Convention nationale (*chap. III, art. 23-25*).	21 sept. 1793.	I.	15
Idem	Ordonnance portant réorganisation de la Faculté de médecine de Paris (*art. 10*).	2 fév. 1823.	I.	488
Id.	Arrêté portant règlement pour la Faculté de médecine de Strasbourg (*art. 9, 10*).	11 avril 1829.	I.	625
	Voir : MUSÉUM D'HISTOIRE NATURELLE.			
JARDINS BOTANIQUES.	Décret relatif à la vente des biens formant la dotation des Collèges et autres établissements d'Instruction publique (*art. 5*).	8-10 mars 1793.	I.	10
Idem	Décret portant suppression de toutes les Académies et sociétés littéraires patentées ou dotées par la Nation. . .	8 août 1793.	I.	14
Id.	Règlement pour le Muséum national d'histoire naturelle présenté par les professeurs et approuvé par le Comité d'Instruction publique de la Convention nationale (*chap. III, art. 10-25; chap. IV*).	21 sept. 1793.	I.	15

OBJET.	TITRES DES LOIS, DÉCRETS, ORDONNANCES, RÉGLEMENTS, ARRÊTÉS, ETC.	DATES.	TOMES et PAGES.
JARDINS BOTANIQUES.	Décret portant que les Jardins des Plantes de Montpellier et de Strasbourg font partie des Écoles de santé établies dans ces communes	13 pluv. Au III.	I. 32
Idem	Règlement pour l'École de médecine de Paris (*titre Ier*). .	14 mess. An IV.	I. 42
Id.	Arrêté concernant le Jardin botanique de l'Ecole de médecine de Montpellier.	1er fruct. Au XI.	I. 128 *n.*
Id.	Règlement pour l'École de médecine de Montpellier (*chap. II, art. 16*).	2 fruct. An XI.	I. 125
Id.	Statut concernant le régime et la police générale de l'Université (*art. 19, 20*).	28 oct. 1808.	I. 203
Id.	Règlement concernant le régime de l'Université, la subordination, la correspondance et les attributions de ses diverses autorités (*art. 14*).	10 oct. 1810.	I. 298
Id.	Ordonnance qui autorise la Faculté de médecine de Paris à établir un Jardin botanique dans la pépinière du Luxembourg.	22 mars 1834.	I. 700
Id.	Ordonnance qui met à la disposition du Ministre de l'Instruction publique la pépinière royale du Luxembourg. .	4 juillet 1834.	I. 704
Id.	Arrêté relatif au jardin de la Faculté de médecine et de la Faculté des sciences de Montpellier.	20 déc. 1839.	I. 817
Id.	Arrêté portant création d'un jardin spécial dans le Jardin des Plantes de Montpellier.	30 mars 1852.	II. 216
Id.	Décret contenant des dispositions relatives au Jardin botanique de la Faculté de médecine de Paris.	25 juin 1860.	II. 564
Id.	Règlement pour le Jardin botanique de la Faculté de médecine de Paris.	1er mai 1877.	III. 153
JUGEMENTS.	*Voir :* DISCIPLINE, JURIDICTIONS.		
JURIDICTION UNIVERSITAIRE.	Décret concernant le régime de l'Université (*chap. II*). . .	15 nov. 1811.	1. 319
Idem	Instruction sur la juridiction de l'Université envers ses membres.	19 janv. 1821.	I. 461
	Voir : JURISPRUDENCE.		
JURIDICTIONS. (Chef de l'État.)	Dispositions organiques concernant l'Instruction publique (*art. 1er*).	9 mars 1852.	II. 209
Idem	Loi relative au Conseil supérieur de l'Instruction publique (*art. 5*).	19 mars 1873.	II. 848
(Conseil supérieur de l'Université.)	Décret portant organisation de l'Université (*titre IX*). . .	17 mars 1808.	I. 171
Idem	Décret concernant le régime de l'Université (*chap. II, titres Ier, IV*).	15 nov. 1811.	I. 319
Id.	Ordonnance concernant les Facultés de droit et de médecine (*art. 18, 19*).	5 juillet 1820.	I. 439
Id.	Instruction sur la juridiction de l'Université envers ses membres.	19 janv. 1821.	I. 461
Id.	Statut portant règlement général concernant la discipline et la police intérieure des Facultés et Écoles secondaires de médecine (*art. 35*).	9 avril 1825.	I. 521
Id.	Loi relative à l'enseignement (*art. 5, 76*).	15 mars 1850.	II. 85

OBJET.	TITRES DES LOIS, DÉCRETS, ORDONNANCES, RÈGLEMENTS, ARRÊTÉS, ETC.	DATES.	TOMES et PAGES.	
JURIDICTIONS. (Conseil supérieur de l'Université.)	Décret d'administration publique pour l'exécution de la loi du 15 mars 1850	29 juillet 1850.	II.	155
Idem	Règlement sur l'examen du baccalauréat ès lettres (*art. 12*).	5 sept. 1852.	II.	224
Id.	Loi relative au Conseil supérieur de l'Instruction publique (*art. 4*).	19 mars 1873.	II.	848
Id.	Loi relative à la liberté de l'enseignement supérieur (*art. 22*).	12 juillet 1875.	III.	12
Id.	Décret relatif aux établissements d'Instruction publique en Algérie (*art. 8*).	15 août 1875.	III.	78
Id.	Loi relative au Conseil supérieur de l'Instruction publique et aux Conseils académiques (*art. 7*).	27 fév. 1880.	III.	322
Id.	Décret portant règlement intérieur du Conseil supérieur de l'Instruction publique.	11 mai 1880.	III.	461
(Conseils académiques.)	Décret concernant le régime de l'Université (*chap. II, titre IV*).	15 nov. 1811.	I.	319
Idem	Ordonnance concernant les Facultés de droit et de médecine (*art. 16, 17, 18, 20*).	5 juillet 1820.	I.	439
Id.	Arrêté concernant l'enseignement et la discipline dans les Écoles secondaires de médecine (*art. 15*)	7 nov. 1820.	I.	454
Id.	Instruction pour la juridiction de l'Université envers ses membres.	19 janv. 1821.	I.	461
Id.	Statut portant règlement général concernant la discipline et la police intérieure des Facultés et des Écoles secondaires de médecine (*art. 28, 29, 31, 33, 35, 42, 48*).	9 avril 1825.	I.	521
Id.	Arrêté qui interdit l'annonce des cours préparatoires à l'examen du baccalauréat ès lettres et détermine les conditions d'admission à cet examen (*art. 4*).	28 août 1838.	I.	803
Id.	Loi relative à l'enseignement (*art. 14, 76*).	15 mars 1850.	II.	85
Id.	Règlement d'administration publique pour l'exécution de la loi du 15 mars 1850 (*chap. II, § 3*).	29 juillet 1850..	II.	155
Id.	Règlement sur l'examen du baccalauréat ès lettres (*art. 12*).	5 sept. 1852.	II.	224
Id.	Loi sur l'administration de l'Instruction publique (*art. 4*).	14 juin 1854.	II.	316
Id.	Loi relative au Conseil supérieur de l'Instruction publique (*art. 4*).	19 mars 1873.	II.	848
Id.	Règlement relatif aux étudiants qui veulent passer d'une Faculté dans une autre.	24 nov. 1875.	III.	99
Id.	Loi relative au Conseil supérieur de l'Instruction publique et aux Conseils académiques (*art. 11*).	27 février 1880.	III.	322
Id.	Décret portant règlement intérieur des Conseils académiques	26 juin 1880.	III.	494
Id.	Décret relatif au régime des établissements d'enseignement supérieur (*art. 19, 28, 29, 33, 34*).	30 juillet 1883.	III.	731
Id.	Circulaire relative à l'exécution du décret précédent.	31 oct. 1883.	III.	765
(Conseils départementaux.)	Loi relative à la liberté de l'enseignement supérieur (*art. 22*).	12 juillet 1875.	III.	12
(Facultés et Écoles.)	Ordonnance concernant les Facultés de droit et de médecine (*art. 10, 17*).	5 juillet 1820.	I.	439

OBJET.	TITRES DES LOIS, DÉCRETS, ORDONNANCES, RÉGLEMENTS, ARRÊTÉS, ETC.	DATES.	TOMES et PAGES.	
JURIDICTIONS. (Facultés et Écoles.)	Arrêté concernant l'enseignement et la discipline dans les Écoles secondaires de médecine (*art. 17*).	7 nov. 1820.	I.	454
Idem	Ordonnance portant réorganisation de la Faculté de médecine de Paris (*art. 7*).	2 février 1823.	I.	488
Id.	Statut portant règlement général concernant la discipline et la police intérieure des Facultés et des Écoles secondaires de médecine (*art. 8, 11, 29*).	9 avril 1825.	I.	521
Id.	Décret relatif au régime des établissements d'enseignement supérieur (*art. 6, 15, 16, 19, 27, 28, 32*).	30 juillet 1883.	III.	731
Id.	Circulaire relative à l'exécution du décret précédent. . . .	31 oct. 1883.	III.	765
(Grand-Maître, Ministre.)	Décret portant organisation de l'Université (*art. 47, 57*).	17 mars 1808.	I.	171
Idem	Décret concernant le régime de l'Université (*chap. II, titre I*er).	15 nov. 1811.	I.	319
Id.	Loi relative à l'enseignement (*art. 76*).	15 mars 1850.	II.	85
Id.	Dispositions organiques concernant l'Instruction publique (*art. 3*).	9 mars 1852.	II.	209
Id.	Loi relative au Conseil supérieur de l'Instruction publique (*art. 5*).	19 mars 1873.	II.	848
Id.	Loi relative au Conseil supérieur de l'Instruction publique et aux Conseils académiques (*art. 13*).	27 fév. 1880.	III.	322
JURISPRUDENCE. (Discipline universitaire.)	Arrêté relatif aux rapports de subordination des fonctionnaires de chaque Académie	30 mars 1811.	I.	313
Idem.	C'est au Conseil de l'Université à prononcer sur toutes les questions relatives à l'exercice des fonctions universitaires, notamment sur la réclamation d'un professeur dont la chaire a été supprimée, encore bien qu'il s'agisse d'une décision ministérielle antérieure à l'établissement de l'Université.	4 mai 1812.	I.	169 *n.*
Id.	Lorsqu'un acte législatif supprime une chaire dans une École, le titulaire perd, par cela même, le titre de professeur de cette École avec les droits et prérogatives y attachés.	18 janvier 1813.	I.	169 *n.*
Id.	Avis du Conseil de l'Université sur l'action de la justice et de la police ordinaire dans l'intérieur des établissements publics appartenant à l'Université.	6 juillet 1813.	I.	335 *n2.*
Id.	Délibération relative aux attributions de la Commission de l'Instruction publique	24 novembre 1815.	I.	387 *n.*
Id.	Jugement portant que le sieur Guillard, agrégé divisionnaire au Collège royal de Louis-le-Grand, est réformé.	17 avril 1830.	III.	805 *a.*
Id.	Un membre de l'Université, cité devant le Conseil royal de l'Instruction publique jugeant disciplinairement, n'a pas la faculté de se faire assister d'un défenseur; il doit se défendre lui-même. Les débats devant le Conseil royal de l'Instruction publique appelé à prononcer comme juridiction disciplinaire doivent avoir lieu à huis clos et non publiquement. Les décrets des 17 mars 1808 et 15 novembre 1811, constitutifs de l'Université, n'ayant pas été attaqués par l'autorité politique compétente, ont force de loi, bien que, d'après l'article 3 de la loi du 10 mai 1806, l'organisation du corps enseignant dût avoir lieu en la forme d'une loi. Toutefois, il a pu être dérogé à ces décrets par des ordonnances royales, en ce qui touche l'autorité disciplinaire du corps enseignant, la forme à suivre dans les poursuites de discipline, la composition du			

OBJET.	TITRES DES LOIS, DÉCRETS, ORDONNANCES, RÈGLEMENTS, ARRÊTÉS, ETC.	DATES.	TOMES et PAGES.
JURISPRUDENCE. (Discipline universitaire.)	Conseil chargé de prononcer, et la capacité des personnes appelées à en faire partie. Le Ministre de l'Instruction publique, Grand-Maître de l'Université et président, en cette dernière qualité, du Conseil royal de l'Instruction publique, ne peut être considéré comme *partie* dans la poursuite disciplinaire exercée contre un membre du corps enseignant, à raison d'une condamnation correctionnelle qu'il a encourue, par cela seul que cette condamnation a été prononcée pour avoir excité au mépris et à la haine du Gouvernement, dont est membre le Ministre, Grand-Maître. En conséquence, la récusation exercée contre lui sur ce motif ne doit pas être admise...................................	4 mai 1830.	III. 806 *a.*
Idem........	Jugement par lequel le Conseil royal de l'Instruction publique déboute le sieur Guillard de l'opposition qu'il a formée contre le jugement rendu, par défaut, le 17 avril 1830, portant qu'il est réformé, et ordonne que le susdit jugement sortira son plein et entier effet....	22 mai 1830.	III. 808 *a.*
Id..........	La décision par laquelle le Conseil royal de l'Instruction publique condamne à la réforme un membre de l'Université pour diffamation commise, non dans l'exercice de ses fonctions, mais comme gérant d'un journal, n'est pas susceptible d'être attaquée par voie de recours devant le Conseil d'État. Le recours au Conseil d'État contre les décisions du Conseil royal de l'Instruction publique n'est ouvert qu'en matière de comptabilité dans les cas prévus par l'article 50 du décret du 15 novembre 1811, et en matière de discipline pour le cas de radiation prévu par l'article 149 du même décret....	9 juin 1830.	III. 811 *a.*
Id..........	En concédant aux villes la pleine propriété des bâtiments des Académies, le décret du 9 avril 1811 leur a imposé l'obligation de supporter à l'avenir, entre autres charges de la propriété, la contribution foncière, ainsi que les menues et grosses réparations de ces bâtiments. Cette disposition générale s'applique à tous les locaux affectés à l'Instruction publique, et spécialement aux bâtiments des Écoles de droit et de médecine, à Paris, comme dans les autres localités...	16 décembre 1830.	I. 816 *n.*
Id..........	Les décrets des 17 mars 1808 et 15 novembre 1811 organiques de l'Université ont force de loi et ne peuvent être attaqués pour cause d'inconstitutionnalité..	28 juin 1831.	III. 811 *a.*
Id..........	L'autorisation *préalable* est nécessaire pour pouvoir ouvrir un établissement quelconque d'instruction	14 février 1832.	I. 171 *n.*
Id..........	La nomination d'un professeur par le Ministre de l'Instruction publique est un acte de pure administration, dans les attributions de ce Ministre, sauf sa responsabilité, et la légalité de cette nomination ne peut être appréciée par la Faculté ni donner lieu à aucun recours par la voie contentieuse, pas même contre la décision du Conseil royal de l'Instruction publique qui a rejeté la protestation des professeurs dissidents..	23 octobre 1835.	I. 705 *n.*
Id..........	La nomination d'un individu en qualité de suppléant d'un professeur dans la Faculté des lettres (même d'un Recteur d'Académie) ne constitue qu'une délégation spéciale et temporaire, qui ne lui donne aucun droit au titre de professeur, lorsque la chaire n'est plus occupée par le titulaire, et qui doit même cesser dès cet instant..........	2 juin 1837.	I. 359 *n.*
Id..........	Les écrits publiés par un professeur de l'Université, alors même qu'ils seraient la reproduction de ses leçons orales, ne constituent pas un acte des fonctions du professeur................................	8 novembre 1844.	III. 813 *a.*
Id..........	D'après l'organisation de l'Université, un règlement délibéré en Conseil royal est légal et obligatoire dès qu'il a été approuvé par le Ministre.	7 février 1846.	III. 814 *a.*
Id..........	Observations et avis motivé du Conseil de l'Université sur la communication qui lui a été faite d'un pourvoi formé devant le Conseil d'État par MM. Bidard, Sarget et Lepoitvin, professeurs à la Faculté de droit de Rennes, contre l'arrêté du Ministre de l'Instruction publique, en date du 21 août 1847, en vertu duquel un concours pour		

OBJET.	TITRES DES LOIS, DÉCRETS, ORDONNANCES, RÈGLEMENTS, ARRÊTÉS, ETC.	DATES.	TOMES et PAGES.
JURISPRUDENCE. (Discipline universitaire.)	la chaire de droit administratif vacante à la Faculté de droit de Rennes a été ouvert devant la Faculté de Paris.	9 juin 1848.	III. 815 a.n.
	Les professeurs d'une Faculté de droit dans laquelle une chaire devient vacante n'ont qualité ni pour attaquer l'arrêté par lequel le Ministre de l'Instruction publique désigne une autre Faculté pour y faire ouvrir un concours pour la nomination à la chaire vacante, ni pour demander l'annulation des opérations qui ont été la conséquence de cet arrêté.		
	Le professeur dont la nomination est ainsi attaquée est recevable à intervenir pour défendre la légalité du concours devant lequel il a obtenu la chaire de droit.	16 février 1849.	III. 815 a.
Idem.	Avis du Conseil de l'Université sur un *recours en grâce* formé par un instituteur communal frappé de suspension temporaire.	2 mars 1849.	III. 819 a.
Id.	Les membres de l'Université peuvent être mis à la retraite d'office, sur l'avis du Conseil de l'Université.	9 mars 1848.	I. 302 n.
Id.	Quand la loi dit que les arrêtés ou décisions du Conseil de l'Université en matière d'enseignement seront confirmés par le Gouvernement, elle entend dire que l'approbation doit émaner du Ministre de l'Instruction publique, et il n'est pas exigé qu'elle soit donnée par le chef du pouvoir exécutif.		
	Le droit pour frais d'études exigé des élèves du dehors qui suivent les cours des Lycées est moins un impôt que le prix d'un service rendu ; par suite, c'est là un objet rentrant dans les matières d'enseignement dont il appartient au Conseil de l'Université de connaître, sans que les décisions ou arrêts, par lesquels il élève ce droit, puissent, dès qu'ils sont approuvés par le Ministre, être critiqués, même sous le rapport seul de la légalité du droit, devant les tribunaux, lesquels sont incompétents pour connaître d'une telle contestation.	5 février 1850.	III. 819 n.
Id.	Les dépenses, soit de fondation, soit même d'entretien des Écoles secondaires de médecine et de pharmacie constituent-elles pour les communes des dépenses obligatoires ? — Rés. nég.		
	Toutefois si le Conseil municipal, ayant voté dans l'origine ces dépenses, à titre d'essai, mais sans y mettre aucune condition de temps, a continué de les voter pendant plusieurs années consécutives, ces dépenses ne prennent-elles pas alors, pour toutes les années commencées, le caractère de dettes exigibles, et, par suite, de dépenses obligatoires, que l'administration peut inscrire d'office au budget de la commune, en cas de refus du Conseil municipal ? — Rés. aff.		
	Mais si le Conseil municipal fait connaître en temps utile à l'administration son refus de continuer à supporter lesdites dépenses pour l'année ou les années suivantes, cessent-elles par cela même d'être obligatoires ? — Rés. aff.	23 novembre 1850.	III. 820 a.
Id.	La justification de l'aptitude exigée par le règlement du 17 juin 1845 pour être admis au concours de l'agrégation ne constitue pas un droit absolu à l'inscription sur la liste des concurrents ; dès lors, nonobstant cette justification, le Ministre peut, sans excès de pouvoirs, décider en Conseil de l'Instruction publique, qu'il n'y a pas lieu d'admettre un candidat à ces concours, et que sa décision à cet égard n'est pas susceptible de recours par voie contentieuse.	5 juillet 1851.	III. 821 a.
Id.	Les décisions rendues par le Conseil de l'Université en matière disciplinaire peuvent être déférées au Conseil d'État pour excès de pouvoirs.		
	La décision du Conseil de l'Université portant condamnation à la peine de la réforme, sans que le prévenu ait été entendu ni appelé, doit être annulée pour excès de pouvoirs.	15 novembre 1851.	II. 159 n.
Id.	Lorsqu'il y a lieu de prononcer la peine de la *réforme*, le prévenu doit être nécessairement entendu en personne ou appelé pour l'être.	17 novembre 1851.	I. 330 n.

OBJET.	TITRES DES LOIS, DÉCRETS, ORDONNANCES, RÈGLEMENTS, ARRÊTÉS, ETC.	DATES.	TOMES et PAGES.
JURISPRUDENCE. (Discipline universitaire.)	Les professeurs des Facultés sont des fonctionnaires publics ; par suite, les outrages qui leur sont adressés tombent sous l'application de la pénalité portée par l'article 6 de la loi du 25 mars 1822. L'empêchement apporté à la leçon d'un professeur au moyen de huées, de vociférations, d'interpellations ou d'un bruit quelconque destiné à couvrir les paroles de l'orateur, constitue un véritable outrage à sa personne..	8 mars 1856.	III. 822 *a.*
Idem..........	Le délit d'outrage public envers les fonctionnaires publics ne peut être poursuivi d'office par le Ministère public sans plainte préalable du fonctionnaire outragé. L'exception au principe de la plainte préalable, au cas où l'outrage commis envers certains fonctionnaires ou personnes publiques a eu lieu *dans l'exercice* de leurs fonctions, est inapplicable aux fonctionnaires de l'Université, et par conséquent aux professeurs..........	31 mai 1856.	III. 822 *a.*
Id.... ...	*Droit de grâce.* — Avis du Conseil impérial de l'Instruction publique relatif à l'interprétation de l'article 30 de la loi du 15 mars 1850 quant aux effets de l'interdiction prononcée contre les instituteurs.	7 juillet 1857.	III. 823 *a.*
Id...........	L'article 3 de l'ordonnance du 19 avril 1820, aux termes duquel tout membre de l'Université atteint d'infirmités dans l'exercice de fonctions universitaires donnant droit à pension peut réclamer une pension de retraite, bien qu'il ait moins de soixante ans d'âge, s'il compte plus de dix années de services effectifs, a établi en faveur des fonctionnaires qu'il désigne un véritable droit, qui n'est point subordonné à l'appréciation discrétionnaire du Ministre de l'Instruction publique, et que, dès lors, le Ministre ne saurait, sans excès de pouvoirs, leur dénier..	2 décembre 1858.	I. 433 *n.*
Id...........	En matière disciplinaire devant le Conseil impérial de l'Instruction publique, l'inculpé doit être entendu dans ses explications, non seulement lorsqu'il est présent et qu'il le demande, mais encore lorsqu'il a fait connaître, par exemple, dans une lettre adressée au Ministre, que son intention était de présenter sa défense. Dès lors, est nulle, comme entachée d'excès de pouvoirs, la décision rendue en pareil cas par le Conseil impérial, sans que l'inculpé ait été appelé...	23 janvier 1864.	II. 156 *n.*
Id...........	Le Recteur ne peut saisir le Conseil départemental et, sur appel, le Conseil impérial de l'Instruction publique d'une opposition à l'ouverture d'un établissement *secondaire*, qui serait motivée, non sur l'intérêt des mœurs publiques ou de la santé des élèves, mais sur la crainte que l'individu duquel émane la déclaration d'ouverture ne veuille, sous une autre dénomination, et en vue d'échapper à la nécessité d'une autorisation préalable, rouvrir les cours d'instruction *supérieure* dont la fermeture avait été ordonnée dans un intérêt d'ordre public. En faisant droit à une opposition basée sur ce dernier motif, le Conseil départemental et le Conseil impérial commettent un excès de pouvoirs, que la partie intéressée est à la fois recevable et fondée à déférer au Conseil d'État. Dans un pareil cas, c'est au Ministre de l'Instruction publique que le Recteur doit dénoncer les manœuvres tendant à éluder les dispositions législatives sur l'enseignement supérieur, pour que le Ministre use, sous sa responsabilité, du droit qui lui appartient d'empêcher l'ouverture sans autorisation ou de prescrire la fermeture d'un établissement qui aurait effectivement l'enseignement supérieur pour objet..	9 décembre 1864.	II. 99 *n.*
Id...........	Les Conseils académiques et le Conseil impérial de l'Instruction publique ont conservé, même depuis la loi du 14 juin 1854, la juridiction disciplinaire dont ils étaient investis, à l'égard des étudiants des Facultés, par la législation antérieure ; on prétendrait à tort que la loi pré-		

OBJET.	TITRES DES LOIS, DÉCRETS, ORDONNANCES, RÈGLEMENTS, ARRÊTÉS, ETC.	DATES.	TOMES et PAGES.
JURISPRUDENCE. (Discipline universitaire.)	citée a transféré cette juridiction au Ministre de l'Instruction publique. Il est de l'essence de la juridiction disciplinaire de suivre ceux qui y sont assujettis, partout où les fautes qu'elle a pour but de réprimer ont pu être commises, et, par conséquent, même en pays étrangers.	26 décembre 1865.	II. 316 n.
Idem.	Certificat d'aptitude. — Refus de ratification. — Application de l'article 53 du décret du 17 mars 1808.	29 juin 1870.	III. 825 a.
Id.	L'article 260 de l'arrêté du Conseil royal de l'Instruction publique en date du 11 novembre 1826, relatif à la répartition de l'excédent des recettes des Facultés de droit des départements, est encore en vigueur, nonobstant les changements apportés à l'organisation de l'Université, notamment par la loi du 15 mars 1850. Pour déterminer s'il reste sur le produit des examens et frais de réception dans une Faculté, après l'acquittement des dépenses, un excédent à répartir entre les professeurs et le secrétaire, en exécution de l'article précité, il y a lieu de ne compter comme recettes que les inscriptions qui ont donné lieu à la perception d'un droit, et d'inscrire comme dépenses le remboursement des sommes consignées pour frais d'actes et d'examen et le prix des médailles décernées aux lauréats. L'État ne peut être condamné aux dépens que dans les cas prévus expressément par l'article 2 du décret du 2 novembre 1864.	27 juillet 1870.	II. 321 n.
Id.	Peuvent être attaquées devant le Conseil d'État au contentieux les décisions du Conseil supérieur de l'Instruction publique, pour cause d'incompétence et d'excès de pouvoirs. L'article 8, § 3, du décret du 29 juillet 1850, qui donne à l'inculpé en matière disciplinaire le droit d'être entendu sur sa demande par le rapporteur et par le Conseil supérieur, n'est pas applicable aux affaires qualifiées de contentieuses par l'article 14, § 3, de la loi du 15 mars 1850. L'article 26 du même décret, qui donne à l'inculpé, en matière disciplinaire et devant le Conseil académique, le droit de faire entendre les témoins, n'est applicable, en aucune matière, devant le Conseil supérieur de l'Instruction publique.	9 août 1870.	II. 156 n.
Id.	L'irrégularité de la notification d'une décision du Conseil supérieur de l'Instruction publique ne peut vicier la décision elle-même, qui a été régulièrement prise et régulièrement constatée au procès-verbal des séances.	23 avril 1875.	II. 849 n.
Id.	Le traitement des fonctionnaires qui font partie du Sénat peut se cumuler avec l'indemnité accordée aux membres de cette assemblée.	26 janvier 1877.	III. 77 n.
Id.	Le directeur d'une École primaire est-il recevable à se pourvoir au Conseil d'État pour excès de pouvoirs contre une décision par laquelle le Conseil départemental de l'Instruction publique a maintenu le refus d'autorisation opposé par un maire à l'ouverture d'une École libre.	3 août 1883.	III. 794 n.
Id.	Décision du Conseil supérieur de l'Instruction publique infirmant la décision du Conseil départemental de l'Yonne et levant l'opposition faite par le maire de la commune de Mont-Saint-Sulpice à l'ouverture de l'École dirigée par Mlle Millard, en religion sœur Théodosie.	29 décembre 1883	III. 793
(Exercice de la Médecine et de la Pharmacie.)	L'exercice sans diplôme de la profession de médecin ou de chirurgien ne saurait être excusé, sous prétexte que le prévenu est porteur de brevet à lui délivré par le roi, de tels brevets étant purement honorifiques et ne pouvant suppléer au titre légal.	20 juillet 1833.	I. 100 n.
Idem.	Le médecin étranger qui exercerait en France sans avoir obtenu l'autorisation prescrite par l'article 4 de la loi du 19 ventôse An XI serait passible des peines de l'article 35 : on objecterait en vain que, si les		

OBJET.	TITRES DES LOIS, DÉCRETS, ORDONNANCES, RÈGLEMENTS, ARRÊTÉS, ETC.	DATES.	TOMES et PAGES.
JURISPRUDENCE. (Exercice de la Médecine et de la Pharmacie.)	étrangers qui ne parlent ni n'entendent la langue française ne pouvaient être traités dans leur maladie par un médecin de leur nation, leur existence pourrait se trouver compromise..................	7 mars 1838.	I. 94 n.
	Le diplôme d'officier de santé obtenu dans un département est sans effet dans tout autre département : il y a nécessité pour l'officier de santé qui veut changer de département d'obtenir un nouveau diplôme dans celui où il veut aller se fixer......................	24 mars 1838.	I. 101 n.
Idem........	L'usurpation par un officier de santé du titre de docteur ne constitue point la contravention prévue par l'article 36 de la loi du 19 ventôse An XI : cet article n'est applicable qu'au cas où l'usurpation a lieu de la part d'un individu dépourvu de tout diplôme................	11 juin 1840.	I. 101 n.
Id..........	Les officiers de santé peuvent être en même temps pharmaciens : il n'y a point incompatibilité légale sous sanction pénale entre ces deux professions.....................................	13 août 1841.	III. 813 a.
Id..........	Les officiers de santé, à la différence des docteurs en médecine, ne peuvent exercer la médecine que dans le département où ils ont été reçus et où ils sont domiciliés : la défense qui leur est faite de s'établir dans un autre département emporte celle d'exercer dans un autre département même lorsqu'ils y sont appelés.................	18 novembre 1841.	I. 98 n.
Id..........	Un citoyen français qui est autorisé à exercer la médecine en vertu de l'article 4 de la loi du 19 ventôse An XI, et qui n'a par conséquent pas obtenu un diplôme de docteur dans une des Facultés de médecine du Royaume, n'a pas droit de figurer sur la liste du jury et d'occuper des charges, soit dans l'ordre civil, soit dans l'ordre universitaire...	19 juillet 1842.	I. 94 n.
Id..........	La disposition de l'article 29 de la loi du 19 ventôse An XI qui défend aux officiers de santé de s'établir dans un autre département que celui où ils ont été reçus, ne fait pas obstacle à ce que, dans le cas où un aspirant au diplôme d'officier de santé a obtenu du préfet du département où il est domicilié l'autorisation de subir son examen devant le jury médical d'un autre département, il ne puisse après son admission revenir s'établir dans le département de son domicile.	9 mai 1845.	I. 98 n.
Id..........	L'officier de santé reçu par le jury de médecine d'un département ne peut, sauf le cas exceptionnel prévu par l'article 37 de l'arrêté du 20 prairial An XI, exercer la médecine dans un autre département, encore qu'il aurait été examiné et reçu pour ce dernier département en vertu d'une permission du Ministre de l'Instruction publique, une telle permission ne pouvant le dispenser de l'application de la loi....	9 juillet 1853.	I. 99 n.
Id..........	Le candidat au grade d'officier de santé qui, autorisé par le préfet de son département à se présenter devant un jury spécialement indiqué comme étant le jury le plus voisin, n'use pas de cette autorisation et va subir ses examens devant le jury d'un autre département, perd le bénéfice que lui procurait cette autorisation de pouvoir, en cas d'admission par le jury désigné, revenir exercer dans son département......................................	7 mars 1868.	I. 114 n.
Id..........	Le droit qui appartient au Gouvernement, en vertu de l'article 4 de la loi du 19 ventôse An XI, de retirer aux médecins gradués dans les Universités étrangères l'autorisation qu'il leur a accordée d'exercer la médecine en France, n'a reçu aucune atteinte de l'article 5 du décret du 22 août 1854, qui soumet les gradués des Universités étrangères à l'obligation de payer les frais d'inscription, d'examen, de certificat d'aptitude et de diplôme qu'auraient payés les nationaux ; et le médecin gradué dans une Université étrangère qui continue, après la notification de l'arrêté de retrait, à exercer sa profession en France, en vertu de l'autorisation qui lui avait été primitivement accordée, peut être poursuivi comme coupable du délit d'exercice illégal de la médecine, alors même qu'il aurait immédiatement réclamé auprès du Ministre contre cet arrêt..................	23 novembre 1868.	II. 357 n.
Id..........	L'autorisation d'exercer la médecine en France accordée par le Ministre de l'Instruction publique à un médecin ou chirurgien étranger,		

OBJET.	TITRES DES LOIS, DÉCRETS, ORDONNANCES, RÈGLEMENTS, ARRÊTÉS, ETC.	DATES.	TOMES et PAGES.
JURISPRUDENCE. (Exercice de la Médecine et de la Pharmacie.)	gradué dans une Université étrangère peut être révoquée par le Gouvernement....................................	28 novembre 1868.	I. 94 n.
	Les pharmaciens de première classe qui prétendent que le Ministre de l'Instruction publique a excédé ses pouvoirs et violé la loi en permettant à des pharmaciens de deuxième classe de s'établir dans les localités où ceux-ci n'auraient pas le droit de s'établir, ne peuvent poursuivre l'annulation de l'arrêté du Ministre devant le Conseil d'État, le contentieux de cette matière appartenant à l'autorité judiciaire.....	10 juillet 1869.	II. 724 nA.
Idem..........	Les pharmaciens de 2e classe peuvent exercer leur profession même dans une ville où est établie une École supérieure de pharmacie quand ils ont été reçus par cette École pour le département dont cette ville fait partie...	9 juillet 1872.	II. 724 nB.
Id..........	En Algérie, comme en France, depuis le décret du 12 juillet 1851, il est nécessaire, pour exercer la médecine, de justifier de l'obligation du diplôme exigé par la loi du 19 ventôse An XI. Il en est ainsi, même en ce qui concerne les médecins arabes, qui ne peuvent se passer de diplôme qu'autant qu'ils se bornent à pratiquer la médecine à l'égard de leurs coreligionnaires...................	20 juillet 1872.	II. 202 n.
JURY SPÉCIAL.	Loi relative à la liberté de l'enseignement supérieur (*titre III*).......................	12 juillet 1875.	III. 12
Idem	Circulaire concernant les dispositions financières à adopter pour le fonctionnement du jury mixte...........	26 juillet 1876.	III. 131
Id.	Décret concernant la perception des droits relatifs aux examens passés devant les jurys mixtes.	16 août 1876.	III. 136
Id.	Circulaire relative à l'exécution du décret précédent.....	12 sept. 1876.	III. 136 n.
Id.	Arrêté relatif aux sessions du jury mixte près la Faculté libre de droit de Paris....................	16 mars 1877.	III. 147
Id.	Règlement relatif au jury mixte institué par la loi du 12 juillet 1875....................	10 août 1877.	III. 164
Id.	Loi relative à la liberté de l'enseignement supérieur. . . .	18 mars 1880.	III. 388
JURYS D'EXAMENS.	Statut concernant les examens dans les cinq Facultés. . . .	18 oct. 1808.	I. 194
Idem	Décision sur l'incompatibilité des fonctions de Recteur et d'examinateur.	2 juillet 1839.	I. 813
Id.	Règlement relatif aux Facultés (*art. 6*)...........	27 février 1858.	II. 509
Id.	Décret relatif à la présidence des jurys d'examen dans les Facultés.........................	20 juillet 1861.	II. 595
Id.	*Note au Conseil supérieur de l'Instruction publique sur cet objet.*......................	»	II. 595 n.
Id.	Décret relatif à la composition des jurys chargés de la collation des grades......................	26 déc. 1875.	III. 104
Id.	*Rapport fait au Conseil supérieur de l'Instruction publique sur la composition des jurys d'examen pour la licence et le doctorat.*....................	»	III. 104 n.
Id.	Décret relatif au régime des établissements d'enseignement supérieur (*art. 20*).	30 juillet 1883.	III. 731
Id.	Circulaire relative à l'exécution du décret précédent.....	31 oct. 1883.	III. 765
(Droit.)	Décret concernant l'organisation des Écoles de droit (*section VI*).......................	4e compro An XII.	I. 142

OBJET.	TITRES DES LOIS, DÉCRETS, ORDONNANCES, RÈGLEMENTS, ARRÊTÉS, ETC.	DATES.	TOMES et PAGES.
JURYS D'EXAMENS. (Droit.)	Arrêté concernant les suppléants de la Faculté de droit de Paris.	27 juin 1815.	I. 384
Idem	Décision concernant le nombre des examinateurs pour l'examen de capacité à la Faculté de droit de Paris.	13 avril 1824.	I. 508
Id.	Arrêté concernant les examens que doivent subir les étudiants de la Faculté de droit de Paris.	5 mai 1829.	I. 627
Id.	Décret relatif à la composition des jurys chargés de la collation des grades (*art. 1er, 3*).	26 déc. 1875.	III. 104
Id.	Décret relatif aux matières d'enseignement et d'examens dans les Facultés de droit.	26 mars 1877.	III. 147
Id.	Décret concernant le nombre des examinateurs pour les épreuves du doctorat en droit.	5 juin 1880.	III. 481
Id.	*Rapport au Comité supérieur de l'Instruction publique sur cet objet.*	»	III. 481 *n.*
Id.	Décret déterminant les conditions d'études et d'admission aux grades de bachelier et de licencié dans les Facultés de droit (*art. 5*).	28 déc. 1880.	III. 536
Id.	Décret portant modification des épreuves du doctorat en droit (*art. 5*).	20 juillet 1882.	III. 634
(Lettres.)	Statut sur les Facultés des lettres et des sciences (*titre Ier*).	16 fév. 1810.	I. 249
Idem	Statut portant règlement sur les examens pour le baccalauréat ès lettres (*art. 4*).	13 sept. 1820.	I. 447
Id.	Arrêté qui détermine les droits de présence et le nombre des examinateurs pour les thèses de doctorat ès sciences et ès lettres.	15 déc. 1827.	I. 603
Id.	Règlement relatif aux examens du doctorat ès lettres (*art. 5*).	17 juillet 1840.	I. 869
Id.	Arrêté concernant les agrégés des Facultés des sciences et des lettres (*art. 8*).	22 janv. 1847.	I. 1006
Id.	Arrêté concernant le professeur des sciences qui doit être adjoint au jury d'examen pour le baccalauréat ès lettres.	11 juillet 1848.	II. 53
Id.	Arrêté relatif aux agrégés des Facultés des sciences et des lettres (*art. 3*).	18 déc. 1848.	II. 62
Id.	Règlement pour le baccalauréat ès lettres (*art. 6*).	26 nov. 1849.	II. 79
Id.	Règlement sur l'examen du baccalauréat ès lettres (*art. 9*).	5 sept. 1852.	II. 224
Id.	Règlement sur l'examen du baccalauréat ès lettres (*art. 3*).	3 août 1857.	II. 485
Id.	Instruction pour l'exécution du règlement précédent.	14 août 1857.	II. 496
Id.	Règlement pour les examens du baccalauréat ès lettres (*titre II*).	28 nov. 1864.	II. 664
Id.	Décret portant règlement d'administration publique sur les droits d'examen et de diplôme et sur les conditions d'âge et d'études pour l'admission au grade de bachelier ès lettres (*art. 4, 5*).	25 juillet 1874.	II. 885
Id.	Décret qui institue des places d'agrégés près les Facultés des sciences et des lettres.	2 nov. 1875.	III. 94
Id.	Décret relatif à la composition des jurys chargés de la collation des grades (*art. 1er-6*).	26 déc. 1875.	III. 104
Id.	Décret concernant l'examen du baccalauréat ès lettres (*art. 4, 5*).	19 juin 1880.	III. 486

OBJET.	TITRES DES LOIS, DÉCRETS, ORDONNANCES, RÈGLEMENTS, ARRÊTÉS, ETC.	DATES.	TOMES et PAGES.
JURYS D'EXAMENS. (**Lettres.**)	Décret portant modification des épreuves de la licence ès lettres (*art. 10*).	25 déc. 1880.	III. 525
Idem	Circulaire relative à l'article 10 du décret précédent.	6 août 1881.	III. 533 n.
Id.	Circulaire relative à la constitution des jurys d'examen de licence ès lettres et de licence ès sciences.	31 mai 1882.	III. 621
Id.	Décret relatif à la composition du jury pour les thèses de doctorat ès lettres.	20 juillet 1882.	III. 633
Id.	Circulaire pour l'application du décret précédent.	1er août 1882.	III. 633 n.
(**Médecine.**)	Arrêté du Gouvernement portant règlement pour l'exercice de la médecine (*art. 13-16*).	20 prair. An XI.	I. 109
Idem	Ordonnance portant réorganisation de la Faculté de médecine de Paris (*art. 2, 26*).	2 février 1823.	I. 488
Id.	Règlement pour la Faculté de médecine de Paris (*art. 3-6, 40*).	12 avril 1823.	I. 494
Id.	Règlement concernant l'enseignement, les examens, les thèses, les concours d'agrégation et les auxiliaires de l'enseignement à la Faculté de médecine de Montpellier (§ *1er*).	1er mars 1825.	I. 515
Id.	Nouvelles dispositions règlementaires concernant les études dans les Facultés de médecine.	26 sept. 1837.	I. 772
Id.	Nouvelles dispositions règlementaires concernant les études dans les Écoles secondaires de médecine.	26 sept. 1837.	I. 773
Id.	Arrêté portant que les agrégés de médecine ne peuvent remplacer les professeurs dans les jurys d'examens et de thèses.	26 mai 1840.	I. 852
Id.	Règlement concernant les Écoles préparatoires de médecine et de pharmacie (*art. 25*).	12 mars 1841.	I. 899
Id.	Arrêté qui institue des examens de fin d'année pour les élèves en médecine.	7 sept. 1846.	I. 985
Id.	Règlement pour la réception des officiers de santé, des pharmaciens, herboristes et sages-femmes de 2º classe (*art. 9 et suiv.*).	23 déc. 1854.	II. 372
Id.	Instruction pour l'exécution du règlement précédent.	23 déc. 1854.	II. 377
Id.	Arrêté portant règlement des études pour les Écoles préparatoires de médecine et de pharmacie (*art. 11*).	2 avril 1857.	II. 477
Id.	Règlement relatif à la répartition de l'enseignement dans les Écoles préparatoires de médecine et de pharmacie (*art. 11*).	7 avril 1859.	II. 534
Id.	Circulaire relative à l'exécution du règlement précédent.	8 avril 1859.	II. 535
Id.	Circulaire relative à l'indemnité de séjour allouée aux présidents des jurys d'examen dans les Écoles préparatoires de médecine et de pharmacie.	23 janv. 1875.	III. 1
Id.	Décret relatif à la composition des jurys chargés de la collation des grades (*art. 1er*).	26 déc. 1875.	III. 104
Id.	Arrêté relatif à la participation aux examens du chef des travaux anatomiques de la Faculté de médecine de Paris.	1er fév. 1877.	III. 146
Id.	Arrêté concernant l'examen préparatoire que doivent subir les aspirantes au titre d'élèves sages-femmes et les aspirants et aspirantes au titre d'herboriste de 1re classe.	1er août 1879.	III. 269

OBJET.	TITRES DES LOIS, DÉCRETS, ORDONNANCES, RÉGLEMENTS, ARRÊTÉS, ETC.	DATES.	TOMES et PAGES.
JURYS D'EXAMENS. (Médecine.)	Arrêté relatif à la composition du jury d'examen prévu par l'arrêté du 1er août 1879.	11 juin 1880.	III. 270 n.
Idem	Décret relatif aux conditions d'études pour le titre d'officier de santé (*art. 1er, 5, 8*).	1er août 1883.	III. 737
Id.	Décret portant réorganisation des Écoles préparatoires de médecine et de pharmacie (*art. 13*).	1er août 1883.	III. 743
Id.	Décret relatif aux Écoles de plein exercice de médecine et de pharmacie (*art. 4*).	1er août 1883.	III. 746
Id.	Règlement relatif à la présidence des sessions d'examens dans les Écoles de plein exercice et dans les Écoles préparatoires de médecine et de pharmacie.	31 déc. 1883.	III. 799
Id.	*Rapport présenté au Conseil supérieur de l'Instruction publique sur cet objet par M. Gavarret.*	»	III. 800 n.
(Pharmacie.)	Loi contenant organisation des Écoles de pharmacie (*titre III*).	21 germ. An XI.	I. 105
Idem	Arrêté du Gouvernement contenant règlement sur les Écoles de pharmacie (*titres III, IV*).	25 therm. An XI.	I. 119
Id.	*Rapport* et Ordonnance portant organisation des Écoles de pharmacie (*art. 15*).	27 sept. 1840.	I. 876
Id.	Règlement concernant les Écoles préparatoires de médecine et de pharmacie (*art. 25*).	12 mars 1841.	I. 899
Id.	Règlement pour l'exécution de la loi de finances du 25 juin 1841 et de l'Ordonnance du 27 septembre 1840 en ce qui concerne la perception des droits dus dans les Écoles de pharmacie (*art. 6*).	27 nov. 1841.	I. 911
Id.	Arrêté qui institue des examens semestriels dans les Écoles supérieures de pharmacie.	15 oct. 1847.	I. 1016
Id.	Règlement pour la réception des officiers de santé, des pharmaciens, herboristes et sages-femmes de 2e classe (*art. 9 et suiv.*).	23 déc. 1854.	II. 372
Id.	Instruction pour l'exécution du règlement précédent.	23 déc. 1854.	II. 377
Id.	Arrêté portant règlement des études pour les Écoles préparatoires de médecine et de pharmacie (*art. 11*).	2 avril 1857.	II. 477
Id.	Règlement relatif à la répartition de l'enseignement dans les Écoles préparatoires de médecine et de pharmacie (*art. 11*).	7 avril 1859.	II. 534
Id.	Circulaire relative à l'exécution du règlement précédent.	8 avril 1859.	II. 535
Id.	Circulaire relative à l'indemnité de séjour allouée aux présidents des jurys d'examen dans les Écoles préparatoires de médecine et de pharmacie.	23 janv. 1875.	III. 1
Id.	Décret relatif à la composition des jurys chargés de la collation des grades (*art. 1er*).	26 déc. 1875.	III. 104
Id.	Décret portant règlement d'administration publique, déterminant les conditions d'études exigées des aspirants au titre de pharmacien de 1re classe (*art. 7*).	12 juillet 1878.	III. 219
Id.	Décret portant règlement d'administration publique relatif aux conditions d'études exigées des candidats au grade de pharmacien de 2e classe.	31 août 1878.	III. 225

OBJET.	TITRES DES LOIS, DÉCRETS, ORDONNANCES, RÈGLEMENTS, ARRÊTÉS, ETC.	DATES.	TOMES et PAGES.
JURYS D'EXAMENS. (Pharmacie.)	Arrêté concernant l'examen préparatoire que doivent subir les aspirantes au titre d'élèves sages-femmes et les aspirants et aspirantes au titre d'herboriste de 1re classe. . .	1er août 1879. .	III. 269
Idem	Arrêté relatif à la composition du jury d'examen prévu par l'arrêté du 1er août 1879.	11 juin 1880.	III. 270 n.
Id.	Décret portant réorganisation des Écoles préparatoires de médecine et de pharmacie (art. 13).	1er août 1883.	III. 743
Id.	Décret relatif aux Écoles de plein exercice de médecine et de pharmacie (art. 4).	1er août 1883.	III. 746
Id.	Règlement relatif à la présidence des sessions d'examens dans les Écoles de plein exercice et dans les Écoles préparatoires de médecine et de pharmacie.	31 déc. 1883.	III. 799
Id.	*Rapport présenté au Conseil supérieur sur cet objet par M. Gavarret.*	»	III. 800 n.
(Sciences.)	Statut sur les Facultés des lettres et des sciences (art. 22-24, 30).	16 fév. 1810.	I 249
Idem	Arrêté qui détermine les droits de présence et le nombre des examinateurs pour les thèses de doctorat ès sciences et ès lettres.	15 déc. 1827. .	I. 603
Id.	Arrêté qui autorise la Faculté des sciences de Paris à s'adjoindre des docteurs ès sciences pour le service des examens.	29 nov. 1842.	I. 945
Id.	Arrêté concernant les agrégés des Facultés des sciences et des lettres (art. 8).	22 janv. 1847.	I. 1006
Id.	Arrêté relatif aux agrégés des Facultés des sciences et des lettres (art. 3).	18 déc. 1848.	II. 62
Id.	Règlement pour le baccalauréat ès sciences (art. 9, 10). .	7 sept. 1852.	II. 226
Id.	Règlement pour les examens de la licence ès sciences (art. 2).	20 avril 1853.	II. 273
Id.	*Note relative au règlement précédent.*	20 avril 1853.	II. 274 n.
Id.	Règlement pour l'enseignement des sciences appliquées dans les Écoles préparatoires à l'enseignement supérieur des sciences et des lettres (art. 14, 15).	26 déc. 1854.	II. 382
Id.	Règlement sur l'examen du baccalauréat ès sciences (art. 3).	7 août 1857.	II. 492
Id.	Instruction pour l'exécution du règlement précédent. . . .	14 août 1857.	II. 496
Id.	Règlement pour l'examen du baccalauréat ès sciences (titre II).	25 mars 1865.	II. 680
Id.	Décret qui institue des places d'agrégés près les Facultés des sciences et des lettres (art. 5, 9).	2 nov. 1875.	III. 94
Id.	Décret relatif à la composition des jurys chargés de la collation des grades (art. 1er).	26 déc. 1875.	III. 104
Id.	Règlement d'administration publique déterminant les conditions d'études pour l'obtention des grades de licencié et de docteur dans les Facultés des sciences.	15 juillet 1877.	III. 157
Id.	Circulaire relative à l'exécution du règlement précédent. .	27 août 1877.	III. 159 n.
Id.	Circulaire relative aux épreuves du doctorat ès sciences. . .	8 mai 1880.	III. 461
Id.	Circulaire relative à la composition du jury pour l'examen de la licence ès sciences physiques.	25 juin 1880.	III. 493

OBJET.	TITRES DES LOIS, DÉCRETS, ORDONNANCES, RÈGLEMENTS, ARRÊTÉS, ETC.	DATES.	TOMES et PAGES.	
JURYS D'EXAMENS. (Sciences.)	Circulaire relative à la constitution des jurys d'examen de licence ès lettres et de licence ès sciences.	31 mai 1882.	III.	621
Idem	Circulaire relative aux jurys du doctorat ès sciences.	2 juillet 1882.	III.	631
(Théologie.)	Arrêté qui détermine les conditions d'admission aux grades dans les Facultés de théologie.	24 août 1838.	I.	802
JURYS MÉDICAUX.	Loi qui ordonne l'ouverture d'examens publics dans les Écoles de santé de Paris, Montpellier et Strasbourg (*art. 4*).	16 fruct. An V.	I.	55
Idem	*Exposé des motifs du projet de loi sur l'exercice de la médecine présenté par le* conseiller d'État Fourcroy.	vent. An XI.	I.	90
Id.	Loi relative à l'exercice de la médecine (*titres Ier, III*). . .	19 vent. An XI.	I.	93
Id.	Loi contenant organisation des Écoles de pharmacie (*titre III*).	21 germ. An XI.	I.	105
Id.	Arrêté portant règlement pour l'exercice de la médecine (*art. 33 et suiv.*).	20 prair. An XI.	I.	109
Id.	Arrêté contenant règlement sur l'organisation des Écoles de pharmacie (*art. 32-36*).	25 therm. An XI.	I.	119
Id.	Arrêté concernant la circonscription des arrondissements des Facultés de médecine pour les jurys médicaux, l'admission des candidats aux examens, la répartition des droits de réception entre les membres du jury, les procès-verbaux du jury et les modèles des certificats et titres des réceptions.	21 mai 1812.	I.	346
Id.	Arrêté concernant l'enseignement et la discipline dans les Écoles secondaires de médecine (*art. 26*).	7 nov. 1820.	I.	454
Id.	Décision du Roi qui autorise le Ministre de l'Intérieur à nommer les membres des jurys médicaux.	30 juillet 1823.	I.	500
Id.	Décision royale concernant les aspirants au titre d'officier de santé refusés par les jurys médicaux.	6 mars 1827.	I.	597
Id.	Circulaire concernant les recettes des jurys de médecine. .	5 mars 1829.	I.	618
Id.	*Rapport* et Ordonnance concernant l'administration supérieure de l'Instruction publique, les Facultés de droit, les Facultés de médecine, les Écoles secondaires de médecine, etc. (*art. 6, 7*)	26 mars 1829.	I.	619
Id.	*Rapport* et Ordonnance portant organisation des Écoles de pharmacie (*art. 15*).	27 sept. 1840.	I.	876
Id.	Circulaire relative aux examens devant les jurys médicaux.	19 mai 1850.	II.	146
Id.	Décret sur la décentralisation administrative.	25 mars 1852.	II.	212
Id.	*Rapport* et Décret sur le régime des établissements d'enseignement supérieur (*art. 17*).	22 août 1854.	II.	349
JURYS MIXTES.	*Voir :* JURY SPÉCIAL.			
JUSTICE ORDINAIRE	Décret concernant le régime de l'Université (*art. 81, 82, 157 et suiv.*).	15 nov. 1811.	I.	319
Idem	Ordonnance concernant les Facultés de droit et de médecine (*art. 24*).	5 juillet 1820.	I.	439

OBJET.	TITRES DES LOIS, DÉCRETS, ORDONNANCES, RÈGLEMENTS, ARRÊTÉS, ETC.	DATES.	TOMES et PAGES.
JUSTICE ORDINAIRE	Statut portant règlement général concernant la discipline et la police intérieure des Facultés et des Écoles secondaires de médecine (*art. 37*)	9 avril 1825.	I. 521
Idem	Décret relatif au régime des établissements d'enseignement supérieur (*art. 30*).	30 juillet 1883.	III. 731
LABORATOIRES.	Règlement pour le Muséum national d'histoire naturelle (*chap. III, art. 26-29*).	21 sept. 1793.	I. 15
Idem	Règlement pour l'École de médecine de Paris (*titre Ier, chap. III, art. 36*).	14 mess. An IV.	I. 42
Id.	Règlement sur la discipline intérieure de l'École normale (*art. 31-35*).	19 août 1836.	I. 736
Id.	Règlement sur le régime intérieur et la discipline de l'École normale supérieure (*art. 17*).	16 sept. 1852.	II. 246
Id.	Arrêté qui crée un laboratoire de perfectionnement près la Faculté des sciences de Paris.	22 fév. 1855.	II. 430
Id.	Arrêté portant que le laboratoire de perfectionnement de la Faculté des sciences de Paris sera installé à l'École normale supérieure.	22 fév. 1855.	II. 430
Id.	Arrêté qui crée un laboratoire de chimie physiologique à l'École normale supérieure.	28 oct. 1867.	II. 719
Id.	Arrêté qui institue des laboratoires dans les hôpitaux de Paris.	14 mars 1873.	II. 847
Id.	Règlement pour le laboratoire de botanique de la Faculté de médecine de Paris.	1er mai 1877.	III. 153
Id.	Règlement concernant les laboratoires des cliniques médicale et chirurgicale de la Faculté de médecine de Paris. .	21 mars 1878.	III. 187
Id.	Arrêté portant organisation à *Antibes* d'un laboratoire d'études théoriques et pratiques pour la botanique. . . .	27 mai 1878.	III. 209
Id.	Arrêté modifiant l'article 8 du règlement du 21 mars 1878 relatif aux laboratoires des cliniques de la Faculté de médecine de Paris.	6 juin 1878.	III. 188 *n.*
Id.	Arrêté portant institution d'un laboratoire de tératologie à l'École pratique des Hautes Études.	25 mars 1879.	III. 248
Id.	Arrêté portant création à *Luc* (Calvados) d'un laboratoire maritime.	28 sept. 1880.	III. 511
Id.	Arrêté portant création d'un emploi de chef de laboratoire de clinique d'accouchements à la Faculté de médecine de Paris.	14 janv. 1881.	III. 553
Id.	Arrêté instituant un laboratoire de zoologie et physiologie maritimes à *Concarneau*.	29 oct. 1881.	III. 592
Id.	Arrêté instituant à *Villefranche* un laboratoire de zoologie marine.	5 nov. 1881.	III. 592
Id.	Décret affectant à l'installation d'un laboratoire de zoologie maritime à *Marseille* un terrain appartenant à l'État. .	16 juin 1883.	III. 726
Id.	Décret affectant un terrain à la station de chimie végétale annexée à la chaire de chimie organique du Collège de France.	4 déc. 1883.	III. 792

OBJET.	TITRES DES LOIS, DÉCRETS, ORDONNANCES, RÈGLEMENTS, ARRÊTÉS, ETC.	DATES.	TOMES et PAGES.
LANGUES VIVANTES	Règlement pour le baccalauréat ès sciences (*art. 11*). . . .	7 sept. 1852.	II. 226
Idem	Circulaire relative à l'exécution du règlement précédent.	10 juin 1853.	II. 285
Id.	Circulaire relative à l'épreuve obligatoire sur les langues vivantes dans l'examen du baccalauréat ès sciences. . . .	22 nov. 1853.	II. 304
Id.	Règlement sur l'examen du baccalauréat ès sciences (*art. 15*).	7 août 1857.	II. 492
Id.	Arrêté relatif à l'examen du baccalauréat ès sciences (*art. 3*).	6 déc. 1859.	II. 549
Id.	*Rapport et Décret concernant le baccalauréat ès lettres et le baccalauréat ès sciences (art. 1er*).	27 nov. 1864.	II. 658
Id.	*Note présentée au Conseil impérial de l'Instruction publique sur la réforme du baccalauréat.*	»	II. 660 n.
Id.	Règlement pour l'examen du baccalauréat ès sciences (*art. 18*).	25 mars 1865.	II. 680
Id.	Décret relatif à l'examen du baccalauréat ès lettres (*art. 1er*).	9 avril 1874.	II. 883
Id.	Décret portant règlement d'administration publique sur les droits d'examen et de diplôme et sur les conditions d'âge et d'études pour l'admission au grade de bachelier ès lettres (*art. 5, 9, 10*).	25 juillet 1874.	II. 885
Id.	Règlement pour l'exécution du décret précédent (*art. 16*).	25 juillet 1874.	II. 887
Id.	Arrêté relatif à l'épreuve orale des langues vivantes dans l'examen du baccalauréat ès lettres et du baccalauréat ès sciences.	26 déc. 1874.	II. 945
Id.	Instruction générale pour l'exécution du règlement du 25 juillet 1874 sur le baccalauréat ès lettres.	7 juin 1875.	II. 887 n.
Id.	Règlement concernant l'épreuve des langues vivantes dans les examens subis en Algérie par les candidats au grade de bachelier.	10 nov. 1875.	III. 96
Id.	Décret concernant l'examen du baccalauréat ès lettres (*art. 5, 7, 9, 15*).	19 juin 1880.	III. 486
Id.	*Rapport fait au Conseil supérieur de l'Instruction publique sur cet objet par M. Lebaigue.*	»	III. 486
Id.	Arrêté concernant les épreuves d'admission au grade de bachelier ès lettres (*art. 9, 16*).	19 juin 1880.	III. 489
Id.	Décret portant modification des épreuves de la licence ès lettres (*art. 8*).	25 déc. 1880.	III. 525
Id.	*Enquête sur un projet de décret portant modification des épreuves de la licence ès lettres.*	»	III. 525 n.
Id.	*Résultat de l'enquête relative aux modifications à apporter à la licence ès lettres*	»	III. 526 n.
Id.	*Rapport fait au Conseil supérieur de l'Instruction publique sur un projet de décret portant modification des épreuves de la licence ès lettres, par M. P. Janet.*	»	III. 529 n.
Id.	Décret concernant l'épreuve des langues vivantes dans l'examen du baccalauréat ès lettres.	15 janv. 1881.	III. 553
Id.	Circulaire relative à la création d'une licence ès langues vivantes.	6 mai 1881.	III. 602 n.
Id.	*Rapport sur les réponses faites à la circulaire précédente.*	7 déc. 1881.	III. 602 n.

OBJET.	TITRES DES LOIS, DÉCRETS, ORDONNANCES, RÈGLEMENTS, ARRÊTÉS, ETC.	DATES.	TOMES et PAGES.
LANGUES VIVANTES	Décret instituant une licence ès lettres avec mention « *Langues vivantes* ».	27 déc. 1881.	III. 602
Idem	*Enquête sur un projet de décret instituant une licence ès lettres avec mention « Langues vivantes ».*	»	III. 602 n.
Id.	Arrêté ajoutant deux épreuves facultatives à l'examen pour le certificat d'aptitude à l'enseignement des langues vivantes .	27 déc. 1881.	III. 604
Id.	Circulaire relative au décret instituant une licence ès lettres avec mention « *Langues vivantes* ».	29 juin 1882.	III. 604 n.
Id.	Décret autorisant l'admission de la langue arabe parmi les épreuves du baccalauréat ès lettres dans l'Académie d'Alger .	26 déc. 1882.	III. 693
LAURÉATS.	Circulaire relative aux avantages offerts aux lauréats des Facultés de droit par les Ministres de la Justice et des Finances.	11 juillet 1840.	I. 857
	Voir : GRATUITÉ, PRIX.		
LEÇONS.	Instruction pour les Écoles de droit (*art. 26*).	19 mars 1807.	I. 160
Idem	Arrêté qui organise la Faculté des lettres de Paris (*art. 9*).	6 mars 1809.	I. 213
Id.	Arrêté portant organisation de la Faculté des sciences de Paris (*art. 8*).	14 avril 1809.	I. 216
Id.	Arrêté qui organise la Faculté de théologie catholique de Paris (*art. 4*).	16 juin 1809.	I. 222
Id.	Règlement particulier pour la Faculté des sciences de Paris (*art. 26*).	10 oct. 1809.	I. 233
Id.	Statut sur les Facultés des lettres et des sciences (*art. 10, 11, 55, 57*).	16 fév. 1810.	I. 249
Id.	Arrêté fixant le nombre des leçons d'éloquence latine à la Faculté des lettres de Paris et au Collège de France.	20 janv. 1811.	I. 213 n.
Id.	Arrêté relatif au cours de botanique de la Faculté des sciences de Paris.	5 août 1811.	I. 216 n.
Id.	*Rapport* et Ordonnance portant organisation de l'École des Langues orientales vivantes (*art. 2*).	22 mai 1838.	I. 792
Id. . . . . :	Arrêté concernant le nombre des leçons que doivent faire les professeurs des Facultés.	11 fév. 1840.	I. 818
Id.	Règlement pour les Écoles de pharmacie (*art. 7*).	5 fév. 1841.	I. 892
Id.	Règlement concernant les Écoles préparatoires de médecine et de pharmacie (*art. 14*).	12 mars 1841.	I. 899
Id.	Arrêté qui fixe le nombre des leçons dans les Facultés des lettres et des sciences des départements.	2 avril 1841.	I. 903
Id.	Arrêté portant règlement des études pour les Écoles préparatoires de médecine et de pharmacie.	2 avril 1857.	II. 477
Id.	Circulaire relative à l'exécution de l'arrêté précédent.	16 avril 1857.	II. 479
Id.	*Rapport* et Décret concernant le Collège de France (*titre II*).	8 oct. 1857.	II. 499
Id.	Règlement relatif à la répartition de l'enseignement dans les Écoles préparatoires de médecine et de pharmacie.	7 avril 1859.	II. 534
Id.	Circulaire relative à l'exécution du règlement précédent.	8 avril 1859.	II. 535

OBJET.	TITRES DES LOIS, DÉCRETS, ORDONNANCES, RÈGLEMENTS, ARRÊTÉS, ETC.	DATES.	TOMES et PAGES.	
LEÇONS.	Circulaire relative à l'indication du nombre des leçons et des auditeurs dans les établissements d'enseignement supérieur.............................	26 janv. 1864.	II.	638
Idem	Instructions sur l'enseignement des Facultés et sur les leçons faites le soir......................	6 avril 1864.	II.	639
Id.	Circulaire relative à la préparation aux grades dans les Facultés des sciences et des lettres..............	1er oct. 1880.	III.	511
LEÇONS PARTICULIÈRES.	Statut portant règlement général concernant la discipline et la police intérieure des Facultés et des Écoles secondaires de médecine (*art. 52*).....................	9 avril 1825.	I.	521
Idem	Arrêté qui interdit aux professeurs des Facultés et aux membres des Commissions des lettres de donner des répétitions aux candidats qu'ils doivent examiner.	8 sept. 1829.	I.	629
Id.	Arrêté qui interdit aux agrégés de donner des leçons particulières ou des répétitions....................	30 avril 1847.	I.	489 *n.*
Id.	Arrêté qui fixe le préciput des doyens des Facultés et du directeur de l'École supérieure de pharmacie de Paris ... et qui rappelle à l'exécution de l'arrêté du 8 septembre 1829 (*art. 3*)...........................	10 janv. 1855.	II.	420
LEXIQUES.	Décret concernant l'examen du baccalauréat ès lettres (*art. 7*)............................	19 juin 1880.	III.	486
Idem	Circulaire relative à l'emploi de lexiques au baccalauréat ès lettres................................	21 mars 1883.	III.	710
Id.	*Note publiée au journal général sur cet objet.*	»	III.	710 *n.*
Id.	Circulaire relative à l'emploi de dictionnaires par les candidats au baccalauréat ès sciences dans l'épreuve de la version latine.	24 avril 1883.	III.	716
LICENCE.	Décret portant organisation de l'Université (*art. 16*). . . .	17 mars 1808.	I.	171
Idem	Loi relative à la liberté de l'enseignement supérieur (*art. 4*).	18 mars 1880.	III.	388
(**Droit.**)	Loi relative aux Écoles de droit (*titre II*).	22 vent. An XII.	I.	137
Idem	Décret concernant l'organisation des Écoles de droit (*art. 41-44*).	4e compre An XII.	I.	142
Id.	Décret concernant les droits de sceau de l'Université. . . .	17 fév. 1809.	I.	210
Id.	Arrêté relatif à l'obtention des grades de bachelier et de licencié par les étudiants pourvus du certificat de capacité en droit...............................	5 nov. 1813.	I.	369
Id.	Ordonnance concernant les Facultés de droit et de médecine (*art. 1er*)...........................	5 juillet 1820.	I.	439
Id.	Ordonnance concernant l'enseignement, les inscriptions, les examens et les grades dans les Facultés de droit. . .	4 oct. 1820.	I.	450
Id.	Arrêté qui fixe les droits pour les thèses de licence dans la Faculté de droit de Paris........................	17 fév. 1821.	I.	465
Id.	Statut portant règlement général concernant la discipline et la police intérieure des Facultés et des Écoles secondaires de médecine (*art. 5*)...................	9 avril 1825.	I.	521
Id.	Règlement général pour la comptabilité de l'Université (*art. 134, 135*)..........................	11 nov. 1826.	I.	540

OBJET.	TITRES DES LOIS, DÉCRETS, ORDONNANCES, RÈGLEMENTS, ARRÊTÉS, ETC.	DATES.	TOMES et PAGES.
LICENCE. (Droit.)	Arrêté concernant les examens que doivent subir les étudiants de la Faculté de droit de Paris.	5 mai 1829.	I. 627
Idem	Ordonnance portant que les inscriptions dites de capacité ne pourront plus compter pour le baccalauréat ni pour la licence en droit.	13 juin 1830.	I. 641
Id.	Arrêté qui détermine les cours que doivent suivre les élèves de troisième année de la Faculté de droit de Paris.	31 oct. 1834.	I. 707
Id.	Arrêté relatif aux élèves de troisième année à la Faculté de droit d'Aix.	4 déc. 1835.	I. 727 n.
Id.	Arrêté relatif au tirage des matières de thèses à soutenir devant la Faculté de droit de Paris	28 juin 1836.	I. 736
Id.	Ordonnance qui détermine les grades exigés pour pouvoir prendre des inscriptions dans les Facultés de droit et de médecine	9 août 1836.	I. 736
Id.	Ordonnance concernant les examens dans les Facultés de droit.	6 juillet 1841.	I. 907
Id.	Règlement relatif aux examens de baccalauréat, de licence et de doctorat en droit.	6 juillet 1841.	I. 908
Id.	Arrêté relatif aux examens de baccalauréat et de licence en droit.	22 sept. 1843.	·I. 957
Id.	*Rapport* et Décret sur le nouveau plan d'études pour les Lycées et les Facultés (*art. 13*).	10 avril 1852.	II. 216
Id.	Arrêté concernant l'enseignement du droit romain.	4 fév. 1853.	II. 267
Id.	*Rapport* et Décret sur le régime financier des établissements d'enseignement supérieur (*art. 7, titre IV*). . .	22 août 1854.	II. 349
Id.	Décret relatif aux matières d'enseignement et d'examen dans les Facultés de droit.	26 mars 1877.	III. 147
Id.	*Note au Conseil supérieur de l'Instruction publique sur cet objet.*	»	III. 148 n.
Id.	Circulaire relative à l'exécution du décret précédent. . . .	18 mai 1877.	III. 149 n.
Id.	Décret déterminant les conditions d'études et d'admission aux grades de bachelier et de licencié dans les Facultés de droit.	28 déc. 1880.	III. 536
Id.	*Résultats de l'enquête sur les conditions d'études et d'admission aux grades de bachelier et de licencié dans les Facultés de droit.*	»	III. 541 n.
Id.	*Rapport fait au Conseil supérieur de l'Instruction publique sur un projet de décret relatif aux conditions d'études et d'admission aux grades de bachelier et de licencié dans les Facultés de droit, par M. Beudant.* . .	»	III. 546 n.
Id.	Circulaire relative à l'exécution de l'article 9 du décret du 28 décembre 1880.	21 juin 1881.	III. 539 n.
Id.	Décret relatif aux frais d'examens pour la licence en droit.	8 janv. 1881.	III. 548
Id.	Décret instituant un examen spécial pour les élèves qui ont suivi les cours de licence en droit à Pondichéry.	17 mai 1881.	III. 572
Id.	Décret portant modification de l'article 3 du décret du 28 décembre 1880.	21 juillet 1882.	III. 537 n.
Id.	*Rapport fait au Conseil supérieur de l'Instruction publique sur cet objet par M. Beudant.*	»	III. 537 n.

OBJET.	TITRES DES LOIS, DÉCRETS, ORDONNANCES, RÉGLEMENTS, ARRÊTÉS, ETC.	DATES.	TOMES et PAGES.
LICENCE. (Droit.)	Décret portant modification de l'article 10 du décret du 28 décembre 1880.	22 juillet 1882.	III. 540 n.
Idem	*Rapport fait au Conseil supérieur de l'Instruction publique sur cet objet par* M. Beudant.	»	III. 539 n.
Id.	Circulaire relative à l'exécution de l'article 7 du décret du 28 décembre 1880.	15 mai 1882.	III. 538 n.
Id.	Circulaire déterminant les sommes à payer par les candidats à la licence en droit qui ont fait leurs études à Pondichéry.	31 mai 1882.	III. 620
Id.	Décret contenant des dispositions transitoires pour l'exécution du décret du 28 décembre 1880 relatif à la licence en droit.	31 déc. 1883.	III. 798
Id.	*Rapport fait au Conseil supérieur de l'Instruction publique sur cet objet par* M. Beudant.	»	III. 798 n.
(Lettres.)	Décret portant organisation de l'Université (*art. 20*).	17 mars 1808.	I. 171
Idem	Statut concernant les examens dans les cinq Facultés (*art. 9, 10*).	18 oct. 1808.	I. 194
Id.	Décret concernant les droits de sceau de l'Université.	17 fév. 1809.	I. 210
Id.	Statut sur les Facultés des lettres et des sciences (*art. 32-34, 61*).	16 fév. 1810.	I. 249
Id.	Arrêté relatif aux formalités à remplir pour être admis aux examens du baccalauréat et de la licence ès lettres.	15 janv. 1822.	I. 481
Id.	Arrêté concernant les régents des Collèges communaux des Académies où il n'y a point de Facultés des lettres.	9 août 1825.	I. 537
Id.	Règlement général sur la comptabilité de l'Université (*art. 159*).	11 nov. 1826.	I. 540
Id.	Statut concernant les aspirants au grade de licencié ès lettres.	11 mars 1828.	I. 606
Id.	Arrêté relatif aux épreuves de la licence ès lettres.	24 mai 1836.	I. 735
Id.	Arrêté relatif aux sessions d'examen pour la licence dans les Facultés des lettres.	28 avril 1837.	I. 746
Id.	Circulaire relative aux examens dans les Facultés des lettres et des sciences.	1er déc. 1839.	I. 816
Id.	Règlement pour les examens de la licence ès lettres.	17 juillet 1840.	I. 867
Id.	Circulaire pour l'exécution du règlement précédent.	19 juillet 1840.	I. 870
Id.	Arrêté qui fixe la liste des textes adoptés pour l'épreuve de l'explication dans les examens de la licence ès lettres.	28 nov. 1848.	II. 62
Id.	*Rapport* et Décret sur le régime financier des établissements d'enseignement supérieur (*titre II*).	22 août 1854.	II. 349
Id.	Circulaire concernant les étudiants en droit, candidats au diplôme de licencié ès lettres.	9 juillet 1855.	II. 442
Id.	Instruction relative à l'organisation des conférences dans les Facultés et à la suppression dans les Lycées des conférences préparatoires à la licence.	4 oct. 1855.	II. 447
Id.	Arrêté qui fixe l'époque des examens de la licence ès lettres pour les élèves de l'École normale supérieure.	17 janv. 1859.	II. 522
Id.	Arrêté relatif aux épreuves écrites de la licence ès lettres.	17 mars 1864.	II. 639
Id.	Arrêté concernant la deuxième épreuve de la licence ès lettres.	26 mars 1868.	II. 734

OBJET.	TITRES DES LOIS, DECRETS, ORDONNANCES, RÈGLEMENTS, ARRÊTÉS, ETC.	DATES.	TOMES et PAGES.
LICENCE. (Lettres.)	Décret portant modification des épreuves de la licence ès lettres.	25 déc. 1880.	III. 525
Idem	Enquête sur un projet de décret portant modification des épreuves de la licence ès lettres.	»	III. 525 n.
Id.	Résultat de l'enquête relative aux modifications à apporter à la licence ès lettres.	»	III. 526 n.
Id.	Rapport fait au Conseil supérieur de l'Instruction publique sur un projet de décret portant modification des épreuves de la licence ès lettres, par M. P. Janet.	»	III. 529 n.
Id.	Circulaire relative à la création d'une licence ès langues vivantes.	6 mai 1881.	III. 602 n.
Id.	Instructions relatives à la licence ès lettres.	5 août 1881.	III. 577
Id.	Circulaire relative à l'article 10 du décret du 25 décembre 1880 sur la licence ès lettres.	6 août 1881.	III. 533 n.
Id.	Arrêté déterminant les dates des examens de la licence ès lettres.	6 août 1881.	III. 534 n.
Id.	Arrêté fixant le programme des matières pour les épreuves orales de la licence ès lettres.	7 août 1881.	III. 583 n.
Id.	Rapport sur les réponses faites à la circulaire du 6 mai 1881 relative à la création d'une licence ès langues vivantes	7 déc. 1881.	III. 602 n.
Id.	Rapport fait par M. Michel Bréal sur les résultats de l'enquête relative au projet de décret instituant une licence ès lettres avec mention « Langues vivantes ».	»	III. 602 n.
Id.	Décret instituant une licence ès lettres avec mention « Langues vivantes ».	27 déc. 1881.	III. 602
Id.	Arrêté ajoutant deux épreuves facultatives à l'examen pour le certificat d'aptitude à l'enseignement des langues vivantes.	27 déc. 1881.	III. 604
Id.	Circulaire relative à la constitution des jurys d'examen de licence ès sciences et ès lettres.	31 mai 1882.	III. 621
Id.	Circulaire relative au décret instituant une licence ès lettres avec mention « Langues vivantes ».	29 juin 1882.	III. 604 n.
Id.	Circulaire transmettant de nouveaux modèles de certificats d'aptitude pour les épreuves de la licence ès lettres.	28 juin 1882.	III. 630
(Sciences.)	Décret portant organisation de l'Université (art. 23).	17 mars 1808.	I. 171
Idem	Statut concernant les examens dans les cinq Facultés (titre III).	18 oct. 1808.	I. 194
Id.	Décret concernant les droits de sceau de l'Université.	17 fév. 1809.	I. 210
Id.	Règlement particulier pour la Faculté des sciences de Paris.	10 oct. 1809.	I. 233
Id.	Statut sur les Facultés des lettres et des sciences (art. 41-43, 61).	16 fév. 1810.	I. 249
Id.	Décision relative aux bacheliers ès sciences, candidats à la licence.	7 nov. 1826.	I. 539
Id.	Règlement général sur la comptabilité de l'Université (art. 159).	11 nov. 1826.	I. 540
Id.	Arrêté qui détermine le nombre et l'époque des sessions pour la licence ès sciences.	5 juin 1840.	I. 853
Id.	Règlement relatif aux examens pour les divers grades dans les Facultés des sciences.	8 juin 1848.	II. 46

OBJET.	TITRES DES LOIS, DÉCRETS, ORDONNANCES, RÈGLEMENTS, ARRÊTÉS, ETC.	DATES.	TOMES et PAGES.	
LICENCE. (Sciences.)	*Rapport* et Décret sur le nouveau plan d'études pour les Lycées et les Facultés (*art. 11*).	10 avril 1852.	II.	216
Idem	Règlement pour les examens de la licence ès sciences. . . .	20 avril 1853.	II.	273
Id.	*Note relative au règlement précédent.*	»	II.	274 *n.*
Id.	*Rapport* et Décret sur le régime financier des établissements d'enseignement supérieur (*titre II*).	22 août 1854.	II.	349
Id.	Instruction relative à l'organisation des conférences dans les Facultés et à la suppression dans les Lycées des conférences préparatoires à la licence.	4 oct. 1855.	II.	447
Id.	Règlement d'administration publique déterminant les conditions d'études pour l'obtention des grades de licencié et de docteur dans les Facultés des sciences.	15 juillet 1877.	III.	157
Id.	Circulaire relative à l'exécution du règlement précédent. . .	27 août 1877.	III.	159 *n.*
Id.	Circulaire relative à la composition du jury pour l'examen de la licence ès sciences physiques.	25 juin 1880.	III.	493
Id.	Circulaire relative à la constitution des jurys d'examen de licence ès sciences et ès lettres.	31 mai 1882.	III.	621
Id.	Décret relatif au baccalauréat de l'enseignement secondaire spécial (*art. 8*).	28 juillet 1882.	III.	666
(Théologie.)	Décret portant organisation de l'Université (*art. 28*). . . .	17 mars 1808.	I.	171
Idem	Statut concernant les examens dans les cinq Facultés (*titre V*).	18 oct. 1808.	I.	194
Id.	Décret concernant les droits de sceau de l'Université. . . .	17 fév. 1809.	I.	210
Id.	Règlement général sur la comptabilité de l'Université (*art. 159*).	11 nov. 1826.	I.	540
Id.	Arrêté qui détermine les conditions d'admission aux grades dans les Facultés de théologie.	24 août 1838.	I.	802
Id.	*Rapport* et Décret sur le régime financier des établissements d'enseignement supérieur (*titre V*).	22 août 1854.	II.	349
LOCAUX.	Loi sur l'administration de l'Instruction publique (*art. 10*).	14 juin 1854.	II.	316
Idem	Circulaire relative à l'exécution de l'article 10 de la loi du 14 juin 1854.	11 juillet 1854.	II.	338
Id.	Circulaire relative au local et au matériel à affecter à l'administration académique.	19 août 1854.	II.	339
Id.	Décret sur l'organisation des Académies (*art. 27*).	22 août 1854.	II.	340
Id.	Circulaire relative à l'amélioration des locaux des Facultés des lettres.	17 janv. 1883.	III.	696
LOGEMENTS.	Règlement pour le Muséum national d'histoire naturelle présenté par les professeurs et approuvé par le Comité d'Instruction publique de la Convention nationale (*chap. Ier, art. 2*).	21 sept. 1793.	I.	15
Idem	Circulaire relative aux fonctions des secrétaires d'Académie.	20 fév. 1810.	I.	261
Id.	Statut sur l'administration, la police et l'enseignement de l'École normale (*art. 1er*).	30 mars 1810.	I.	268
Id.	Arrêté sur l'organisation de la Faculté de droit de Paris, divisée en deux sections (*art. 3*).	13 oct. 1819.	I.	429

OBJET.	TITRES DES LOIS, DÉCRETS, ORDONNANCES, RÉGLEMENTS, ARRÊTÉS, ETC.	DATES.	TOMES et PAGES.
LOGEMENTS.	Ordonnance portant que l'ancienne maison de Sorbonne et les bâtiments en dépendant sont affectés au service de l'Instruction publique.	3 janv. 1821.	I. 459
Idem	Arrêté relatif au logement des professeurs de la Faculté de théologie de Paris.	29 juin 1822.	I. 483
Id.	Décision relative aux logements des professeurs dans les Facultés	4 avril 1826.	I. 539
Id.	Règlement sur le Collège de France (*titre IV*).	25 oct. 1828.	II. 500 n.
Id.	Arrêté qui affecte au logement des professeurs une partie des bâtiments de la Sorbonne.	23 mars 1832.	I. 670
Id.	Loi portant fixation du budget des dépenses de l'exercice 1833.	23 avril 1833.	I. 683
Id.	Arrêté qui divise les Académies en deux classes et qui fixe les frais de bureau et de logement accordés aux Recteurs.	30 nov. 1838.	I. 809
Id.	Règlement de comptabilité en exécution de l'ordonnance du 31 mai 1838 (*art. 163*).	16 déc. 1841.	I. 918
Id.	*Rapport* et Décret concernant le Collège de France (*titre VI*).	8 oct. 1857.	II. 499
Id.	Arrêté portant que l'inspecteur général de l'enseignement supérieur chargé de la direction de l'École normale supérieure logera dans l'intérieur de l'École	22 oct. 1857.	II. 505 n.
Id.	*Rapport* et Décret portant réorganisation de l'administration du Muséum d'histoire naturelle.	29 déc. 1863.	II. 633
Id.	Arrêté qui désigne les fonctionnaires et agents du Muséum qui pourront être logés dans l'établissement.	25 juillet 1865.	II. 697
LOUVRE.	Loi qui affecte en partie le Louvre et les Tuileries aux principaux établissements de l'Instruction publique. . .	1er juin 1791.	I. 7 n.
LYCÉES.	Circulaire relative à l'inspection des Lycées et Collèges par les professeurs des Facultés.	7 mai 1875.	III. 4
Idem	Circulaire relative à l'inspection des Lycées et Collèges par les professeurs des Facultés.	9 mars 1876.	III. 127
Id.	Circulaire portant suppression des inspections faites dans les Lycées et Collèges par les professeurs des Facultés. .	20 sept. 1878.	III. 226
MAISONS D'ÉTUDES.	Arrêté qui autorise l'établissement à Strasbourg d'une maison d'études près les Facultés.	11 nov. 1828.	I. 614
	Voir : COLLÈGES.		
MAITRES ÈS ARTS.	Statut concernant les examens dans les cinq Facultés (*art. 21*).	18 oct. 1808.	I. 194
Idem	Arrêté déterminant les grades de l'Université que peuvent réclamer les anciens gradués.	12 mai 1809.	I. 218
Id.	Règlement général sur la comptabilité de l'Université (*art. 179*).	11 nov. 1826.	I. 540
Id.	Arrêté relatif au grade de maître ès arts conféré dans les provinces sardes annexées à la France.	23 juillet 1860.	II. 567
Id.	Arrêté contenant des dispositions transitoires en faveur des jeunes gens originaires de la Savoie et de Nice qui ont subi le premier examen pour le grade de maître ès arts.	25 oct. 1860.	II. 572

OBJET.	TITRES DES LOIS, DÉCRETS, ORDONNANCES, RÈGLEMENTS, ARRÊTÉS, ETC.	DATES.	TOMES et PAGES.
MATÉRIEL (Chef du).	Règlement pour l'École pratique de la Faculté de médecine de Paris (*art. 15*)...................	30 nov. 1878.	III. 237
MATERNITÉ.	Règlement sur les cours d'accouchements à l'hospice de la Maternité de Paris..................	11 mess. An X.	I. 87
Idem	Règlement général pour l'École d'accouchements établie à l'hospice de la Maternité de Paris............	9 nov. 1810.	I. 303
	Voir : SAGES-FEMMES.		
MÉDAILLES.	*Voir :* PRIX.		
MÉDECINE (Exercice de la).	Arrêté du Parlement faisant défense de recevoir aucune femme à la profession de chirurgien, à moins que ce ne soit pour les accouchements................	19 avril 1755.	I. 131*n.*
Idem	*Exposé des motifs du projet de loi sur l'exercice de la médecine présenté par le* conseiller d'État Fourcroy..	vent. An XI.	I. 90
Id.	Loi relative à l'exercice de la médecine...........	19 vent. An XI.	I. 93
Id.	Arrêté portant règlement pour l'exercice de la médecine..	20 prair. An XI.	I. 109
Id.	Circulaire sur l'exécution de l'article 23 de la loi du 19 ventôse An XI.......................	fruct. An XI.	I. 130
Id.	Arrêté concernant les médecins étrangers qui sollicitent l'autorisation d'exercer la médecine en France.......	18 oct. 1834.	I. 706
Id.	Décret relatif à l'exercice de la médecine en Algérie.....	12 juillet 1851.	II. 201
Id.	*Rapport* et Décret sur le régime financier des établissements d'enseignement supérieur (*art. 19*)..........	22 août 1854.	II. 349
Id.	Règlement sur la réception des officiers de santé, des pharmaciens, herboristes et sages-femmes de 2e classe....	23 déc. 1854.	II. 372
Id.	Instruction pour l'exécution du règlement précédent.....	23 déc. 1854.	II. 377
Id.	Instruction relative à l'exécution et aux conséquences du règlement du 23 décembre 1854...............	2 fév. 1855.	II. 422
Id.	Décret qui institue une École préparatoire de médecine et de pharmacie à Alger (*art. 6*)................	4 août 1857.	II. 490
Id.	Arrêté du Gouverneur général sur les conditions d'exercice de la profession d'officier de santé, sage-femme, pharmacien et herboriste en Algérie..................	26 déc. 1862.	II. 621
Id.	Décret relatif aux officiers de santé, pharmaciens, sages-femmes et herboristes de l'Alsace-Lorraine........	27 déc. 1871..	II. 805
Id.	Arrêté qui détermine la circonscription des Facultés de médecine, des Écoles supérieures de pharmacie, des Écoles de plein exercice et des Écoles préparatoires de médecine et de pharmacie..................	22 juillet 1878.	III. 222
Id.	Convention relative à l'exercice de la médecine dans les communes frontières de France et du grand-duché de Luxembourg.............................	22 janv. 1880.	III. 318
Id.	*Rapport* et Décret concernant l'exercice de la médecine dans les colonies de la Martinique, de la Guadeloupe, de la Réunion et de la Guyane..................	10 avril 1880.	III. 452

OBJET.	TITRES DES LOIS, DÉCRETS, ORDONNANCES, RÈGLEMENTS, ARRÊTÉS, ETC.	DATES.	TOMES et PAGES.	
MÉDECINE (Exercice de la).	Décret portant promulgation de la convention conclue entre la France et la Belgique pour l'admission réciproque des médecins établis dans les communes frontières des deux États	12 janv. 1881.	III.	552
	Voir : ÉQUIVALENCES, JURISPRUDENCE.			
MÉDECINS ÉTRANGERS.	Loi relative à l'exercice de la médecine (*art. 4*).	19 vent. An XI.	I.	93
	Voir : ÉQUIVALENCES, MÉDECINE (Exercice de la).			
MÉDECINS MILITAIRES.	*Voir :* SERVICE DE SANTÉ.			
MÉDECINS DE LA MARINE.	*Voir :* SERVICE DE SANTÉ.			
MENTIONS HONORABLES.	*Voir :* PRIX.			
MÉTÉOROLOGIE.	Circulaire relative aux Commissions scientifiques départementales.	31 août 1871.	II.	799
Idem	Circulaire à MM. les directeurs d'Écoles normales concernant les observations météorologiques.	28 avril 1879.	III.	251
	Voir : BUREAU CENTRAL MÉTÉOROLOGIQUE.			
MINISTÈRE PUBLIC.	Décret concernant le régime de l'Université (*chap. II, titres IV, V*).	15 nov. 1811.	I.	319
Idem	Arrêté portant règlement pour les Conseils académiques (*art. 16*).	26 mai 1812.	I.	354
Id.	Ordonnance qui donne à la Commission de l'Instruction publique le titre de *Conseil royal de l'Instruction publique*, et qui contient règlement à cet égard (*art. 9*) . .	1er nov. 1820.	I.	452
	Voir : DISCIPLINE, JURIDICTIONS.			
MINISTÈRES.	Loi relative à l'organisation des Ministères.	25 mai 1791.	I.	7
Idem	Loi qui supprime le Conseil exécutif provisoire.	12 germ. An II.	I.	27
Id.	Loi sur l'organisation des Ministères.	10 vend. An IV.	I.	35
Id.	Arrêté des Consuls qui établit une direction de l'Instruction publique au Ministère de l'Intérieur.	17 vent. An X.	I.	60
Id.	Décret qui règle les attributions du Ministère de l'Intérieur.	21 sept. 1812.	I.	360
Id.	Ordonnance qui établit une Commission de l'Instruction publique et maintient l'organisation des Académies. . . .	15 août 1815.	I.	386
Id.	Ordonnance portant création d'un Ministère pour les Affaires ecclésiastiques et de l'Instruction publique.	26 août 1824.	I.	512
Id.	Ordonnance portant nomination à plusieurs Ministères. . .	4 janv. 1828.	I.	605
Id.	Décision du Roi qui place provisoirement l'Instruction publique dans les attributions du Ministre de l'Intérieur.	9 janv. 1828.	I.	605
Id.	Décision du Roi portant que le Ministre de l'Intérieur exercera provisoirement les fonctions de Grand-Maître de l'Université.	16 janv. 1828.	I.	605
Id.	Ordonnance portant que l'Instruction publique sera dirigée par un Ministre secrétaire d'Etat qui exercera les fonctions de Grand-Maître de l'Université de France.	10 fév. 1828.	I.	606

OBJET.	TITRES DES LOIS, DÉCRETS, ORDONNANCES, RÉGLEMENTS, ARRÊTÉS, ETC.	DATES.	TOMES et PAGES.
MINISTÈRES.	Loi relative à la fixation du budget des dépenses de l'exercice 1830.	2 août 1829.	I. 628
Idem	Ordonnance relative aux attributions des Ministères du Commerce et des Travaux publics, de l'Intérieur et de l'Instruction publique.	11 oct. 1832.	I. 674
Id.	Décret qui fixe les attributions du Ministère de l'Algérie et du Ministère de l'Instruction publique et des Cultes en ce qui concerne l'Instruction publique et les Cultes. . . .	2 août 1858.	II. 515
Id.	Décret modifiant les attributions du Ministère de l'Instruction publique.	23 juin 1863.	II. 628
	Voir : COMITÉS, COMMISSIONS.		
MINISTRE de l'Instruction publique.	Ordonnance portant que l'Instruction publique sera dirigée par un Ministre secrétaire d'État qui exercera les fonctions de Grand-Maître de l'Université.	10 fév. 1828.	I. 606
Idem	Décret portant que les affaires d'administration courante qui ne pouvaient être réglées qu'au moyen d'ordonnances royales seront valablement décidées par les Ministres. . .	2 mars 1848.	II. 1
Id.	Décret sur l'organisation des Académies (§ *VI*).	22 août 1854.	II. 340
Id.	Décret relatif au rectorat de l'Académie de Paris.	22 août 1854.	II. 348
	Voir : GRAND-MAITRE, JURIDICTIONS.		
MISSIONS.	*Voir :* ARCHIVES, BOURSES DE VOYAGE, FRAIS DE MISSIONS, INSTITUT.		
MOBILIER.	Loi sur l'administration de l'Instruction publique (*art. 10*).	14 juin 1854.	II. 316
Idem	Circulaire relative à l'exécution de l'article 10 de la loi du 14 juin 1854.	11 juillet 1854.	II. 338
Id.	Circulaire relative au local et au matériel à affecter à l'administration académique.	19 août 1854.	II. 339
Id.	Arrêté relatif au conservateur de la bibliothèque et du mobilier de la Faculté de droit de Paris.	10 juin 1864.	II. 654
	Voir : COMPTABILITÉ.		
MODELEUR.	Règlement pour l'École de médecine de Paris (*titre I*er, *chap. IV, art. 2; titre II, chap. II, art. 14*).	14 mess. An IV.	I. 42
MONITEURS.	Règlement concernant l'École pratique de la Faculté de médecine de Paris (*art. 7*).	30 nov. 1878.	III. 237
Idem	Règlement concernant l'adjuvat et le prosectorat à la Faculté de médecine de Paris.	10 juin 1879.	III. 254
	Voir : ANATOMIE (Aides d').		
MUSÉUM.	Décret relatif à l'organisation du Jardin national des Plantes et du Cabinet d'histoire naturelle sous le nom de Muséum d'histoire naturelle.	10 juin 1793.	I. 11
Idem	Règlement pour le Muséum national d'histoire naturelle présenté par les professeurs et approuvé par le Comité d'Instruction publique de la Convention nationale.	21 sept. 1793.	I. 15

OBJET.	TITRES DES LOIS, DÉCRETS, ORDONNANCES, RÈGLEMENTS, ARRÊTÉS, ETC.	DATES.	TOMES et PAGES.
MUSÉUM.	*Rapport fait au nom du Comité d'Instruction publique et des Finances sur le Muséum d'histoire naturelle par* Thibeaudeau.	21 frim. An III.	III. 837 *a.*
Idem	Décret portant établissement à Rouen d'une École destinée à l'enseignement de l'art des préparations anatomiques modelées en cire.	29 mai 1806.	I. 157
Id.	Décret portant organisation de l'Université (*art. 14, 113*).	17 mai 1808.	I. 171
Id.	Statut concernant la division de l'Université en Académies et les villes qui en seront les chefs-lieux (*art. 9*).	18 oct. 1808.	I. 196
Id.	Statut concernant le régime et la police générale de l'Université (*art. 17*).	28 oct. 1808.	I. 203
Id.	Arrêté portant organisation de la Faculté des sciences de Paris (*art. 4*).	14 avril 1809.	I. 216
Id.	Arrêté déterminant les différentes classes d'individus auxquels il peut être accordé immédiatement des diplômes de grades dans les sciences ou dans les lettres.	23 mai 1809.	I. 219
Id.	Règlement concernant le régime de l'Université, la subordination, la correspondance et les attributions de ses diverses autorités (*art. 14*).	10 oct. 1810.	I. 298
Id.	Règlement concernant les voyageurs naturalistes.	20 fév. 1819.	II. 732 *n.*2
Id.	Ordonnance qui fixe le nombre des professeurs administrateurs du Muséum et crée deux emplois d'artiste-peintre.	24 juillet 1822.	I. 484
Id.	Règlement général sur la comptabilité de l'Université (*art. 179*).	11 nov. 1826.	I. 540
Id.	Ordonnance qui met à la disposition du Ministère de l'Instruction publique la pépinière royale du Luxembourg.	4 juillet 1834.	I. 704
Id.	Ordonnance relative à la chaire de physique appliquée à l'histoire naturelle au Muséum d'histoire naturelle.	26 juillet 1838.	I. 796
Id.	*Rapport* et Ordonnance qui fixe le titre de la chaire d'anatomie humaine.	3 déc. 1838.	I. 809
Id.	Ordonnance concernant le Muséum d'histoire naturelle et le jardin du Luxembourg.	31 déc. 1846.	I. 1004
Id.	Décret qui modifie le titre des deux chaires de chimie instituées au Muséum d'histoire naturelle.	31 août 1850.	II. 180
Id.	Dispositions organiques concernant l'Instruction publique (*art. 1er, 2*).	9 mars 1852.	II. 209
Id.	*Rapport* et Décret portant création d'une chaire de paléontologie.	5 juillet 1853.	II. 292
Id.	Circulaire concernant l'enseignement pratique de la botanique.	5 juillet 1853.	II. 293
Id.	*Rapport* et Décret portant création d'une chaire de physique végétale.	4 mars 1857.	II. 475
Id.	*Rapport* et Décret portant création d'une chaire de botanique et de physiologie végétale.	28 mars 1857.	II. 476
Id.	Décret relatif au traitement des professeurs du Collège de France et du Muséum d'histoire naturelle.	25 janv. 1862.	II. 603
Id.	*Rapport* et Décret fixant les traitements des fonctionnaires et employés du Muséum d'histoire naturelle.	25 fév. 1863.	II. 624
Id.	*Rapport* et Décret portant réorganisation de l'administration du Muséum d'histoire naturelle.	29 déc. 1863.	II. 633

OBJET.	TITRES DES LOIS, DÉCRETS, ORDONNANCES, RÈGLEMENTS, ARRÊTÉS, ETC.	DATES.	TOMES et PAGES.	
MUSÉUM.	Règlement général pour l'exécution du décret précédent. . .	2 janv. 1864.	II.	635
Idem	Arrêté qui désigne les fonctionnaires et agents du Muséum qui pourront être logés dans l'établissement.	25 juillet 1865.	II.	697
Id.	Décret portant affectation au service de l'Instruction publique d'un terrain occupé par le Muséum.	5 janv. 1867.	II.	711
Id.	Arrêté concernant les voyageurs naturalistes.	18 fév. 1868.	II.	732
Id.	*Rapport* et Décret transférant au Muséum d'histoire naturelle la chaire de physiologie générale de la Faculté des sciences de Paris et à la Faculté des sciences de Paris la chaire de physiologie du Muséum d'histoire naturelle.	12 déc. 1868.	II.	764
Id.	Circulaire relative au choix d'un certain nombre de candidats aux places d'élèves agronomes au Muséum d'histoire naturelle.	20 mars 1869.	II.	772
Id.	Décret relatif aux chaires de botanique, organographie et physiologie végétales, et de botanique, classifications et familles naturelles.	23 janv. 1874.	II.	872
Id.	Arrêté portant organisation à Antibes d'un laboratoire d'études théoriques et pratiques pour la botanique. . . .	27 mai 1878.	III.	209
Id.	*Rapport sur le régime administratif et l'enseignement du Muséum d'histoire naturelle.*	18 nov. 1878.	III.	227
Id.	Décret autorisant les professeurs d'histoire naturelle médicale et de botanique de la Faculté de médecine, de la Faculté des sciences et de l'École supérieure de pharmacie de Paris à faire leurs cours au Muséum d'histoire naturelle.	10 janv. 1880.	III.	315
Id.	Décret portant création de la chaire de physiologie végétale.	10 janv. 1880.	III.	316
Id.	Décret fixant les traitements des aides-naturalistes et des préparateurs du Muséum d'histoire naturelle.	10 déc. 1881.	III.	594
	Voir : BOURSES D'ÉTUDES.			
MUTATION.	Décret portant organisation de l'Université (*art. 47, 57*).	17 mars 1808.	I.	171
Idem	Décret concernant le régime de l'Université (*chap. II*). . .	15 nov. 1811.	I.	319
Id.	Ordonnance qui donne au chef de l'Université le titre de Grand-Maître et détermine ses attributions.	1er juin 1822.	I.	483
Id.	Loi relative à l'enseignement (*art. 76*).	15 mars 1850.	II.	85
Id.	Dispositions organiques concernant l'Instruction publique (*art. 3*).	9 mars 1852.	II.	209
Id.	Loi relative au Conseil supérieur de l'Instruction publique (*art. 5*).	19 mars 1873.	II.	848
Id.	Loi relative au Conseil supérieur de l'Instruction publique et aux Conseils académiques (*art. 7*).	27 fév. 1880.	III.	322
Id.	Décret portant règlement intérieur des Conseils académiques (*art. 9*).	26 juin 1880.	III.	494
NAVIRES DE COMMERCE.	*Voir :* CHIRURGIENS.			
NICE ET SAVOIE.	Décret concernant les établissements d'instruction publique de la Savoie et de l'arrondissement de Nice.	13 juin 1860.	II.	563
Idem	Décret relatif aux jeunes gens originaires de la Savoie et de Nice qui jouissent d'une bourse du Gouvernement sarde au Collège Charles-Albert.	24 oct. 1860.	II.	570

OBJET.	TITRES DES LOIS, DÉCRETS, ORDONNANCES, RÈGLEMENTS, ARRÊTÉS, ETC.	DATES.	TOMES et PAGES.
NICE ET SAVOIE.	Décret qui supprime les Écoles universitaires de théologie, de droit et de médecine de la Savoie et de l'arrondissement de Nice.	24 oct. 1860.	II. 570
Idem	Arrêté contenant des dispositions transitoires en faveur des jeunes gens originaires de la Savoie et de Nice qui ont subi le premier examen pour le grade de maître ès arts.	25 oct. 1860.	II. 572
Id.	Décret relatif à la rémunération des services rendus au Gouvernement sarde avant l'annexion à la France de la Savoie et de l'arrondissement de Nice par les fonctionnaires et employés de l'ordre civil qui sont devenus Français par le fait de l'annexion.	21 nov. 1860.	II. 577
	Voir : ÉQUIVALENCES.		
NOMINATION (Conditions et mode de).	Décret relatif à l'organisation du Jardin national des Plantes et du Cabinet d'histoire naturelle sous le nom de Muséum d'histoire naturelle (*titre I*er*, art. 9*).	10 juin 1793.	I. 11
Idem	Décret portant établissement de trois Écoles de santé (*art. 5*).	14 frim. An III.	I. 29
Id.	Loi qui établit dans l'enceinte de la Bibliothèque nationale une École publique destinée à l'enseignement des Langues orientales (*art. 5*).	10 germ. An III.	I. 32
Id.	Loi relative à la formation d'un Bureau des Longitudes (*art. 11, 12*).	7 mess. An III.	I. 33
Id.	Loi générale sur l'Instruction publique (*art. 24, 26*). . .	11 flor. An X.	I. 81
Id.	Arrêté du Gouvernement contenant règlement sur les Écoles de pharmacie (*art. 4, 13*).	25 therm. An XI.	I. 119
Id.	Loi relative aux Écoles de droit (*titre VI*).	22 vent. An XII.	I. 137
Id.	Décret concernant l'organisation des Écoles de droit (*art. 12*).	4e comp^{re}An XII.	I. 142
Id.	Décret portant organisation de l'Université (*art. 7, 52*). .	17 mars 1808.	I. 171
Id.	Décret portant règlement pour l'Université (*titre III*). . .	17 sept. 1808.	I. 189
Id.	Statut sur l'administration, la police et l'enseignement de l'École normale (*art. 7, 8, 11, 17*).	30 mars 1810.	I. 268
Id.	Ordonnance portant règlement pour l'Instruction publique (*art. 16, 28, 29*).	17 fév. 1815.	I. 374
Id.	Règlement concernant l'administration et la discipline de l'École normale (*art. 8, 9, 12, 16, 19, 22*).	14 déc. 1815.	I. 394
Id.	Décision du Roi concernant les présentations aux chaires vacantes dans les Facultés.	31 janv. 1816.	I. 403
Id.	Ordonnance relative au mode de nomination des professeurs des Facultés.	12 août 1818.	I. 403 *n.*
Id.	Ordonnance qui divise en deux sections la Faculté de droit de Paris (*art. 6*).	24 mars 1819.	I. 426
Id.	Ordonnance qui donne à la Commission de l'Instruction publique le titre de Conseil royal de l'Instruction publique, et qui contient règlement à cet égard (*art. 3*).	1er nov. 1820.	I. 452
Id.	*Rapport* et Ordonnance concernant le Conseil royal de l'Instruction publique (*art. 2, 7, 8*).	27 fév. 1821.	I. 466

OBJET.	TITRES DES LOIS, DÉCRETS, ORDONNANCES, RÈGLEMENTS, ARRÊTÉS, ETC.	DATES.	TOMES et PAGES.
NOMINATION (Conditions et mode de).	Ordonnance qui donne au chef de l'Université le titre de Grand-Maître et détermine ses attributions.	1er juin 1822.	I. 483
Idem	Ordonnance qui crée deux chaires nouvelles à la Faculté de droit de Toulouse (art. 2).	28 sept. 1822.	I. 486
Id.	Ordonnance portant réorganisation de la Faculté de médecine de Paris (art. 11 - 14).	2 fév. 1823.	I. 488
Id.	Ordonnance qui crée une chaire de droit commercial dans les Facultés de Caen et de Poitiers (art. 2).	10 déc. 1823.	I. 503
Id.	Arrêté relatif aux présentations ou nominations attribuées aux Facultés.	30 déc. 1823.	I. 503
Id.	Ordonnance portant que la Faculté de droit de Grenoble sera rétablie (art. 2).	22 sept. 1824.	I. 513
Id.	Ordonnance portant organisation de la Faculté de médecine de Montpellier (art. 6, 7).	12 déc. 1824.	I. 513
Id.	Règlement concernant la Faculté de médecine de Montpellier (art. 43).	1er mars 1825.	I. 515
Id.	Arrêté portant règlement pour la Faculté de médecine de Strasbourg (art. 10).	11 avril 1829.	I. 625
Id.	Ordonnance qui supprime les chaires de Pandectes et de droit administratif à la Faculté de droit de Toulouse et qui crée dans cette Faculté une chaire de droit public (art. 3).	25 nov. 1830.	I. 658
Id.	Ordonnance portant création d'une chaire nouvelle dans les Facultés de droit de Dijon et de Rennes (art. 2). . . .	16 fév. 1831.	I. 660
Id.	Ordonnance qui crée dans la Faculté de médecine de Paris une chaire de pathologie et thérapeutique générales (art. 2).	16 fév. 1831.	I. 660
Id.	Ordonnance portant création d'une chaire nouvelle dans les Facultés de droit d'Aix et de Grenoble (art. 2).	9 janv. 1832.	I. 667
Id.	Ordonnance qui rétablit la Faculté des sciences de Lyon (art. 2).	9 déc. 1833.	I. 690
Id.	Ordonnance qui crée une chaire nouvelle à la Faculté de droit d'Aix (art. 2).	1er déc. 1835.	I. 727
Id.	Ordonnance qui institue une chaire nouvelle à la Faculté de médecine de Montpellier (art. 2).	25 oct. 1836.	I. 744
Id.	Rapport et Ordonnance portant création de chaires dans les Facultés de droit de Paris, Dijon, Grenoble, Strasbourg, Rennes et Toulouse (art. 3).	12 déc. 1837.	I. 781
Id.	Ordonnance portant création d'une chaire à la Faculté des sciences de Paris (art. 2).	12 déc. 1837.	I. 782
Id.	Rapport et Ordonnance portant organisation de l'École des Langues orientales vivantes (art. 17).	22 mai 1838.	I. 792
Id.	Exposé fait par le Ministre à la première séance de la Commission des Hautes Études de droit	22 mai 1838.	I. 821 n.
Id.	Ordonnance portant création de chaires à la Faculté de médecine de Montpellier (art. 3).	10 août 1838.	I. 796
Id.	Rapport et Ordonnance portant création de Facultés des sciences et des lettres (art. 3, 7).	24 août 1838.	I. 797

OBJET.	TITRES DES LOIS, DÉCRETS, ORDONNANCES, RÈGLEMENTS, ARRÊTÉS, ETC.	DATES.	TOMES et PAGES.
NOMINATION (Conditions et mode de).	Ordonnance portant création de chaires dans les Facultés des sciences de Grenoble et de Toulouse (*art. 3*).....	20 déc. 1838.	I. 810
Idem	Ordonnance portant création de chaires à la Faculté des sciences de Toulouse (*art. 2*)................	10 mars 1839.	I. 812
Id.	Ordonnance portant création d'une Faculté des sciences à Rennes (*art. 3*)......................	12 sept. 1840.	I. 875
Id.	*Rapport* et Ordonnance portant organisation des Écoles de pharmacie (*art. 4-8*)...................	27 sept. 1840.	I. 876
Id.	*Rapport* et Ordonnance concernant l'organisation des Écoles préparatoires de médecine et de pharmacie (*art. 4*).	13 oct. 1840.	I. 884
Id.	Décision du Roi sur la nomination des professeurs des Écoles de pharmacie.....................	23 oct. 1840.	I. 888
Id.	Ordonnance portant création d'Écoles préparatoires de médecine et de pharmacie (*art. 3*)............	14 fév. 1841.	I. 897*n.*
Id.	Ordonnance qui détermine les circonscriptions des Facultés de médecine en ce qui concerne le droit de présentation aux chaires des Écoles préparatoires de médecine et de pharmacie	18 avril 1841.	I. 905
Id.	Ordonnance relative à la nomination des agrégés qui doivent être attachés aux Écoles de pharmacie......	8 août 1841.	I. 881*n.*
Id.	Ordonnance qui répartit en classes les commis des Académies, Facultés et Collèges royaux (*art. 4*).........	8 sept. 1845.	I. 971
Id.	Ordonnance qui crée une Faculté des lettres à Aix (*art. 3*).	11 juin 1846.	I. 984
Id.	Ordonnance qui crée une Faculté des lettres à Grenoble (*art. 3*)...........................	2 avril 1847.	I. 1009
Id.	Arrêté portant création d'une chaire d'astronomie à la Faculté des sciences de Toulouse (*art. 2*).........	19 juin 1848.	II. 47
Id.	Arrêté portant création d'une chaire de littérature étrangère à la Faculté des lettres de Dijon (*art. 3*)......	9 nov. 1848.	II. 61
Id.	Arrêté relatif au mode de nomination de l'administrateur du Collège de France...................	23 janv. 1849.	II. 64
Id.	Décret qui transforme la chaire de botanique à la Faculté de médecine de Montpellier (*art. 2*)............	25 nov. 1850.	II. 183
Id.	Dispositions organiques concernant l'Instruction publique.	9 mars 1852.	II. 209
Id.	*Rapport* et Décret portant réorganisation des cultes protestants (*art. 7, 11*)...................	26 mars 1852.	II. 213
Id.	Décret concernant la réorganisation de l'Observatoire de Paris et du Bureau des Longitudes (*art. 2, 13*).....	30 janv. 1854.	II. 306
Id.	Décret sur l'organisation des Académies (*art. 6 et suiv.*).	22 août 1854..	II. 340
Id.	*Rapport* et Décret portant réorganisation de l'administration du Muséum d'histoire naturelle............	29 déc. 1863..	II. 633
Id.	Décret relatif au mode de nomination des suppléants et du chef des travaux anatomiques dans les Écoles préparatoires de médecine et de pharmacie.............	4 fév. 1874.	II. 874
Id.	Loi qui modifie l'organisation de l'Église de la Confession d'Augsbourg (*art. 25*).................	1er août 1879.	III. 261
Id.	Loi relative au Conseil supérieur de l'Instruction publique et aux Conseils académiques (*art. 4*)............	27 fév. 1880.	III. 322

OBJET.	TITRES DES LOIS, DÉCRETS, ORDONNANCES, RÈGLEMENTS, ARRÊTÉS, ETC.	DATES.	TOMES et PAGES.
OBSERVATOIRES.	Règlement des séances du Conseil de l'Observatoire impérial.	26 mai 1868.	II. 743
Idem	Arrêté modifiant le règlement du Conseil de l'Observatoire impérial.	1er fév. 1869.	II. 771
Id.	Décret portant établissement d'un Observatoire météorologique sur la montagne du Puy de Dôme.	27 déc. 1871.	II. 806
Id.	Décret organique relatif aux Observatoires de Paris et de Marseille.	5 mars 1872.	II. 811
Id.	Décret instituant un Observatoire central météorologique à Paris.	15 juin 1872.	II. 819
Id.	*Note préliminaire du budget de 1871.*	»	II. 819 n.
Id.	Décret d'organisation pour l'Observatoire de Toulouse.	15 juillet 1872.	II. 821
Id.	Décret relatif aux Observatoires de l'État.	13 fév. 1873.	II. 840
Id.	*Rapport présenté à la Commission d'organisation des Observatoires, au nom de la sous-commission désignée par elle, et approuvé par la Commission*	»	II. 840 n.
Id.	Décret relatif aux observations météorologiques et à l'Observatoire de Montsouris.	13 fév. 1873.	II. 847
Id.	Décret plaçant l'Observatoire d'Alger dans les attributions du Ministre de l'Instruction publique.	26 déc. 1873.	II. 870
Id.	Règlement concernant les fonctionnaires de l'Observatoire de Paris.	10 août 1874.	II. 896
Id.	Décret portant création à Paris d'un Observatoire d'astronomie physique.	6 sept. 1875.	III. 85
Id.	*Rapport fait au nom de la Commission du budget des dépenses de l'exercice 1876 par M. Ch. Lepère.*	»	III. 85 n.
Id.	Décret concernant les marchés de gré à gré passés par le Ministre de l'Instruction publique pour la construction des instruments astronomiques.	23 sept. 1876.	III. 139
Id.	Décret portant organisation des Observatoires ressortissant au Ministère de l'Instruction publique.	21 fév. 1878.	III. 175
Id.	Décrets portant création d'Observatoires à *Besançon*, à *Lyon* et à *Bordeaux*	11 mars 1878.	III. 180, 181
Id.	Loi relative à l'Observatoire d'astronomie physique de Meudon.	15 avril 1879.	III. 250
Id.	Arrêté concernant les élèves astronomes.	31 oct. 1879.	III. 286
Id.	Arrêté instituant un Comité consultatif des Observatoires astronomiques de province.	27 nov. 1879.	III. 292
Id.	Décret concernant les employés de l'Observatoire de Paris.	12 mars 1880.	III. 378
Id.	Décret relatif au Conseil de l'Observatoire.	17 mai 1881.	III. 571
Id.	Arrêté fixant la durée des études des élèves attachés à l'École d'astronomie instituée près l'Observatoire de Paris.	30 nov. 1881.	III. 592
Id.	Décret relatif à l'Observatoire du Pic du Midi.	31 oct. 1882.	III. 682
Id.	Décret portant institution d'un Conseil à l'Observatoire de Meudon.	8 nov. 1882.	III. 684
Id.	Décret relatif à l'Observatoire d'astronomie physique et à la station de chimie végétale annexée à la chaire de chimie organique du Collège de France.	22 mars 1883.	III. 711
	Voir : BUREAU CENTRAL MÉTÉOROLOGIQUE.		

OBJET.	TITRES DES LOIS, DÉCRETS, ORDONNANCES, RÉGLEMENTS, ARRÊTÉS, ETC.	DATES.	TOMES et PAGES.
OFFICIERS d'Académie, de l'Instruction publique.	*Voir :* Distinctions honorifiques.		
OFFICIERS de l'Université, des Académies.	Décret portant organisation de l'Université (*titre IV*, § *2*).	17 mars 1808.	I. 171
	Voir : Distinctions honorifiques.		
OFFICIERS DE SANTÉ.	Décret portant établissement de trois Écoles de santé. . .	14 frim. An III.	I. 29
Idem	Loi qui ordonne l'ouverture d'examens publics dans les Écoles de santé de Paris, Montpellier et Strasbourg. . .	16 fruct. An V.	I. 55
Id.	*Exposé des motifs du projet de loi sur l'exercice de la médecine présenté par le* conseiller d'État Fourcroy. .	vent. An XI.	I. 90
Id.	Loi relative à l'exercice de la médecine (*titres Ier, III*). .	19 vent. An XI.	I. 93
Id.	Loi contenant organisation des Écoles de pharmacie (*art. 27*)	21 germ. An XI.	I. 105
Id.	Arrêté portant règlement pour l'exercice de la médecine (*art. 36*).	20 prair. An XI.	I. 109
Id.	Décret établissant dans l'hospice de Besançon des cours pratiques destinés spécialement aux officiers de santé. . .	7 août 1806.	I. 158
Id.	Décret établissant dans l'hospice de Grenoble des cours pratiques destinés spécialement aux officiers de santé. . . .	20 nov. 1806.	I. 159
Id.	Décrets établissant des cours pratiques destinés spécialement aux officiers de santé dans les villes d'Amiens, Poitiers, Nantes, Reims, Caen et Marseille.	»	I. 160 *n*.
Id.	Statut concernant les examens dans les cinq Facultés (*titre IV*).	18 oct. 1808.	I. 194
Id.	Décret concernant les droits de sceau de l'Université. . . .	17 fév. 1809.	I. 210
Id.	Arrêté concernant la circonscription des arrondissements des Facultés de médecine pour les jurys médicaux, l'admission des candidats aux examens, la répartition des droits de réception entre les membres du jury, les procès-verbaux du jury et les modèles des certificats et titres des réceptions.	21 mai 1812.	I. 346
Id.	Ordonnance concernant les Facultés de droit et de médecine (*art. 4*).	5 juillet 1820.	I. 439
Id.	Arrêté concernant l'enseignement et la discipline dans les Écoles secondaires de médecine.	7 nov. 1820.	I. 454
Id.	Arrêté concernant l'enseignement et la discipline dans la Faculté de médecine de Paris.	7 nov. 1820.	I. 457
Id.	Arrêté relatif aux inscriptions prises par les aspirants au titre d'officier de santé.	8 nov. 1823.	I. 502
Id.	Règlement général sur la comptabilité de l'Université (*art. 145 et suiv.*)	11 nov. 1826.	I. 540
Id.	Décision royale concernant les aspirants au titre d'officier de santé refusés par les jurys médicaux.	6 mars 1827.	I. 597
Id.	Ordonnance qui détermine les grades exigés pour pouvoir prendre des inscriptions dans les Facultés de droit et de médecine.	9 août 1836.	I. 736
Id.	Circulaire relative aux conditions d'âge et de stage exigées des candidats au titre d'officier de santé.	21 août 1847.	I. 1015

OBJET.	TITRES DES LOIS, DÉCRETS, ORDONNANCES, RÈGLEMENTS, ARRÊTÉS, ETC.	DATES.	TOMES et PAGES.
OFFICIERS DE SANTÉ.	Circulaire relative à l'application de l'article 1er du décret du 1er août 1883 concernant les candidats au titre d'officier de santé.	9 oct. 1883.	III. 741n.
Idem	Circulaire relative à l'application du décret du 1er août 1883 sur les conditions d'études des aspirants au titre d'officier de santé.	8 nov. 1883.	III. 772
	Voir : JURYS MÉDICAUX.		
ORGANISATION JUDICIAIRE.	Décret concernant l'organisation judiciaire.	2-11 sept. 1790.	I. 5
PAVILLONS (Chefs de).	Règlement pour l'École de dissection de la Faculté de médecine de Paris.	4 août 1859.	II. 541
Idem	Règlement concernant l'École pratique de la Faculté de médecine de Paris (*art. 8 et suiv.*).	30 nov. 1878.	III. 237
	Voir : ÉCOLES PRATIQUES.		
PEINES.	*Voir :* DÉLITS ET PEINES.		
PENSIONNAT NORMAL.	*Voir :* ÉCOLE NORMALE.		
PENSIONS DE RETRAITE.	Décret concernant les pensions, gratifications et autres récompenses nationales.	22 août 1790.	I. 2
Idem	Loi sur l'organisation de l'Instruction publique (*titre V, art. 9*).	3 brum. An IV.	I. 36
Id.	Loi générale sur l'Instruction publique (*art. 42*).	11 flor. An X.	I. 81
Id.	Loi relative aux pensions.	15 germ. An XI.	I. 102
Id.	Décret relatif aux pensions de retraite des employés du Ministère de l'Intérieur.	4 juillet 1806.	I. 590n.
Id.	Décret contenant règlement pour les pensions.	13 sept. 1806.	I. 159
Id.	Décret portant organisation de l'Université (*titre XV*). .	17 mars 1808.	I. 171
Id.	Décret portant règlement pour l'Université (*titre IX*). . .	17 sept. 1808.	I. 189
Id.	Arrêté relatif aux retenues pour les pensions de retraite. .	18 avril 1809.	I. 218
Id.	Statut sur l'éméritat et les pensions de retraite des membres de l'Université.	10 avril 1810.	I. 276
Id.	Décret annulant le statut précédent.	14 juin 1810.	I. 278n.
Id.	Décret sur l'éméritat et les pensions de retraite des membres de l'Université.	22 oct. 1810.	I. 301
Id.	Arrêté relatif aux pensions à accorder aux membres des anciennes corporations enseignantes.	23 avril 1813.	I. 364
Id.	Ordonnance portant règlement sur l'Instruction publique (*art. 82*).	17 fév. 1815.	I. 374
Id.	Loi de finances.	25 mars 1817.	I. 411
Id.	Loi de finances.	15 mai 1818.	I. 417
Id.	Ordonnance relative aux pensions de retraite des fonctionnaires de l'Instruction publique.	19 avril 1820.	I. 432
Id.	Ordonnance qui supprime la grande École normale de Paris et porte qu'elle sera remplacée par les Écoles normales partielles des Académies.	6 sept. 1822.	I. 484

OBJET.	TITRES DES LOIS, DÉCRETS, ORDONNANCES, RÈGLEMENTS, ARRÊTÉS, ETC.	DATES.	TOMES et PAGES.
PENSIONS DE RETRAITE.	Ordonnance relative aux pensions de retraite des secrétaires des Académies et des Facultés et aux retenues à exercer sur leurs traitements...............	25 juin 1823.	I. 499
Idem	Arrêté concernant les bibliothécaires, conservateurs des collections et des cabinets, les chefs des travaux anatomiques et agents comptables des Facultés de médecine.	2 août 1823.	I. 501
Id.	Règlement général sur la comptabilité de l'Université (art. 420 et suiv.).......................	11 nov. 1826.	I. 540
Id.	Ordonnance portant qu'il pourra être accordé des pensions de retraite aux veuves des membres de l'Université. ...	1er avril 1830.	I. 639
Id.	Ordonnance concernant la retenue proportionnelle à exercer sur les traitements et autres allocations formant émolument personnel.......................	14 mai 1831.	I. 662
Id.	Arrêté portant qu'il sera fait, au profit du fonds de retraite, retenue du premier mois de traitement et du premier mois d'augmentation de traitement aux fonctionnaires et employés de l'Université.................	11 mai 1832.	I. 671
Id.	Décision relative à la retenue à exercer sur le traitement fixe des professeurs et fonctionnaires de l'École normale.	17 juin 1834.	I. 703
Id.	Règlement pour l'exécution des lois de finances des 23 et 24 mai 1834 en ce qui concerne l'Université (titre 11, chap. V)........................	21 nov. 1834.	1. 708
Id. ....:..	Arrêté portant qu'il n'y a pas lieu de supprimer la retenue exercée sur les traitements des chefs des travaux anatomiques dans les Facultés de médecine...........	21 avril 1837.	I. 742 n.
Id.	Ordonnance concernant les fonctionnaires de l'Instruction publique employés en Algérie...............	13 avril 1839.	I. 812
Id.	Rapport et Ordonnance portant organisation des Écoles de pharmacie (art. 22).................	27 sept. 1840.	I. 876
Id.	Rapport et Ordonnance concernant l'organisation des Écoles préparatoires de médecine et de pharmacie (art. 7).	13 oct. 1840.	I. 884
Id.	Règlement pour les Écoles de pharmacie (art. 12).....	5 fév. 1841.	I. 892
Id.	Ordonnance relative aux retenues à exercer sur les traitements des professeurs des Écoles de médecine et de pharmacie.................................	18 avril 1841.	I. 904
Id.	Règlement de comptabilité en exécution de l'ordonnance du 31 mai 1838 (art. 25, 166).................	16 déc. 1841.	I. 918
Id.	Décision concernant les professeurs et secrétaires des Écoles de pharmacie.......................	21 déc. 1841.	I. 904 n.
Id.	Arrêté relatif aux anciens élèves de l'École normale.....	16 mai 1845.	I. 485 n.
Id.	Ordonnance qui répartit en classes les commis des Académies, Facultés et Collèges royaux.............	8 sept. 1845.	I. 971
Id.	Arrêté relatif au traitement des membres de l'École française d'Athènes........................	1er fév. 1847.	I. 987 n.
Id.	Avis du Conseil royal relatif à la retenue à exercer sur le traitement des agrégés des Facultés de médecine.	23 avril 1847.	I. 985 n.
Id.	Avis du Conseil de l'Université sur l'admission à la retraite d'office des membres de l'Université.............	9 mars 1849.	I. 302 n.

OBJET.	TITRES DES LOIS, DÉCRETS, ORDONNANCES, RÈGLEMENTS, ARRÊTÉS, ETC.	DATES.	TOMES et PAGES.
PENSIONS DE RETRAITE.	Décret relatif aux pensions de retraite des principaux des Collèges communaux et des fonctionnaires de l'Université qui cumulent deux traitements.	29 août 1850.	II. 174
Idem	Instruction concernant la liquidation, le versement et le contrôle des retenues acquises à la caisse des retraites. .	30 août 1850.	II. 175
Id.	Décision relative aux retenues à exercer pour la caisse des retraites sur certaines indemnités.	17 oct. 1850.	II. 181
Id.	Circulaire relative aux pensions et aux règles à suivre pour la liquidation des retenues au profit de la Caisse des retraites.	20 janv. 1851.	II. 194
Id.	Arrêté qui institue une Commission chargée du classement des demandes de pension.	30 avril 1851.	II. 199
Id.	Dispositions organiques concernant l'Instruction publique (*art. 10*).	9 mars 1852.	II. 209
Id.	Loi modifiant le régime des pensions civiles.	9 juin 1853.	II. 277
Id.	Décret réglant l'exécution de la loi du 9 juin 1853 sur les pensions civiles.	9 nov. 1853.	II. 293
Id.	Circulaire pour l'exécution de la loi sur les pensions civiles.	24 déc. 1853.	II. 305
Id.	*Rapport* et Décret concernant les suppléants au Collège de France.	3 juillet 1857.	II. 482
Id.	Règlement relatif aux Facultés (*art. 1er*).	27 février 1858.	II. 509
Id.	Circulaire relative à l'exécution du règlement précédent. .	15 mars 1858.	II. 511
Id.	Arrêté concernant l'application de l'article 3 de l'ordonnance du 19 avril 1820 sur les pensions de retraite. . . .	2 déc. 1858.	I. 433*n*.
Id.	Décret relatif à la rémunération des services rendus au Gouvernement sarde, avant l'annexion à la France de la Savoie et de l'arrondissement de Nice, par les fonctionnaires et employés de l'ordre civil qui sont devenus Français par le fait de l'annexion.	21 nov. 1860.	II. 577
Id.	Règlement de comptabilité des dépenses du Ministère de l'Instruction publique (*art. 35, 37, 38*).	16 oct. 1867.	II. 717
Id.	Circulaire relative à la retenue à opérer sur les traitements des agents nommés par les Recteurs.	8 mars 1870.	II. 788
Id.	Décret relatif à l'admission à la retraite des Recteurs et des inspecteurs d'Académie.	17 sept. 1873.	II. 861
Id.	Décret déterminant : 1o les traitements des professeurs et agrégés dans les établissements d'enseignement supérieur; 2o le régime des suppléances et du cumul.	14 janv. 1876.	III. 115
Id.	Circulaire relative à la retenue à exercer sur les traitements des professeurs des Facultés tels qu'ils ont été établis par le décret du 14 janvier 1876.	15 fév. 1876.	III. 126
	Voir : CUMUL, ÉMÉRITAT, JURISPRUDENCE.		
PÉREMPTION DES INSCRIPTIONS.	Décret déterminant les conditions d'études et d'admission aux grades de bachelier et de licencié dans les Facultés de droit.	28 déc. 1880.	III. 536
Idem	Décret portant modification de l'article 10 du décret du 28 décembre 1880.	22 juillet 1882.	III. 540*n*.
Id.	Décret relatif au régime des établissements d'enseignement supérieur (*art. 27*).	30 juillet 1883.	III. 731

OBJET.	TITRES DES LOIS, DÉCRETS, ORDONNANCES, RÈGLEMENTS, ARRÊTÉS, ETC.	DATES.	TOMES et PAGES.	
PERMUTATIONS.	Règlement pour l'École de médecine de Paris (*titre Ier, chap. IV, art. 10 - 14*).....................	14 mess. An IV.	I.	42
Idem	Circulaire relative aux permutations de chaires dans les Facultés............................	29 déc. 1869..	II.	787
PERSONNALITÉ CIVILE.	Loi générale sur l'Instruction publique (*art. 43*)......	11 flor. An X.	I.	81
Idem	Décret portant organisation de l'Université (*art. 131, 137*)...............................	17 mars 1808.	I.	171
Id.	Loi fixant le budget des recettes pour l'exercice 1851.	7 août 1850.	II.	164
PHARMACIE (Exercice de la)..	Instruction relative à l'exercice de la pharmacie dans les hospices civils par les sœurs de charité............	28 vent. An X.	I.	61
Idem	*Exposé des motifs de la loi sur l'organisation et la police de la pharmacie.*.................	germ. An XI.	I.	102
Id.	Loi contenant organisation des Écoles de pharmacie (*titre IV*).............................	21 germ. An XI.	I.	105
Id.	Arrêté du Gouvernement contenant règlement sur les Écoles de pharmacie (*art. 40, 41*)............	25 therm. An XI.	I.	119
Id.	Décret sur l'exercice de la pharmacie en Algérie.......	12 juillet 1851.	II.	201
Id.	*Rapport* et Décret sur le régime financier des établissements d'enseignement supérieur (*art. 14, 19*).......	22 août 1854.	II.	349
Id.	Règlement sur la réception des officiers de santé, des pharmaciens, herboristes et sages-femmes de 2º classe.	23 déc. 1854.	II.	372
Id.	Instruction pour l'exécution du règlement précédent. ...	23 déc. 1854.	II.	377
Id.	Instruction relative à l'exécution et aux conséquences du règlement du 23 décembre 1854...............	2 fév. 1855.	II.	422
Id.	Décret qui institue une École préparatoire de médecine et de pharmacie à Alger (*art. 6*)..............	4 août 1857.	II.	490
Id.	Arrêté du Gouverneur général sur les conditions d'exercice de la profession d'officier de santé, sage-femme, pharmacien et herboriste en Algérie...............	26 déc. 1862.	II.	621
Id.	Décret relatif aux officiers de santé, pharmaciens, sages-femmes et herboristes de l'Alsace-Lorraine........	27 déc. 1871.	II.	805
Id.	Arrêté qui détermine la circonscription des Facultés de médecine, des Écoles supérieures de pharmacie, des Écoles de plein exercice et des Écoles préparatoires de médecine et de pharmacie.................	22 juillet 1878.	III.	222
Id.	Circulaire relative au mode de perception et de répartition des droits du troisième examen de fin d'études pour les pharmaciens de 1re classe.................	16 déc. 1882.	III.	692
Id.	Décret relatif au régime des établissements d'enseignement supérieur (*art. 25*).................	30 juillet 1883.	III.	731
	Voir : JURISPRUDENCE.			
PHARMACIENS. (Diplôme supérieur.)	Décret portant règlement d'administration publique déterminant les conditions d'études exigées des aspirants au titre de pharmacien de 1re classe (*art. 5 et suiv.*)....	12 juillet 1878.	III.	219
Idem	Arrêté qui détermine les conditions d'études pour le diplôme supérieur de pharmacien de 1re classe........	31 juillet 1878.	III.	224

OBJET.	TITRES DES LOIS, DÉCRETS, ORDONNANCES, RÈGLEMENTS, ARRÊTÉS, ETC.	DATES.	TOMES et PAGES.
PHARMACIENS (1ʳᵉ et 2ᵉ classe).	Loi qui ordonne l'ouverture d'examens publics dans les Écoles de santé de Paris, Montpellier et Strasbourg...	16 fruct. An V.	I. 55
Idem....	Instruction relative à l'exercice de la pharmacie dans les hospices civils par les sœurs de charité..........	28 vent. An X.	I. 61
Id......	Exposé des motifs de la loi sur l'organisation et la police de la pharmacie.....................	germ. An XI.	I. 102
Id......	Rapport sur le projet de loi relatif à l'organisation des Écoles de pharmacie par Carret...........	17 germ. An XI.	III. 881 a.
Id......	Loi contenant organisation des Écoles de pharmacie.....	21 germ. An XI.	I. 105
Id......	Arrêté du Gouvernement contenant règlement sur les Écoles de pharmacie....................	25 therm. An XI.	I. 119
Id......	Statut concernant les examens dans les cinq Facultés (titre IV)......................	18 oct. 1808.	I. 194
Id......	Décret concernant les droits de sceau de l'Université....	17 fév. 1809.	I. 210
Id......	Arrêté concernant la circonscription des Facultés de médecine pour les jurys médicaux, l'admission des candidats aux examens, la répartition des droits de réception entre les membres du jury, les procès-verbaux du jury et les modèles des certificats et titres des réceptions........	21 mai 1812.	I. 346
Id......	Règlement général sur la comptabilité de l'Université (art. 145).......................	11 nov. 1826.	I. 540
Id......	Rapport et Ordonnance portant organisation des Écoles de pharmacie (art. 13, 14)..................	27 sept. 1840.	I. 876
Id......	Règlement sur les Écoles de pharmacie..........	5 fév. 1841.	I. 892
Id......	Arrêté qui institue des examens semestriels dans les Écoles de pharmacie......................	15 oct. 1847.	I. 1016
Id......	Circulaire relative aux examens devant les jurys médicaux.	19 mai 1850.	II. 146
Id......	Rapport et Décret sur le nouveau plan d'études des Lycées et des Facultés (art. 12)...................	10 avril 1852.	II. 216
Id......	Rapport et Décret sur le régime financier des établissements d'enseignement supérieur (titre III)........	22 août 1854.	II. 349
Id......	Règlement sur la réception des officiers de santé, des pharmaciens, herboristes et sages-femmes de 2ᵉ classe.....	23 déc. 1854.	II. 372
Id......	Instruction relative à l'exécution du règlement précédent.	23 déc. 1854.	II. 377
Id......	Instruction relative à l'exécution et aux conséquences du règlement du 23 décembre 1854.............	2 fév. 1855.	II. 422
Id......	Circulaire relative à l'application du règlement du 23 décembre 1854 sur les études dans les Écoles préparatoires de médecine et de pharmacie................	6 fév. 1855.	II. 425
Id......	Circulaire rappelant à l'exécution des règlements relatifs aux aspirants pharmaciens de 2ᵉ classe..........	13 déc. 1858.	II. 522
Id......	Décret portant règlement d'administration publique concernant le stage exigé des élèves en pharmacie.......	15 février 1860.	II. 554
Id......	Circulaire relative aux examens de réception des officiers de santé et des pharmaciens de 2ᵉ classe.........	2 fév. 1867.	II. 712
Id......	Arrêté qui abroge l'article 2 du règlement du 23 décembre 1854 relatif aux pharmaciens de 2ᵉ classe.....	30 nov. 1867.	II. 723
Id......	Décret relatif aux officiers de santé, aux pharmaciens, herboristes et sages-femmes de l'Alsace-Lorraine.......	27 déc. 1871.	II. 805

OBJET.	TITRES DES LOIS, DÉCRETS, ORDONNANCES, RÈGLEMENTS, ARRÊTÉS, ETC.	DATES.	TOMES et PAGES.	
PHARMACIENS (1re et 2e classe).	Décret concernant les officiers de santé et les pharmaciens de 2e classe qui veulent changer de département.	23 août 1873.	II.	859
Idem	Circulaire relative aux droits à acquitter par les officiers de santé et par les pharmaciens de 2e classe.	20 sept. 1873.	II.	860 n.
Id.	*Rapport sur un projet de décret modifiant les conditions d'études exigées des aspirants au grade de pharmacien de 2e classe.*	24 juin 1875.	III.	44
Id.	Décret portant règlement d'administration publique, modifiant les conditions d'études exigées des aspirants au grade de pharmacien de 2e classe.	14 juillet 1875.	III.	42
Id.	Décret portant règlement d'administration publique déterminant les conditions d'études exigées des aspirants au titre de pharmacien de 1re classe.	12 juillet 1878.	III.	219
Id.	Décret portant règlement d'administration publique relatif aux conditions d'études exigées des candidats au grade de pharmacien de 2e classe.	31 août 1878.	III.	225
Id.	Circulaire concernant les nouvelles dispositions réglementaires sur le stage, les études et les examens exigés des aspirants aux diplômes de pharmacien de 1re et de 2e classe.	7 juillet 1879.	III.	257
Id.	Circulaire relative aux nouveaux modèles de certificats d'aptitude pour les grades de pharmacien de 1re et de 2e classe.	18 mai 1880.	III.	466
PHARMACIENS MILITAIRES.	*Voir :* SERVICE DE SANTÉ.			
PLAINTES.	Décret portant organisation de l'Université (*art. 78*). . . .	17 mars 1808.	I.	171
Idem	Décret concernant le régime de l'Université (*art. 45, 83*).	15 nov. 1811.	I.	319
POLICE ORDINAIRE.	Instruction pour les Écoles de droit (*art. 38*).	19 mars 1807.	I.	160
Idem	Décret concernant le régime de l'Université (*chap. II, titre VII*).	15 nov. 1811.	I.	319
POURVOIS.	Décret portant organisation de l'Université (*art. 82*). . . .	17 mars 1808.	I.	171
Idem	Décret concernant le régime de l'Université (*art. 45, 149*).	15 nov. 1811.	I.	319
Id.	Ordonnance concernant les Facultés de droit et de médecine (*art. 16, 17*).	5 juillet 1820.	I.	439
Id.	Arrêté concernant l'enseignement et la discipline dans les Écoles secondaires de médecine (*art. 15*).	7 nov. 1820.	I.	454
Id.	Statut portant règlement général concernant la discipline et la police intérieure des Facultés et des Écoles secondaires de médecine (*art. 28, 29, 35*).	9 avril 1825.	I.	521
Id.	Loi relative à l'enseignement (*art. 14, 64, 68*).	15 mars 1850.	II.	85
Id.	Loi relative au Conseil supérieur de l'Instruction publique (*art. 4*).	19 mars 1873.	II.	848
Id.	Loi relative au Conseil supérieur de l'Instruction publique et aux Conseils académiques (*art. 7, 11*).	27 fév. 1880.	III.	322
Id.	Décret relatif au régime des établissements d'enseignement supérieur (*art. 28, 36*).	30 juillet 1883.	III.	731
Id.	Circulaire relative à l'exécution du décret précédent. . . .	31 oct. 1883.	III.	765

OBJET.	TITRES DES LOIS, DÉCRETS, ORDONNANCES, RÈGLEMENTS, ARRÊTÉS, ETC.	DATES.	TOMES et PAGES.
PRÉCIPUT.	Statut portant règlement provisoire des traitements fixes et éventuels dans les Facultés de droit.	11 mai 1810.	I. 279
Idem	Statut sur l'administration économique des Facultés de théologie, des sciences et des lettres (*titre III*).	14 sept. 1810.	I. 294
Id.	Décret relatif aux traitements des professeurs des Facultés de droit.	7 juillet 1812.	I. 355
Id.	Arrêté relatif au préciput des doyens des Facultés de médecine	15 janv. 1813.	I. 362
Id.	Arrêté contenant des dispositions supplémentaires à celui du 7 juillet 1812 relatif aux traitements dans les Facultés de droit.	6 avril 1818.	I. 415
Id.	Arrêté qui organise la Faculté de théologie protestante de Strasbourg (*art. 4*).	27 déc. 1818.	I. 425
Id.	Ordonnance portant réorganisation de la Faculté de médecine de Paris (*art. 18*).	2 fév. 1823.	I. 488
Id.	Règlement général sur la comptabilité de l'Université (*art. 253 et suiv.*).	11 nov. 1826.	I. 540
Id.	Arrêté portant règlement pour la Faculté de médecine de Strasbourg (*art. 11*).	11 avril 1829.	I. 625
Id.	Arrêté relatif aux traitements éventuels dans les Facultés de droit des départements.	16 juillet 1839.	I. 813
Id.	*Rapport* et Ordonnance portant organisation des Écoles de pharmacie (*art. 21*).	27 sept. 1840.	I. 876
Id.	Arrêté présidentiel qui fixe les traitements dans les Facultés de droit, de médecine et des lettres de Paris.	18 mai 1849.	II. 66
Id.	Arrêté qui fixe le préciput des doyens des Facultés et du directeur de l'École supérieure de pharmacie de Paris. . .	10 janv. 1855.	II. 420
Id.	Décret concernant le traitement des agrégés et le préciput des doyens des Facultés de droit et de médecine de Paris.	27 fév. 1869.	II. 772
Id.	Décret qui détermine les traitements éventuels des professeurs, agrégés et secrétaires des Facultés de droit des départements et les préciputs des doyens desdites Facultés	20 fév. 1872.	II. 809
Id.	Décret concernant les Écoles de plein exercice de médecine et de pharmacie (*art. 4*).	14 juillet 1875.	III. 35
Id.	Décret déterminant : 1º le préciput des doyens et directeurs d'établissements d'enseignement supérieur; 2º le traitement des secrétaires agents comptables.	14 janv. 1876.	III. 120
PRÉFET DES ÉTUDES.	*Voir :* DIRECTEUR.		
PRÉPARATEURS.	Ordonnance portant réorganisation de la Faculté de médecine de Paris (*art. 10*).	2 fév. 1823.	I. 488
Idem	Arrêté portant règlement pour la Faculté de médecine de Strasbourg (*art. 8, 10*).	11 avril 1829.	I. 625
Id.	*Rapport* et Ordonnance portant organisation des Écoles de pharmacie (*art. 8, 21*).	27 sept. 1840.	I. 876
Id.	Ordonnance concernant les Écoles de médecine et de pharmacie (*art. 5, 6*).	13 oct. 1840.	I. 884

OBJET.	TITRES DES LOIS, DÉCRETS, ORDONNANCES, RÉGLEMENTS, ARRÊTÉS, ETC.	DATES.	TOMES et PAGES.
PRÉPARATEURS.	Règlement concernant les Écoles préparatoires de médecine et de pharmacie (*art. 1er*).	12 mars 1841.	I. 899
Idem	Arrêté qui crée cinq places de préparateur à l'École normale supérieure.	8 nov. 1858.	II. 521
Id.	Arrêté portant création d'un emploi de chef des travaux chimiques et d'un deuxième emploi de préparateur de chimie à la Faculté de médecine de Paris.	11 déc. 1867.	II. 729
Id.	Décret portant réorganisation des Écoles préparatoires de médecine et de pharmacie (*art. 9*).	1er août 1883.	III. 743
PRÉSÉANCES.	Instruction pour les Écoles de droit (*art. 2*).	19 mars 1807.	I. 160
Idem	Décret portant organisation de l'Université (*titre IV*). . .	17 mars 1808.	I. 171
Id.	Avis du Conseil de l'Université sur le rang du directeur de l'École normale.	21 juillet 1809.	I. 186 n.
Id.	Règlement sur l'enseignement dans les Lycées.	19 sept. 1809.	I. 228
Id.	Décision relative au rang des professeurs de philosophie et de rhétorique et des professeurs adjoints des Facultés des sciences et des lettres de Paris.	31 oct. 1809.	I. 175 n.
Id.	Décret qui détermine le rang de l'Université dans les cérémonies publiques.	15 nov. 1809.	I. 245
Id.	Statut sur l'administration, la police et l'enseignement de l'École normale (*art. 3*).	30 mars 1810.	I. 268
Id.	Décret concernant le régime de l'Université (*chap. III*). .	15 nov. 1811.	I. 319
Id.	Circulaire relative aux professeurs de Lycées, principaux et régents de Collèges.	10 janv. 1812.	I. 337 n.
Id.	Arrêté relatif aux doyens des Facultés.	30 juin 1812.	I. 337 n.
Id.	Ordonnance portant règlement sur l'Instruction publique (*art. 15, 50, 66*).	17 fév. 1815.	I. 374
Id.	Règlement concernant l'administration et la discipline de l'École normale (*art. 5, 12*).	14 déc. 1815.	I. 394
Id.	Ordonnance qui donne à la Commission de l'Instruction publique le titre de Conseil royal de l'Instruction publique et qui contient règlement à cet égard (*art. 13*).	1er nov. 1820.	I. 452
Id.	Ordonnance portant réorganisation de la Faculté de médecine de Paris (*art. 2*).	2 fév. 1823.	I. 488
Id.	Décision portant que le Recteur prend rang avant un inspecteur général honoraire des études.	15 nov. 1828.	I. 175 n.
Id.	Décision relative aux Recteurs et aux inspecteurs honoraires	11 nov. 1832.	I. 680
Id.	Arrêté fixant le rang et le traitement du directeur des études de l'École normale	14 sept. 1835.	I. 726
Id.	Décision du Conseil royal relative aux Écoles de pharmacie.	19 fév. 1841.	I. 892 n.
Id.	Ordonnance qui nomme le directeur de l'École française d'Athènes et fixe son rang.	18 déc. 1846.	I. 1000
Id.	Arrêté concernant les agrégés des Facultés des sciences et des lettres (*art. 4*).	22 janv. 1847.	I. 1006
Id.	Circulaire relative aux préséances.	24 déc. 1850.	II. 192
Id.	Circulaire relative aux préséances dans les cérémonies publiques.	30 avril 1851.	II. 199

OBJET.	TITRES DES LOIS, DÉCRETS, ORDONNANCES, RÈGLEMENTS, ARRÊTÉS, ETC.	DATES.	TOMES et PAGES.	
PRÉSÉANCES.	Décret relatif aux cérémonies publiques, aux rangs, préséances, honneurs militaires et civils des autorités militaires.	28 déc. 1875.	III.	959 a.
Idem	Circulaire portant notification du décret précédent.	6 juillet 1876.	III.	953 a.
Id.	Circulaire relative au rang des fonctionnaires dans les cérémonies publiques.	10 janv. 1880.	III.	316
PRÉSENTATIONS.	Loi générale sur l'Instruction publique (art. 24, 26). . . .	11 flor. An X.	I.	81
Idem	Arrêté contenant règlement sur les Écoles de pharmacie (art. 13).	25 therm. An XI.	I.	119
Id.	Loi relative aux Écoles de droit (art. 37).	22 vent. An XII.	I.	137
Id.	Décret portant organisation de l'Université (art. 7).	17 mars 1808.	I.	171
Id.	Décision du Roi concernant les présentations aux chaires vacantes dans les Facultés.	31 janv. 1816.	I.	403
Id.	Arrêté qui organise la Faculté de théologie protestante de Strasbourg.	27 déc. 1818.	I.	425
Id.	Ordonnance qui donne au chef de l'Université le titre de Grand-Maître et détermine ses attributions (art. 3). . .	1er juin 1822.	I.	483
Id.	Ordonnance portant réorganisation de la Faculté de médecine de Paris (art. 12).	2 fév. 1823.	I.	488
Id.	Règlement pour la Faculté de médecine de Paris (art. 39).	12 avril 1823.	I.	494
Id.	Arrêté relatif aux présentations ou nominations attribuées aux Facultés.	30 déc. 1823.	I.	503
Id.	Règlement concernant la Faculté de médecine de Montpellier (art. 43).	1er mars 1825.	I.	515
Id.	Ordonnance relative au mode de présentation aux chaires vacantes dans les Écoles spéciales.	28 déc. 1830.	I.	659
Id.	Arrêté relatif aux présentations que doivent faire les Conseils académiques pour les chaires vacantes dans les Facultés des sciences et des lettres.	17 déc. 1833.	I.	692
Id.	Rapport et Ordonnance portant organisation des Écoles de pharmacie (art. 4).	27 sept. 1840.	I.	876
Id.	Rapport et Ordonnance concernant l'organisation des Écoles préparatoires de médecine et de pharmacie (art. 4). . . .	13 oct. 1840.	I.	884
Id.	Décision du Roi sur la nomination des professeurs des Écoles de pharmacie.	23 oct. 1840.	I.	888
Id.	Ordonnance qui détermine la circonscription des Facultés de médecine en ce qui concerne le droit de présentation aux chaires des Écoles préparatoires de médecine et de pharmacie.	18 avril 1841.	I.	905
Id.	Dispositions organiques concernant l'Instruction publique (art. 2).	9 mars 1852.	II.	209
Id.	Décret sur l'organisation des Académies (art. 8).	22 août 1854.	II.	340
. Id.	Circulaire relative aux présentations des Facultés des lettres des départements pour une chaire vacante dans la Faculté de Paris.	23 nov. 1854.	II.	371
Id.	Rapport et Décret concernant le Collége de France (titre III).	8 oct. 1857.	II.	499
Id.	Circulaire relative aux permutations de chaires dans les Facultés.	29 déc. 1869.	II.	787

OBJET.	TITRES DES LOIS, DÉCRETS, ORDONNANCES, RÈGLEMENTS, ARRÊTÉS, ETC.	DATES.	TOMES et PAGES.
PRÉSENTATIONS.	Loi qui modifie l'organisation de l'Église de la Confession d'Augsbourg (*art. 25*).	1er août 1879.	III. 261
Idem	Loi relative au Conseil supérieur de l'Instruction publique et aux Conseils académiques (*art. 4*).	27 fév. 1880.	III. 322
Id.	Décret pour l'exécution de la loi du 1er août 1879 sur l'organisation de l'Église de la Confession d'Augsbourg (*titre VI*).	12 mars 1880.	III. 378
Id.	Circulaire relative aux chaires vacantes dans les Facultés.	19 fév. 1881.	III. 563
	Voir : NOMINATION (Conditions et mode de).		
PRIX.	Arrêté du Gouvernement contenant règlement pour les Écoles de pharmacie (*art. 22*).	25 therm. An XI	I. 119
Idem	Instruction pour les Écoles de droit (*art. 21*).	19 mars 1807.	I. 160
Id.	*Rapport* et Ordonnance portant institution de prix en faveur des étudiants en droit.	17 mars 1840.	I. 820
Id.	*Exposé fait par le Ministre de l'Instruction publique à la première séance de la Commission des Hautes Études de droit*	»	I. 821 n.
Id.	Arrêté portant règlement pour les concours entre les étudiants des Facultés de droit.	17 mars 1840.	I. 836
Id.	Arrêté portant création de prix et de mentions honorables dans les Facultés de médecine en faveur des élèves faisant partie de l'École pratique.	3 avril 1840.	I. 846
Id.	Circulaire relative aux avantages offerts aux lauréats des Facultés de droit par les Ministres de la Justice et des Finances.	11 juillet 1840.	I. 857
Id.	Circulaire relative aux récompenses décernées aux élèves des Facultés de droit.	13 août 1840.	I. 873
Id.	*Rapport* et Ordonnance portant organisation des Écoles de pharmacie (*art. 16*).	27 sept. 1840.	I. 876
Id.	Règlement pour les Écoles de pharmacie (*titre IV*).	5 fév. 1841.	I. 892
Id.	Arrêté concernant les prix et médailles décernés dans les Facultés de droit.	25 fév. 1842.	I. 836 n.
Id.	Arrêté qui détermine la valeur des prix dans les Écoles de pharmacie.	5 août 1842.	II. 516 n.
Id.	Arrêté concernant l'inscription du premier trimestre de l'année scolaire et la distribution des prix dans les Facultés de droit.	8 sept. 1848.	II. 59
Id.	Arrêté relatif à la distribution des prix dans la Faculté de médecine de Montpellier.	20 fév. 1854.	II. 312
Id.	Arrêté concernant la composition et la valeur des prix dans la Faculté de médecine de Montpellier.	10 avril 1854.	II. 312 n.
Id.	Arrêté concernant la composition et la valeur des prix dans la Faculté de médecine de Strasbourg.	30 mai 1854.	II. 312 n.
Id.	Arrêté concernant les prix décernés aux élèves de l'École supérieure de pharmacie de Paris.	14 août 1858.	II. 516
Id.	Arrêté relatif au concours pour les prix de quatrième année dans les Facultés de droit.	15 avril 1861.	II. 587

OBJET.	TITRES DES LOIS, DÉCRETS, ORDONNANCES, RÈGLEMENTS, ARRÊTÉS, ETC.	DATES.	TOMES et PAGES.
PRIX.	Arrêté relatif aux concours annuels entre les aspirants aux certificats d'études de droit administratif et de coutumes indigènes institués pour l'Algérie.	31 déc. 1883.	III. 797
PRIX D'HONNEUR.	*Voir :* GRATUITÉ.		
PROCÉDURE.	Décret concernant le régime de l'Université (*chap. II, titre IV*).	15 nov. 1811.	I. 319
Idem	Instruction sur la juridiction de l'Université envers ses membres.	19 janv. 1821.	I. 461
Id.	Règlement d'administration publique pour l'exécution de la loi du 15 mars 1850 (*art. 7 et suiv.*)	29 juillet 1850.	II. 155
Id.	Décret portant règlement intérieur du Conseil supérieur de l'Instruction publique (*art. 5*).	11 mai 1880.	III. 461
Id.	Décret portant règlement intérieur des Conseils académiques (*art. 8*).	26 juin 1880.	III. 494
Id.	Décret relatif au régime des établissements d'enseignement supérieur (*art. 32 - 34*).	30 juillet 1883.	III. 731
PROFESSEURS DES FACULTÉS ET ÉCOLES.	Décret qui proroge la suspension de la vente des biens des établissements d'instruction publique.	16 fév. 1793.	I. 9 *n.*
Idem	Décret sur l'organisation de l'Instruction publique (*art. 4*).	29 frim. An II.	I. 26
Id.	Décret portant établissement de trois Écoles de santé (*art. 5, 7, 14*).	14 frim. An III.	I. 29
Id.	Règlement pour l'École de médecine de Paris (*titre Ier, chap. IV*).	14 mess. An IV.	I. 42
Id.	Règlement pour l'École de médecine de Montpellier (*chap. Ier*).	2 fruct. An XI.	I. 125
Id.	Loi relative aux Écoles de droit (*art. 25*).	22 vent. An XII.	I. 137
Id.	Instruction pour les Écoles de droit (*chap. 1er*).	19 mars 1807.	I. 160
Id.	Décret portant organisation de l'Université (*titres IV, VI*).	17 mars 1808.	I. 171
Id.	Arrêté qui organise la Faculté des lettres de Paris (*art. 11*).	6 mars 1809.	I. 213
Id.	Arrêté portant organisation de la Faculté des sciences de Paris (*art. 10, 11*).	14 avril 1809.	I. 216
Id.	Règlement sur l'enseignement dans les Lycées.	19 sept. 1809.	I. 228
Id.	Arrêté portant que les professeurs sans élèves ou constamment suppléés n'auront que le traitement fixe.	2 avril 1811.	I. 315
Id.	Ordonnance qui fixe le terme après lequel le grade de docteur sera obligatoire pour être admis aux chaires des Facultés.	12 août 1818.	I. 403 *n.*
Id.	Arrêté concernant l'enseignement et la discipline dans les Écoles secondaires de médecine (*art. 22*).	7 nov. 1820.	I. 454
Id.	Statut portant règlement général concernant la discipline et la police intérieure des Facultés et des Écoles secondaires de médecine (*art. 44 et suiv.*).	9 avril 1825.	I. 521
Id.	Règlement général sur la comptabilité de l'Université (*art. 160, 179*).	11 nov. 1826.	I. 540
Id.	*Rapport* et Ordonnance portant organisation des Écoles de pharmacie (*titre Ier*).	27 sept. 1840.	I. 876

OBJET.	TITRES DES LOIS, DÉCRETS, ORDONNANCES, RÉGLEMENTS, ARRÊTÉS, ETC.	DATES.	TOMES et PAGES.
PROFESSEURS DES FACULTÉS ET ÉCOLES.	*Rapport* et Ordonnance concernant l'organisation des Écoles préparatoires de médecine et de pharmacie (*art. 3 et suiv.*).	13 oct. 1840.	I. 884
Idem . . .	Règlement pour les Écoles de pharmacie (*titres I*er, *II*). .	5 fév. 1841.	I. 892
Id.	Arrêté concernant les fils des professeurs des Écoles de pharmacie.	15 nov. 1842.	I. 945
Id.	Dispositions organiques concernant l'Instruction publique (*art. 1*er, *2, 3*).	9 mars 1852.	II. 209
Id.	Décret sur l'organisation des Académies (*art. 6*).	22 août 1854.	II. 340
Id.	Circulaire relative aux travaux personnels des professeurs des Facultés.	18 mars 1881.	III. 564
	Voir : ASSEMBLÉES DES PROFESSEURS, CLASSEMENT, CONCOURS, CUMUL, INAMOVIBILITÉ, INCOMPATIBILITÉ, NOMINATION, ORGANISATION JUDICIAIRE, PRÉSENTATIONS, TRAITEMENTS.		
PROFESSEURS ADJOINTS.	Décret portant établissement de trois Écoles de santé (*art. 5*).	14 frim. An III.	I. 29
Idem	Règlement pour l'École de médecine de Paris (*titre I*er, *chap. IV*).	14 mess. An IV.	I. 42
Id.	Arrêté du Gouvernement contenant règlement sur les Écoles de pharmacie (*art. 12, 13*).	25 therm. An XI.	I. 119
Id.	Arrêté qui organise la Faculté des lettres de Paris (*art. 12*).	6 mars 1809.	I. 213
Id.	Arrêté portant organisation de la Faculté des sciences de Paris (*art. 11*).	14 avril 1809.	I. 216
Id.	Arrêté qui organise la Faculté de théologie catholique de Paris (*art. 13, 17*).	16 juin 1809.	I. 222
Id.	Décision concernant les professeurs de mathématiques transcendantes des Lycées de Paris.	3 oct. 1809.	I. 229 *n.*
Id.	Règlement particulier pour la Faculté des sciences de Paris (*art. 44*).	10 oct. 1809.	I. 233
Id.	Statut sur les Facultés des lettres et des sciences (*art. 59*).	16 fév. 1810.	I. 249
Id.	Décision portant que les professeurs suppléants ou adjoints ont droit au titre et à la décoration d'officier de l'Université.	21 juin 1811.	I. 177 *n.*
Id.	Statut sur la composition des Facultés des sciences et des lettres de Paris.	7 août 1812.	I. 359
Id.	*Rapport* et Ordonnance portant réorganisation des Écoles de pharmacie (*titres I*er, *II*).	27 sept. 1840.	I. 876
Id.	*Rapport* et Ordonnance concernant l'organisation des Écoles préparatoires de médecine et de pharmacie (*art. 3 et suiv.*).	13 oct. 1840.	I. 884
Id.	Règlement pour les Écoles de pharmacie (*titres I*er, *II*). .	5 fév. 1841.	I. 892
Id.	Ordonnance concernant les Écoles préparatoires de médecine et de pharmacie (*art. 4, 5*).	12 mars 1841.	I. 899
Id.	Arrêté portant règlement des études pour les Écoles préparatoires de médecine et de pharmacie.	2 avril 1857.	II. 477
Id.	Circulaire relative à l'exécution de l'arrêté précédent. . . .	16 avril 1857.	II. 479

OBJET.	TITRES DES LOIS, DÉCRETS, ORDONNANCES, RÈGLEMENTS, ARRÊTÉS, ETC.	DATES.	TOMES et PAGES.	
PROFESSEURS ADJOINTS.	Décret relatif aux chaires de matière médicale et de chimie de l'École supérieure de pharmacie de Strasbourg. . . .	30 mars 1870.	II.	794
Idem	Décret qui supprime l'emploi de professeur adjoint dans les Écoles supérieures de pharmacie.	17 janv. 1874.	II.	872
Id.	Décret concernant l'enseignement et le traitement des professeurs dans les Écoles préparatoires de médecine et de pharmacie (*art. 2*).	10 août 1877.	III.	162
Id.	Circulaire pour l'exécution du décret précédent.	28 fév. 1878.	III.	178
PROGRAMMES.	Règlement pour le Muséum d'histoire naturelle présenté par les professeurs et approuvé par le Comité d'Instruction publique de la Convention nationale (*chap. II, art. 1er*).	21 sept. 1793.	I.	15
Idem	Règlement pour l'École de médecine de Paris (*titre Ier, chap. Ier, art. 13*).	14 mess. An IV.	I.	42
Id.	Règlement pour l'École de médecine de Montpellier (*chap. II, art. 7*).	2 fruct. An XI.	I.	125
Id.	Instruction pour les Écoles de droit (*art. 17*).	19 mars 1807.	I.	160
Id.	Arrêté qui organise la Faculté des lettres de Paris (*art. 15*).	6 mars 1809.	I.	213
Id.	Arrêté portant organisation de la Faculté des sciences de Paris (*art. 14*).	14 avril 1809.	I.	216
Id.	Arrêté qui organise la Faculté de théologie de Paris (*art. 7*).	16 juin 1809.	I.	222
Id.	Ordonnance portant règlement pour la Faculté de médecine de Paris (*art. 22*).	2 février 1823.	I.	488
Id.	Règlement pour la Faculté de médecine de Paris (*art. 42*).	12 avril 1823.	I.	494
Id.	Règlement pour la Faculté de médecine de Montpellier (*art. 39*).	1er mars 1825.	I.	515
Id.	*Rapport* et Ordonnance portant organisation de l'École des Langues orientales vivantes (*art. 19*).	22 mai 1838.	I.	792
Id.	Avis du Conseil royal concernant les doctrines enseignées dans les Facultés de théologie catholique.	23 oct. 1838.	I.	807
Id.	Règlement relatif aux Écoles de pharmacie (*art. 6*). . . .	5 fév. 1841.	I.	892
Id.	Règlement concernant les Écoles préparatoires de médecine et de pharmacie (*art. 4*).	12 mars 1841.	I.	899
Id.	*Rapport* et Décret sur le nouveau plan d'études pour les Lycées et les Facultés (*art. 14*).	10 avril 1852.	II.	216
Id.	Circulaire relative à l'exécution de l'article 14 du décret du 10 avril 1852 concernant les programmes détaillés des cours professés dans les Facultés des lettres.	19 oct. 1852.	II.	221 *n*.
Id.	Décret sur l'organisation des Académies (*art. 18*).	22 août 1854.	II.	340
Id.	Instruction relative à la rédaction du programme annuel de l'enseignement des Facultés	22 juillet 1855.	II.	442
Id.	Règlement relatif aux Facultés (*art. 2*)	27 fév. 1858.	II.	509
Id.	Instruction relative à l'exécution du règlement précédent.	15 mars 1858.	II.	511
Id.	*Rapport* et Décret portant réorganisation de l'administration du Muséum d'histoire naturelle (*art. 6*).	29 déc. 1863.	II.	633
Id.	Règlement général pour l'exécution du décret précédent.	2 janv. 1864.	II.	635

OBJET.	TITRES DES LOIS, DÉCRETS, ORDONNANCES, RÈGLEMENTS, ARRÊTÉS, ETC.	DATES.	TOMES et PAGES.
PROGRAMMES.	Instruction pour la rédaction des programmes des Facultés de médecine, des Écoles supérieures de pharmacie et des Écoles préparatoires de médecine et de pharmacie. . . .	4 juin 1864.	II. 652
Idem	Loi relative à la liberté de l'enseignement supérieur (*art. 4*).	12 juillet 1875.	III. 12
Id.	Décret portant règlement d'administration publique pour l'exécution de la loi précédente (*art. 5*).	25 janv. 1876.	III. 120
Id.	Circulaire relative aux programmes des cours d'enseignement supérieur.	26 juin 1882.	III. 629
Id.	Circulaire relative aux programmes des cours d'enseignement supérieur.	25 juin 1883.	III. 726
PROMOTIONS.	*Voir :* CLASSEMENT.		
PROSECTEURS.	Règlement pour l'École de médecine de Paris (*titre I*er, *chap. III, art. 30-37 ; titre II, chap. II, art. 11*).	14 mess. An IV.	I. 42
Idem	Règlement pour l'École de médecine de Montpellier (*art. 1*er, *3, 4, 7*).	2 fruct. An XI.	I. 125
Id.	Arrêté relatif aux retenues pour les pensions de retraite (*art. 2*).	18 avril 1809.	I. 218
Id.	Arrêté portant suppression d'emplois d'aides d'anatomie et création d'une place de prosecteur dans les Facultés de médecine	26 déc. 1817.	I. 413
Id.	Ordonnance portant réorganisation de la Faculté de médecine de Paris (*art. 10*). . . , ...	2 fév. 1823.	I. 488
Id.	Règlement pour la Faculté de médecine de Montpellier (*art. 44*).	1er mars 1825.	I. 515
Id.	Arrêté portant règlement pour la Faculté de médecine de Strasbourg (*art. 9, 10*).	11 avril 1829.	I. 625
Id.	*Rapport* et Ordonnance concernant l'organisation des Écoles préparatoires de médecine et de pharmacie (*art. 5, 6*).	13 oct. 1840.	I. 884
Id.	Règlement concernant les Écoles préparatoires de médecine et de pharmacie (*art. 1*er)	12 mars 1841.	I. 899
Id.	Arrêté qui fixe le traitement des fonctionnaires de l'école pratique de la Faculté de médecine de Paris.	10 août 1859.	II. 543
Id.	Arrêté relatif aux prosecteurs, aides d'anatomie et élèves de l'école pratique de la Faculté de médecine de Paris.	23 janv. 1863.	II. 623
Id.	Règlement concernant l'école pratique de la Faculté de médecine de Paris.	30 nov. 1878.	III. 237
Id.	Règlement concernant l'adjuvat et le prosectorat à la Faculté de médecine	10 juin 1879.	III. 254
Id.	Décret portant réorganisation des Écoles préparatoires de médecine et de pharmacie (*art. 9*).	1er août 1883.	III. 743
PROVISEURS.	Décret portant organisation de l'Université (*art. 29*). . .	17 mars 1808.	I. 171
Idem	Arrêté qui organise la Faculté des lettres de Paris (*art. 27*).	6 mars 1809.	I. 213
RADIATION.	Décret portant organisation de l'Université (*art. 47, 48, 79*).	17 mars 1808.	I. 171
Idem	Décret concernant le régime de l'Université (*art. 44, 68, 69, 70, 72, 73, 90, 100, 146, 148, 163, 164*). . .	15 nov. 1811.	I. 319
RANG.	*Voir :* PRÉSÉANCES.		

OBJET.	TITRES DES LOIS, DÉCRETS, ORDONNANCES, RÈGLEMENTS, ARRÊTÉS, ETC.	DATES.	TOMES et PAGES.
RAPPORTS.	Ordonnance qui donne au chef de l'Université le titre de Grand-Maître et détermine ses attributions (*art. 5*).	1er juin 1822.	I. 483
Idem	Circulaire relative à l'envoi de rapports hebdomadaires sur la situation des établissements universitaires. . . .	30 sept. 1837.	I. 775
Id.	Circulaire qui prescrit l'envoi d'un rapport annuel sur les actes accomplis dans les Facultés de droit.	4 fév. 1842.	I. 940
Id.	Circulaire prescrivant l'envoi de rapports périodiques sur la situation de l'Instruction publique.	30 oct. 1850.	II. 182
Id.	Circulaire relative à l'envoi régulier de bulletins mensuels sur la situation de l'Instruction publique.	9 nov. 1854.	II. 369
Id.	Circulaire relative à la rédaction et à l'envoi de rapports mensuels sur les divers services de l'Instruction publique.	6 fév. 1855.	II. 425
	Voir : CONSEILS ACADÉMIQUES.		
RECETTES.	*Voir :* COMPTABILITÉ.		
RÉCIDIVE.	Décret concernant le régime de l'Université (*art. 80*). . . .	15 nov. 1811.	I. 319
Idem	Ordonnance concernant les Facultés de droit et de médecine (*art. 17, 19*).	5 juillet 1820.	I. 439
Id.	Statut portant règlement général concernant la discipline et la police intérieure des Facultés et des Écoles secondaires de médecine (*art. 29*).	9 avril 1825.	I. 521
RÉCLAMATIONS.	Décret portant organisation de l'Université (*art. 78*). . . .	17 mars 1808.	I. 171
Idem	Décret concernant le régime de l'Université (*art. 45, 83 et suiv.*)	15 nov. 1811.	I. 319
RÉCOMPENSES.	Décret concernant les pensions, gratifications et autres récompenses nationales.	22 août 1790.	I. 22
Idem	Statut sur l'administration, la police et l'enseignement de l'École normale (*titre II, § 7*).	30 mars 1810.	I. 268
RECOURS.	*Voir :* POURVOIS.		
RECTEURS.	Décret portant organisation de l'Université (*titres IV, § 2; XII, XVIII*).	17 mars 1808.	I. 171
Idem	Statut concernant le régime et la police générale de l'Université	28 oct. 1808.	I. 203
Id.	Règlement sur les Recteurs membres des Facultés.	21 mars 1809.	I. 215
Id.	Arrêté déterminant les différentes classes d'individus auxquels il peut être accordé immédiatement des diplômes de grades dans les sciences ou dans les lettres.	23 mai 1809.	I. 219
Id.	Instruction pour l'exécution du statut du 16 février 1810 sur les Facultés des sciences et des lettres	5 avril 1810.	I. 255 *n*.
Id.	Règlement concernant le régime de l'Université, la subordination, la correspondance et les attributions de ses diverses autorités.	10 oct. 1810.	I. 298
Id.	Ordonnance portant règlement pour l'Instruction publique (*art. 16-25*).	17 fév. 1815.	I. 374

OBJET.	TITRES DES LOIS, DÉCRETS, ORDONNANCES, RÉGLEMENTS, ARRÊTÉS, ETC.	DATES.	TOMES et PAGES.	
RECTEURS.	Circulaire relative à la retenue à opérer sur le traitement des agents nommés par les Recteurs.	8 mars 1870.	II.	788
Idem	Décret relatif à l'admission à la retraite des Recteurs et des inspecteurs d'Académie	17 sept. 1873.	II.	861
Id.	Décret relatif au régime des établissements d'enseignement supérieur.	30 juillet 1883.	III.	731
Id.	Circulaire pour l'exécution du décret précédent.	31 oct. 1883.	III.	765
	Voir : ACADÉMIES, RECTEURS (VICE-), TRAITEMENTS.			
RECTEURS (Vice-).	Décret portant organisation de l'Université (*art. 89*). . . .	17 mars 1808.	I.	171
Idem	Décision portant que le Grand-Maître délègue auprès de chacune des Facultés de Paris un conseiller titulaire pour remplir les fonctions de Vice-Recteur.	10 janv. 1809.	I.	183 *n.*
Id.	Arrêté désignant un conseiller titulaire pour remplir les fonctions de Recteur près la Faculté de médecine de Paris	13 janv. 1809.	I.	206
Id.	Arrêté désignant un conseiller titulaire pour remplir les fonctions de Recteur près la Faculté de droit de Paris.	13 janv. 1809.	I.	207
Id.	Arrêté qui organise la Faculté des lettres de Paris (*art. 11 et suiv.*).	6 mars 1809.	I.	213
Id.	Arrêté portant organisation de la Faculté des sciences de Paris (*art. 12 et suiv.*).	14 avril 1809.	I.	216
Id.	Arrêté qui organise la Faculté de théologie catholique de Paris (*art. 6 et suiv.*).	16 juin 1809.	I.	222
Id.	Règlement concernant le régime de l'Université, la subordination, la correspondance et les attributions de ses diverses autorités (*art. 20*).	10 oct. 1810.	I.	298
Id.	Décret relatif aux fonctions du trésorier et de la section de comptabilité du Conseil de l'Université.	31 août 1813.	I.	367
Id.	Statut portant règlement sur les examens pour le baccalauréat ès lettres (*art. 12*).	13 sept. 1820.	I.	447
Id.	Ordonnance qui donne à la Commission de l'Instruction publique le titre de *Conseil royal de l'Instruction publique* et qui contient règlement à cet égard (*art. 8*).	1er nov. 1820.	I.	452
Id.	Arrêté qui institue une Commission chargée d'exercer les fonctions rectorales près les Facultés des sciences et des lettres de Paris.	9 janv. 1821.	I.	460
Id.	*Rapport* et Ordonnance concernant le Conseil royal de l'Instruction publique, les Facultés des lettres, etc. (*titre II*).	27 février 1821.	I.	466
Id.	Ordonnance concernant l'administration supérieure de l'Instruction publique, etc. (*art. 1er*).	8 avril 1824.	I.	505
Id.	Arrêté qui fixe les attributions de l'inspecteur général des études chargé de l'administration de l'Académie de Paris	10 avril 1824.	I.	507
Id.	Ordonnance qui détermine le titre et les attributions du chef de l'Académie de Paris.	7 déc. 1845.	I.	977
Id.	Décret sur l'organisation des Académies (§ *IV*).	22 août 1854.	II.	340
Id.	Décret relatif au rectorat de l'Académie de Paris.	22 août 1854.	II.	348

OBJET.	TITRES DES LOIS, DÉCRETS, ORDONNANCES, RÉGLEMENTS, ARRÊTÉS, ETC.	DATES.	TOMES et PAGES.
RECTEURS (Vice-).	Arrêté qui détermine les attributions du Vice-Recteur de l'Académie de Paris.	5 oct. 1854.	II. 367
Idem	Décret qui fixe les attributions principales du Vice-Recteur de la Corse.	29 août 1860.	II. 569
	Voir : TRAITEMENTS.		
RÉCUSATION.	Statut sur l'organisation des concours pour les Facultés en général et pour les Facultés de droit en particulier (§ 3).	31 oct. 1809.	I. 237
Idem	Règlement pour la Faculté de médecine de Paris (*art. 9*).	12 avril 1823.	I. 494
Id.	Règlement concernant l'enseignement, les examens, les thèses, les concours d'agrégation et les auxiliaires de l'enseignement à la Faculté de médecine de Montpellier (§ 2.).	1er mars 1825.	I. 515
Id.	Statut portant règlement général sur les concours dans les Facultés de droit et de médecine (*art. 22, 23*)	10 mai 1825.	I. 528
Id.	Arrêté portant règlement sur les concours pour les chaires de professeurs dans la Faculté de médecine de Paris (*art. 2*).	6 nov. 1830.	I. 656
Id.	Règlement relatif aux concours dans les Facultés de droit (*art. 11*).	22 août 1843.	I. 949
Id.	Règlement relatif aux concours d'agrégation dans les Écoles de pharmacie (*art. 12*)	6 fév. 1846.	I. 978
Id.	Statut général pour les concours dans les Facultés de droit (*art. 11*).	16 mai 1850.	II. 140
Id.	Statut sur l'agrégation des Facultés (*art. 8*).	16 nov. 1874.	II. 903
RÉFORME.	Décret portant organisation de l'Université (*art. 47, 79*).	17 mars 1808.	I. 171
Idem	Décret concernant le régime de l'Université (*art. 44, 68, 90, 100, 146, 148, 164*).	15 nov. 1811.	I. 319
Id.	Décret relatif aux traitements de réforme.	19 déc. 1851.	II. 207
	Voir : JURISPRUDENCE.		
RÉGIME FINANCIER.	*Voir :* COMPTABILITÉ.		
RÉINTÉGRATION.	Loi modifiant le régime des pensions civiles (*art. 27, 28*).	9 juin 1853.	II. 277
Idem	Décret réglant l'exécution de la loi du 9 juin 1853 sur les pensions civiles (*art. 25*).	9 nov. 1853.	II. 293
Id.	Décret concernant les militaires et les fonctionnaires qui ont perdu leur grade ou leur rang par suite des événements de décembre 1851.	12 sept. 1870.	II. 796
REMISES DE DROITS.	Arrêté relatif aux réfugiés polonais, italiens et autres qui désirent suivre les cours de la Faculté de médecine de Montpellier.	4 déc. 1832.	I. 680
Idem	Loi de finances	24 mai 1834.	I. 701
Id.	Règlement pour l'exécution des lois de finances des 23 et 24 mai 1834 en ce qui concerne l'Université (*art. 63*).	27 nov. 1834.	I. 710
Id.	*Rapport* et *Ordonnance* portant institution de prix en faveur des étudiants des Facultés de droit (*art. 4*).	17 mars 1840.	I. 820

OBJET.	TITRES DES LOIS, DÉCRETS, ORDONNANCES, RÈGLEMENTS, ARRÊTÉS, ETC.	DATES.	TOMES et PAGES.
REMISES DE DROITS.	Arrêté portant création de prix et de mentions honorables dans les Facultés de médecine en faveur des élèves faisant partie de l'École pratique (*art. 11*).	3 avril 1840.	I. 846
Idem	*Rapport* et Ordonnance concernant les remises de frais de licence et de doctorat dans les Facultés des lettres et des sciences.	10 juin 1840.	I. 853
Id.	*Rapport* et Ordonnance portant organisation des Écoles de pharmacie (*art. 16*).	27 sept. 1840.	I. 876
Id.	Règlement pour les Écoles de pharmacie (*art. 39*).	5 fév. 1841.	I. 892
Id.	Règlement pour l'application de la loi de finances du 25 juin 1841 et de l'ordonnance du 27 septembre 1840 en ce qui concerne la perception des droits dus dans les Écoles de pharmacie (*chap. II*).	27 nov. 1841.	I. 911
Id.	Circulaire relative aux remises de droits dans les Facultés.	18 juin 1850.	II. 153
Id.	*Rapport* et Décret sur le régime financier des établissements d'enseignement supérieur (*art. 6*).	22 août 1854.	II. 349
Id.	Instruction pour l'ordonnancement des remises de droits dans les établissements d'enseignement supérieur.	31 mars 1883.	III. 713
	Voir : GRATUITÉ, PRIX.		
REMPLAÇANTS.	Règlement du Collége de France (*titre II*).	25 oct. 1828.	II. 500 n.
Idem	*Rapport* et Décret concernant le Collége de France (*titre IV*).	8 oct. 1857.	II. 499
RÉPÉTITEURS.	Statut sur l'administration, la police et l'enseignement de l'École normale (§ 4).	30 mars 1810.	I. 268
Idem	Règlement concernant l'administration et la discipline de l'École normale (*titre Ier*, § 6).	14 déc. 1815.	I. 394
RÉPÉTITIONS.	*Voir :* LEÇONS PARTICULIÈRES.		
RÉPRIMANDE.	Décret portant organisation de l'Université (*art. 47, 57*).	17 mars 1808.	I. 171
Idem	Décret concernant le régime de l'Université (*art. 43, 65, 66, 68, 71, 75, 146, 164*).	15 nov. 1811.	I. 319
Id.	Ordonnance qui donne au chef de l'Université le titre de Grand-Maître et détermine ses attributions (*art. 1er*).	1er juin 1822.	I. 483
Id.	Loi relative à l'enseignement (*art. 76*).	15 mars 1850.	II. 85
Id.	Dispositions organiques concernant l'Instruction publique (*art. 3*).	9 mars 1852.	II. 209
Id.	Loi relative au Conseil supérieur de l'Instruction publique (*art. 5*).	19 mars 1873.	II. 848
Id.	Loi relative au Conseil supérieur de l'Instruction publique et aux Conseils académiques (*art. 13*).	27 fév. 1880.	III. 322
Id.	Décret relatif au régime des établissements d'enseignement supérieur (*art. 28, 29*).	30 juillet 1883.	III. 731
Id.	Circulaire relative à l'exécution du décret précédent.	31 oct. 1883.	III. 765
RÉQUISITIONS.	Décret sur le mode et les conditions de la réquisition des établissements d'instruction publique pour un service militaire.	21-24 déc. 1870.	III. 798

OBJET.	TITRES DES LOIS, DÉCRETS, ORDONNANCES, RÈGLEMENTS, ARRÊTÉS, ETC.	DATES.	TOMES et PAGES.
RETENUE PROPORTIONNELLE.	Décret concernant le régime de l'Université (*art. 65*). . . .	15 nov. 1811.	I. 319
Idem	Arrêté sur la discipline des établissements de l'Université (*art. 8*).	31 mars 1812.	I. 343
Id.	Ordonnance portant réorganisation de la Faculté de médecine de Paris (*art. 28*).	2 février 1823.	I. 488
Id.	Statut portant règlement concernant la discipline et la police intérieure des Facultés et des Écoles secondaires de médecine (*art. 49-51, 60*)	9 avril 1825.	I. 521
Id.	Règlement général sur la comptabilité de l'Université (*art. 216*).	11 nov. 1826.	I. 540
Id.	Règlement pour les Écoles de pharmacie (*art. 12*).	5 fév. 1841.	I. 892
Id.	Règlement relatif au service des examens dans la Faculté de droit de Paris (*art. 8, 9*).	6 juillet 1849.	II. 68
RETENUES.	*Voir :* Pensions de retraite.		
RETRAIT D'EMPLOI.	Loi relative à l'enseignement (*art. 76*).	15 mars 1850.	II. 85
Idem	Loi relative au Conseil supérieur de l'Instruction publique et aux Conseils académiques (*art. 7*).	27 fév. 1880.	III. 322
Id.	Décret portant règlement intérieur des Conseils académiques (*art. 9*)	26 juin 1880.	III. 494
	Voir : Radiation.		
RETRAITE.	Décret portant organisation de l'Université (*art. 47*). . . .	17 mars 1808.	I. 171
Idem	Avis du Conseil sur l'admission à la retraite d'office des membres de l'Université.	9 mars 1849.	I. 302*n*.
Id.	Règlement sur la comptabilité des dépenses du Ministère de l'Instruction publique (*art. 35*).	16 oct. 1867.	II. 717
Id.	Circulaire relative à la retenue à opérer sur le traitement des agents nommés par les Recteurs.	8 mars 1870	II. 788
Id.	Décret relatif à l'admission à la retraite des Recteurs et des inspecteurs d'Académie.	17 sept. 1873.	II. 861
Id.	Décret relatif à l'admission à la retraite des professeurs de l'enseignement secondaire et de l'enseignement supérieur.	13 avr 1875.	III. 3
Id.	Décret déterminant les conditions auxquelles peuvent être admis à la retraite les professeurs de l'enseignement supérieur et de l'enseignement secondaire.	4 nov. 1882.	III. 683
	Voir : Éméritat, Pensions.		
RÉTRIBUTIONS FACULTATIVES.	*Rapport* et Décret sur le régime financier des établissements d'enseignement supérieur (*titre Ier et suiv.*). . . .	22 août 1854.	II. 349
Idem	Loi concernant la régularisation des décrets rendus en Conseil d'État qui ont ouvert des crédits à divers Ministères sur l'exercice 1880.	28 déc. 1880.	III. 536
RÉTRIBUTIONS OBLIGATOIRES, UNIVERSITAIRES.	*Voir :* Frais d'études.		

OBJET.	TITRES DES LOIS, DÉCRETS, ORDONNANCES, RÈGLEMENTS, ARRÊTÉS, ETC.	DATES.	TOMES et PAGES.
RÉVOCATION.	Ordonnance portant règlement sur l'Instruction publique (*art. 63, 65, 86*)	17 fév. 1815.	I. 374
Idem	Ordonnance portant réorganisation de la Faculté de médecine de Paris (*art. 15*).	2 fév. 1823.	I. 488
Id.	Loi relative à l'enseignement (*art. 2, 14, 76*).	15 mars 1850.	II. 85
Id.	Dispositions organiques concernant l'Instruction publique (*art. 1ᵉʳ, 3*).	9 mars 1852.	II. 209
Id.	Décret qui institue un Comité permanent chargé de l'examen des affaires de révocation des professeurs. ...	11 juillet 1863.	II. 628
Id.	Loi relative au Conseil supérieur de l'Instruction publique (*art. 5*).	19 mars 1873.	II. 848
Id.	Loi relative au Conseil supérieur de l'Instruction publique et aux Conseils académiques (*art. 7*).	27 fév. 1880.	III. 322
Id.	Décret concernant les employés de l'Observatoire de Paris (*art. 4*).	12 mars 1880.	III. 378
Id.	Décret portant règlement intérieur des Conseils académiques (*art. 9*). :	26 juin 1880.	III. 404
SAGES-FEMMES.	Règlement sur les cours d'accouchements à l'hospice de la Maternité de Paris.	11 mess. An X.	I. 87
Idem	*Exposé des motifs du projet de loi sur l'exercice de la médecine présenté par le* conseiller d'État Fourcroy. .	vent. An XI.	I. 90
Id.	Loi relative à l'exercice de la médecine (*titre V*).	19 vent. An XI.	I. 93
Id.	Arrêté portant règlement pour l'exercice de la médecine (§ 7).	20 prair. An XI.	I. 109
Id.	Décret qui établit à Montpellier un cours d'accouchements pour les élèves sages-femmes et ceux de l'École de médecine. .	20 mars 1807.	I. 168
Id.	Règlement général pour l'école d'accouchements établie à l'hospice de la Maternité de Paris.	8 nov. 1810.	I. 303
Id.	Arrêté qui détermine les conditions exigées des élèves sages-femmes pour être admises aux cours.	19 août 1845.	I. 966
Id.	Circulaire relative aux examens devant les jurys médicaux.	19 mai 1850.	II. 146
Id.	*Rapport* et Décret sur le régime financier des établissements d'enseignement supérieur (*titre III*).	22 août 1854.	II. 349
Id.	Règlement sur la réception des officiers de santé, des pharmaciens, herboristes et sages-femmes de 2ᵉ classe.	23 déc. 1854.	II. 372
Id.	Instruction pour l'exécution du règlement précédent.	23 déc. 1854.	II. 377
Id.	Instruction relative à l'exécution et aux conséquences du règlement du 23 décembre 1854.	2 fév. 1855.	II. 422
Id.	Circulaire relative à l'échange du certificat de capacité contre le certificat de sage-femme de 2ᵉ classe.	23 juin 1856.	II. 472
Id.	Circulaire sur le même objet.	16 oct. 1856.	II. 474
Id.	Circulaire relative à l'échange du certificat de capacité contre le certificat de sage-femme de 1ʳᵉ classe.	19 août 1857.	II. 499
Id.	Décret relatif aux officiers de santé, sages-femmes, pharmaciens et herboristes de l'Alsace-Lorraine.	27 déc. 1871.	II. 805
Id.	Arrêté concernant l'examen préparatoire que doivent subir les aspirantes au titre d'élèves sages-femmes et les aspirants et aspirantes au titre d'herboriste de 1ʳᵉ classe.	1ᵉʳ août 1879.	III. 269

OBJET.	TITRES DES LOIS, DÉCRETS, ORDONNANCES, RÉGLEMENTS, ARRÊTÉS, ETC.	DATES.	TOMES et PAGES.
SAGES-FEMMES.	Arrêté relatif à la composition du jury d'examen prévu par l'arrêté du 1er août 1879.	11 juin 1880.	III. 270 n.
Idem	Arrêté créant un enseignement spécial pour les élèves sages-femmes à la Faculté mixte de médecine et de pharmacie de Bordeaux.	22 mai 1882.	III. 618
Id.	Arrêté instituant un enseignement spécial à l'usage des élèves sages-femmes à la Faculté de médecine de Lyon.	1er août 1882.	III. 669
	Voir : JURYS MÉDICAUX.		
SAVANTS.	Décret concernant les pensions, gratifications et autres récompenses nationales.	22 août 1790.	I. 2
	Voir : CUMUL, LOGEMENTS.		
SCEAU.	Décret portant organisation de l'Université (*art. 63*).	17 mars 1808.	I. 171
Idem	Décret concernant les droits de sceau de l'Université.	17 février 1809.	I. 210
Id.	Décision qui exempte les élèves de l'École normale du droit de sceau pour les grades qu'ils prendront dans les Facultés des sciences et des lettres.	30 avril 1819.	I. 428
	Voir : FRAIS D'ÉTUDES.		
SÉANCES DE RENTRÉE.	*Voir :* FACULTÉS ET ÉCOLES (Séances de rentrée).		
SECOURS.	Décret accordant des secours provisoires aux différents Colléges qui ont perdu leurs revenus par la suppression des dîmes ou des droits féodaux.	29 mai-6 juin 1792.	I. 8
Idem	Règlement pour l'exécution des lois de finances des 23 et 24 mai 1834 en ce qui concerne l'Université (*art. 136, 137*).	27 nov. 1834.	I. 710
Id.	Règlement de comptabilité en exécution de l'ordonnance du 31 mai 1838 (*art. 33, 118*).	16 déc. 1841.	I. 918
Id.	Règlement sur la comptabilité des dépenses du Ministère de l'Instruction publique (*art. 43*).	16 oct. 1867.	II. 717
SECRÉTAIRE GÉNÉRAL (Conseil de l'Université).	Décret portant organisation de l'Université (*titres IX, § 1er; XVIII*).	17 mars 1808.	I. 171
Idem	*Rapport* et Ordonnance concernant la nouvelle organisation du Conseil royal et des Conseils académiques (*art. 3*).	7 sept. 1845.	I. 967
SECRÉTAIRES D'ACADÉMIE.	Statut sur les Facultés des lettres et des sciences (*art. 13*).	16 fév. 1810.	I. 249
Idem	Circulaire relative aux fonctions des secrétaires d'Académie.	20 fév. 1810.	I. 261
Id.	Statut sur l'administration économique des Facultés de théologie, des sciences et des lettres (*art. 31*)	14 sept. 1810.	I. 294
Id.	Circulaire pour l'exécution du statut précédent.	13 nov. 1810.	I. 297 n.
Id.	Arrêté portant règlement pour les Conseils académiques (*art. 2*).	26 mai 1812.	I. 354
Id.	Arrêté concernant l'administration et les bureaux de l'Académie de Paris.	17 avril 1821.	I. 473
Id.	Règlement général sur la comptabilité de l'Université (*art. 167 et suiv.; 237*).	11 nov. 1826.	I. 540

OBJET.	TITRES DES LOIS, DÉCRETS, ORDONNANCES, RÈGLEMENTS, ARRÊTÉS, ETC.	DATES.	TOMES et PAGES.
SECRÉTAIRES D'ACADÉMIE.	Règlement pour l'exécution des lois de finances des 23 et 24 mai 1834, en ce qui concerne l'Université (*titre II, chap. IV*).	27 nov. 1834.	I. 710
Idem	Ordonnance qui détermine les conditions à remplir pour être nommé secrétaire d'Académie ou de Faculté.	1er déc. 1837.	I. 780
Id.	Arrêté qui crée une Académie en Corse.	30 mars 1838.	I. 790
Id.	Arrêté relatif aux chefs des bureaux de l'Académie de Paris.	29 sept. 1846.	I. 988
Id.	*Rapport* et Arrêté concernant la nouvelle circonscription des Académies et les fonctionnaires de l'administration académique.	7 sept. 1848.	II. 56
Id.	*Rapport* et Décret concernant les Académies universitaires et leurs fonctionnaires.	27 mai 1850.	II. 148
Id.	Règlement d'administration publique pour l'exécution de la loi du 15 mars 1850 (*chap. II, § 4*).	29 juillet 1850.	II. 155
Id.	Décret relatif aux secrétaires des Facultés et des Académies.	13 fév. 1851.	II. 194
Id.	Décret qui supprime le cumul des fonctions de secrétaire d'Académie et de secrétaire agent-comptable de l'École préparatoire de médecine et de pharmacie d'Alger.	31 déc. 1864.	II. 672
Id.	Décret concernant les inspecteurs d'Académie, commis d'Académie, commis d'inspection académique et le secrétariat de l'Académie de Paris (*art. 3*).	27 déc. 1865.	II. 699
	Voir : TRAITEMENTS.		
SECRÉTAIRES DES FACULTÉS ET ÉCOLES.	Règlement pour l'École de médecine de Paris (*titre II, chap. Ier*).	14 mess. An IV.	I. 42
Idem	Règlement pour l'École de médecine de Montpellier (*chap. Ier, III*).	2 fruct. An IV.	I. 125
Id.	Décret concernant l'organisation des Écoles de droit (*section IV*).	4e comp're An XII.	I. 142
Id.	Instruction pour les Écoles de droit (*art. 1er, 3, 34, 49, 66*).	19 mars 1807.	I. 160
Id.	Arrêté désignant un conseiller titulaire pour remplir les fonctions de Recteur près la Faculté de médecine de Paris (*art. 3*).	13 janv. 1809.	I. 206
Id.	Arrêté qui délègue un conseiller titulaire dans les fonctions de Recteur près la Faculté de droit de Paris (*art. 5*).	13 janv. 1809.	I. 207
Id.	Arrêté relatif à l'administration et à la comptabilité des Facultés de droit (*art. 2, 4, 6*).	31 janv. 1809.	I. 208
Id.	Arrêté qui organise la Faculté des lettres de Paris (*art. 17 et suiv.*).	6 mars 1809.	I. 213
Id.	Arrêté portant organisation de la Faculté des sciences de Paris (*art. 16 et suiv.*).	14 avril 1809.	I. 216
Id.	Décret concernant diverses dispositions pour accorder le régime des anciennes Écoles avec celui de l'Université (*art. 3, 14*).	4 juin 1809.	I. 219
Id.	Arrêté qui organise la Faculté de théologie de Paris (*art. 9 et suiv.*).	16 juin 1809.	I. 222
Id.	Règlement particulier pour la Faculté des sciences de Paris (*titres II, IV*).	10 oct. 1809.	I. 233

OBJET.	TITRES DES LOIS, DÉCRETS, ORDONNANCES, RÈGLEMENTS, ARRÊTÉS, ETC.	DATES.	TOMES et PAGES.	
SECRÉTAIRES DES FACULTÉS ET ÉCOLES.	Statut sur les Facultés des lettres et des sciences (*art. 13, 31, 54*).	10 fév. 1810.	I.	249
Idem	Statut sur l'administration économique des Facultés de droit.	13 juillet 1810.	I.	286
Id.	Statut sur l'administration économique des Facultés de théologie, des sciences et des lettres.	14 sept. 1810.	I.	294
Id.	Circulaire pour l'exécution du statut précédent.	13 nov. 1810.	I.	297n.
Id.	Règlement général sur la comptabilité de l'Université (*art. 172-374*).	11 nov. 1826.	I.	540
Id.	Règlement pour l'exécution des lois de finances des 23 et 24 mai 1834, en ce qui concerne l'Université (*titre II, chap. IV*).	27 nov. 1834.	I.	710
Id.	Ordonnance qui détermine les conditions à remplir pour être nommé secrétaire d'Académie ou de Faculté.	1er déc. 1837.	I.	780
Id.	Règlement pour les Écoles de pharmacie (*titre Ier*).	5 fév. 1841.	I.	892
Id.	Règlement concernant les Écoles préparatoires de médecine et de pharmacie (*art. 3*).	12 mars 1841.	I.	899
Id.	Règlement pour l'exécution de la loi de finances du 25 juin 1841 et de l'ordonnance du 27 septembre 1840, en ce qui concerne la perception des droits dus dans les Écoles de pharmacie (*chap. III*).	27 nov. 1841.	I.	911
Id.	Avis du Conseil royal de l'Instruction publique sur la constitution en rentes sur l'État du cautionnement des secrétaires agents comptables.	19 sept. 1843.	I.	955
Id.	Arrêté présidentiel qui fixe les traitements dans les Facultés de droit, de médecine et des lettres de Paris. . .	18 mai 1849.	II.	66
Id.	Décret relatif aux secrétaires des Facultés et des Académies.	13 fév. 1851.	II.	194
Id.	Arrêté relatif aux fonctions des secrétaires agents comptables des Facultés.	24 déc. 1852.	II.	264
Id.	Arrêté qui fixe le traitement des secrétaires agents comptables.	27 déc. 1875.	III.	110
Id.	Décret portant création d'un emploi de secrétaire et d'un emploi d'agent comptable à la Faculté de médecine de Paris..	26 janv. 1882.	III.	609
Id.	Décret relatif à la séparation des fonctions de secrétaire et d'agent comptable dans les Facultés et établissements d'enseignement supérieur de Paris.	25 juillet 1882.	III.	663
Id.	Décret relatif à la perception des droits universitaires dans les départements.	25 nov. 1882.	III.	685
Id.	Arrêté relatif au mode de perception des droits universitaires dans les départements.	25 nov. 1882.	III.	686
Id.	Décret concernant la séparation des fonctions de secrétaire et d'agent comptable des Facultés et établissements d'enseignement supérieur dans les départements.	14 déc. 1882.	III.	691
Id.	Arrêté annulant les dispositions de l'arrêté du 27 décembre 1875, relatif aux secrétaires des Écoles de plein exercice et préparatoires de médecine et de pharmacie.	28 fév. 1883.	III.	706

OBJET.	TITRES DES LOIS, DÉCRETS, ORDONNANCES, RÉGLEMENTS, ARRÊTÉS, ETC.	DATES.	TOMES et PAGES.
SERMENT.	Décision du Conseil de l'Université déterminant la formule des serments à prêter par les professeurs de Facultés et en général par tous les membres de l'Université.	15 sept. 1809.	I. 177 n.
Idem	Arrêté déterminant la formule du serment professionnel que doivent prêter les membres de l'Université.	11 déc. 1849.	II. 83
Id.	Arrêté sur la prestation de serment des fonctionnaires et employés de l'Instruction publique.	28 avril 1852.	II. 223
Id.	Circulaire sur la prestation de serment des fonctionnaires et employés de l'Instruction publique.	20 janv. 1853.	II. 266
Id.	Décret relatif à la prestation de serment des Recteurs. . .	20 juin 1860.	II. 564
Id.	Arrêté relatif à l'installation des Recteurs et à la prestation de serment des fonctionnaires autres que les Recteurs.	30 juin 1860.	II. 565
Id.	Décret concernant les militaires et les fonctionnaires qui ont perdu leur grade et leur rang par suite des événements de décembre 1851.	12 sept. 1870.	II. 796
SERVICE MILITAIRE.	*Voir :* ENGAGEMENT DÉCENNAL, ENGAGÉS CONDITIONNELS.		
SERVICE DE SANTÉ militaire, de la marine.	Arrêté du Gouvernement portant règlement pour l'exercice de la médecine (*art. 27, 28*).	20 prair. An XI.	I. 109
Idem	Arrêté qui fixe les sommes que devront payer les chirurgiens des armées de 3e et de 2e classe et les élèves en médecine et en chirurgie des armées qui voudront prendre le grade de docteur.	20 janv. 1824.	I. 504
Id.	Réglement général sur la comptabilité de l'Université (*art. 148*).	11 nov. 1826.	I. 540
Id.	Ordonnance concernant la scolarité des candidats aux grades de docteur et de pharmacien de 1re classe admis dans le service de santé militaire.	16 mai 1841.	I. 905
Id.	Règlement pour l'exécution de la loi de finances du 25 juin 1841 et de l'ordonnance du 27 septembre 1840 en ce qui concerne la perception des droits dus par les Écoles de pharmacie (*art. 3, 4*).	27 nov. 1841.	I. 911
Id.	Ordonnance relative aux aspirants au doctorat en médecine ou en chirurgie et aux aspirants au titre de pharmacien admis dans le service de santé de la marine. . . .	15 mai 1842.	I. 943
Id.	Ordonnance concernant le stage des chirurgiens militaires et des pharmaciens de la marine.	26 oct. 1847.	I. 1018
Id.	Décret relatif à l'organisation de l'École spéciale de médecine et de pharmacie militaires	13 nov. 1852.	II. 253
Id.	*Rapport* et Décret relatifs aux élèves du service de santé militaire	12 juin 1856.	II. 465
Id.	Décret relatif aux élèves de l'École du service de santé militaire instituée près la Faculté de médecine de Strasbourg.	28 juillet 1860.	II. 568
Id.	Décret portant réorganisation de l'École impériale du service de santé militaire.	27 avril 1864.	II. 641
Id.	Décret relatif aux élèves en pharmacie de l'École du service de santé militaire.	4 déc. 1864.	II. 671

OBJET.	TITRES DES LOIS, DÉCRETS, ORDONNANCES, RÈGLEMENTS, ARRÊTÉS, ETC.	DATES.	TOMES et PAGES.
SERVICE DE SANTÉ militaire, de la marine.	Décret concernant l'organisation du corps de santé de la marine.	14 juillet 1865.	II. 695
Idem	Décret concernant les aspirants au doctorat en médecine et au titre de pharmacien qui appartiennent au corps de santé de la marine.	10 avril 1869.	II. 773
Id.	Décision présidentielle relative à la réorganisation du service de santé militaire.	5 oct. 1872.	II. 829
Id.	*Rapport* et Décret modifiant l'organisation du corps de santé de la marine.	31 mai 1875.	III. 5
Id.	Circulaire relative au recrutement des docteurs en médecine commissionnés dans l'armée active.	12 mars 1878.	III. 181
Id.	Décret relatif aux élèves médecins ou pharmaciens de la marine qui aspirent au doctorat en médecine ou au titre de pharmacien de 1re classe.	3 juin 1879.	III. 252
Id.	Circulaire du Ministre de la Guerre relative aux officiers de santé militaire qui acceptent des emplois dans les Facultés et Écoles de médecine.	23 fév. 1880.	III. 321
Id.	Circulaire relative aux élèves de santé militaire aspirants au grade de pharmacien.	22 mars 1880.	III. 446
Id.	*Rapport* et Décret fixant les conditions d'admission aux emplois d'élèves du service de santé militaire.	15 juin 1880.	III. 482
Id.	Décret concernant les aspirants au grade de docteur en médecine et de pharmacien de 1re classe appartenant au service de santé de la marine.	27 nov. 1880.	III. 519
Id.	*Rapport* et Décret concernant les médecins et pharmaciens de la marine.	16 sept. 1881.	III. 589
Id.	Décret concernant les aspirants au grade de docteur en médecine et de pharmacien de 1re classe appartenant au service de santé de la marine.	13 mars 1883.	III. 520 *n*.
Id.	*Rapport* et Décret concernant les médecins et les pharmaciens auxiliaires de l'armée territoriale.	5 juin 1883.	III. 721
Id.	Règlement sur le même objet.	22 juillet 1883.	III. 722 *n*.
Id.	*Rapport* et Décret portant réorganisation des Écoles préparatoires et de l'École d'application du service de santé militaire.	1er oct. 1883.	III. 749
SOCIÉTÉS LITTÉRAIRES.	*Voir :* ACADÉMIES.		
SORBONNE.	Arrêté des Consuls relatif à l'affectation des bâtiments du Collège Mazarin et de la Sorbonne.	19 vend. An X.	I. 59
Idem	Ordonnance portant que l'Église de la Sorbonne servira d'auditoire à l'une des sections de la Faculté de droit de Paris.	7 juillet 1819.	I. 427 *n*.
Id.	Ordonnance portant que l'ancienne maison de la Sorbonne et les bâtiments en dépendant sont affectés au service de l'Instruction publique.	3 janv. 1821.	I. 459
Id.	*Rapport* et Ordonnance concernant le Conseil royal de l'Instruction publique, etc. (*titre II*)	27 fév. 1821.	I. 466
Id.	Ordonnance relative à l'affectation des bâtiments de la Sorbonne au service de l'Instruction publique.	16 mai 1821.	I. 459 *n*.

OBJET.	TITRES DES LOIS, DÉCRETS, ORDONNANCES, RÈGLEMENTS, ARRÊTÉS, ETC.	DATES.	TOMES et PAGES.
SORBONNE.	Arrêté relatif au logement des professeurs de la Faculté de théologie de Paris.	29 juin 1822.	I. 483
Idem	Arrêté qui institue le bureau chargé d'administrer les recettes et les dépenses relatives au service de l'Église de la Sorbonne	18 déc. 1827.	I. 604
Id.	Arrêté qui fixe le nombre des membres du bureau d'administration de l'Église de la Sorbonne.	19 janv. 1828.	I. 604 n.
Id.	Ordonnance d'organisation pour l'Église de la Sorbonne. . .	3 mai 1828.	I. 608
Id.	Arrêté qui affecte au logement des professeurs une partie des bâtiments de la Sorbonne	23 mars 1832.	I. 670
Id.	Règlement pour l'exécution des lois de finances des 23 et 24 mai 1834 en ce qui concerne l'Université (*art. 132*).	27 nov. 1834.	I. 710
Id.	Ordonnance relative aux travaux de réparation et d'entretien des bâtiments affectés au service des établissements d'Instruction publique dans la ville de Paris.	6 nov. 1839.	II. 151 n.
Id.	Avis du Conseil de l'Université sur l'administration du temporel de l'Église de la Sorbonne.	5 mai 1848.	I. 609 n.
Id.	Arrêté portant remise à la ville de Paris d'une portion des bâtiments de la Sorbonne.	14 juin 1851.	II. 200
Id.	Décret qui concède à la ville de Paris une partie des bâtiments de la Sorbonne.	8 fév. 1852.	II. 208
Id.	Décret autorisant la reconstruction de la Sorbonne.	11 août 1855.	II. 446
Id.	Loi relative à la reconstruction et à l'agrandissement des bâtiments de la Sorbonne.	22 août 1881.	III. 587
Id.	*Convention entre l'État et la ville de Paris pour la reconstruction et l'agrandissement des bâtiments de la Sorbonne.*	»	III. 587
SORBONNE (Société de).	Décret relatif à la suppression des congrégations séculières et des confréries.	18-22 août 1792.	I. 8
SOUS-OFFICIERS.	Décret relatif aux emplois réservés aux anciens sous-officiers des armées de terre et de mer.	28 oct. 1874.	II. 900
STAGE. (Agrégation.)	Ordonnance portant réorganisation de la Faculté de médecine de Paris (*art. 1er - 4*).	2 fév. 1823.	I. 488
Idem	Ordonnance portant organisation de la Faculté de médecine de Montpellier (*art. 7*).	12 déc. 1824.	I. 513
Id.	Arrêté portant règlement pour la Faculté de médecine de Strasbourg (*art. 2*).	11 avril 1829.	I. 625
Id.	*Rapport* et Ordonnance concernant les agrégés des Facultés de médecine (*art. 6*).	10 avril 1840.	I. 850
Id.	Statut pour l'agrégation des Facultés.	20 déc. 1855.	II. 459
Id.	Circulaire portant notification du statut du 20 décembre 1855 sur l'agrégation des Facultés.	13 fév. 1856.	II. 462
Id.	Statut sur l'agrégation des Facultés (*titre III*).	16 nov. 1874.	II. 903
Id.	Décret portant suppression du stage imposé aux agrégés des Facultés de médecine.	10 août 1877.	III. 160
Id.	*Rapport présenté au Conseil supérieur de l'Instruction publique sur cet objet par M. Bouisson.*	»	III. 160 n.

OBJET.	TITRES DES LOIS, DÉCRETS, ORDONNANCES, RÈGLEMENTS, ARRÊTÉS, ETC.	DATES.	TOMES et PAGES.
STAGE HOSPITALIER.	Loi relative à l'exercice de la médecine (*art. 15*).	19 vent. An XI.	I. 93
Idem	*Rapport* et Ordonnance concernant le stage hospitalier exigé des candidats au grade de docteur en médecine.	3 oct. 1841.	I. 909
Id.	Ordonnance qui impose aux élèves des Écoles préparatoires de médecine et de pharmacie l'obligation de faire une année de stage dans les hôpitaux.	10 avril 1842.	I. 942
Id.	Circulaire relative aux conditions d'âge et de stage exigées des candidats au grade d'officier de santé.	21 août 1847.	I. 1015
Id.	Ordonnance fixant l'âge auquel peuvent être commencées les études pour le grade d'officier de santé.	25 août 1847.	I. 1016
Id.	Décret qui règle les conditions de stage dans les hôpitaux exigé des aspirants au doctorat en médecine et au grade d'officier de santé.	18 juin 1862.	II. 609
Id.	Arrêté portant règlement pour l'accomplissement du stage dans les hôpitaux exigé des étudiants en médecine.	1er juillet 1862.	II. 610
Id.	Circulaire relative au stage dans les hôpitaux.	3 juillet 1862.	II. 612
Id.	Circulaire relative à l'exécution de l'arrêté du 1er juillet 1862 concernant le stage dans les hôpitaux.	10 juillet 1862.	II. 615
Id.	Arrêté relatif aux internes des asiles publics d'aliénés.	29 août 1862.	II. 618
Id.	Circulaire relative à l'application de l'arrêté précédent.	29 août 1862.	II. 618
Id.	Arrêté réglant les conditions dans lesquelles le service de l'internat dans les hôpitaux sera compté en compensation du stage.	4 nov. 1862.	II. 620
Id.	Décret portant règlement d'administration publique déterminant les conditions d'études exigées des candidats au grade de docteur en médecine (*art. 7*).	20 juin 1878.	III. 213
Id.	Décret relatif aux conditions d'études pour le titre d'officier de santé (*art. 4*).	1er août 1883.	III. 737
STAGE OFFICINAL.	Loi contenant organisation des Écoles de pharmacie (*titre II*).	21 germ. An XI.	I. 105
Idem	Arrêté du Gouvernement contenant règlement sur les Écoles de pharmacie (*titre IV*).	25 therm. An XI.	I. 119
Id.	*Rapport* et Ordonnance concernant l'organisation des Écoles préparatoires de médecine et de pharmacie (*art. 15*).	13 oct. 1840.	I. 884
Id.	*Rapport* et Décret sur le régime des établissements d'enseignement supérieur (*art. 15, 20*).	22 août 1854.	II. 349
Id.	Circulaire rappelant à l'exécution des règlements relatifs aux aspirants pharmaciens de 2e classe.	13 déc. 1858.	II. 522
Id.	Décret portant règlement d'administration publique concernant le stage exigé des élèves en pharmacie.	15 fév. 1860.	II. 554
Id.	Dispositions légales autorisant la perception d'un droit spécial pour l'inscription des élèves stagiaires en pharmacie.	26 juillet 1860.	II. 567
Id.	Instruction sur l'exécution du décret qui détermine le mode de justification du stage imposé aux élèves en pharmacie.	24 nov. 1860.	II. 578
Id.	Arrêté fixant l'âge auquel les élèves en pharmacie peuvent prendre une première inscription de stage officinal.	19 juillet 1861.	II. 595

OBJET.	TITRES DES LOIS, DÉCRETS, ORDONNANCES, RÈGLEMENTS, ARRÊTÉS, ETC.	DATES.	TOMES et PAGES.	
STAGE OFFICINAL.	Décret portant règlement d'administration publique modifiant les conditions d'études exigées des aspirants au grade de pharmacien de 2ᵉ classe (*art. 1ᵉʳ*).	14 juillet 1875.	III.	42
Idem	Décret portant règlement d'administration publique déterminant les conditions d'études exigées des aspirants au titre de pharmacien de 1ʳᵉ classe (*art. 1ᵉʳ*)	12 juillet 1878.	III.	219
Id.	Décret portant règlement d'administration publique relatif aux conditions d'études exigées des candidats au grade de pharmacien de 2ᵉ classe.	31 août 1878.	III.	225
Ia.	Règlement relatif à l'examen de validation de stage exigé des candidats au grade de pharmacien de 1ʳᵉ et de 2ᵉ classe	30 déc. 1878.	III.	242
Id.	Circulaire concernant les nouvelles dispositions réglementaires sur le stage, les études et les examens des aspirants aux diplômes de pharmacien de 1ʳᵉ et de 2ᵉ classe.	7 juillet 1879.	III.	257
Id.	Circulaire relative aux élèves du service de santé militaire aspirants au grade de pharmacien.	22 mars 1880.	III.	446
Id.	Décret portant règlement d'administration publique ayant pour objet de fixer les droits à percevoir des élèves en pharmacie aspirant au certificat de validation de stage.	3 août 1880.	III.	509
Id.	*Rapport présenté au Conseil supérieur de l'Instruction publique sur cet objet par* M. Gavarret.	»	III.	509 *n.*
Id.	Circulaire relative à la prise de la première inscription de stage par les élèves en pharmacie.	7 avril 1883.	III.	715
Id.	Circulaire sur le même objet.	11 juillet 1883.	III.	771 *n.*
STAGE OFFICINAL. (Examen de validation.)	Décret portant règlement d'administration publique relatif aux conditions d'études exigées des candidats au grade de pharmacien de 2ᵉ classe (*art. 2*).	31 août 1878.	III.	225
Idem	Règlement relatif à l'examen de validation de stage exigé des candidats au grade de pharmacien de 1ʳᵉ et de 2ᵉ classe.	30 déc. 1878.	III.	242
Id.	Circulaire concernant les nouvelles dispositions réglementaires sur le stage, les études et les examens exigés des aspirants aux diplômes de pharmacien de 1ʳᵉ et de 2ᵉ classe.	7 juillet 1879.	III.	257
Id.	Décret portant règlement d'administration publique ayant pour objet de fixer les droits à percevoir des élèves en pharmacie aspirant au certificat de validation de stage	3 août 1880.	III.	509
Id.	*Rapport présenté au Conseil supérieur de l'Instruction publique sur cet objet par* M. Gavarret	»	III.	509 *n.*
STATISTIQUE.	Circulaire relative à la statistique des examens dans les établissements d'enseignement supérieur.	13 fév. 1883.	III.	702
SUBORDINATION ADMINISTRATIVE.	Extrait de la Constitution (*art. 299*).	5 fruct. An III.	I.	34
Idem	Règlement concernant le régime de l'Université, la subordination, la correspondance et les attributions de ses diverses autorités.	10 oct. 1810.	I.	298

OBJET.	TITRES DES LOIS, DÉCRETS, ORDONNANCES, RÈGLEMENTS, ARRÊTÉS, ETC.	DATES.	TOMES et PAGES.
SUBORDINATION ADMINISTRATIVE.	Arrêté relatif aux rapports de subordination des fonctionnaires de chaque Académie	30 mars 1811.	I. 313
SUBSTITUTION DE PERSONNES.	Arrêté contenant de nouvelles dispositions pour prévenir les erreurs de noms et les substitutions de personnes dans les candidatures pour le baccalauréat ès lettres.	11 avril 1837.	I. 745
Idem	Décret relatif au régime des établissements d'enseignement supérieur (art. 19)	30 juillet 1883.	III. 731
SUPPLÉANTS.	Règlement pour le Muséum national d'histoire naturelle présenté par les professeurs et approuvé par le Comité d'Instruction publique de la Convention nationale (chap. II, art. 15).	21 sept. 1793.	I. 15
Idem	Loi relative aux Écoles de droit (art. 25).	22 vent. An XII.	I. 137
Id.	Décret concernant l'organisation des Écoles de droit (section III).	4ᵉ compⁱ̴ᵉ An XII.	I. 142
Id.	Instruction pour les Écoles de droit (art. 1ᵉʳ, 22)	19 mars 1807.	I. 160
Id.	Statut portant règlement provisoire des traitements fixes et éventuels dans les Facultés de droit.	11 mai 1810.	I. 279
Id.	Statut sur l'administration économique des Facultés de théologie, des sciences et des lettres (art. 11).	14 sept. 1810.	I. 294
Id.	Décision portant que les professeurs suppléants ou adjoints des Facultés ont droit au titre et à la décoration d'officier de l'Université.	21 juin 1811.	I. 177n.
Id.	Statut sur la composition des Facultés des lettres et des sciences de Paris.	7 août 1812.	I. 359
Id.	Arrêté concernant les suppléants de la Faculté de droit de Paris	27 juin 1815.	I. 384
Id.	Arrêté qui fixe l'indemnité qui sera allouée aux suppléants des Facultés de droit chargés de faire le cours d'une chaire vacante.	19 mars 1819.	I. 426
Id.	Règlement pour la Faculté de médecine de Paris (art. 44).	12 avril 1823.	I. 494
Id.	Règlement pour la Faculté de médecine de Montpellier (art. 47, 48).	1ᵉʳ mars 1825.	I. 515
Id.	Statut portant règlement général concernant la discipline et la police intérieure des Facultés et des Écoles secondaires de médecine (art. 44 et suiv.).	9 avril 1825.	I. 521
Id.	Règlement général sur la comptabilité de l'Université (art. 257-261)	11 nov. 1826.	I. 540
Id.	Règlement du Collège de France (titre II).	25 oct. 1828.	II. 500 n.
Id.	Rapport et Ordonnance portant organisation de l'École des Langues orientales vivantes (art. 18)	22 mai 1838.	I. 792
Id.	Arrêté concernant le nombre de leçons que doivent faire les professeurs des Facultés.	11 fév. 1840.	I. 818
Id.	Rapport et Ordonnance qui autorise les professeurs suppléants des Facultés de droit à faire des cours complémentaires.	22 mars 1840.	I. 838
Id.	Rapport et Ordonnance portant création de trois ordres d'agrégés près les Facultés des lettres (art. 6)	24 mars 1840.	I. 840

OBJET.	TITRES DES LOIS, DÉCRETS, ORDONNANCES, RÈGLEMENTS, ARRÊTÉS, ETC.	DATES.	TOMES et PAGES.
SUPPLÉANTS.	Ordonnance concernant les Écoles préparatoires de médecine et de pharmacie (*art. 4, 5*).	12 mars 1841.	I. 899
Idem	Avis du Conseil royal de l'Instruction publique sur l'allocation due aux suppléants des Écoles préparatoires de médecine et de pharmacie qui remplacent les professeurs.	26 juillet 1844.	I. 961
Id.	Avis du Conseil royal de l'Université sur l'allocation due aux agrégés appelés à suppléer les professeurs dans les Facultés de médecine.	3 avril 1846.	I. 982
Id.	Arrêté concernant les agrégés des Facultés des sciences et des lettres.	22 janv. 1847.	I. 1006
Id.	Arrêté relatif aux agrégés des Facultés des sciences et des lettres.	18 déc. 1848.	II. 62
Id.	Règlement relatif au service des examens dans la Faculté de droit de Paris.	6 juillet 1849.	II. 68
Id.	Avis du Conseil de l'Université sur la question de savoir si les suppléants des Facultés de droit peuvent faire partie de l'assemblée de la Faculté soit avec voix délibérative, soit avec voix consultative.	6 juillet 1849.	I. 231 *n.*
Id.	*Rapport* et Décret relatifs aux suppléants des Facultés.	5 nov. 1852.	II. 253
Id.	Décret sur l'organisation des Académies (*art. 9, 12*). . .	22 août 1854.	II. 340
Id.	Arrêté qui détermine le traitement fixe des suppléants dans les Facultés de droit.	10 janv. 1855.	II. 420
Id.	*Rapport* et Décret concernant le Collège de France (*titre IV*).	8 oct. 1857.	II. 499
Id.	Règlement relatif aux Facultés (*art. 1er*) .	27 fév. 1858.	II. 509
Id.	Arrêté qui fixe les indemnités de suppléance pour l'École supérieure de pharmacie de Paris.	30 mars 1872.	II. 816
Id.	Décret relatif au mode de nomination des suppléants et des chefs des travaux anatomiques dans les Écoles préparatoires de médecine et de pharmacie.	4 fév. 1874.	II. 874
Id.	Circulaire relative au cumul des fonctions de suppléant et de chef des travaux anatomiques dans les Écoles préparatoires de médecine et de pharmacie.	10 oct. 1874.	II. 898
Id.	Décret concernant les Écoles de plein exercice de médecine et de pharmacie (*art. 5*).	14 juillet 1875.	III. 35
Id.	Décret relatif aux suppléants et aux chefs des travaux anatomiques dans les Écoles préparatoires de médecine et de pharmacie	14 juillet 1875.	III. 42
Id.	Décret déterminant : 1° le traitement des professeurs et agrégés des établissements d'enseignement supérieur; 2° le régime des suppléances et du cumul (*art. 6-8*) . .	14 janv. 1876.	III. 115
Id.	Décret concernant l'enseignement et le traitement des professeurs dans les Écoles préparatoires de médecine et de pharmacie (*art. 1er*).	10 août 1877.	III. 162
Id.	Circulaire pour l'exécution du décret précédent.	28 fév. 1878.	III. 178
Id. . . .	*Rapport* et Décret concernant les traitements des chargés de cours et des suppléants dans les Facultés.	20 août 1881.	III. 585
Id.	Décret relatif au traitement des chargés de cours et des suppléants dans les Facultés de théologie et les Écoles supérieures de pharmacie.	15 oct. 1881.	III. 591

OBJET.	TITRES DES LOIS, DÉCRETS, ORDONNANCES, RÈGLEMENTS, ARRÊTÉS, ETC.	DATES.	TOMES et PAGES.
SUPPLÉANTS.	Décret portant réorganisation des Écoles préparatoires de médecine et de pharmacie (*art. 3, 4, 6, 8*).	1ᵉʳ août 1883.	III. 743
Idem	Décret relatif aux Écoles de plein exercice de médecine et de pharmacie (*art. 2*).	1ᵉʳ août 1883.	III. 746
	Voir : Chargés de cours, Concours, Conférences, Jurisprudence.		
SUSPENSION. (Personnel.)	Règlement pour le Muséum national d'histoire naturelle présenté par les professeurs et approuvé par le Comité d'Instruction publique de la Convention nationale (*chap. Iᵉʳ, art. 6*)	21 sept. 1793.	I. 15
Idem	Décret portant organisation de l'Université (*art. 47, 57*).	17 mars 1808.	I. 171
Id.	Décret concernant le régime de l'Université (*art. 43, 46, 65 - 67, 72 - 74, 90*).	15 nov. 1811.	I. 319
Id.	Instructions sur la juridiction de l'Université envers ses membres	19 janv. 1821.	I. 461
Id.	Ordonnance qui donne au chef de l'Université le titre de Grand-Maître et détermine ses attributions.	1ᵉʳ juin 1822.	I. 483
Id.	Ordonnance portant réorganisation de la Faculté de médecine de Paris (*art. 30*).	2 fév. 1823.	I. 488
Id.	Statut portant règlement général concernant la discipline et la police intérieure des Facultés et des Écoles secondaires de médecine (*art. 48*).	9 avril 1825.	I. 521
Id.	Loi relative à l'enseignement (*art. 76*).	15 mars 1850.	II. 85
Id.	Dispositions organiques concernant l'Instruction publique (*art. 3, 8*).	9 mars 1852.	II. 209
Id.	Loi relative au Conseil supérieur de l'Instruction publique (*art. 5*).	19 mars 1873.	II. 848
Id.	Loi relative au Conseil supérieur de l'Instruction publique et aux Conseils académiques (*art. 7, 15*).	27 fév. 1880.	III. 322
Id.	Décret portant règlement intérieur des Conseils académiques (*art. 9*)	26 juin 1880.	III. 494
SUSPENSION D'UN COURS.	Réglement pour la Faculté de médecine de Paris (*art. 38*).	12 avril 1823.	I. 494
Idem	Règlement pour la Faculté de médecine de Montpellier (*art. 38*).	1ᵉʳ mars 1825.	I. 515
Id.	Statut portant règlement général concernant la discipline et la police intérieure des Facultés et des Écoles secondaires de médecine (*art. 45*).	9 avril 1825.	I. 521
Id.	Loi relative à la liberté de l'enseignement supérieur (*art. 17, 18, 21*).	12 juillet 1875.	III. 12
Id.	Décret relatif au régime des établissements d'enseignement supérieur (*art. 18*).	30 juillet 1883.	III. 731
THÉOLOGIE.	*Voir :* Chanoine, Curé, Évêque, Facultés de théologie, Vicaire général.		
THÈSES.	Loi relative à l'exercice de la médecine (*art. 7*)	19 vent. An XI.	I. 93
Idem	Arrêté du Gouvernement portant règlement pour l'exercice de la médecine (*art. 13, 15, 19, 20*).	20 prair. An XI.	I. 109
Id.	Loi relative aux Écoles de droit (*titre II*).	22 vent. An XII.	I. 137

OBJET.	TITRES DES LOIS, DÉCRETS, ORDONNANCES, RÈGLEMENTS, ARRÊTÉS, ETC.	DATES.	TOMES et PAGES.
THÈSES.	Décret concernant l'organisation des Écoles de droit (*art. 44, 48*)	4ᵉcompᵗᵉ An XII.	I. 142
Idem	Instruction pour les Écoles de droit (*art. 24; chap. VI*).	19 mars 1807.	I. 160
Id.	Statut concernant les examens dans les cinq Facultés (*art. 4, 12, 20*)	18 oct. 1808.	I. 194
Id.	Décret concernant les droits de sceau de l'Université (*art. 6*).	17 fév. 1809.	I. 210
Id.	Règlement particulier pour la Faculté des sciences de Paris (*art. 38*).	10 oct. 1809.	I. 233
Id.	Décision relative aux thèses dans les Facultés de droit. . .	13 oct. 1809.	I. 237
Id.	Statut sur les Facultés des lettres et des sciences (*art. 35 et suiv.*).	16 fév. 1810.	I. 249
Id.	Circulaire relative à l'envoi des thèses soutenues dans les Facultés	3 nov. 1815.	I. 389
Id.	Arrêté qui fixe les droits pour les thèses de licence dans la Faculté de droit de Paris.	17 fév. 1821.	I. 465
Id.	Règlement pour la Faculté de médecine de Paris (*art. 7*).	12 avril 1823.	I. 494
Id.	Règlement concernant l'enseignement, les examens, les thèses, les concours d'agrégation et les auxiliaires de l'enseignement à la Faculté de médecine de Montpellier (§ Iᵉʳ).	1ᵉʳ mars 1825.	I. 515
Id.	Statut portant règlement général concernant la discipline et la police intérieure des Facultés et des Écoles secondaires de médecine (*art. 41, 42*)	9 avril 1825.	I. 521
Id.	Arrêté qui détermine les droits de présence et le nombre des examinateurs pour les thèses de doctorat ès sciences et ès lettres.	15 déc. 1827.	I. 603
Id.	Arrêté relatif au tirage des matières de thèses à soutenir devant la Faculté de droit de Paris.	28 juin 1836.	I. 736
Id.	Nouvelles dispositions réglementaires concernant les études dans les Facultés de médecine.	26 sept. 1837.	I. 772
Id.	Arrêté qui détermine les conditions d'admission aux grades dans les Facultés de théologie.	24 août 1838.	I. 802
Id.	Règlement relatif aux examens du doctorat ès lettres. . .	17 juillet 1840.	I. 869
Id.	Règlement pour les Écoles de pharmacie (*art. 20*).	5 fév. 1841.	I. 892
Id.	Arrêté qui fixe le nombre et la répartition des exemplaires des thèses de doctorat ès lettres.	7 déc. 1841.	I. 917
Id.	Arrêté relatif aux thèses pour le doctorat en médecine et en chirurgie.	22 mars 1842.	I. 941
Id.	Circulaire relative à l'échange des thèses de doctorat entre les Facultés de droit.	12 avril 1844.	I. 959
Id.	Règlement relatif aux examens pour les divers grades dans les Facultés des sciences (*art. 6*).	8 juin 1848.	II. 46
Id.	Nouvelles instructions sur l'envoi des thèses de doctorat.	19 fév. 1853.	II. 269
Id.	Circulaire relative au mode d'expédition, par la poste, des thèses et des comptes rendus des Facultés.	4 juillet 1855.	II. 440
Id.	Règlement relatif aux Facultés (*art. 3*).	27 fév. 1858.	II. 509
Id.	Instruction relative à l'exécution du règlement précédent.	15 mars 1858.	II. 511

OBJET.	TITRES DES LOIS, DÉCRETS, ORDONNANCES, RÈGLEMENTS, ARRÊTÉS, ETC.	DATES.	TOMES et PAGES.	
THÈSES.	Décret qui règle les conditions du stage dans les hôpitaux exigé des candidats au doctorat en médecine et au grade d'officier de santé (*art. 6*)	18 juin 1862.	II.	609
Idem	Règlement relatif aux étudiants qui veulent passer d'une Faculté dans une autre (*art. 2*). . . . , ...	24 nov. 1875.	II.	99
Id.	Décret portant règlement d'administration publique déterminant les conditions d'études exigées des aspirants au grade de docteur en médecine (*art. 3*).	20 juin 1878.	III.	213
Id.	Décret déterminant les conditions d'études et d'admission aux grades de bachelier et de licencié dans les Facultés de droit (*art. 4*).	28 déc. 1880.	III.	536
Id.	Arrêté relatif à la répartition des thèses.	30 avril 1882.	III.	621 n.
Id.	Circulaire relative au service des thèses.	17 mai 1882.	III.	621 n.
Id.	Circulaire relative à l'échange des thèses et publications académiques avec des Universités étrangères.	31 mai 1882.	III.	621
Id.	Instruction pour les bibliothécaires des Bibliothèques universitaires sur le service d'échange de thèses et publications académiques avec des Universités étrangères. . . .	»	III.	623
Id.	Décret relatif à la composition du jury pour les thèses de doctorat ès lettres. . . . . , ...	20 juillet 1882.	III.	633
Id.	Décret portant modification des épreuves du doctorat en droit (*art. 2, 5*).	20 juillet 1882.	III.	634
Id.	Arrêté portant règlement du service des thèses.	21 juillet 1882.	III.	652
Id.	Circulaire pour l'exécution du décret du 20 juillet 1882 relatif à la composition du jury pour les thèses de doctorat ès lettres.	1er août 1882.	III.	633 n.
Id.	Circulaire relative à l'exécution du règlement du 21 juillet 1882.	11 août 1882.	III.	652 n.
Id.	Instruction pour les secrétaires des Facultés et les bibliothécaires des Bibliothèques universitaires sur le service des thèses.	»	III.	654
Id.	Décret relatif au régime des établissements d'enseignement supérieur (*art. 20, 21*).	30 juillet 1883.	III.	731
	Voir : DOCTORAT, LICENCE.			
TITRES ATTACHÉS AUX FONCTIONS.	Décret portant organisation de l'Université (*titre IV, § 2*).	17 mars 1808.	I.	171
	Voir : DISTINCTIONS HONORIFIQUES.			
TITULAIRES DE L'UNIVERSITÉ.	Décret portant organisation de l'Université (*titre IV, § 2*).	17 mars 1808.	I.	171
	Voir : DISTINCTIONS HONORIFIQUES.			
TRAITEMENT (Privation de).	Décret concernant le régime de l'Université (*art. 65, 67, 72, 73*).	15 nov. 1811.	I.	319
TRAITEMENTS.	Décret relatif à la vente des biens formant la dotation des Collèges et autres établissements d'Instruction publique (*art. 8 et suiv.*).	8-10 mars 1793.	I.	10
Idem. . . .	Décret portant organisation de l'Université (*titre XVIII*).	17 mars 1808.	I.	171
Id.	Arrêté qui fixe l'époque à laquelle commence à courir le traitement des membres de l'Université.	7 nov. 1808.	I.	177 n.
Id.	Arrêté portant que les professeurs sans élèves ou constamment suppléés n'auront que le traitement fixe.	2 avril 1811.	I.	315

OBJET.	TITRES DES LOIS, DÉCRETS, ORDONNANCES, RÉGLEMENTS, ARRÊTÉS, ETC.	DATES.	TOMES et PAGES.
TRAITEMENTS.	Décret modifiant l'article 8 du décret du 12 février 1881 relatif aux traitements des professeurs des Facultés et des Écoles supérieures de pharmacie.	28 mai 1881.	III. 573
Idem	Rapport et Décret concernant les traitements des chargés de cours et des suppléants dans les Facultés.	20 août 1881.	III. 585
TRAITEMENTS. (Administration académique.)	Décret portant organisation de l'Université (titre XVIII).	17 mars 1808.	I. 171
Idem	Statut portant création d'inspecteurs particuliers attachés à l'Académie de Paris.	16 mars 1810.	I. 268
Id.	Arrêté concernant l'administration et les bureaux de l'Académie de Paris.	17 avril 1821.	I. 473
Id.	Arrêté qui crée une Académie en Corse.	30 mars 1838.	I. 790
Id.	Ordonnance qui répartit en classes les commis des Académies, Facultés et Collèges royaux.	8 sept. 1845.	I. 971
Id.	Arrêté relatif à l'organisation de la bibliothèque de l'Académie de Paris.	20 nov. 1846.	I. 991
Id.	Rapport et Arrêté concernant les nouvelles circonscriptions des Académies et les fonctionnaires de l'administration académique.	7 sept. 1848.	II. 56
Id.	Arrêté concernant les traitements des divers fonctionnaires de l'Université.	23 nov. 1848.	II. 61
Id.	Rapport et Décret concernant les Académies universitaires et leurs fonctionnaires.	27 mai 1850.	II. 148
Id.	Arrêté qui fixe le traitement du Recteur et des inspecteurs de l'Académie de la Seine.	27 déc. 1852.	II. 265
Id.	Décret qui fixe les traitements des fonctionnaires de l'administration académique.	22 août 1854.	II. 348
Id.	Décret qui augmente le nombre des inspecteurs d'Académie à Paris.	31 janv. 1858.	II. 508
Id.	Arrêté qui fixe les traitements des commis de l'inspection académique.	29 déc. 1860.	II. 581
Id.	Arrêté qui fixe les traitements des commis de l'inspection académique dans les trois nouveaux départements.	1er janv. 1861.	II. 582
Id.	Décret relatif au traitement des inspecteurs d'Académie.	25 janv. 1862.	II. 603
Id.	Arrêté qui fixe les traitements des commis d'Académie.	3 janv. 1863.	II. 623
Id.	Décret concernant les inspecteurs d'Académie, commis d'Académie, commis d'inspection académique et le secrétariat de l'Académie de Paris.	27 déc. 1865.	II. 699
Id.	Décret relatif aux traitements des fonctionnaires de l'administration académique.	26 déc. 1867.	II. 730
Id.	Décret portant augmentation des traitements des Recteurs d'Académie et des inspecteurs de l'Académie de Paris.	2 avril 1872.	II. 817
Id.	Décret concernant les commis d'inspection académique.	14 sept. 1875.	III. 87
Id.	Décret qui fixe les traitements des fonctionnaires de l'administration académique en France et en Algérie.	31 déc. 1876.	III. 144
Id.	Décret concernant les fonctionnaires et employés de l'administration académique en résidence dans le département de la Seine.	16 avril 1878.	III. 189
Id.	Décret concernant les commis d'inspection académique.	24 déc. 1879.	III. 312

OBJET.	TITRES DES LOIS, DÉCRETS, ORDONNANCES, RÈGLEMENTS, ARRÊTÉS, ETC.	DATES.	TOMES et PAGES.
TRAITEMENTS. (Administration académique.)	Décret fixant le traitement des commis d'inspection académique.	10 déc. 1881.	III. 593
Idem	Décret relatif aux emplois de commis principaux et de commis auxiliaires dans les bureaux des inspections académiques	17 fév. 1883.	III. 703
Id.	Circulaire pour l'exécution du décret précédent.	17 fév. 1883.	III. 703 n.
(Bureau des Longitudes.)	Loi relative à la formation d'un Bureau des Longitudes (art. 13).	7 mess. An III.	I. 33
Idem	Ordonnance qui crée trois emplois d'artiste adjoint près le Bureau des Longitudes (art. 3).	21 oct. 1814.	I. 372
Id.	Décret concernant la réorganisation de l'Observatoire de Paris et du Bureau des Longitudes (art. 5, 19, 23) . .	30 janv. 1854.	II. 306
Id.	Rapport et Décret sur l'organisation du Bureau des Longitudes (art. 8)	15 mars 1874.	II. 878
Id.	Décret fixant le traitement des membres adjoints du Bureau des Longitudes	28 déc. 1878.	III. 240
Id.	Arrêté relatif au personnel du bureau des calculs du Bureau des Longitudes	29 janv. 1881.	III. 556
(Collège de France.)	Décret portant que le Collège de France connu ci-devant sous le nom de Collège Royal est conservé provisoirement (art. 2).	25 mess. An III.	I. 34
Idem	Rapport et Décret concernant les suppléants au Collège de France (art. 2).	3 juillet 1857.	II. 482
Id.	Décret relatif au traitement des professeurs du Collège de France	25 janv. 1862.	II. 603
Id.	Décret qui fixe le traitement minimum des professeurs du Collège de France.	31 déc. 1876.	III. 145
(Conseillers de l'Université, Inspecteurs généraux.)	Arrêté qui fixe les traitements des inspecteurs généraux.	9 vend. An XI.	I. 83 n.
Idem	Décret portant organisation de l'Université (titre XVIII).	17 mars 1808.	I. 171
Id.	Ordonnance fixant le traitement du président et des membres du Conseil royal et des inspecteurs généraux.	17 fév. 1815.	I. 380 n.
Id.	Arrêté qui fixe le traitement des inspecteurs généraux des Facultés de droit.	14 mai 1816.	I. 408
Id.	Ordonnance portant fixation du traitement des membres du Conseil royal de l'Instruction publique.	26 avril 1832.	I. 670
Id.	Arrêté concernant les traitements des divers fonctionnaires de l'Université.	23 nov. 1848.	II. 61
Id.	Loi relative à l'enseignement (art. 2).	15 mars 1850.	II. 85
Id.	Décret qui fixe les traitements des inspecteurs généraux.	9 mars 1852.	II. 211 n.
Id.	Décret qui fixe le traitement minimum des inspecteurs généraux de l'Instruction publique.	31 déc. 1876.	III. 145
(Droit.)	Décret concernant l'organisation des Écoles de droit (art. 7, 15, 20, 65).	4ᵉ compᵉ An XII.	I. 142
Idem	Statut portant règlement provisoire pour l'année 1810 des traitements fixes et éventuels dans les Facultés de droit.	11 mai 1810.	I. 279

OBJET.	TITRES DES LOIS, DÉCRETS, ORDONNANCES, RÈGLEMENTS, ARRÊTÉS, ETC.	DATES.	TOMES et PAGES.
TRAITEMENTS. (Droit.)	Statut sur l'administration économique des Facultés de droit (*titre III*).	13 juillet 1810.	I. 286
Idem	Arrêté relatif au traitement des professeurs des Facultés de droit.	7 juillet 1812.	I. 355
Id.	Arrêté contenant des dispositions supplémentaires à l'arrêté précédent.	6 avril 1818.	I. 415
Id.	Arrêté qui fixe l'indemnité qui sera allouée aux suppléants des Facultés de droit chargés de faire le cours d'une chaire vacante.	19 mars 1819.	I. 426
Id.	Arrêté relatif aux traitements éventuels dans les Facultés de droit des départements.	16 juillet 1839.	I. 813
Id.	Décision qui fixe le minimum des traitements dans les Facultés de droit.	14 mars 1845.	I. 966
Id.	Arrêté présidentiel qui fixe les traitements dans les Facultés de droit.	18 mai 1849.	II. 66
Id.	Arrêté qui fixe le préciput des doyens des Facultés ainsi que le traitement fixe des suppléants des Facultés de droit.	10 janv. 1855.	II. 420
Id.	Arrêté relatif aux traitements éventuels dans les Facultés de droit des départements.	20 avril 1864.	II. 641
Id.	Décret concernant le traitement fixe des professeurs de la Faculté de droit de Paris.	21 déc. 1868.	II. 765
Id.	Décret concernant le traitement des agrégés et le préciput des doyens des Facultés de droit et de médecine de Paris.	27 fév. 1869.	II. 772
Id.	Arrêté qui détermine les traitements éventuels des professeurs, agrégés et secrétaires des Facultés de droit des départements et les préciputs des doyens desdites Facultés.	20 fév. 1872.	II. 809
Id.	Décret portant répartition des traitements dans la Faculté de droit de Paris.	2 avril 1872.	II. 817
Id.	Décret relatif au traitement des fonctionnaires de la Faculté de droit de Toulouse.	20 avril 1872.	II. 818
Id.	Décret déterminant : 1º les traitements des professeurs et agrégés dans les établissements d'enseignement supérieur; 2º le régime des suppléances et du cumul.	14 janv. 1876.	III. 115
Id.	Décret déterminant : 1º le préciput des doyens et directeurs d'établissements d'enseignement supérieur; 2º le traitement des secrétaires agents comptables.	14 janv. 1876.	III. 120
Id.	Décret qui prescrit le payement par douzièmes du traitement des professeurs des Facultés et des Écoles supérieures de pharmacie.	1ᵉʳ juillet 1877.	III. 154
Id.	Décret relatif au classement et au traitement des professeurs des Facultés et des Écoles supérieures de pharmacie.	12 fév. 1881.	III. 558
Id.	Décret modifiant l'article 8 du décret précédent	28 mai 1881.	III. 573
Id.	*Rapport* et Décret concernant les traitements des chargés de cours et des suppléants dans les Facultés.	20 août 1881.	III. 585
Id.	Circulaire relative aux cours de doctorat dans les Facultés de droit.	3 nov. 1882.	III. 683
(École d'Athènes.)	Arrêté fixant les traitements du directeur, des membres et du secrétaire interprète de l'École française d'Athènes.	1ᵉʳ fév. 1847.	I. 987*n*.

OBJET.	TITRES DES LOIS, DÉCRETS, ORDONNANCES, RÈGLEMENTS, ARRÊTÉS, ETC.	DATES.	TOMES et PAGES.
TRAITEMENTS. (École des Chartes.)	*Rapport* et Ordonnance concernant la remise en activité de l'École royale des Chartes (*art. 5*)	11 nov. 1829.	I. 631
Idem	Ordonnance qui organise l'École des Chartes (*art. 4, 12, 18*).	31 déc. 1846.	I. 1000
Id.	Arrêté fixant le traitement des professeurs de l'École des Chartes.	9 déc. 1881.	III. 593
(École des Langues orientales.)	Loi qui établit dans l'enceinte de la Bibliothèque nationale une École publique destinée à l'enseignement des langues orientales (*art. 5*).	10 germ. An III.	I. 32
Idem	*Rapport* et Ordonnance portant organisation de l'École des Langues orientales vivantes (*art. 17*).	22 mai 1838.	I. 792
Id.	Décret portant augmentation du traitement des professeurs de l'École des Langues orientales.	2 déc. 1874.	II. 914
Id.	Décret qui fixe le traitement minimum ..... des professeurs de l'École des Langues orientales vivantes.	31 déc. 1876.	III. 145
(École normale.)	Décret portant organisation de l'Université (*titre XVIII*).	17 mars 1808.	I. 171
Idem	Statut sur l'administration économique de l'École normale (§ 3).	29 mai 1810.	I. 282
Id.	Statut sur les traitements des professeurs des Facultés attachés à l'École normale.	7 août 1812.	I. 358
Id.	Arrêté fixant le traitement du chef de l'École normale. . .	21 sept. 1815.	I. 379 n.
Id.	Arrêté relatif aux traitements des maîtres de conférences de l'École normale supérieure.	7 janv. 1874.	II. 871
Id.	Arrêté relatif aux traitements des maîtres de conférences à l'École normale supérieure.	30 déc. 1878.	III. 242
Id.	Arrêté concernant le traitement des maîtres de conférences à l'École normale supérieure.	7 janv. 1880.	III. 315
Id.	Arrêté fixant les traitements des maîtres surveillants, des préparateurs et du bibliothécaire de l'École normale supérieure.	9 déc. 1881.	III. 593
Id.	Arrêté modifiant le traitement de l'économe de l'École normale supérieure	17 nov. 1882.	III. 685
(Lettres.)	Statut sur l'administration économique des Facultés de théologie, des sciences et des lettres.	14 sept. 1810.	I. 294
Idem	Circulaire relative à l'exécution du statut précédent	13 nov. 1810.	I. 297 n.
Id.	Statut sur la composition des Facultés des sciences et des lettres de Paris.	7 août 1812.	I. 359
Id.	Décision qui fixe le traitement des professeurs de la Faculté des sciences et de la Faculté des lettres de Paris.	19 oct. 1832.	I. 679
Id.	Arrêté relatif aux traitements des professeurs des Facultés professeurs dans un Collège royal.	22 déc. 1835.	I. 728
Id.	Arrêté concernant les agrégés des Facultés des sciences et des lettres.	22 janv. 1847.	I. 1006
Id.	Arrêté présidentiel relatif aux agrégés des Facultés des sciences et des lettres.	18 déc. 1848.	II. 62
Id.	*Rapport* et Décret relatifs aux suppléants des Facultés. .	5 nov. 1852.	II. 253

OBJET.	TITRES DES LOIS, DÉCRETS, ORDONNANCES, RÉGLEMENTS, ARRÊTÉS, ETC.	DATES.	TOMES et PAGES.	
TRAITEMENTS. (Lettres.)	Arrêté qui fixe le droit de présence dans les Facultés des lettres et le maximum des traitements éventuels dans la Faculté des lettres de Paris.	26 déc. 1854.	II.	381
Idem	Arrêté qui fixe le préciput des doyens des Facultés ..... de l'Académie de Paris, et qui rappelle à l'exécution de l'arrêté du 8 septembre 1829.	10 janv. 1855.	II.	420
Id.	Décret relatif au traitement des professeurs ..... de la Faculté des lettres de Paris.	25 janv. 1862.	II.	603
Id.	Décret fixant le traitement éventuel des professeurs des Facultés des sciences et des lettres.	26 déc. 1867.	II.	729
Id. . . : . . .	Circulaire relative à l'exécution du décret précédent.	18 mai 1868.	II.	729 n.
Id.	Décret qui institue des places d'agrégés près les Facultés des sciences et des lettres (art. 4).	2 nov. 1875.	III.	94
Id.	Décret déterminant : 1º les traitements des professeurs et agrégés dans les établissements d'enseignement supérieur; 2º le régime des suppléances et du cumul.	14 janv. 1876.	III.	115
Id.	Décret déterminant : 1º le préciput des doyens et directeurs d'établissements d'enseignement supérieur; 2º le traitement des secrétaires agents comptables.	14 janv. 1876.	III.	120
Id.	Décret qui prescrit le payement par douzièmes du traitement des professeurs des Facultés et des Écoles supérieures de pharmacie.	1er juillet 1877.	III.	154
Id.	Décret relatif au classement et au traitement des professeurs des Facultés et des Écoles supérieures de pharmacie.	12 fév. 1881.	III.	558
Id.	Décret modifiant l'article 8 du décret précédent.	28 mai 1881.	III.	573
Id.	Rapport et Décret concernant les traitements des chargés de cours et des suppléants dans les Facultés.	20 août 1881.	III.	585
(Médecine et Pharmacie.)	Décret portant établissement de trois Écoles de santé (art. 14).	14 frim. An III.	I.	29
Idem	Loi relative à l'exercice de la médecine (art. 14).	19 vent. An XI.	I.	93
Id.	Arrêté du Gouvernement portant règlement pour l'exercice de la médecine (§ 8).	20 prair. An XI.	I.	109
Id.	Arrêté du Gouvernement portant règlement sur les Écoles de pharmacie (art. 17).	25 therm. An XI.	I.	119
Id.	Arrêté du Gouvernement qui fixe le traitement des professeurs et des fonctionnaires des Écoles de médecine.	13 vend. An XII.	I.	131
Id.	Arrêté portant suppression d'emplois d'aides d'anatomie et création d'une place de prosecteur dans les Facultés de médecine.	26 déc. 1817.	I.	413
Id.	Ordonnance portant réorganisation de la Faculté de médecine de Paris (art. 17).	2 fév. 1823.	I.	488
Id.	Arrêté contenant règlement pour l'École secondaire de médecine de Caen (art. 2).	13 mars 1830.	I.	638
Id.	Décision relative au traitement des agrégés.	6 janv. 1835.	I.	721
Id.	Rapport et Ordonnance portant organisation des Écoles de pharmacie (titre III).	27 sept. 1840.	I.	876
Id.	Rapport et Ordonnance concernant l'organisation des Écoles préparatoires de médecine et de pharmacie (art. 6).	13 oct. 1840.	I.	884

OBJET.	TITRES DES LOIS, DÉCRETS, ORDONNANCES, RÈGLEMENTS, ARRÊTÉS, ETC.	DATES.	TOMES et PAGES.
TRAITEMENTS. (Médecine et Pharmacie.)	Avis du Conseil royal de l'Instruction publique relatif au traitement des agrégés.	10 nov. 1840.	I. 890
Idem	Avis du Conseil royal de l'Instruction publique relatif à l'indemnité due aux agrégés pour les suppléances.	11 mai 1844.	I. 488n.
Id.	Ordonnance fixant l'indemnité due aux agrégés des Facultés de médecine appelés à remplacer les professeurs.	22 juillet 1844.	I. 960
Id.	Avis du Conseil royal de l'Instruction publique sur l'allocation due aux suppléants des Écoles préparatoires de médecine qui remplacent les professeurs.	26 juillet 1844.	I. 961
Id.	Avis du Conseil royal de l'Instruction publique sur l'allocation due aux agrégés appelés à suppléer les professeurs dans les Facultés de médecine.	3 avril 1846.	I. 982
Id.	Loi de finances qui alloue un traitement fixe aux agrégés des Facultés de médecine.	3 juillet 1846.	I. 985
Id.	Arrêté présidentiel qui fixe les traitements dans les Facultés de droit, de médecine et des lettres de Paris	18 mai 1849.	II. 66
Id.	Arrêté qui fixe le traitement des professeurs de la Faculté de médecine de Paris	13 juin 1850.	II. 150
Id.	Arrêté qui fixe les traitements des divers fonctionnaires et agents de la Faculté de médecine de Montpellier	21 juin 1850.	II. 154
Id.	Arrêté qui fixe les traitements des divers fonctionnaires et agents de la Faculté de médecine de Strasbourg.	22 juin 1850.	II. 155
Id.	Arrêté qui augmente le traitement fixe des professeurs de la Faculté de médecine de Paris.	26 déc. 1854.	II. 381
Id.	Arrêté qui fixe le préciput des doyens des Facultés et du directeur de l'École supérieure de pharmacie de Paris.	10 janv. 1855.	II. 420
Id.	Décret qui institue une École préparatoire de médecine et de pharmacie à Alger (art. 3).	4 août 1857.	II. 490
Id.	Arrêté qui fixe le traitement des fonctionnaires de l'École pratique de la Faculté de médecine de Paris.	10 août 1859.	II. 543
Id.	Dispositions réglementaires concernant les fonctions de chefs et d'aides de clinique à la Faculté de médecine de Paris (art. 10)	23 juin 1865.	II. 691
Id.	Dispositions réglementaires concernant les fonctions de chef de clinique à la Faculté de médecine de Montpellier (art. 8).	26 déc. 1865.	II. 698
Id.	Décret concernant le traitement des agrégés et le préciput des doyens des Facultés de droit et de médecine de Paris.	27 fév. 1869.	II. 772
Id.	Arrêté qui porte de 500 à 1200 francs l'indemnité annuelle des chefs de clinique de la Faculté de médecine de Paris.	20 avril 1869.	II. 692n.
Id.	Arrêté qui fixe les indemnités de suppléance pour l'École supérieure de pharmacie de Paris.	30 mars 1872.	II. 816
Id.	Décret concernant les Écoles de plein exercice de médecine et de pharmacie (art. 4, 9, 11).	14 juillet 1875.	III. 35
Id.	Décret relatif aux suppléants et aux chefs des travaux anatomiques dans les Écoles préparatoires de médecine et de pharmacie (art. 5).	14 juillet 1875.	III. 42

OBJET.	TITRES DES LOIS, DÉCRETS, ORDONNANCES, RÈGLEMENTS, ARRÊTÉS, ETC.	DATES.	TOMES et PAGES.
TRAITEMENTS. (Médecine et Pharmacie.)	Décret déterminant : 1° les traitements des professeurs et agrégés dans les établissements d'enseignement supérieur ; 2° le régime des suppléances et du cumul.	14 janv. 1876.	III. 115
Idem	Décret déterminant : 1° le préciput des doyens et directeurs d'établissements d'enseignement supérieur ; 2° le traitement des secrétaires agents comptables.	14 janv. 1876.	III. 120
Id.	Décret qui prescrit le payement par douzièmes du traitement des professeurs des Facultés et des Écoles supérieures de pharmacie.	1er juillet 1877.	III. 154
Id.	Décret concernant l'enseignement et le traitement des professeurs dans les Écoles préparatoires de médecine et de pharmacie.	10 août 1877.	III. 162
Id.	Circulaire pour l'exécution du décret précédent.	28 fév. 1878.	III. 178
Id.	Décret qui fixe le traitement des professeurs de la Faculté de médecine et de la Faculté des sciences de Paris. . . .	28 déc. 1878.	III. 241
Id.	Décret relatif au classement et au traitement des professeurs des Facultés et des Écoles supérieures de pharmacie.	12 fév. 1881.	III. 558
Id.	Décret modifiant l'article 8 du décret précédent.	28 mai 1881.	III. 573
Id.	Rapport et Décret concernant les traitements des chargés de cours et des suppléants dans les Facultés.	20 août 1881.	III. 585
Id.	Décret relatif au traitement des chargés de cours et des suppléants dans les Facultés de théologie et les Écoles supérieures de pharmacie.	15 oct. 1881.	III. 591
Id.	Arrêté relatif à la chaire de clinique des maladies du système nerveux à la Faculté de médecine de Paris. . .	2 janv. 1882.	III. 605
(Muséum.)	Décret qui fixe le traitement des professeurs du Muséum d'histoire naturelle.	31 déc. 1876.	III. 145
Idem	Décret fixant les traitements des aides-naturalistes et des préparateurs du Muséum d'histoire naturelle.	10 déc. 1881.	III. 594
(Observatoires.)	Décret concernant la réorganisation de l'Observatoire de Paris (art. 3, 5, 19, 23).	30 janv. 1854.	II. 306
Idem	Rapport et Décret instituant une place de physicien à l'Observatoire de Paris, et fixant le traitement des astronomes et des astronomes adjoints.	20 fév. 1855.	II. 426
Id.	Décret portant réorganisation de l'Observatoire impérial (art. 11-16).	3 avril 1868.	II. 734
Id.	Décret relatif aux Observatoires de Paris et de Marseille (art. 10, 16)	5 mars 1872.	II. 811
Id.	Décret portant organisation des Observatoires ressortissant au Ministère de l'Instruction publique (art. 11).	21 fév. 1878.	III. 175
Id.	Rapport et Décret concernant l'organisation du Bureau central météorologique (art. 2).	14 mai 1878.	III. 205
Id.	Décret concernant les employés de l'Observatoire de Paris.	12 mars 1880.	III. 378
(Sciences.)	Statut sur l'administration économique des Facultés de théologie, des sciences et des lettres.	14 sept. 1810.	I. 294

OBJET.	TITRES DES LOIS, DÉCRETS, ORDONNANCES, RÉGLEMENTS, ARRÊTÉS, ETC.	DATES.	TOMES et PAGES.
TRAITEMENTS. (Théologie.)	Statut sur l'administration économique des Facultés de théologie, des sciences et des lettres.	14 sept. 1810.	I. 294
Idem	Circulaire relative à l'exécution du statut précédent	13 nov. 1810.	I. 297 n.
Id.	Arrêté qui organise la Faculté de théologie protestante de Strasbourg.	27 déc. 1818.	I. 425
Id.	Arrêté qui fixe le traitement des professeurs de la Faculté de théologie de Paris. . . . . · . . .	13 juin 1850.	I. 150
Id.	Décret déterminant : 1o les traitements des professeurs et agrégés dans les établissements d'enseignement supérieur ; 2o le régime des suppléances et du cumul.	14 janv. 1876.	III. 115
Id.	Décret déterminant : 1o le préciput des doyens et directeurs d'établissements d'enseignement supérieur ; 2o le traitement des secrétaires agents comptables..	14 janv. 1876.	III. 120
Id.	Décret qui prescrit le payement par douziémes du traitement des professeurs des Facultés et des Écoles supérieures de pharmacie.	1er juillet 1877.	III. 154
Id.	Décret relatif au classement et au traitement des professeur des Facultés et des Écoles supérieures de pharmacie.	12 fév. 1881.	III. 558
Id.	Décret modifiant l'article 8 du décret précédent.	28 mai 1881.	III. 573
Id.	Décret relatif au traitement des chargés de cours et des suppléants dans les Facultés de théologie.	15 oct. 1881.	III. 591
TRAVAUX ANATOMIQUES (Chefs des).	Règlement pour l'École de médecine de Paris (*titre Ier, chap. IV, art. 2 ; titre II, chap. II, art. 11*)	14 mess. An IV.	I. 42
Idem	Règlement pour l'École de médecine de Montpellier (*art. 1er, 6*)	2 fruct. An XI.	I. 125
Id.	Ordonnance portant réorganisation de la Faculté de médecine de Paris (*art. 9*).	2 février 1823.	I. 488
Id.	Règlement pour la Faculté de médecine de Montpellier (*art. 44*).	1er mars 1825.	I. 515
Id.	Arrêté portant règlement pour la Faculté de médecine de Strasbourg (*art. 8, 10*).	11 avril 1829.	I. 625
Id.	Ordonnance portant que, dans les Facultés de médecine, la fonction de chef des travaux anatomiques sera donnée au concours.	24 sept. 1836.	I. 742
Id.	Règlement du concours pour la place de chef des travaux anatomiques dans les Facultés de médecine.	30 sept. 1836.	I. 742
Id.	*Rapport* et Ordonnance concernant l'organisation des Écoles préparatoires de médecine et de pharmacie (*art. 5, 6*). .	13 oct. 1840.	I. 884
Id.	Ordonnance concernant les Écoles préparatoires de médecine et de pharmacie (*art. 3*).	12 mars 1841.	I. 899
Id.	Règlement concernant les Écoles préparatoires de médecine et de pharmacie (*art. 6*).	12 mars 1841.	I. 899
Id.	Règlement général pour les concours dans les Facultés de médecine (*titre II, § 4 ; titre III, art. 51*).	11 janv. 1842.	I. 923
Id.	Arrêté portant règlement d'études pour les Écoles préparatoires de médecine et de pharmacie (*art. 3, 6*).	2 avril 1857. .	II. 477

OBJET.	TITRES DES LOIS, DÉCRETS, ORDONNANCES, RÈGLEMENTS, ARRÊTÉS, ETC.	DATES.	TOMES et PAGES.
TRAVAUX ANATOMIQUES (Chefs des).	Règlement relatif à la répartition de l'enseignement dans les Écoles préparatoires de médecine et de pharmacie (*art. 3, 6*).	7 avril 1859.	II. 534
Idem	Circulaire relative à l'exécution du décret précédent	8 avril 1859.	II. 535
Id.	Décret concernant le chef des travaux anatomiques de la Faculté de médecine de Paris.	3 août 1859.	II. 540
Id.	Règlement pour l'École de dissection de la Faculté de médecine de Paris.	4 août 1859.	II. 541
Id.	Décret relatif au mode de nomination des suppléants et du chef des travaux anatomiques dans les Écoles préparatoires de médecine et de pharmacie (*titre II*).	4 fév. 1874.	II. 874
Id.	Circulaire relative au cumul des fonctions de suppléant et de chef des travaux anatomiques dans les Écoles préparatoires de médecine et de pharmacie.	10 oct. 1874.	II. 898
Id.	Décret concernant les Écoles de plein exercice de médecine et de pharmacie.	14 juillet 1875.	III. 35
Id.	Décret relatif aux suppléants et aux chefs des travaux anatomiques dans les Écoles préparatoires de médecine et de pharmacie.	14 juillet 1875.	III. 42
Id.	Arrêté relatif à la participation aux examens du chef des travaux anatomiques de la Faculté de médecine de Paris.	1er fév. 1877.	III. 146
Id.	Décret concernant l'enseignement et le traitement des professeurs dans les Écoles préparatoires de médecine et de pharmacie.	10 août 1877.	III. 162
Id.	Règlement concernant l'École pratique de la Faculté de médecine de Paris.	30 nov. 1878.	III. 237
Id.	Règlement concernant l'adjuvat et le prosectorat à la Faculté de médecine de Paris.	10 juin 1879.	III. 254
Id.	Arrêté concernant les concours pour l'emploi de chef des travaux anatomiques à la Faculté de médecine de Nancy.	23 déc. 1881.	III. 594
Id.	Décret portant réorganisation des Écoles préparatoires de médecine et de pharmacie (*art. 5, 8*).	1er août 1883.	III. 743
Id.	Décret relatif aux Écoles de plein exercice de médecine et de pharmacie (*art. 3*).	1er août 1883.	III. 746
TRAVAUX CHIMIQUES (Chefs des).	Arrêté portant création d'emplois à la Faculté de médecine de Paris.	11 déc. 1867.	II. 729
Idem	Décret concernant l'enseignement et le traitement des professeurs dans les Écoles préparatoires de médecine et de pharmacie.	10 août 1877.	III. 162
Id.	Règlement qui détermine la nature des épreuves du concours pour l'emploi de chef des travaux chimiques dans les Écoles préparatoires de médecine et de pharmacie. . .	30 déc. 1878.	III. 243
Id.	Décret portant réorganisation des Écoles préparatoires de médecine et de pharmacie (*art. 8*).	1er août 1883.	III. 743
Id.	Décret relatif aux Écoles de plein exercice de médecine et de pharmacie (*art. 3*).	1er août 1883.	III. 746
TRAVAUX PRATIQUES.	Décret portant établissement de trois Écoles de santé (*art. 4 et suiv.*).	14 frim. An III.	I. 29

OBJET.	TITRES DES LOIS, DÉCRETS, ORDONNANCES, RÈGLEMENTS, ARRÊTÉS, ETC.	DATES.	TOMES et PAGES.	
TRAVAUX PRATIQUES.	Règlement pour l'École de médecine de Paris (*titre I*er). . .	14 méss. An IV.	I.	42
Idem	Règlement pour l'École de médecine de Montpellier (*art. 8*).	2 fruct. An XI.	I.	125
Id.	Règlement pour les Écoles de pharmacie (*titre IV*).	5 fév. 1841.	I.	892
Id.	Règlement pour l'exécution de la loi de finances du 25 juin 1841 et de l'ordonnance du 27 septembre 1840 en ce qui concerne la perception des droits dus dans les Écoles de pharmacie (*chap. I*er).	27 nov. 1841.	I.	911
Id.	*Rapport* et Décret sur le régime financier des établissements d'enseignement supérieur (*art. 2, 3, 9, 13, 16*).	22 août 1854.	II.	349
Id.	Décret portant règlement d'administration publique modifiant les conditions d'études exigées des aspirants au grade de pharmacien de 2e classe (*art. 3*).	14 juillet 1875.	III.	42
Id.	Circulaire relative à l'organisation des travaux pratiques dans les Écoles préparatoires de médecine et de pharmacie. . .	4 mai 1876.	III.	131
Id.	Décret portant règlement d'administration publique déterminant les conditions d'études exigées des aspirants au grade de docteur en médecine (*art. 7*).	20 juin 1878.	III.	213
Id.	Décret portant règlement d'administration publique déterminant les conditions d'études exigées des aspirants au titre de pharmacien de 1re classe (*art. 8-10*).	12 juillet 1878.	III.	219
Id.	Circulaire pour l'exécution du décret du 20 juin 1878 sur les études des aspirants au grade de docteur en médecine.	20 nov. 1878.	III.	230
Id.	Règlement concernant l'École pratique de la Faculté de médecine de Paris.	30 nov. 1878.	III.	237
Id.	Règlement concernant les exercices pratiques à la Faculté de médecine de Montpellier.	15 janv. 1879.	III.	244
Id.	Circulaire concernant les travaux pratiques obligatoires pour les étudiants en médecine.	5 sept. 1879.	III.	277
Id.	Décret concernant la perception des droits des travaux et exercices pratiques exigés des étudiants en médecine et en pharmacie.	14 oct. 1879.	III.	282
Id.	Arrêté concernant la répartition des travaux pratiques à la Faculté de médecine de Montpellier.	18 oct. 1879.	III.	284
Id.	Circulaire concernant la perception des droits de travaux pratiques et de bibliothèque.	20 oct. 1879.	III.	285
Id.	Circulaire relative à l'admission des étudiants en médecine aux exercices pratiques obligatoires.	8 déc. 1879.	III.	283 *n.*
Id.	Règlement pour les travaux pratiques à la Faculté de médecine de Paris. . . . . . . :	29 déc. 1879.	III.	312
Id.	Règlement pour les concours d'aides des travaux pratiques à la Faculté de médecine de Montpellier.	22 janv. 1880.	III.	317
Id.	Règlement pour les travaux pratiques à la Faculté de médecine de Nancy.	18 mai 1880.	III.	464
Id.	Règlement relatif aux travaux pratiques à la Faculté mixte de médecine et de pharmacie de Bordeaux.	2 juillet 1880.	III.	501
Id.	Règlement relatif aux travaux pratiques à la Faculté mixte de médecine et de pharmacie de Lille.	20 juillet 1880.	III.	506
Id.	Circulaire relative à la perception des droits de bibliothèque et de travaux pratiques dans les établissements d'enseignement supérieur.	27 mars 1883.	III.	711

OBJET.	TITRES DES LOIS, DÉCRETS, ORDONNANCES, RÉGLEMENTS, ARRÊTÉS, ETC.	DATES.	TOMES et PAGES.
TRAVAUX PRATIQUES.	Loi de finances.	1er mai 1883.	III. 711*n.*
Idem	Décret relatif aux conditions d'études pour le titre d'officier de santé (*art. 3*).	1er août 1883.	III. 737
Id.	Circulaire pour l'exécution du décret précédent.	8 nov. 1883.	III. 772
TRÉSORIER de l'Université, du Conseil royal.	Décret portant organisation de l'Université (*titres IV, § 2, VIII*).	17 mars 1808.	I. 171
Idem	Décret relatif aux fonctions du trésorier et à la section de comptabilité du Conseil de l'Université.	31 août 1813.	I. 367
Id.	Ordonnance qui établit une Commission de l'Instruction publique et maintient l'organisation des Académies. . . .	15 août 1815.	I. 386
Id.	Ordonnance qui donne à la Commission de l'Instruction publique le titre de Conseil royal de l'Instruction publique et qui contient règlement à cet égard (*art. 5*).	1er nov. 1820.	I. 452
Id.	*Rapport* et Ordonnances concernant la nouvelle organisation du Conseil royal et des Conseils académiques. . .	7 sept. 1845.	I. 967
TRÉSORIER DU MUSÉUM.	Règlement pour le Muséum national d'histoire naturelle présenté par les professeurs et approuvé par le Comité d'Instruction publique de la Convention nationale (*chap. Ier, art. 12; chap. V*).	21 sept. 1793.	I. 15
TROUSSEAU.	Statut sur l'administration, la police et l'enseignement de l'École normale (*titre II*).	30 mars 1810.	I. 268
Idem	Règlement concernant l'administration et la discipline de l'École normale (*titre II*).	14 déc. 1815.	I. 394
TUILERIES.	*Voir :* LOUVRE.		
UNIFORME.	*Voir :* ÉCOLE NORMALE.		
UNIVERSITÉ.	*Rapport fait au Corps législatif par* le conseiller d'État Fourcroy *sur la loi relative à la formation d'un corps enseignant.*	6 mai 1806.	I. 150
Idem	Loi relative à la formation d'une Université impériale et aux obligations particulières des membres du corps enseignant.	10 mai 1806.	I. 156
Id.	Décret portant organisation de l'Université.	17 mars 1808.	I. 171
Id.	Décret sur la dotation de l'Université.	24 mars 1808.	I. 189
Id.	Décret portant règlement pour l'Université	17 sept. 1808.	I. 189
Id.	Statut concernant la division de l'Université en Académies et les villes qui en seront les chefs-lieux.	18 oct. 1808.	I. 196
Id.	Statut concernant le régime et la police générale de l'Université	28 oct. 1808.	I. 203
Id.	Décret qui donne à l'Université les biens restés disponibles des anciens établissements d'instruction publique.	11 déc. 1808.	I. 206
Id.	Décret concernant diverses dispositions pour accorder le régime des anciennes Écoles avec celui de l'Université. .	4 juin 1809.	I. 219

OBJET.	TITRES DES LOIS, DÉCRETS, ORDONNANCES, RÈGLEMENTS, ARRÊTÉS, ETC.	DATES.	TOMES et PAGES.	
UNIVERSITÉ.	Arrêté du Conseil de l'Université impériale concernant la fôrme dans laquelle seront promulgués les règlements de l'Université.	13 oct. 1809.	III.	884 *a*.
Idem	Décret qui détermine le rang de l'Université dans les cérémonies publiques.	15 nov. 1809.	I.	245
Id.	Règlement concernant le régime de l'Université, la subordination, la correspondance et les attributions de ses diverses autorités.	10 oct. 1810.	I.	298
Id.	Décret concernant le régime de l'Université.	15 nov. 1811.	I.	319
Id.	Décret relatif à la construction d'édifices pour le placement des archives impériales de l'Université et de l'École des Beaux-Arts	21 mars 1812.	I.	342
Id.	Arrêté sur la discipline des établissements de l'Université.	31 mars 1821.	I.	343
Id.	Ordonnance qui maintient provisoirement les règlements actuels de l'Université de France.	22 juin 1814.	I.	370
Id.	Ordonnance portant règlement sur l'Instruction publique. .	17 fév. 1815.	I.	374
Id.	Décret qui rétablit l'Université telle qu'elle était organisée par le décret du 17 mars 1808.	30 mars 1815.	I.	383
Id.	Instruction sur la juridiction de l'Université envers ses membres	19 janv. 1821.	I.	461
Id.	Loi relative à la fixation du budget des dépenses de l'exercice 1830.	2 août 1829.	I.	628
Id.	*Rapport au Roi sur le régime financier de l'Université.*	22 nov. 1833.	I.	686
Id.	*Rapport* et Ordonnances concernant la nouvelle organisation du Conseil royal et des Conseils académiques. . .	7 sept. 1845.	I.	967
	Voir : COMMISSION DE L'INSTRUCTION PUBLIQUE, CONSEIL DE L'UNIVERSITÉ.			
UNIVERSITÉ DE PARIS.	Décret relatif aux Recteur, professeurs et agrégés de l'Université de Paris.	22 mars 1791.	I.	7
. UNIVERSITÉS.	Décret relatif aux Recteur, professeurs et agrégés de l'Université de Paris.	22 mars 1791.	I.	7
Idem	Décret accordant des secours provisoires aux différents Collèges ou Universités qui ont perdu leurs revenus par la suppression des dîmes ou des droits féodaux. . . .	29 mai- 6 juin 1792.	I.	8
Id.	Arrêté concernant les gradués des anciennes Universités. .	28 fév. 1809.	I.	213
Id.	Arrêté déterminant les différentes classes d'individus auxquels il peut être accordé immédiatement des diplômes de grades dans les sciences ou dans les lettres. .	23 mai 1809.	I.	219
Id.	Ordonnance portant règlement sur l'Instruction publique.	17 fév. 1815.	I.	374
Id.	*Tableau indicatif des départements compris dans le ressort de chaque Université.*	»	I.	382
Id.	Décret qui rétablit l'Université telle qu'elle était organisée par le décret du 17 mars 1808.	30 mars 1815.	I.	383
Id.	Circulaire relative aux établissements d'enseignement supérieur	17 nov. 1883.	III.	774
	Voir : UNIVERSITÉ.			

OBJET.	TITRES DES LOIS, DÉCRETS, ORDONNANCES, RÈGLEMENTS, ARRÊTÉS, ETC.	DATES.	TOMES et PAGES.	
UNIVERSITÉS ÉTRANGÈRES.	Arrêté relatif aux médecins reçus dans les Universités étrangères.	8 sept. 1827.	I.	600
Idem	Décision portant que les études médicales faites dans les Universités étrangères seront comptées intégralement devant la Faculté de médecine de Strasbourg.	21 oct. 1834.	I.	707
Id.	Décision relative au titre de docteur conféré par une Université à un professeur de Faculté	23 mars 1841.	I.	903
	Voir : ÉQUIVALENCES.			
UNIVERSITÉS LIBRES.	Loi relative à la liberté de l'enseignement supérieur. . . .	12 juillet 1875.	III.	12
Idem	Loi relative à la liberté de l'enseignement supérieur (*art. 4*).	18 mars 1880.	III.	388
VACANCES.	Décret concernant les vacances dans les Écoles de droit. . .	10 fév. 1806.	I.	150
Idem	Instruction pour les Écoles de droit (*art. 39*).	19 mars 1807.	I.	160
Id.	Arrêté qui fixe l'époque des vacances de la Faculté des lettres de Paris.	28 avril 1821.	I.	473
Id.	Arrêté qui fixe l'époque de l'ouverture et de la clôture des cours de la Faculté des lettres de Paris ainsi que celle des examens pour le baccalauréat.	12 juillet 1823.	I.	499
	Voir : ANNÉE SCOLAIRE, CONGÉS, COURS (Durée des).			
VACANCES DE CHAIRES.	*Voir* : NOMINATION (Conditions et mode de), PRÉSENTATIONS.			
VALIDATION DE STAGE.	*Voir* : STAGE OFFICINAL (Examen de validation).			
VEUVES.	Arrêté du Gouvernement contenant règlement sur les Écoles de pharmacie (*art. 41*).	25 therm. An XI.	I.	119
Idem	Ordonnance portant qu'il pourra être accordé des pensions de retraite aux veuves des membres de l'Université. . .	1er avril 1830.	I.	639
Id.	Règlement pour l'exécution des lois de finances des 23 et 24 mai 1834 en ce qui concerne l'Université (*IIe partie, chap. VIII*)	27 nov. 1834.	I.	710
Id.	Loi modifiant le régime des pensions civiles (*art. 13 et suiv.*).	9 juin 1853.	II.	277
Id.	Décret réglant l'exécution de la loi précédente (*art. 32*). . .	9 nov. 1853.	II.	293
VICAIRE GÉNÉRAL.	Loi relative aux séminaires métropolitains (*art. 4*).	23 vent. An XII.	I.	141
Idem	Ordonnance qui détermine les conditions d'admission aux fonctions d'évêque, de vicaire général, chanoine et curé et de professeur dans les Facultés de théologie.	25 déc. 1830.	I.	659
VOIES DE FAIT.	Décret concernant le régime de l'Université (*art. 72*). . .	15 nov. 1811.	I.	319
VOLONTARIAT.	*Voir* : ENGAGÉS CONDITIONNELS.			

FIN DE LA TABLE

ALPHABÉTIQUE ET CHRONOLOGIQUE

DES TROIS PREMIERS VOLUMES.

PARIS. — TYPOGRAPHIE DE MM. DELALAIN FRÈRES

Imprimeurs de l'Université

1 et 3, rue de la Sorbonne.